Mechthild (1419–1482) im Spiegel der Zeit

Begleitbuch und Katalog zur Ausstellung des
Landesarchivs Baden-Württemberg, Hauptstaatsarchiv Stuttgart

Bearbeitet von
Erwin Frauenknecht und Peter Rückert

Verlag W. Kohlhammer Stuttgart 2019

Begleitbuch und Katalog zur Ausstellung des Landesarchivs Baden-Württemberg, Hauptstaatsarchiv Stuttgart

Ausstellungsorte:

Stuttgart, Hauptstaatsarchiv:	9. Mai bis 30. August 2019
Rottenburg, Zehntscheuer:	13. September bis 17. November 2019
Bad Urach, Residenzschloss:	27. November 2019 bis 1. März 2020

Herausgegeben vom Landesarchiv Baden-Württemberg, Hauptstaatsarchiv Stuttgart,
in Kooperation mit der Stadt Rottenburg und den Staatlichen Schlössern und Gärten Baden-Württemberg

Rottenburg
Stadt am Neckar

Baden-Württemberg

STAATLICHE
SCHLÖSSER
UND GÄRTEN

Die Drucklegung wurde gefördert von:

Württembergischer
Geschichts- und Altertumsverein

Gedruckt auf alterungsbeständigem, säurefreiem Papier.

2. Auflage 2019
Gestaltung: attraktive grautöne, Stuttgart
Satz: Gulde Druck, Tübingen
Druck: Offizin Scheufele, Druck und Medien GmbH & Co. KG, Stuttgart
Kommissionsverlag: W. Kohlhammer GmbH, Stuttgart
Printed in Germany
ISBN 978-3-17-038752-2

Inhalt

Katalog

Anhang

Mitarbeit an Ausstellung und Begleitbuch

Konzeption und Gesamtorganisation: Dr. Erwin Frauenknecht, Prof. Dr. Peter Rückert

Redaktion des Begleitbuchs: Dr. Erwin Frauenknecht, Prof. Dr. Peter Rückert, Dr. Nicole Bickhoff

Technische und organisatorische Mitarbeit:
- Fotografie und Reprografie: Martina Böhm, Judith Bolsinger, Marcella Müller, Alain Thiriet
- Digitale Präsentation und audiovisuelle Stationen: Yvonne Grün, Dr. Thomas Fritz, Rolf Lang, Johannes Renz, Gabriel Rietze
- Konservatorische Betreuung und Montage der Exponate: Martin Ramsauer, Renata Ricca-Vieira
- Ausstellungsaufbau und Gebäudetechnik: Kurt Pfeifer, Grzegorz Przytarski
- Sekretariat und Textverarbeitung: Gönül Ndrejaj
- Publikationsmanagement und Verwaltung: Leena Kozhuppakalam, Kati Stein
- Öffentlichkeitsarbeit und Social Media: Dr. Wolfgang Mährle, Nadine Seidu

Produktion und Redaktion der Sprachaufnahmen: Zentrum für Medienkompetenz (ZFM) der Universität Tübingen
- Sprecher: Dr. Gudrun Bamberger, Gilbert Mieroph, Alexander Moskovic
- Regie und Redaktion: Lena Kremer, Dr. Gudrun Bamberger
- Aufnahme- und Produktionsleitung: Ulrich Hägele, Oliver Lichtwald, Fabian Schaller

Ausstellungsdesign und Gestaltung: attraktive grautöne, Stuttgart (Birgit Kölz)

Die Abbildung auf dem Umschlag zeigt Mechthild von der Pfalz im Codex Ingeram, 1459 (Vorlage: Kunsthistorisches Museum Wien).

Änderungen der Ausstellung gegenüber dem Katalog bleiben vorbehalten.

Vorwort

Mechthild von der Pfalz (1419–1482) gilt als eine der bedeutendsten mittelalterlichen Frauengestalten in der Geschichte des deutschen Südwestens. Die Tochter des bayerisch-pfälzischen Kurfürsten Ludwig III. und der Mechthild von Savoyen ging 1436 mit Graf Ludwig von Württemberg die Ehe ein; ihre Hochzeit in Stuttgart bot ein prächtiges Schauspiel. Aus der Verbindung gingen fünf Kinder hervor, darunter die Grafen Ludwig II. und Eberhard V. im Bart von Württemberg. Nach der Landesteilung Württembergs 1442 residierten Mechthild und Ludwig im Uracher Landesteil.

Nach dem frühen Tod Ludwigs 1450 zog sich Mechthild auf das Schloss Böblingen zurück, das ihr als Wittum zur Verfügung stand. 1452 vermählte sie sich mit Erzherzog Albrecht von Österreich, dem Bruder des Kaisers. Die Ehe blieb kinderlos und war überwiegend eine Ehe auf Distanz: Mechthild hielt Hof in Rottenburg, während ihr Gatte vor allem in fernen Landen weilte. 1463 wurde Mechthild ein zweites Mal Witwe und sollte auch nicht mehr heiraten.

Gerade in Rottenburg ist die Erinnerung an Mechthild bis heute lebendig geblieben; sie ist eine Identifikationsfigur für die Stadt und ihre Geschichte. Bereits während ihrer Jugendjahre war Mechthild mit der glänzenden Heidelberger Hofkultur in Berührung gekommen. In Rottenburg sollte sie einen „Musenhof" führen, an dem sie namhafte Vertreter von Wissenschaft, Literatur und Kunst um sich scharte. Mechthild machte ihre Residenz zu einer Heimstätte für die Ritterdichtung des ausgehenden Mittelalters. Bewundert wurde ihre Bibliothek, die nach ihrem Tod an die pfalzgräfliche Familie fiel.

Den 600. Geburtstag dieser schillernden und vielschichtigen Fürstin nimmt das Hauptstaatsarchiv Stuttgart zum Anlass, ihre Person und ihr politisches, kulturelles und gesellschaftliches Wirken durch eine breit angelegte kulturhistorische Ausstellung zu würdigen. Da neben Stuttgart vor allem Rottenburg und Urach als bedeutende Lebensstationen Mechthilds bekannt sind, lag es nahe, die Ausstellung als Kooperationsprojekt umzusetzen. Nach der Präsentation in Stuttgart wird die Ausstellung daher im Sülchgau-Museum Rottenburg und im Residenzschloss Urach gezeigt werden. Ein herzlicher Dank geht an die Kooperationspartner in Rottenburg, namentlich an Herrn Karlheinz Geppert (Kulturamt Rottenburg), Herrn Dr. Herbert Aderbauer (Diözesanarchiv Rottenburg) und Frau Dr. Melanie Prange (Diözesanmuseum Rottenburg), sowie für Bad Urach an die Staatlichen Schlösser und Gärten Baden-Württemberg, hier besonders an Frau Janna Almeida.

Die im Hauptstaatsarchiv verwahrte wertvolle Überlieferung, die tiefe Einblicke bietet in Mechthilds Leben an ihren verschiedenen Residenzen, wird durch zahlreiche kostbare Leihgaben ergänzt. Erstmals wird das Testament der Erzherzogin, das sich im Geheimen Hausarchiv der Wittelsbacher im Bayerischen Hauptstaatsarchiv befindet, in der Öffentlichkeit präsentiert. Vielfältig daran anknüpfende zeitgenössische Exponate aus dem Landesmuseum Württemberg sowie Handschriften aus dem Umfeld Mechthilds, vor allem aus der Württembergischen Landesbibliothek, lassen ihren prachtvollen Hof und ihr literarisches Interesse anschaulich vor Augen treten. Allen Leihgebern sei für ihre großzügige Unterstützung sehr herzlich gedankt. Dank und Anerkennung gilt auch den externen Autorinnen und Autoren, die einschlägige Aufsätze für diese Begleitpublikation beigesteuert haben. Stellvertretend sei Frau Prof. Dr. Sigrid Hirbodian vom Institut für Geschichtliche Landeskunde und Historische Hilfswissenschaften der Universität Tübingen herzlich gedankt.

Die Konzeption und Realisierung der Ausstellung wie auch des Katalogs lag in den Händen von Herrn Prof. Dr. Peter Rückert und Herrn Dr. Erwin Frauenknecht. Ihnen danke ich von ganzem Herzen für ihr bemerkenswertes Engagement und großen persönlichen Einsatz. Ein besonderer Dank gilt auch allen weiteren beteiligten Mitarbeiterinnen und Mitarbeitern des Hauptstaatsarchivs. Für die ansprechende grafische Gestaltung danke ich Frau Birgit Kölz vom Grafikbüro attraktive grautöne, Stuttgart.

Stuttgart, im März 2019

Dr. Nicole Bickhoff
Leiterin der Abteilung Hauptstaatsarchiv Stuttgart
im Landesarchiv Baden-Württemberg

Erwin Frauenknecht / Peter Rückert

Zur Einführung

Mechthild von der Pfalz (1419–1482) ist seit langem als eine der herausragenden Frauengestalten des 15. Jahrhunderts im deutschen Südwesten bekannt[1]. Sie verbindet in ihrer Biografie nicht nur die Kurpfalz und Württemberg, sondern verkörperte durch ihre spätere Heirat ins habsburgische Königshaus vornehmsten fürstlichen Rang (Abb. 1). Ihr Sohn Eberhard (1445–1496) aus ihrer ersten Ehe mit Graf Ludwig von Württemberg sollte als eine der bedeutendsten Herrscherfiguren in die württembergische Geschichte eingehen[2]. Ihm gelang 1482, im Todesjahr seiner Mutter, nicht nur die Wiedervereinigung der Grafschaft Württemberg; er wurde im Jahr 1495 mit der Erhebung Württembergs zum Herzogtum auch der erste Herzog.

Freilich ist es nicht die politische Größe, nicht die herrschaftlich-dynastische Prominenz, die Mechthild seit dem 19. Jahrhundert das Interesse der Historiker sichert; dieses anhaltende wissenschaftliche Interesse gilt primär ihrer kulturgeschichtlichen Bedeutung als herausragende Mäzenin zeitgenössischer Literatur und Mitbegründerin der Universitäten Freiburg und Tübingen. Gerade aus germanistischer und universitätshistorischer Sicht hat man sich daher zuletzt wieder des Öfteren mit Mechthild beschäftigt, so dass zu ihrer Person und Bedeutung – wenn auch Manches umstritten – soweit aber doch schon Einiges gesagt scheint.

Vor diesem Hintergrund soll Mechthild eine eigene Ausstellung gewidmet werden, nicht zuletzt angeregt von ihrem 600. Geburtstag, woran im Jahr 2019 zu erinnern ist. Doch es gibt weitere Gründe: Zunächst bleibt die Persönlichkeit dieser bedeutenden Frau bislang weitgehend hinter holzschnittartig zurechtgeputzten Fassaden verborgen, die leider oft genug auf die jeweiligen Forschungsperspektiven verengt sind. So wurde und wird ihr Vieles nachgesagt, was der historischen Überprüfung bislang mangelt, sogar zu wesentlichen Stationen ihrer Biographie. Grundsätzlich aber drängt die Annäherung an ihre schillernde Persönlichkeit danach, auch die Perspektiven zu wechseln und Mechthild womöglich selbst sprechen zu lassen. Dass dies gelingen kann, Mechthild von der Pfalz anhand ihrer authentischen Zeugnisse, vor allem der schriftlichen, im Kontext ihrer persönlichen Umgebung neu zu entdecken, will diese Präsentation zeigen.

Stützen kann sich dieser zuversichtliche kulturgeschichtliche Ansatz nicht nur auf den gediegenen Forschungsstand, sondern besonders auf neue kommunikations- und materialitätsgeschichtlich ausgerichtete Quellensammlungen: Briefe, Inventare, Testamente sind es vor allem, neben weiteren Zeugnissen individueller Hinterlassenschaften, Büchern, Bildern, Möbeln, Architektur, die jetzt gerade die kulturgeschichtlich ausgerichtete Mediaevistik beleben. Damit wollen wir uns Mechthild zunächst biographisch nähern, um sie im Umfeld ihrer unterschiedlichen Höfe und Lebensumstände vorzustellen, bevor ein knapper virtueller Rundgang durch die Ausstellung die konzeptionellen Gedanken und gestalterischen Umsetzungen des Themas erörtern soll.

1. Der pfälzische Hof in Heidelberg

Mechthild wurde am 7. März des Jahres 1419 im Heidelberger Schloss geboren[3]. Sie hatte prominente Eltern: Kurfürst Ludwig III. von der Pfalz und seine zweite Frau Mathilde/Mechthild von Savoien-Achaia, die nach ihr noch drei Söhne und einige weniger bekannte Töchter zur Welt bringen sollte. Mechthild wuchs in Heidelberg an einem der prominentesten Fürstenhöfe des Reiches auf, ausgezeichnet durch ein großartiges kulturelles Profil, das der Kurfürst und seine vornehme Frau glänzen ließen. Literatur, Musik, Architektur spielten dabei bekanntlich eine zentrale Rolle; der Ausbau der Heidelberger Universität mit der bedeutenden Bibliothek in der Heilig-Geist-Kirche stehen dafür.

Die Politik des pfälzischen Hauses wurde bestimmt durch handfeste dynastische Interessen, und so wurde Mechthild, kaum dass sie ein halbes Jahr alt war, dem Grafen Ludwig I. von Württemberg in die Ehe versprochen. Dieser Ludwig war damals auch erst sieben Jahre alt, aber immerhin der Erbgraf der benachbarten Württemberger, zu denen man die guten Beziehungen ausbauen wollte. Gerade war nämlich Ludwigs Vater überraschend jung gestorben und seine Mutter, Henriette von Mömpelgard, war eine enge Vertraute des Pfälzer Kurfürsten[4]. Die beiden hatten nicht nur umgehend die Heiratsabsprache für ihre Kinder arrangiert; Henriette bat Ludwig mit seinen Räten auch, ihre vormundschaftliche Regierung für ihre minderjährigen Söhne in Württemberg zu unterstützen – sicher eine großartige Gelegenheit für den Pfälzer, nach Württemberg hineinzuregieren.

Mechthild wird von diesen politischen Aktivitäten nicht allzu viel mitbekommen haben. Mit 17 Jahren feierte sie in Stuttgart mit Graf Ludwig prächtige Hochzeit; in jeder Hinsicht eine kostbare Braut, die dem Haus Württemberg eine reiche Aussteuer von 30.000 Gulden mit in die Ehe brachte. Als Wittum erhielt Mechthild dafür vor allem die Ämter Böblingen und Sindelfingen verschrieben, woraus sie gleich stattliche laufende Einkünfte beziehen sollte. Sie wollte sich schon den aus Heidelberg gewohnten fürstlichen Lebensstandard sichern, denn eigentlich hatte sie ja nur „zu Grafen hinunter geheiratet“[5].

2. An den Höfen in Stuttgart und Urach

Am Stuttgarter Hof im „Alten Schloss“ sollte sich Mechthild nun als neue Landesherrin einrichten. Neben ihrem Gatten Ludwig musste sie sich hier auch mit dessen jüngerem Bruder Ulrich arrangieren, der kurz zuvor die Mitregierung in der Grafschaft übernommen hatte[6]. Als sich Ulrich dann 1441 mit Margarete von Kleve verheiratete,

1 | Mechthild von der Pfalz blickt in ihren Spiegel. Miniatur aus dem Codex Ingeram, 1459 (KHM Wien, Hofjagd- und Rüstkammer, Inv. A 2302)

hatten die Ansprüche dieses Paares gleich die Teilung der Grafschaft Württemberg zur Folge: Entlang des Neckars als Scheidelinie sollte Ludwig den südlichen und westlichen Landesteil und Ulrich den nördlichen und östlichen erhalten.

Für Mechthild hatte diese Landesteilung durchaus negative Konsequenzen: Nicht nur, dass ihr persönliches Prestige als Landesherrin auf eine Teilgrafschaft geschrumpft war – sie hatte mit ihrem Mann und Gefolge die zentrale Residenz in Stuttgart zu verlassen und im kleinen Städtchen Urach am Albrand Hof zu halten (Abb. 2). Immerhin gab es auch hier ein ansehnliches Schloss, das man noch weiter ausbauen konnte, aber mit Heidelberg waren schon Stuttgart und erst recht Urach kaum zu vergleichen – weder vom politischen Ansehen und der herrschaftlichen Repräsentation noch von der Hofhaltung und dem städtischen Glanz, vom kulturellen Ambiente ganz zu schweigen.

Überhaupt hatte es Mechthild schwer, sich gerade im höfischen Umgang mit ihrer neuen Familie durchzusetzen. Ihre Schwiegermutter Henriette, der ja die württembergische Heirat zu verdanken war, war kaum vor Ort, sondern hielt sich in Mömpelgard, ihrer Heimat, auf, wo sie auch noch selbst regierte. Mechthilds Verhältnis zu dieser eigenwilligen Frau wird nicht näher deutlich, doch wird es ihr wohl recht gewesen sein, sie nicht ständig in ihrer Nähe zu wissen. Zudem kümmerte sich Henriette offenbar auch um die außerehelichen, „natürlichen" Kinder ihres Mannes, wovon zumindest Ulrich, genannt Württemberger, bei ihr in Mömpelgard erzogen wurde[7]. Dieser Ulrich entstammte einer vorehelichen Beziehung Ludwigs, sollte bald geistliche Karriere machen und dann als Stiftspropst in Stuttgart zum wichtigsten Geistlichen der Grafschaft avancieren. Von seinem jüngeren Bruder Hans Württemberger ist hingegen kaum Näheres bekannt; Mechthild jedenfalls wusste damals schon, was sie in Württemberg erwartete.

Damit wird auch der Kommentar verständlich, den Enea Silvio Piccolomini, der spätere Papst Pius II., um 1445 zu Ludwigs Ehe fand. Beeindruckt bemerkt er, wie sich der in seiner Jugend ausschweifende Ludwig durch die Verbindung mit Mechthild einen sittlichen Lebenswandel zugelegt habe[8] – offenbar kein literarischer Topos, sondern eine persönliche Einschätzung des prominenten Autors, der die Grafenbrüder Ludwig und Ulrich gerade wegen ihres Interesses für Bildung und Theologie sehr schätzte[9]. Wie in Heidelberg wurden die geistlichen Herren der Stifte und Klöster des Landes damals auch in Württemberg intensiv in die Regierung einbezogen.

Trotz der skizzierten, familiär belasteten Situation in Württemberg wurde Mechthild schon bald der ihr übertragenen Hauptaufgabe, für den Erhalt der Dynastie zu sorgen, gerecht: Noch in Stuttgart bzw. in Waiblingen wurden ihre Tochter Mechthild und ihr Sohn Ludwig geboren, in Urach dann Andreas, Eberhard und Elisabeth. Weitere Kinder starben bereits früh, auch Andreas schon nach 8 Tagen. An ihrer Namenswahl erkennen wir vor allem den Einfluss der Mutter, die ihre Erstgeborene nach sich und ihrer eigenen Mutter Mechthild nannte, den ältesten Sohn Ludwig nach ihrem Vater und Bruder, der auch die Patenschaft übernommen hatte, und Andreas erhielt den Namen ihres persönlichen Lieblingsheiligen und Schutzpatrons. Erst mit Eberhard und Elisabeth wurde auch die württembergische Namenstradition bedient.

2 | *Ansicht von Urach, um 1616 (LMW Stuttgart, Inv. Nr. 1936–180)*

Um ihre Kinder musste sich Mechthild sehr sorgen. Nicht nur der häufige Tod der Säuglinge, auch die unheilbare Krankheit des Ältesten, Ludwig, belastete die Familie sehr. Ludwig litt von Kindheit an an Epilepsie; er sollte stets ein Brieflein mit der Anrufung des hl. Valentin bei sich tragen. Wallfahrten zu seiner Heilung wurden gelobt und fromme Stiftungen gemacht; wir kommen darauf zurück.

Die Hoffnungen der Familie konzentrierten sich so bald auf Eberhard, den jüngsten Sohn, der am 11. Dezember 1445 in Urach geboren wurde[10]. Von seiner Taufe einige Wochen später berichtet Propst Johann Spänlin, der sie selbst durchführte: Er betont die bestimmende Rolle Mechthilds bei diesem repräsentativen Familienfest, während ihr Mann Ludwig erst nach der Taufzeremonie zur Messe in die Kirche geholt wurde. Taufpaten waren u. a. der Bischof von Konstanz und der Abt von Maulbronn, die prominentesten geistlichen Herren des Landes.

In diesen Jahren bemühten sich Ludwig und Mechthild vor allem um die weitere repräsentative Ausgestaltung ihrer Residenzstadt Urach und der nahen Kartause Güterstein, die sie als Grablege ihres Hauses einrichteten[11]. Hier wurde 1443 bereits ihr früh verstorbener Sohn Andreas bestattet; nach Güterstein richtete man die Memoria für die Familie aus, der Kartause galten die wichtigsten Stiftungen.

3 | Allianzwappen Ludwigs von Württemberg und Mechthilds von der Pfalz in der Prachthandschrift des „Tacuinum Sanitatis" aus Mechthilds Besitz, vor 1450 (Bibliothèque Nationale Paris, Fonds lat. 9333)

Und die Kartäuser gaben zurück, nicht nur im Gebetsgedenken: Der Prior übernahm auch die Patenschaft für die kleine Elisabeth und schenkte dem Grafenpaar eine Handschrift mit einem kostbaren Paternoster[12]. Hier wird Gräfin Mechthild direkt angesprochen und als Dialogpartnerin in einen geistlichen Text einbezogen, der zur Unterweisung und Lebensführung dienen sollte. Daraus tritt uns die gebildete und literarisch interessierte Landesherrin und Mutter entgegen, mit ihrer engen Bindung an die Kartäuser von Güterstein, die sich bis zu ihrem Lebensende erhalten sollte.

Diese gemeinsamen Aktionen, die Mechthild an der Seite ihres Mannes als Bauherrin repräsentativer Architektur erscheinen lassen, werden auch im literarischen Bereich deutlich, zumal mit kostbaren Handschriften, die sie als deren Besitzer ausweisen. Beispielhaft sei nur eine prächtige lateinisch-deutsche Ausgabe des „Tacuinum sanitatis" angesprochen, eines auf die arabische Gesundheitslehre zurückgehenden Textes, der zunächst in Oberitalien und jetzt offenbar auch am Oberrhein mit großartigen Miniaturen ausgestattet wurde[13].
In Mechthild mit ihren engen Kontakten nach Heidelberg dürfen wir die Auftraggeberin für diese Handschrift sehen, die über ihr Interesse an der Heilkunde hinaus auch die literarischen Ambitionen am württembergischen Hof in Urach aufzeigt (Abb. 3).

Vielleicht liegt in der späteren Distanz zu ihrem Mann eine Erklärung für Mechthilds vordergründige Trauer, die man ihr bei seinem Leichenbegängnis nachsagte: Ludwig war im September 1450 überraschend an der Pest gestorben, und der Chronist des Stuttgarter Stifts führt damals aus, wie *Mechthild cunctis gestibus et moribus presimulabat*, ihre Trauer bewegt zur Schau getragen habe und ihn doch schon bald „vergessen" sollte[14]. Ludwig wurde in der Kartause Güterstein bestattet und wegen seiner großen Verdienste in das besondere Gebetsgedenken des Kartäuserordens aufgenommen[15].

Mechthild hatte sich nun auf ihren Witwensitz nach Böblingen zurückzuziehen, während ihr Bruder Friedrich von der Pfalz und ihr Schwager Ulrich in Stuttgart um die Vormundschaft über ihre unmündigen Söhne und damit die Regierung in Württemberg-Urach stritten[16]. Als Erzherzog Albrecht VI., der jüngere Bruder Kaiser Friedrichs III., jetzt drängend um sie wirbt, entzieht sich Mechthild mit dieser Eheverbindung bereits nach einem Jahr der deprimierenden Situation und feiert im August 1452 in Böblingen eine zweite großartige Hochzeit[17]. Die Gräfinwitwe war auch für den prunkliebenden Habsburger noch eine glänzende Partie, schon wegen ihrer überreichen Mitgift. Mechthild war damals erst Anfang 30, und mit der Verbindung ins habsburgische Kaiserhaus sollte ihr die Sicherung ihrer persönlichen Ansprüche und die ihrer Söhne gerade gegenüber den Stuttgarter Verwandten besser gelingen.

3. Mechthilds „Musenhof" in Rottenburg

Wir verfolgen Mechthild mit ihrem neuen Gatten nun nach Freiburg, seine vorderösterreichische Residenz, vor allem aber nach Rottenburg am Neckar, wo Mechthild schon bald ihren eigenen Hof halten wollte. Hier ganz in der Nähe von Tübingen und nicht weit von Urach, aber entfernt von Freiburg, konnte sie ebenso herrschaftlich unabhängig wie ihren Kindern nahe sein. Ihren

Gatten traf und begleitete sie immer seltener, dafür gelang es ihr, in Rottenburg eine glänzende Hofhaltung aufzubauen, die bald Anziehungspunkt zahlreicher bedeutender Gelehrter und Literaten werden sollte. Von hier aus unterstützte Mechthild auch die Gründung der Universität in Freiburg, die Albrecht im Jahr 1457 erreichte[18].

Mechthilds immer wieder hinterfragter „Musenhof" in Rottenburg, der auch bei einigen Zeitgenossen schon bald in Verruf kam, hat beeindruckende Literatur hervorgebracht, die von Mechthild angeregt, ihr gewidmet war oder gar um ihre Person spielte. Ihre großartige Bibliothek, die um 1460 etwa 100 Handschriften umfasste, wurde weithin gerühmt. Für die Literaturgeschichte besitzt Mechthilds höfischer Zirkel bekanntlich vor allem wegen seiner frühhumanistischen Ausrichtung besondere Bedeutung. Bekannte Dichter und Übersetzer wie Niklas von Wyle und Antonius von Pforr stehen dafür[19].

Diese herausragende Attraktivität des Rottenburger Hofs war jedenfalls ganz auf Mechthild und ihre literarischen Interessen zugeschnitten. Sie konnte sich hier einen groß- und freizügigen Umgang erlauben, der durch ihre herrschaftliche Macht und familiäre Unabhängigkeit gesichert war. Dabei beschäftigten sie weiterhin gerade die problematischen Entwicklungen in Württemberg: Als im Sommer 1457 aufgrund der politischen Spannungen zwischen Graf Ulrich von Württemberg und Markgraf Karl von Baden ein Krieg unmittelbar vor der Tür stand, trafen sich die Markgrafen Karl und sein Bruder Bernhard mit Graf Ulrich sowie Markgraf Albrecht Achilles von Brandenburg, der als Schiedsrichter fungieren sollte, auf Einladung Mechthilds am 6. Juli 1457 im Wildbad im Schwarzwald, um einen Frieden auszuhandeln[20]. Mechthild schaffte es mit diesen „Wildbader Gesprächen" tatsächlich, den drohenden Krieg zu verhindern; für das Haus Württemberg allerdings nur ein kurzfristiger diplomatischer Erfolg[21].

Es muss Mechthild sehr belastet haben, die Vormundschaft über ihre Kinder zwischen ihrem Pfälzer Bruder Friedrich und dem Württemberger Schwager Ulrich umstritten zu sehen[22]. Deren Streit sollte schließlich 1462 sogar zum Krieg führen und mit der verheerenden Niederlage des Württembergers enden – diesen gewaltsamen Auseinandersetzungen in ihrer Familie konnte Mechthild nur zusehen; politisch eingreifen konnte sie hier nicht.

Doch für ihre Kinder tat sie, was zu tun war. Mechthild hatte diese so lange wie möglich bei sich behalten, jedenfalls in Böblingen, dann auch in Rottenburg. Ludwig war 1457 seiner Krankheit erlegen, und Eberhard sollte seinen Rückhalt auch weiterhin bei der Mutter finden. Die ältere Tochter Mechthild wurde früh nach Hessen verheiratet, die jüngere sollte ihre Hochzeit mit dem Grafen von Nassau dann in Rottenburg bei der Mutter feiern[23].

Graf Eberhard, der kaum 14jährig die Regierung in Württemberg-Urach antreten konnte, sollte sich schon bald als geschickter Politiker erweisen. Er konnte nicht nur seine Herrschaft den Zugriffen der beiden zerstrittenen Onkel entziehen und sich aus den großen kriegerischen Konflikten heraushalten, er sollte sich auch bald schon als zentrale Figur des Hauses Württemberg um dessen Wiedervereinigung bemühen. Seine Mutter war ihm dabei wichtigste Ratgeberin. Ihr überließ er auch die Erziehung seiner unehelichen Kinder Ludwig und Margarethe (Abb. 4); Parallelen zum Umgang seines Vaters werden offenbar – seine eigenen Ehepläne stellte Eberhard hingegen lange zurück[24].

Wo sie konnte, suchte Mechthild Zerstreuung und Erholung an ihrem Rottenburger Hof oder etwa bei Badeaufenthalten. Vor allem im Wildbad im Schwarzwald finden wir sie öfter auch gerne in namhafter Begleitung, nicht nur mit ihren Hofdamen: So begleitete sie etwa ihre Freundin Margarethe von Parsberg, auch lud sie den berühmten Dichter und Humanisten Nikolaus von Wyle zu sich ins Wildbad ein[25] .

Als Mechthild 1468 im Kurbad weilte, schickte ihr der Dichter seine Übersetzung von Enea Silvio Piccolominis Traum über *das ryche der küngen frow gelück*[26]. Diesen Text hatte von Wyle der Erzherzogin bereits Jahre zuvor im Wildbad vorgetragen, und sie wollte nun auch, dass andere Badegäste ihn vernehmen konnten. Dem Wunsch seiner Herrin kam der Dichter nun mit diesem Geschenk „zum glücklichen Bad" gerne nach[27]. Die Kurzweil, die Unterhaltung und der persönliche Austausch der Herrschaften fanden damals auch hier ihren Platz.

4. Mechthilds Vermächtnis

Mechthilds Hof in Rottenburg sollte noch etliche Jahre glänzen. Die Kontakte der Fürstin waren weit gespannt und gerade auch für ihren Sohn Eberhard und die Grafschaft Württemberg von großer politischer Bedeutung[28]. Auch zu ihrer Familie in der Kurpfalz blieben die engen Beziehungen bestehen. Bei einem Besuch in Heidelberg verstarb Mechthild im August 1482 im Alter von 63 Jahren[29]. Noch im Jahr zuvor hatte sie ein ausführliches Testament gemacht.

4 | Mechthild von der Pfalz und ihre Enkelin Margarethe, Tochter Eberhards im Bart. Glasscheibe in der Stiftskirche Tübingen, um 1476/1478

Dieses aufwändig gestaltete Testament vom 1. Oktober 1481 gibt einen großartigen Eindruck von der reichhaltigen Hinterlassenschaft, die Mechthild an ihre Kinder und Verwandte, an ihr höfisches Umfeld und an verschiedene geistliche

5 | *Titelblatt von Mechthilds Testament, 1481 Oktober 1 (HStA München, Geheimes Hausarchiv, Hausurkunde Nr. 2860)*

Institutionen vermachte (Abb. 5). In den einzelnen Verfügungen werden prächtiger Schmuck, Kleider, Schleier, Becher, Mobiliar, liturgische Geräte aus Gold und Silber, Naturalabgaben und großzügige Geldsummen erwähnt. Man bekommt einen plastischen Eindruck von dem Reichtum, aus dem Mechthild schöpfen konnte, selbst wenn die allermeisten materiellen Objekte nicht mehr erhalten sind[30] – ein Reichtum übrigens, dessen sich Mechthild wohl bewusst war, wie sie im Testament formuliert: *rych an weltlichen er und guott*[31].

Ihr Vermächtnis galt aber auch in ganz wesentlichen Teilen ihrem Seelenheil. In dieser Sorge um ein angemessenes Totengedächtnis und eine dem fürstlichen Rang entsprechende Memoria über den Tod hinaus unterscheidet sich Mechthilds letzte Verfügung nicht wesentlich von Fürstentestamenten anderer mittelalterlicher Herrscher[32]. Ausführliche Bestimmungen trifft Mechthild für ihr Begräbnis, bis hin zur Anordnung der Leichenprozession (*unnser lich mit andacht und ayner ordenlichen procession*[33]), festgelegt werden ihr Begräbnisort (Güterstein) und weitere Leistungen für ein angemessenes Totengedächtnis.

Über die einzelnen Bestimmungen hinaus erkennbar ist, dass Mechthild die Verantwortung für ihre Memoria in Württemberg am besten aufgehoben sah. Nicht ihre Herkunft (die Pfalz), auch nicht ihr langjähriger Herrschaftsraum (die Herrschaft Hohenberg mit Rottenburg als Zentrum) bestimmten den Ort ihrer Grablege, sondern die Kartause Güterstein, die sie und ihr erster Ehemann Graf Ludwig so wesentlich gefördert hatten. Mechthild war weitsichtig genug, dass sie ihrem Sohn Eberhard die beste Absicherung ihrer Memoria zutraute.

In ihrem Testament tritt uns Mechthild mit ihrem persönlichen Beziehungsgeflecht, mit ihrer ganz individuellen Sorge um ihr Seelenheil entgegen, es dokumentiert ebenso ihren materiellen Reichtum wie ihr geistiges Profil. Freilich kann diese Hinterlassenschaft weitere wesentliche Aspekte ihrer vielschichtigen Persönlichkeit kaum abdecken. Hier gilt es anzusetzen, um dieser bedeutenden Fürstin „im Spiegel der Zeit“ näher zu kommen.

***

In sieben Kapiteln will sich die Ausstellung der schillernden Persönlichkeit Mechthilds nähern. Diese orientieren sich an ihren biographischen Stationen, die mit den jeweiligen Lebensmittelpunkten der Fürstin konfiguriert werden können. Den Auftakt bietet der Blick auf die Familie der Pfalzgrafen bei Rhein. Als mächtiges Territorium zu Beginn des 15. Jahrhunderts steht ihr Heidelberger Hof im Zentrum, punktuell beleuchtet wird der Einfluss ihres Vaters, Kurfürst Ludwig III. Als mächtiger Reichsfürst tritt er etwa in hervorgehobener Position auf dem Konstanzer Konzil (1414–1418) auf, als kulturbeflissener Mäzen fördert er die junge Heidelberger Universität. In dieses königsgleiche Milieu wird Mechthild 1419 geboren und schon mit wenigen Monaten in eine Heiratsverbindung mit dem württembergischen Grafensohn Ludwig hineinversprochen. Einen überraschend privaten, familiären Blick auf ihre frühe Heidelberger Kindheit gestatten Verse des berühmten Sängers und Dichters Oswald von Wolkenstein, der sich damals am Heidelberger Hof aufhielt.

Mit ihrer Heirat 1436 gerät Mechthild in eine ganz andere Umgebung – zunächst das Stuttgarter Schloss, wenig später das neue Schloss in Urach bilden nun die wesentlichen Bezugspunkte ihres württembergischen Wirkungsbereichs. Schon bald wird Mechthilds Engagement bei frommen Stiftungen sichtbar: Gerade die nahe Urach gelegene Kartause Güterstein profitiert sehr stark von ihren Zuwendungen; hier sollte schließlich auch die neue Grablege der Uracher Linie entstehen. Der frühe Tod ihres Mannes 1450 setzt dieser Phase ein jähes Ende, die von dynastischen Überlegungen und neuen Gestaltungen geprägt war.

Die anschließenden Probleme um die Vormundschaft über ihre beiden unmündigen Söhne Ludwig und Eberhard werden ebenso breit dokumentiert, wie einige Briefe auch bald ein kommunikatives Beziehungsgeflecht um Mechthild aufzeigen. Ihre prominenten Stiftungen treten nun vor allem bei der Universitätsgründung in Tübingen deutlich hervor. Glasfenster für die Stiftskirche in Tübingen, Steinreliefs zur Erinnerung und prächtige Urkunden zur Rechtssetzung bezeugen Mechthilds tragende Rolle an der Seite ihres Sohnes Eberhard.

Mit Mechthilds zweiter Heirat 1452 mit Erzherzog Albrecht VI. von Habsburg rückt ein neues Territorium in den Blick – die Grafschaft Hohenberg am oberen Neckar, die sie nun als Wittumsgut verschrieben bekommt. Jetzt befördern neue persönliche Bezüge zur kaiserlichen Familie der Habsburger Mechthilds Position. Für die wirtschaftlichen Spielräume und das künstlerische Profil der Fürstin steht beispielhaft der berühmte Ehninger Altar als eine ihrer frommen, kunstvollen Stiftungen. Daneben tritt die Dokumentation ihrer herrschaftlichen Verwaltung, welche die ausgereifte Herrschaftsorganisation erkennen lässt, die Mechthild vor allem in den Jahren nach Albrechts Tod (1463) ganz wesentlich bestimmte.

Der anschließende Fokus der Ausstellung dreht sich um Mechthilds Rottenburger Hof. Hier illustrieren kostbare Handschriften und Frühdrucke zugleich den Kreis der Literaten, die mit Mechthild in enger Beziehung standen: Hermann von Sachsenheim, Püterich von Reichertshausen und Niklas von Wyle vor allem werden vorgestellt. Ihr Werk und Wirken wird im Blick auf das zeitgenössische höfische Leben vertieft und in ihren Texten und Bildern vorgeführt.

Der Reigen schließt sich im Zeichen von Mechthilds Vermächtnis: Hier kulminiert der Blick auf die Persönlichkeit der Fürstin. Eindrückliche Schriftquellen beleuchten den Tod Mechthilds 1482 und dokumentieren ihre Sorge um das Seelenheil. Wertvolle Artefakte sind in Beziehung gesetzt zu den weit reichenden Verfügungen in ihrem ausführlichen Testament – die Materialität der Objekte korrespondiert ganz direkt mit ihrem persönlichen letzten Willen.

Von hier aus wurde die Gestaltung der Ausstellung angedacht und umgesetzt. Mit dem Testament Mechthilds im Zentrum, das erstmals in seinem historischen Kontext gezeigt wird, unterstützt von digitalen Präsentationen und audiovisuellen Stationen. Vielfach daran anknüpfend bieten modische Accessoires, wie italienische Seidenstoffe, silberner Zierrat und liturgische Gefäße, Schmuck, Edelgeschirr und Kunstmöbel ebenso konkrete wie glänzende Eindrücke von Mechthilds persönlichem Umfeld und ihrer wertvollen Hinterlassenschaft. Hier präsentiert sich Mechthild im Spiegel ihrer Zeit, so wie sie sich im Codex Ingeram ins Bild setzen ließ. Diese symbolkräftige Darstellung stellt das Leitmotiv dieser Ausstellung dar. Es verweist gleichzeitig auf das „Zerrbild“ der Fürstin, das die Geschichtsschreibung bald von ihr entwerfen sollte – und das es mit dieser Ausstellung zu hinterfragen gilt.

Besonders in Rottenburg wird Mechthilds bedeutende Rolle für die Stadtgeschichte bis in unsere Zeit populär weiter tradiert. Sie ist eine Identifikationsfigur für die Stadt und ihre Geschichte geworden. Im Sülchgau-Museum in Rottenburg wurde entsprechend ein eigenes Kapitel zu Mechthilds Nachleben gestaltet, das ihre Präsenz vor Ort bis in die moderne Stadtkultur weiterverfolgen und neu beleben lässt.

1 Siehe als biographische Arbeiten zu Mechthild von der Pfalz zuletzt Kruska 1989; Fischer 1997; Gaier 2003. Daneben auch die noch immer grundlegende Arbeit von Strauch 1883 und die Beiträge von Schön 1903–1905.
2 Zu Eberhard V./I. von Württemberg vgl. Mertens 1997 sowie Faix 1990 und zuletzt Lang 2009.
3 Zum Umfeld des kurpfälzischen Hofes in Heidelberg vgl. v. a. Der Griff nach der Krone 2000; daneben Schaab 1988; Die Wittelsbacher am Rhein 2013; Peltzer u. a. 2013.
4 Zu Henriette von Mömpelgard vgl. die einschlagigen Beiträge in Lorenz/Rückert 1999.
5 Zitat nach Fuchs 2012.
6 Vgl. grundlegend dazu Mertens 1995; Press 1994.
7 Auge 2005, S. 77; Zeilinger 2006, S. 136.
8 Heck 1991, cap. 39.
9 Zu Ludwig I. vgl. Deigendesch 1997; zu Ulrich V. Fritz 1999.
10 Ausführlicher dazu Faix 1990.
11 Deigendesch 2001, v. a. S. 63 ff., 75, 422.
12 Kat. Nr. II.11.
13 Rückert 2012, S. 238 f.; Kat. Nr. V.7.
14 Zitat nach Stälin 1849, S. 29.
15 Ausführlicher Deigendesch 2001.
16 Scholz 1987.
17 Mertens 1994, S. 46; Baum 1994, S. 97; zuletzt ausführlich Langmaier 2015, S. 332.
18 Vgl. den Beitrag Hirbodian/Prasse in diesem Band.
19 Honemann 2006; dazu der Beitrag von Bamberger/Robert in diesem Band.
20 HStAS A 602 Nr. 4717.
21 Rückert 2019 (Die Grafen).
22 Zu Friedrich I. von der Pfalz jetzt die Beiträge in Fuchs/Spiess 2016, v. a. Meyer.
23 Vgl. zu den einzelnen Personen aus dem Haus Württemberg die einschlägigen Artikel in Das Haus Württemberg 1997.
24 Vgl. den Beitrag Rückert in diesem Band.
25 Stälin 1856, S. 758, 764.
26 Ferlein 1987, S. 63.
27 Vgl. dazu auch den Beitrag Bamberger/Robert in diesem Band.
28 Vgl. den Beitrag Frauenknecht in diesem Band.
29 Vgl. den Beitrag Rückert in diesem Band.
30 Vgl. Fischer 1994, S. 114 ff.; s. auch Kat. Nr. VI.6 und VI.15.
31 Vgl. Testament (nach Edition Fischer 1994, S. 125).
32 Vgl. grundsätzlich dazu Kasten 2008; ein vergleichbarer Einzelfall ist das Testament der Pfalzgräfin Margarete von Bayern, der 1488 verstorbenen Frau Kurfürst Philipps, vgl. dazu Hepp/Peltzer 2013, S. 68 ff.
33 Vgl. Testament (nach Edition Fischer 1994, S. 127).

Erwin Frauenknecht

Zwischen Pfalz, Württemberg und Habsburg.

Mechthild in ihren dynastischen und politischen Beziehungen

Wer solt die furstin sin?
Ich sprach: die fraw min,
uß Beyerlant geborn,
pfalczgrefin uzerkorn,
besonder Rynes strum,
In manchem herzogthum,
Ist herzog ir gemahel,
Der manheit kern ein stahel,
von Osterrich genant[1].

Mit diesen Worten am Ende der Minnerede „Des Spiegels Abenteuer“ präsentiert Hermann von Sachsenheim einen deutlichen Hinweis auf Mechthild von der Pfalz. Die Verse verweisen auf Herkunft und Stand und akzentuieren zwei der drei wichtigen dynastischen Komponenten in Mechthilds Leben: Von Geburt eine Pfalzgräfin bei Rhein und in zweiter Ehe verheiratet mit einem Herzog von Österreich. Die dritte Komponente, die Beziehung zu Württemberg durch Mechthilds erste Ehe mit Graf Ludwig von Württemberg, wird nicht angesprochen.

Mechthild gilt gemeinhin als prominente Figur und hat in der südwestdeutschen Landesgeschichte ihren festen Platz. Wertung und Beurteilung zielen vornehmlich auf ihr kulturelles Mäzenatentum, dementsprechend Resonanz fanden schon die zeitgenössischen Würdigungen ihrer Person. Der Literat und Esslinger Stadtschreiber Niklas von Wyle, um ein nur ein Beispiel anzuführen, nannte Mechthild *ain gosse liebhaberin aller künsten*[2].

Mechthilds politische Bedeutung, ihre Rolle in dem eingangs genannten dynastischen Dreieck zwischen Pfalz, Württemberg und Habsburg, tritt dahinter meist zurück. Die folgenden Ausführungen skizzieren Mechthilds Wirken in diesem dynastischen Beziehungsgeflecht. Freilich ist damit kein Anspruch auf eine umfassende biographische Studie zum politischen Einfluss Mechthilds verbunden. Eine moderne Biographie bleibt nach wie vor ein Desiderat der Forschung[3].

1. Mechthild von der Pfalz: Herkunft und Familie

Über die frühe Kindheit Mechthilds in Heidelberg ist nichts bekannt[4]. Dieser apodiktischen Feststellung von Theodor Schön folgte die Forschung bisher ausnahmslos. Zwischen der bekannten Eheverabredung vom 25. November 1419 und der Hochzeit Mechthilds mit Graf Ludwig I. von Württemberg 1436 gibt es kaum weitere Nachrichten über Mechthilds Jugend. In einem Testament ihres Vaters aus dem Jahr 1421 wird die vereinbarte Aussteuer von 30.000 rheinischen Gulden erneut abgesichert, für den Fall, dass Mechthild das einzige Kind des pfälzischen Kurfürsten bliebe. Das Testament wurde hinfällig, weil rasch weitere Kinder folgten. Diese Kinderschar mit Mechthild an der Spitze besang sogar der berühmte Sänger und Dichter Oswald von Wolkenstein. Wohl 1428 kam er an den Heidelberger Hof seines Gönners Kurfürst Ludwig III. von der Pfalz. Oswald rühmt die Vorzüge Heidelbergs, die prunkvolle Hofhaltung des Kurfürsten und widmet einige Verse auch der Kinderschar auf dem Heidelberger Schloss: Mechtlen, Kätchen, Katharinchen, Agnes und Ingelchen sind namentlich genannt, und man darf hinter dem ersten Namen sicher die älteste Tochter des Kurfürsten, eben Mechthild, sehen[5].

Die Kontakte zur Familie in Heidelberg blieben auch nach der Hochzeit mit Graf Ludwig I. erhalten. Aus dem Befund der engen Beziehungen seien schlaglichtartig drei Komplexe angesprochen[6]. Sie zeigen, dass die verwandtschaftlichen Beziehungen sich auf einer persönlichen, dynastischen und politischen Ebene manifestieren konnten.

Persönliche Bindungen zur Familie äußern sich natürlich in den mehrfach belegten Besuchen Mechthilds in Heidelberg. Besonders zu ihrem Bruder, Pfalzgraf Friedrich der Siegreiche, bestand eine enge persönliche Bindung. Friedrich hatte seiner Schwester ein *hubisch gewurckt duch, daran in acht stucken unsers lieben herren gottes lyden und an den vier ziepffen desselben duchs der hochgebornen fursten und fyrstinnen unsers lieben herren und vatters und unser lieben frawen und mutter seligen wapen gewirket sind,* geschenkt. Mechthild versprach ihrem Bruder, das Stück ihm oder seinen Erben zurück zu geben[7] (Abb. 1).

Mehrfach halfen die Heidelberger Verwandten auch mit Krediten[8]; Kontakte bestanden aber auch zu pfälzischen Nebenlinien. Der Kölner Domkustos Stephan von Pfalz-Simmern (1421–1485) trat 1467 als Kreditgeber auf und fungierte 1476 auch als Zeuge im Gerichtsprozess um die Herrschaft Hohenberg[9].

Eine dynastische Ebene ist angesprochen, wenn wichtige Verträge wiederholt in Heidelberg aufbewahrt werden. Beide Wittumsverschreibungen für Mechthild, sowohl die von 1436 aus erster Ehe als auch die zweite von 1452, wurden im kurfürstlichen Archiv aufbewahrt. Das gleiche gilt für die Verfügungen ihres letzten Willens, die Mechthild mehrmals fixierte. Ein Testament von 1458 wurde ebenso in Heidelberg deponiert wie eine Fassung des 1481 formulierten, letztgültigen Testaments[10]. Die pfalzgräfliche Familie ist auf diese Weise eingebunden für den Fall, dass finanzielle Ansprüche geregelt werden müssen.

Dass dynastische Bindungen für politische Funktionen genutzt werden, zeigt die sogenannte Pfälzer Fehde von 1455, ein innerpfälzischer Konflikt zwischen Friedrich dem Siegreichen und dessen Vetter Ludwig von Veldenz. Der Habsburger Albrecht VI. fungierte bei dem Ausgleich des Konflikts als Schiedsrichter, und die Quellen lassen deutlich erkennen, dass auch Mechthild eine aktive Rolle dabei spielte[11]. Direkte Einflussnahme Mechthilds lässt sich auch bei der Pfandlösung der Herrschaft Hauenstein 1452 feststellen oder bei den

1 | Pfalzgräfin Mechthild verspricht ihrem Bruder Friedrich von der Pfalz, ein kostbares gewirktes Tuch nach ihrem Tod wieder an Friedrich zurückzugeben, 1454 September 30 (HStAS A 602 Nr. 126)

Vermittlung in einer Fehde des berüchtigten Hans von Rechberg im Frühjahr 1453[12].

Auf einer dynastisch-politischen Ebene wurde Mechthild Ende der fünfziger Jahre durchaus zu einem Faktor. In zwei Blöcken standen sich verschiedene Fürsten des Reiches gegenüber: Zum kaiserlichen Block, angeführt von Markgraf Albrecht Achilles von Brandenburg, zählte neben Kaiser Friedrich III. auch die Stuttgarter Linie der Württemberger mit Graf Ulrich. Diesem gegenüber stand die Partei der bayerischen Wittelsbacher mit dem pfälzischen Kurfürsten und ab Mitte 1461 auch Erzherzog Albrecht VI. Nach dem Überfall Herzog Ludwigs von Bayern-Landshut auf die Reichsstadt Donauwörth im Herbst 1458 eskalierte die Konfrontation rasch zu einem Reichskrieg, der für Graf Ulrich 1462 schließlich in einer Katastrophe enden sollte[13].

Von September bis zum Dezember 1461 verschickte die kaiserliche Kanzlei reihenweise

Schreiben, die um Unterstützung im Kampf gegen die wittelsbachische Partei warben. Mandate gingen an die Reichsstädte, an die Eidgenossen, aber auch an direkte Gegner: Neben Pfalzgraf Friedrich und Erzherzog Albrecht erhielt auch Mechthild selbst ein kaiserliches Mandat. Der Kaiser forderte sie auf, den Wittelsbacher Ludwig auf keinen Fall zu unterstützen, andernfalls drohe ihr der Verlust ihrer Heimsteuer, Widerlegung und Morgengabe sowie sämtlicher Privilegien und Rechte[14]. Die harsche Aufforderung beweist, dass Mechthild in der Wahrnehmung der kaiserlichen Partei als eigener Faktor mit bedeutendem Einfluss einzuschätzen war und deswegen eigens angeschrieben wurde. Die Reaktionen auf die Mandate waren gering – die Eskalation des Krieges war bereits zu weit fortgeschritten. Doch sei zum Verständnis der dynastischen Hintergründe der Blick zunächst auf die württembergische Zeit Mechthilds gerichtet.

2. Mechthild als Gräfin von Württemberg

Aus württembergischer Sicht brachte Mechthild eine umfangreiche Aussteuer mit, und in der Wittumsverschreibung vom 18. Oktober 1436 bekam sie dafür die gut dotierten Ämter Böblingen und Sindelfingen als Witwengut verschrieben[15]. In den Schriftquellen hat Mechthilds politisches Wirken als Gräfin von Württemberg zunächst wenig direkten Niederschlag gefunden. Bald nach ihrer Hochzeit veränderte zudem die Teilung der Grafschaft 1442 den Handlungsspielraum. Im neuen Residenzort Urach konzentrierten sich Mechthilds Bemühungen auf die repräsentative Ausgestaltung des Schlosses und die enge Bindung an die Kartäuser in Güterstein, die durch eine Reihe von frommen Stiftungen ihren Ausdruck fand[16]. Kaum zu messen ist ein politisches Wirken in dieser Phase.

Erst nach dem Tod Ludwigs im September 1450 tritt Mechthilds eigenes Handeln stärker hervor. Maßgebliches Ziel war dabei die Sicherung der Ansprüche ihrer Kinder, die sie gegen ihren Schwager Graf Ulrich zu verteidigen wusste. Obwohl sie sich gemäß den Konventionen der Zeit als Witwe auf ihren Witwensitz in Böblingen zurückzog, nahm sie in diesen Monaten manchmal offen, manchmal subtil Einfluss auf die Vormundschaftsregierung. Das frostige Klima zwischen ihr und dem Stuttgarter Schwager verdeutlicht eine Urkunde vom 31. Dezember 1450, in der die üblichen kommunikativen Floskeln fehlen[17]. In dem Schreiben verzichtete Mechthild auf persönlichen Einfluss im Vormundschaftsrat, ließ sich aber ihre finanziellen Ansprüche als Witwe bestätigen. Offenbar geschah der Verzicht aus Kalkül, denn wenige Monate später erhob ihr Bruder, Pfalzgraf Friedrich, Anspruch auf die Vormundschaft über die beiden Söhne Mechthilds, Ludwig II. und Eberhard. Als „unsichtbare Sachwalterin ihrer Kinder"[18] im Hintergrund schien ihr die Unterstützung des pfalzgräflichen Bruders erfolgversprechender.

Auch die Flucht Eberhards im Herbst 1459 aus der vormundschaftlichen Obhut Graf Ulrichs gehört in einen politischen Kontext. Als Vierzehnjähriger verließ Eberhard Urach, ging zunächst zu seiner Mutter nach Rottenburg und von dort weiter zu Markgraf Karl von Baden. In einem Schreiben an Ulrich versuchte Mechthild die Abreise notdürftig zu erklären, doch am Stuttgarter Hof hielt man Mechthild für die Moderatorin der Flucht. Im Dezember kehrte Eberhard zurück;

2 | Erzherzog Albrecht VI. in der Darstellung aus dem Wappenbuch des Hans Ingeram, 1459 (KHM Wien, Hofjagd- und Rüstkammer, Inv. A 2302)

durch die Aktion hatte er Freiraum zwischen seinen beiden bestimmenden Onkeln Ulrich und Friedrich von der Pfalz gewonnen, die Eberhard als junger Regent im Zusammenspiel mit seinen Räten geschickt zu nutzen wusste[19].

Eigenständiges politisches Handeln Mechthilds in dieser Phase, so lässt sich zusammenfassend festhalten, entstand jedenfalls dann, wenn die Ansprüche ihrer beiden Söhne in Gefahr gerieten. Unter dieser Prämisse wird auch Mechthilds zweite Ehe mit dem Habsburger Albrecht VI. häufig gesehen.

3. Mechthild und die Habsburger

Mit ihrer zweiten Ehe im August 1452 wurde Mechthild zur Schwägerin Kaiser Friedrichs III. – und damit nach der Kaiserin Eleonore zur ranghöchsten Frau im Reich. Ins Bild gesetzt wurde die Hochzeit durch eine prächtige Doppelseite aus dem berühmten Ingeram-Codex, die den Bräutigam Albrecht mit dem Hochzeitsring zeigt (Abb. 2).

Die dynastisch-politischen Motive der Eheverbindung sind unübersehbar und zugleich komplex verwoben mit den Interessen verschiedener Fürsten im Südwesten des Reiches[20]. Aus den Umständen der Heirat und der Kinderlosigkeit des Paares hat man auf deren Zustand geschlossen. Von einer „unglücklichen Ehe" ist in der Literatur öfter die Rede; eine „Geldheirat, eine Spekulation auf ihr großes Vermögen"[21] stelle die Verbindung dar, und jüngst wurde das Etikett der „dynastischen Zweckgemeinschaft"[22] verwendet.

Für Mechthild selbst lag ein zentrales Motiv für die rasche neue Eheschließung offenbar in ihrer Furcht vor der Vormundschaftsregierung Graf Ulrichs des Vielgeliebten. Die Verbindung mit Albrecht VI. brachte Abstand zum bisherigen Vormund Graf Ulrich, konnte aber für die unmündigen Kinder Mechthilds auch eine neue Gefahr darstellen. Das sahen bereits zeitgenössische Quellen so: Zum großen Schaden der beiden unmündigen Söhne sei die Ehe geschlossen worden (*in grave damnum relictorum orphanorum*), berichten die „Annales Stuttgartienses"[23]. Durch die Heirat gewann Mechthild Freiraum – gegenüber Ulrich, aber auch gegenüber den eigenen pfälzischen Verwandten[24].

Bei der komplexen Heiratsverabredung vom 3. November 1451 wurden in Böblingen die finanziellen Bestimmungen zur Mitgift der Braut und Widerlegung des Bräutigams ausgehandelt. Als Widerlegung wollte Albrecht die Grafschaft Hohenberg verschreiben, was insofern problematisch war, als sich diese Grafschaft noch gar nicht in Albrechts Händen befand[25]. Die Grafschaft bestand aus zwei Besitzkomplexen, mit Gebieten um Rottenburg und Horb und zum anderen mit der sogenannten oberen Grafschaft und einem Schwerpunkt um die Orte Schömberg, Hohenberg und Binsdorf. Seit 1410 befand sich die gesamte Herrschaft im Pfandbesitz schwäbischer Reichsstädte, und nur mühsam gelang es Albrecht VI. in den Jahren nach der Hochzeit, die Pfandschaft zu lösen und Mechthild zu überschreiben[26].

Teile der Herrschaft wurden zusätzlich verschrieben: Für ein Darlehen von 2.000 rheinischen Gulden, das Mechthild ihrem Gatten im September 1453 lieh, wurden ihr die Burg Hohenberg und das Schloss Wehingen samt Zubehör (*unnsern Burgstal Hohenberg und das Geslos Wehingen*) zugesichert[27]. Aus dieser Verfügungsgewalt heraus schenkte Mechthild beides 1458 zunächst an die Kartause Güterstein, 1475 dann in einer geheimen Vereinbarung ihrem Sohn Eberhard, und noch in Mechthilds Testament wird die Summe als Legat für Güterstein erwähnt. Gegen diesen Umgang mit dem hohenbergischen Pfandbesitz protestierte Erzherzog Sigmund vehement; am Ende musste Graf Eberhard in die Rückgabe an Österreich einwilligen[28].

Etwas anders gelagert war der Fall der Herrschaft Haigerloch im Zollernalbkreis. Die österreichische Herrschaft war seit 1446 an Württemberg verpfändet. Nach ihrer Heirat mit Albrecht VI. löste Mechthild das Pfand mit 13.000 Gulden aus – wohl um Ansprüche ihres Schwagers Ulrich zu verhindern. Eine Delegation verzeichnete danach im Auftrag Mechthilds die Rechtsgewohnheiten in Haigerloch, eine Maßnahme, die unschwer als Herrschaftsdurchdringung zu interpretieren ist[29].

Mechthild war zwar in der Herrschaft Hohenberg im strengen Sinn keine „Landesherrin", auch keine „Regentin". Sie übte genau genommen Rechte als Pfandinhaberin aus und verwaltete beträchtliche Einkünfte aus diesen Gütern, beides aber in einem Verständnis von Herrschaft, die einer souveränen Ausübung von Rechten sehr nahe kam.

Das zeigt sich besonders, nachdem ihr Ehemann im Mai 1458 seinem Vetter Sigmund die Vorlande endgültig abgetreten hatte und seitdem versuchte, in direkter Konfrontation gegen Kaiser Friedrich, seinen Bruder, seine Rechte einzufordern[30].

Weil ihr Gemahl Albrecht *usser landes* sei, so formuliert es eine Zusammenstellung von Lehnsurkunden, übernehme Mechthild jetzt die Vergabe der Lehen. Sie agiert in diesen Belehnungsurkunden als Erzherzogin von Österreich; sichtbar wird ein Kreis von meist adeligen Lehnsleuten, die Aufschluss über die Struktur der Herrschaft Hohenberg erkennen lassen[31]. Der Tod Albrechts Anfang Dezember 1463 verstärkte die politisch-administrative Funktion der Witwe noch. Das erhaltene Material zeigt Mechthild als eigenständig handelnde Herrschaftsinhaberin und verdeutlicht auch, wie systematisch die Belehnungen aufgezeichnet wurden. Nicht stellvertretend für ihren Mann, sondern als eigenständig handelnde Fürstin tritt sie in Erscheinung.

Eigenständigkeit und hartnäckige Konsequenz legte Mechthild besonders in der Verteidigung „ihrer" Herrschaft Hohenberg gegen die Ansprüche Herzog Sigmunds an den Tag. Das Witwengut gehörte zur Tauschmasse der Vorlande, mit der Albrecht VI. seinen Vetter, wie oben erwähnt, 1458 entschädigt hatte; es sollte aber bis zum Tod Mechthilds unangetastet bleiben. Konkrete Fragen um die Huldigung der Untertanen und ein Auslösungsrecht Herzog Sigmunds ließen die Angelegenheit eskalieren, und mit juristischen Bandagen rangen beide Seiten um Einfluss[32]. Wohl aus dem Jahr 1472 haben sich im Umfeld der erzherzoglichen Räte Überlegungen erhalten, wie die Herrschaft Hohenberg in Sigmunds Gewalt zu bringen wäre. Auf der Rückseite des Einzelblattes findet sich der vertrauliche Vermerk: *Teneantur secrete fraw Mechtild*[33].

Als bekannt wurde, dass Mechthild ihrem Sohn Eberhard im Dezember 1475 die Herrschaft Hohenberg gegen die Einkünfte aus den Dörfern Bondorf, Remmingsheim und Warmbronn übertragen wollte[34], kam es in der Folge zu einem Prozess vor dem kaiserlichen Kammergericht, über den wir gut unterrichtet sind[35].

Mit Hilfe ihrer juristischen Vertreter und Berater schöpfte Mechthild geschickt alle Möglichkeiten aus, um den Prozess hinauszuzögern. Zu diesem Netzwerk von juristisch gebildeten Personen im Umfeld Mechthilds gehörten Hermann von

Sachsenheim der Jüngere, der Sohn des gleichnamigen Dichters, der Rottenburger Kirchherr Antonius von Pforr, ihr Hofmeister Kaspar von Kaltental sowie Mechthilds Kanzler Bernhard Schöferlin, die alle im Rechtsverfahren hervortraten. Gegen ein kaiserliches Mandat wurde beispielsweise Protest eingelegt, weil es nicht ordnungsgemäß zugestellt worden war (*als einer furstin des hailigen richs nach lut und ußwysung der guldin bull und gemeinen reformacion zu geschehen geburte*)[36].

Am Ende stand im Mai 1479 eine mühsame Einigung: Mechthild hatte die Verschreibung Hohenbergs an ihren Sohn Eberhard rückgängig zu machen, sie selbst durfte die Grafschaft ihr *lebtag lanng* nutzen, und nach ihrem Tod sollte die gesamte Herrschaft an Österreich zurückfallen[37].

Wie sehr Herzog Sigmund diese Übergabe herbeisehnte, macht ein bisher übersehenes Auslaufregister deutlich[38]. Unmittelbar nach Bekanntwerden von Mechthilds Tod schickte der Habsburger detaillierte Instruktionen vor allem an seinen Vertrauten Ritter Hans Jacob von Bodman, um die Übernahme der Herrschaft Hohenberg rasch zu vollziehen. Darin findet sich auch die früheste und genaueste Nachricht zu Mechthilds Todeszeitpunkt am 22. August 1482: *Wir sein warlich bericht, daz weyland die hochgeborn furstin unser liebe swester, fraw Mechthild ertzhertzogin zu Osterrich etc. auf mitwoch yetz vergangen nach mitternacht umb ains von diser welt geschiden ist*[39] (Abb. 3).

4. Fazit

Wer solt die furstin sin? Hermann von Sachsenheims Frage sei als Auftakt eines kurzen Fazits noch einmal aufgegriffen. Neben der kulturell vielseitig interessierten, kunstsinnigen Auftraggeberin und religiösen Stifterin wird eine politisch durchaus versierte Fürstin sichtbar, die sich im Geflecht ihrer dynastisch-politischen Verbindungen zu behaupten weiß.

Nach dem Tod ihres ersten Ehemanns aktivierte sie ihre pfälzischen Familienverbindungen, um die Vormundschaftsbestrebungen ihres Stuttgarter Schwagers zu begrenzen. Auch die Heirat mit dem Habsburger Albrecht VI. gründete zu großen Teilen auf dieser Motivation. Schon früh und durch den frühen Tod Albrechts noch verstärkt, entfaltete Mechthild in dem ihr zugedachten Heiratsgut Formen einer eigenständigen Herrschaft mit politischer Wirksamkeit – zumal als sie versuchte, ihr Witwengut Hohenberg an ihren Sohn Eberhard zu übertragen. Mit zäher Beharrlichkeit und juristischer Finesse, die durch das illustre Umfeld ihrer Räte und Diener zu erklären sind, hielt sie ihre Ansprüche auf die Herrschaft Hohenberg aufrecht.

Dass diese Form von selbstbewusster Herrschaft Skepsis und Vorbehalte hervorrufen musste, verwundert nicht. Schon der Dichter Hermann von Sachsenheim versuchte Mechthild gegen üble Nachrede in Schutz zu nehmen. Ein weiterer zeitgenössischer Reflex ist die Ehrenerklärung des sächsischen Herzogs Albrecht (1443–1500) aus dem Jahr 1480[40]. Sein Diener, der Ritter Lutz Schott – früher lange Zeit in pfälzischen Diensten – hatte offensichtlich Gerüchte über Mechthild und ihren Bruder, Pfalzgraf Friedrich, verbreitet. Die genauen Umstände der Vorwürfe bleiben im Dunkeln. Sie waren aber so gravierend, dass sie im Umfeld eines Nürnberger Fürstentages zunächst aus der Welt geschafft werden mussten, bevor eine engere Zusammenarbeit zwischen dem sächsischen

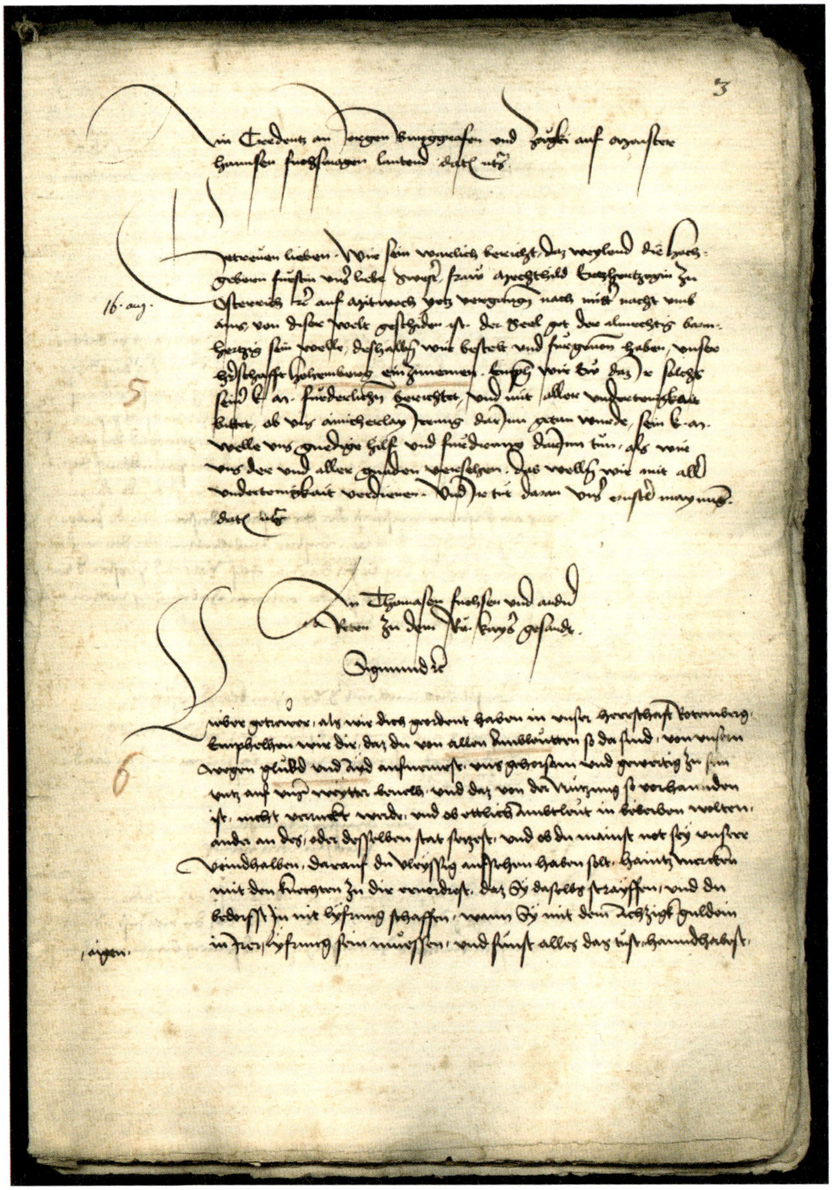

3 | Register Erzherzog Sigmunds von 1482 mit dem Eintrag der Nachricht über den Tod Mechthilds in der Nacht vom 21. zum 22. August 1482 (HStAS B 40 Bü 1998, S. 3)

Herzog Albrecht und Graf Eberhard im Bart möglich wurde.

Erst die Zimmerische Chronik hat solche unbestimmten Vorwürfe in eine schwankhafte Erzählung umgestaltet, in deftige Worte gekleidet und für ein breiteres Publikum bekannt gemacht – mit weitreichenden Folgen für Mechthilds Bewertung bis heute[41].

1 Hermann von SACHSENHEIM, Des Spiegels Abenteuer 1986, S. 206. Vgl. zur literarischen Bewertung WAND-WITTKOWSKI 2005, hier S. 10; mit anderer Bewertung KRUSKA 1989; s. auch den Beitrag von BAMBERGER/ROBERT in diesem Band.

2 KELLER 1861, S. 333; vgl. MEYER 2016, hier S. 147 f.

3 Neben KRUSKA 1989 sind vor allem die älteren Arbeiten von MARTIN und SCHÖN wegen ihrer Materialfülle immer noch heranzuziehen; vgl. allgemein zur Bedeutung der Pfalzgräfinnen HUTH 2013, S. 127 ff.

4 Vgl. SCHÖN 1903, S. 18.

5 Vgl. Heidelberg 2017, S. 63.

6 Vgl. ausführlich MEYER 2016, bes. S. 146 ff.

7 HStAS A 602 Nr. 126; möglicherweise ist das Stück identisch mit dem Tuch, das Mechthild laut ihrem Testament an in ihren Neffen Kurfürst Philipp vermachte. Vgl. Kat. Nr. I.13.

8 MEYER 2016, S. 151 f.

9 HStAS A 602 Nr. 3077; zum Prozeß um Hohenberg s. unten.

10 MEYER 2016, S. 152.

11 Vgl. dazu LANGMAIER 2015, S. 418 f., mit weiterer Literatur.

12 HStAS B 515 U 232 (1453 März 25); vgl. allgemein KONZEN 2013.

13 Vgl. BAUM 1993, S. 108 ff.; FRITZ 1999, S. 263 ff.

14 HStAS A 602 Nr. 4511; vgl. dazu auch MEYER 2016, S. 153.

15 HStAS A 602 Nr. 120.

16 S. den Beitrag FRAUENKNECHT/RÜCKERT in diesem Band; zur Kartause Güterstein vgl. DEIGENDESCH 2001, S. 63 ff.

17 Vgl. HStAS A 602 Nr. 264; zum Kontext PRESS 1994, S. 12 ff.; MEYER 2016, S. 150 f.

18 MEYER 2016, S. 151; vgl. auch FISCHER 1994, S. 155.

19 PRESS 1994, S. 15 f.; MEYER 2016, S. 157.

20 Dazu zuletzt LANGMAIER 2015, S. 327 f.

21 SCHÖN 1903, S. 67.

22 LANGMAIER 2015, S. 418.

23 STÄLIN 1849, S. 29 f.

24 LANGMAIER 2015, S. 328.

25 HStAS A 602 Nr. 122 (Heiratsabrede) und Nr. 125 (Verschreibung von Hohenberg).

26 SCHWINEKÖPER 1977, S. 146 ff.; zuletzt dazu LANGMAIER 2015, S. 329 ff.

27 HStAS A 602 Nr. 134.

28 Vgl. FISCHER 1994, S. 154 f., mit weiteren Hinweisen.

29 Vgl. dazu SCHÖN 1904, S. 1; FISCHER 1994, S. 153; LANGMAIER 2015, S. 330 f.

30 Vgl. BAUM 1987, S. 195 f.

31 Aufschlussreich sind neben erhaltenen Ausfertigungen vor allem zwei Bände mit Abschriften von 1458 bis 1472 (HStAS B 31 Bü 394) und 1473 bis 1482 (HStAS B 31 Bü 393). Nur ein Teil davon ist behandelt bei SCHÖN 1905, S. 3 ff.; manche Konzepte bieten prosopographische Hinweise, die auch für das künstlerische Umfeld Mechthilds zu deuten wären: 1460 erhält *Cunrad Breuning, goltsmid von Tuwingen* ein Viertel des Dorfes Wendelstein als Lehen: s. dazu den Beitrag PRANGE in diesem Band.

32 Vgl. Regesten Kaiser Friedrichs III. 2007, Nr. 605, S. 337.

33 MARTIN 1870, Nr. 83, S. 216.

34 HStAS A 602 Nr. 4844; Württemberg im Spätmittelalter 1985, Nr. 41, S. 48 ff.; BAUM 1993, S. 126.

35 Vgl. Regesten Kaiser Friedrichs III. 2007, Nr. 627, 628 und 643.

36 HStAS A 602 Nr. 148; vgl. Regesten Kaiser Friedrichs III. 2007, Nr. 629, S. 359.

37 HStAS A 602 Nr. 4863; vgl. Regesten Kaiser Friedrichs III. 2007, Nr. 667; BAUM 1993, S. 127.

38 HStAS B 40 Bü 1998.

39 Ebd., S. 3.

40 HStAS A 602 Nr. 153.

41 Vgl. den Beitrag ADERBAUER in diesem Band.

Sigrid Hirbodian / Sophie Prasse

Mechthild von der Pfalz und die Gründung der Universität Tübingen

Mechthild wuchs am kurfürstlichen Hof in Heidelberg auf, der im Umfeld der von ihrem Großvater Pfalzgraf Ruprecht I. (1309–1390) gegründeten Universität Gelehrten und Künstlern aufgeschlossen gegenüberstand. Ihre Familie förderte maßgeblich nicht nur Kunst, Literatur und Wissenschaft, sondern auch den intellektuellen Kreis rund um die Hochschule. Von ihrer hochgebildeten und kulturell-wissenschaftlich interessierten Familie und der höfisch-eleganten Umgebung geprägt, nahm Mechthild von der Pfalz auch Einfluss auf zwei Universitätsgründungen in Südwestdeutschland: Freiburg und Tübingen.

Mechthild als Mitstifterin der Universität Freiburg?

Bereits seit dem 18. Jahrhundert wird die Fürstin mit der Gründung der Universität Freiburg durch ihren zweiten Gemahl Erzherzog Albrecht VI. von Österreich im Jahr 1457 in Verbindung gebracht: Mechthild soll dabei als Stifterin in Erscheinung getreten sein. Diese Auffassung hat eine lange Tradition, obwohl es keine direkten Quellenbelege für Mechthilds unmittelbaren Einfluss auf die Universitätsgründung gibt. Die Gründungsdokumente der Freiburger Hochschule liefern keinen Hinweis darauf, dass Mechthild sich aktiv eingebracht hätte, ihr Name wird in den Urkunden nirgends erwähnt[1]. Auch die Frage, ob und inwiefern Mechthild dafür verantwortlich war, dass die neue Gründung die Ordnung der Heidelberger Universität zum Vorbild nahm, lässt sich nicht beantworten (Abb. 1 und 2).

Belegbar ist jedoch, dass die Fürstin der Universität Einkünfte aus der Rottenburger Pfarrkirche St. Martin zuwies. Sie sollten als Grundlage für die Besoldung der Professoren dienen. Diese Pfarrkirche stand, solange Mechthild die Herrschaft über die vorderösterreichische Grafschaft Hohenberg besaß, unter ihrem Patronat. Allerdings scheint Mechthilds finanzielle Unterstützung für Freiburg nicht ohne Komplikationen verlaufen zu sein: Auf Betreiben der Fürstin war die Pfarrei Sülchen-Rottenburg zwar in die Universität eingegliedert worden, doch führte Mechthild danach einen jahrelangen Rechtsstreit gegen die Universität um die Besetzung der dortigen Pfarrstelle. Erst nach ihrem Tod fand die Auseinandersetzung ein Ende,

1–2 | Stiftergemälde der Universität Freiburg: Albrecht VI. von Österreich und Mechthild von der Pfalz von Joseph Marcus Hermann, 1779 (Vorlage: Universitätsarchiv Freiburg)

und die Pfarrei wurde der Freiburger Universität endgültig inkorporiert. Wäre Mechthild als Mäzenin maßgeblich an der Stiftung der Universität beteiligt gewesen, hätte sie dann den Einfluss der Hochschule nicht eindeutig unterstützen müssen, statt ihn zu beschneiden?[2]

Eine direkte Verbindung zwischen Mechthild und der Universität Freiburg ist allerdings über den Freiburger Gründungsdirektor Matthäus Hummel (1425–1477), einen engen Berater von Mechthilds Bruder Pfalzgraf Friedrich dem Siegreichen (1425–1476) und Dekan der Heidelberger Artistenfakultät, zu erkennen. Matthäus Hummel ist nämlich nur ein knappes Jahr nach der Gründung der Universität in Freiburg urkundlich an Mechthilds Hof in Rottenburg bezeugt[3]. Offenbar bestand zwischen den beiden ein direkter Kontakt und Austausch.

Auch wenn Mechthilds unmittelbarer Anteil an der Stiftung in Freiburg also ungewiss ist, bilden doch ihre Verbindung zu Matthäus Hummel sowie die Übertragung der Pfarrei Sülchen-Rottenburg unbestreitbare Verbindungslinien zwischen Mechthild und der Freiburger Universität.

Mechthilds Anteil an der Tübinger Universitätsgründung

Diese Erfahrungen mit Freiburg wie auch die älteren mit Heidelberg konnte die Fürstin in das Universitätsgründungsprojekt ihres Sohnes, Graf Eberhards V. von Württemberg, in Tübingen einbringen. Das Projekt fällt in die sogenannte zweite Gründungswelle von Universitäten im Spätmittelalter[4]. Erforderlich für eine erfolgreiche Universitätsgründung war eine päpstliche Privilegierung, die unter anderem sicherstellte, dass von der neuen Universität verliehene akademische Grade universell anerkannt wurden. Gleichzeitig konnte an der Kurie auch die wirtschaftliche Fundierung der neuen Universität aus bereits bestehenden geistlichen Pfründen erreicht werden.

So wandte sich auch Eberhard im Bart an die römische Kurie mit der Absicht, seine geplante Universität in Tübingen vom Papst privilegieren zu lassen und zugleich die nötige finanzielle Ausstattung bereitzustellen. Für Letzteres war er auf die Zusammenarbeit mit seiner Mutter Mechthild angewiesen: Wie bereits für Freiburg, stellte sie auch für Tübingen geistliche Pfründen aus ihrem Herrschaftsbereich zur Verfügung, über die sie das Präsentationsrecht, d. h. das Recht, die Pfründeninhaber verbindlich vorzuschlagen, besaß. Für Tübingen allerdings handelte es sich dabei nicht nur um eine einzelne Pfarrstelle, sondern um ein ganzes Chorherrenstift mit insgesamt zehn Kanonikerpfründen und Propstei, nämlich das St. Martinsstift in Sindelfingen. Offenbar entstand bereits Anfang der 1470er Jahre zwischen Eberhard und Mechthild der Plan, diese reichen Pfründeinkünfte, über die Mechthild aus dem Wittum ihrer ersten Ehe mit Graf Ludwig I. von Württemberg (1412–1450) verfügte, in die Universitätsgründung einzubringen.

Schon 1470 begann der Neubau des Chors an der alten Tübinger Pfarrkirche, der die räumlichen Voraussetzungen für das künftige Stift dort schaffen sollte[5]. Am 4. Mai 1474 supplizierte Eberhard zum ersten Mal an die Kurie mit der Bitte, das Sindelfinger Stift aufzuheben und die Pfründen nach Tübingen transferieren zu dürfen, mit der erklärten Absicht, dort eine Universität zu gründen. Diese älteste Supplik war bislang unbekannt, sie wurde erst durch die gerade erfolgte Veröffentlichung des Repertorium Germanicum für die Zeit Papst Sixtus‘ IV. (1414–1484) zugänglich und ist in unserem Zusammenhang zuerst von Julius Jansen entdeckt worden[6]. In ihr ist Eberhard selbst als Inhaber der Sindelfinger Patronatsrechte genannt, seine Mutter Mechthild wird dagegen nicht erwähnt – es wird hier also verschwiegen, dass sich das Patronat als Teil des Wittums für die Lebenszeit seiner Mutter in deren Händen befand. Im April desselben Jahres 1474 hatte Eberhard die Ehe mit Barbara Gonzaga von Mantua geschlossen und dadurch mit seinem Schwager, dem Kardinal Francesco Gonzaga (1444–1483), einen mächtigen Fürsprecher an der römischen Kurie gewonnen. Möglicherweise steht also diese erste Initiative in Rom in engem Zusammenhang mit der italienischen Ehe Eberhards[7].

Im Frühjahr 1476 bat Graf Eberhard erneut um die Verlegung der Sindelfinger Pfründen nach Tübingen, diesmal ausdrücklich zusammen mit seiner Mutter Mechthild[8]. In der Supplik an Papst Sixtus IV. ist die Rede von acht der zehn Kanonikerpfründen sowie der Propstei des Sindelfinger St. Martinsstifts, die nach Tübingen transferiert werden sollten. Die Supplik enthält zugleich die Bitte, die Tübinger Pfarrkirche in eine Kollegiatskirche zu verwandeln, ohne indes die bevorstehende Universitätsgründung zu erwähnen. Dieser Bitte wurde durch den Papst am 11. Mai 1476 entsprochen. Die in der Papstbulle teils wörtlich wiedergegebene Supplik Eberhards und Mechthilds beinhaltet nun explizit den Hinweis, dass das Chorherrenstift Sindelfingen unter dem Patronat der Erzherzogin Mechthild von Österreich stehe: *dicta ecclesia, quae de iure patronatus dicte Mechtildis archiducisse ratione dotis existit*[9].

Erst nachdem diese Bulle für Sindelfingen vorlag, beantragte Graf Eberhard in einer zweiten Supplik unter Rückgriff auf die soeben aus Sindelfingen transferierten Chorherrenpfründen, in Tübingen eine Universität errichten zu dürften[10]. In Sindelfingen wurde daraufhin mit dem deutlich geringeren verbliebenen Vermögen ein Augustinerchorherrenstift der Windesheimer Kongregation gegründet. Zur Erinnerung an diesen Gründungsakt entstand das berühmte Sandsteinrelief von Mechthild und Eberhard, das sich noch heute in der Martinskirche in Sindelfingen befindet (Abb. 3). Die lateinische Inschrift des Reliefs lautet in deutscher Übersetzung: „Die hochedle Herrin Mechthild, eine geborene Pfalzgräfin bei Rhein und Erzherzogin von Österreich, und der edle Eberhard Graf von Württemberg, deren Sohn, [waren] – nachdem das vorherige Collegium nach Tübingen

3 | Stifterrelief der Martinskirche in Sindelfingen, 1477 (Vorlage: Stadtarchiv Sindelfingen)

verlegt worden war – die Restauratoren dieses heiligen Chorherrenstifts und nach kanonischem Recht dessen Gründer im Jahr des Herrn 1477“[11].

Papst Sixtus IV. hatte auch der zweiten Supplik Eberhards entsprochen und mit einer Bulle vom 13. November 1476 die Gründung der Universität Tübingen erlaubt (Abb. 4). Die feierliche Publika-

4 | *Bulle Papst Sixtus IV. zur Gründung der Universität Tübingen, 1476 November 13 (HStAS A 602 Nr. 6392)*

tion dieser Bulle durch den Abt des Klosters Blaubeuren, Heinrich Fabri († 1493), erfolgte am 11. März 1477. Mit Hilfe eines Einblattdrucks wurde daraufhin landauf landab die Eröffnung der Universität Tübingen am 3. Juli 1477 bekanntgemacht, und dieses öffentliche Werbeschreiben Eberhards im Bart nennt auch seine Mutter ausdrücklich als Gründerin: *atque cooperatione Illustrissime principis et domine domine Mechtildis Archiducisse Austrie*[12].

Johannes Vergenhans (1425–1510) eröffnete als Gründungsrektor am 14. September 1477 die Universitätsmatrikel, und im Oktober 1477 wurde schließlich der Lehrbetrieb aufgenommen[13]. Die Tübinger Universität startete mit den vier traditionellen Fakultäten der Theologie, Jurisprudenz, Medizin und der freien Künste. Heinrich Fabri verkündete als päpstlicher Beauftragter die ersten Universitätsstatuten, und Graf Eberhard verlieh der Universität in seinem Freiheitsbrief vom 9. Oktober

1477 wichtige Privilegien, wie das Satzungsrecht, eine eigene Gerichtsbarkeit, die Verwaltungsautonomie sowie Steuerfreiheit. Dabei diente der Freiheitsbrief der Universität Freiburg (vom 21. September 1457) als unmittelbares Vorbild für Tübingen[14]. Inwieweit Mechthild diese naheliegende Verbindung hergestellt hatte, ist heute nicht mehr nachzuprüfen; als ebenfalls landesherrliche Gründung bot die Universität Freiburg jedenfalls in grundlegenden Fragen der universitären Ordnung einen geeigneten Orientierungspunkt.

Über sechs Jahre später, am 20. Februar 1484, wurde die päpstliche Lizenz schließlich durch die kaiserliche komplettiert[15]. Damit gehört die Tübinger Hochschule zu einer der wenigen Universitäten der zweiten Gründungswelle, die von beiden Universalgewalten des Mittelalters, von Papst und Kaiser, privilegiert wurden.

Innerhalb von elf Monaten gelang es – von der (zweiten) Supplik an den Papst bis zur Eröffnung der Universität – das Projekt in die Wege zu leiten. Dabei gibt es keinen Zweifel, dass Graf Eberhard im Bart nicht allein handelte bzw. handeln konnte, die Mitwirkung Mechthilds steht hierfür – anders als im Fall der Freiburger Gründung – von Anfang an fest. Die nachweislich enge Verbindung zwischen der Fürstin und ihrem Sohn lässt es sehr wahrscheinlich erscheinen, dass das gesamte Universitätsprojekt von beiden gemeinsam geplant und umgesetzt wurde, wohingegen zu ihrem zweiten Ehemann Erzherzog Albrecht VI. offenbar keine sehr enge Bindung bestanden hatte.

Dass auch ein eng mit der Universitätsgründung verbundener Zeitgenosse die Beteiligung Mechthilds am Zustandekommen der Tübinger Universität sehr hoch einschätzte, zeigt die im 16. Jahrhundert postum erschiene Weltchronik des Johannes Vergenhans: *1477, auf Ansuchen des berühmten Grafen Eberhard von Würtemberg und Mömpelgardt, des Aelteren, und seiner Durchl. Frau Mutter, ist auf Apostolisches Ansehen die Universität der allgemeinen Schul in diesem Städlen Tübingen* [...] *aufgerichtet worden*[16].

Die auf den ersten Blick so gelungene finanzielle Grundausstattung der Universität hatte einen Haken, wie sich im laufenden Betrieb bald herausstellen sollte: Die Professorengehälter waren an die Stiftspfründen des St. Georgstifts gebunden, d. h. die Stiftsherren sollten zugleich auch als Hochschullehrer tätig werden, wozu aber nicht alle Kanoniker bereit und in der Lage waren. Doch fand sich in der Papstbulle keine Handhabe, im Falle einer Weigerung die Stiftsherren zu einer Resignation zwingen zu können. Außerdem wäre streng genommen Mechthild als Inhaberin des Patronatsrechts in der Lage gewesen, allein über die Besetzung der Pfründen und damit der Professuren zu entscheiden; tatsächlich aber scheint sie auf dieses Recht verzichtet zu haben, es findet sich jedenfalls kein Beispiel für eine von ihr vorgenommene Präsentation.

Mittelfristig musste deshalb eine andere Lösung gefunden werden, die Graf Eberhard schließlich in eigener Person – im Todesjahr seiner Mutter – auf einer Reise nach Rom herbeiführen konnte: Mit einer weiteren Papstbulle vom 13. April 1482 ließ er die Pfründen des St. Georgstifts aufheben[17]. Die Chorherren sollten künftig aus den Kaplaneipfründen des Stifts bezahlt werden, während die Kanonikerpfründen zu einer Vermögensmasse zusammengefasst wurden, aus der künftig die Professoren besoldet werden sollten. Graf Eberhard fügte dieser Ausstattung vier weitere Pfarreipfründen hinzu, auf deren Besetzung er künftig zugunsten der Universität verzichtete. 1491 erließ er dann eine Gesamtordnung für die Besoldung der Professoren, mit der die Finanzierung nachhaltig auf eine solide Basis gestellt war[18].

Mechthild von der Pfalz aber war nicht nur durch die Finanzausstattung mit der Universität Tübingen verbunden, auch persönliche Netzwerke verbanden sie mit den Gelehrten der frühen Universität. Im Eröffnungssemester 1477/78 finden sich bekannte Namen vor allem unter der Rubrik der ehrenhalber Eingetragenen: Bereits an dritter Stelle der Matrikel unterschrieb beispielsweise Antonius von Pforr (gest. 1483), Hofkaplan und Rat Mechthilds in Rottenburg. Auch der Leibarzt der Fürstin, Lucas Spetzhard, schrieb sich in die Universität ein[19].

Mechthild und die Gebäude der Universität Tübingen

Die ersten und ältesten Universitätsgebäude Tübingens waren bereits im Oktober 1477, als die ersten Vorlesungen begannen, weitgehend fertiggestellt. Die berühmten Glasfenster des Peter Hemmel von Andlau (1420–1506) im Chor der Stiftskirche verewigen nicht nur Eberhard und seine Gattin Barbara Gonzaga, sondern auch Eberhards Eltern, Graf Ludwig I. sowie Mechthild von der Pfalz, die bei der Fertigstellung der Glasmalereien noch lebte[20]. Die Präsenz Mechthilds im Chor der Stiftskirche, wo die junge Universität sich zu feierlichen Versammlungen zusammenfand, ist ein weiteres Beispiel und ein starkes Bild für die Verbundenheit der Fürstin mit ihrer Gründung (Abb. 5).

Doch auch die übrigen frühen Gebäude der Universität Tübingen enthalten – wenn auch weniger offensichtliche – Hinweise auf eine Mitwirkung Mechthilds von der Pfalz an ihrer Errichtung. Bauarchäologische Untersuchungen haben bestätigt, dass die ersten Hölzer bereits zwischen Winter 1475/76 und Sommer 1477 gefällt wurden[21]. Die Fälldaten der Bauhölzer liegen damit zeitlich überwiegend noch vor der öffentlichen Bekanntmachung der Universitätsgründung am 11. März 1477. Mit großer Wahrscheinlichkeit lag also das Bauholz für die ersten Universitätsgebäude schon bereit, um nach der päpstlichen Bewilligung unverzüglich mit den Bauarbeiten beginnen zu können[22].

Und hier tritt Mechthild erneut als Förderin der Universität in Erscheinung: In einem am 27. August 1476 abgeschlossenen Flößereivertrag zwischen Mechthild als Erzherzogin von Österreich, ihrem Sohn Graf Eberhard, ihrem Schwager Graf Ulrich V. von Württemberg (1413–1480) und der Reichsstadt Esslingen einigten sich die Parteien auf ein zollfreies Flößen auf dem Neckar[23]. Mechthild wird als ranghöchste Partei des Vertragswerks zuerst genannt und tritt als Vertreterin ihrer Herrschaft Hohenberg auf.

Die Genehmigung der teilweisen Verlegung des Sindelfinger Stifts nach Tübingen durch den Papst (Bulle vom 11. Mai 1476) war zu diesem Zeitpunkt bereits erfolgt, doch die päpstliche Privilegierung der Universität sollte erst im November des Jahres folgen (Bulle vom 13. November 1476); der Flößereivertrag wurde also drei Monate vor der Gründungsbulle geschlossen. Es ist demnach höchst wahrscheinlich, dass der Vertrag zur zollfreien Flößerei und die Gründung der Universität Tübingen unmittelbar zusammenhängen. Und auch die Fälldaten der Hölzer, die für die Universitätsbauten in der Münzgasse genutzt wurden, zeigen die direkte und offenkundig zweckgebundene Umsetzung des Flößereivertrags auf. Die Zollfreiheit war bemerkenswert, da eine mit Zöllen belegte Flößerei den in der Herrschaft Hohenberg liegenden Städten Horb und Rottenburg eine einträgliche Geldeinnahmequelle geboten hätte. Offenkundig nahm Mechthild auch an dieser Stelle bewusst finanzielle Verluste in Kauf, um die Anfänge der Tübinger Universität zu unterstützen.

Das Projekt einer Universitätsgründung in Tübingen scheint also bereits um 1470, mit dem Ausbau der alten Tübinger Pfarrkirche, erste Konturen angenommen zu haben, spätestens aber 1474 mit der ersten Supplik an die römische Kurie. Danach folgten die beiden weiteren Suppliken der Jahre 1476 und der Flößereivertrag, mit dem Bauholz aus dem Schwarzwald kostengünstig herangeschafft werden konnte. Die in Etappen von März bis November 1477 verlaufende Eröffnung der Universität war da nur noch wenige Monate entfernt.

Mechthild von der Pfalz hatte an all diesen Schritten wichtigen Anteil. Sie unterstützte vor dem Hintergrund ihrer persönlichen Erfahrungen mit den beiden Universitäten Heidelberg und Freiburg die Stiftung ihres Sohnes, ja man kann sich vorstellen, dass die Idee zu einer Universitätsgründung von beiden gemeinsam entwickelt und dann Schritt für Schritt realisiert wurde. Ganz ohne Zweifel aber war Mechthild neben Eberhard im Bart die wichtigste Akteurin im Universitätsprojekt. Die Eberhard Karls Universität tut gut daran, sich auch der Bedeutung Mechthilds an ihrer Gründung bewusst zu sein.

5 | Mechthild von der Pfalz auf einem Glasfenster der Stiftskirche Tübingen, um 1476/1478

1 Martin Crusius (geb. 1526) liefert ein Jahrhundert nach der Freiburger Universitätsgründung den wohl frühesten Hinweis auf eine Beteiligung Mechthilds an der Stiftung in seiner schwäbischen Chronik. Erst der Jurist und Historiker Josef Anton von Riegger (1742–1795) hielt fast zweihundert Jahre später eine Mitwirkung Mechthilds an der Stiftung für wahrscheinlich, jedoch ohne Belege zu nennen. Eine tragende Rolle bei der Entstehung der Freiburger „Mechthild-Tradition" spielt wohl das 1779 angefertigte Gemälde des Stifterpaares 20 Jahre nach dem dreihundertjährigen Jubiläum der Universität Freiburg, vgl. Speck 2006, S. 21 f.; zuletzt zur Universitätsgründung Langmaier 2015, S. 424 ff.

2 Speck 2006, S. 21 f.

3 Strauch 1883, S. 64 ff. Die betreffende Urkunde liegt im Hauptstaatsarchiv Stuttgart unter HStAS J 13 U 5.

4 Den Ablauf der Gründung schildert ausführlich Teufel 1977, S. 3–33; zum Begriff „zweite Gründungswelle" vgl. Lorenz 1999, S. 7–18.

5 Marstaller 2018 (Monstra), S. 117.

6 Wir danken Julius Jansen für den Hinweis auf dieses wichtige Dokument: vgl. Repertorium Germanicum 2018, Bd. 1, Nr. 1865, S. 447.

7 Julius Jansen geht dieser und weiteren Fragen im Umfeld der Tübinger Universitätsgründung in seiner Masterarbeit (Tübingen 2019) nach.

8 Roth 1877, S. 2.

9 Roth 1877, S. 2.

10 Keyler 2018, S. 177 f.

11 Übersetzung: Dr. Gerhard Betsch (*http://www.zeitreise-bb.de/sindelf/sindelf/gesch/relief_martin.html#ziel2* (Letzter Aufruf: 28.01.2019)).

12 Roth 1877, S. 29.

13 Keyler 2018, S. 183.

14 Teufel 1977, S. 19 f.

15 Keyler 2018, S. 188 f.; Teufel 1977, S. 45.

16 *Eodem anno salutis 1477 ad instantiam inclyti comitis Eberhardi de Vuirtemberg et Montispeligardi senioris illustrissimaeque dominae Mechtildis matris eiusdem, autoritate apostolica universitas studij generalis in hoc opido Tubingen Constantinensis diocesis provinciae Moguntinae, fuit erecta, et ecclesia parochalis divi Georgij martyris, in collegiatam elevate* (Chronica Naucleri, S. 1102). Übersetzung entnommen aus: Schäfer 1987, S. 54 f.

17 Teufel 1977, S. 128 f.

18 Teufel 1977, S. 131 ff.

19 Hermelink 1931, S. 2, Nr. 3 und Nr. 6.

20 Jantzen 1993, S. 250.

21 Die bauarchäologischen Untersuchungen erfolgten 1987–2004, zuletzt durch Tilmann Marstaller und Jutta Hofmann. Es handelt sich um die Gebäude Münzgasse 22–28 sowie die große Burse, die nur wenig später errichtet wurde (1478–1480). Ein weiterer in dieser Zeit entstandener Bau, das Lectoriengebäude, ist 1534 abgebrannt und heute durch die „Alte Aula" ersetzt. Vgl. Marstaller 2018, (Monstra), S.123–136.

22 Marstaller 2002, S. 79–81.

23 Kat. Nr. III.7.

Gudrun Bamberger / Jörg Robert

Mechthilds „Musenhof“ – Renaissance und Ritterromantik im deutschen Südwesten

Froben Christoph von Zimmern, Verfasser der so genannten „Zimmerischen Chronik“ (angelegt zwischen 1540/1558 bis 1566), hatte vor allem eines im Sinn: die Familienehre reinzuwaschen. Frobens Vorfahr, *Herr Wernher freiherr zu Zimbern* sei *in grosem verdacht gewesen*, eine Affäre *mit der herzogin von Österreich* gehabt zu haben, [welche] *zu Rotenburg am Necker iren widdumsitz und hofhaltung gehabt.* Nachforschungen entlasten den Ahnen, zeichnen aber ein skandalöses Bild jener Mechthild von der Pfalz: Froben habe sich *vor jharen bei den alten, die deren sachen wol gedenken mögen,* [...] *vil befragt und erkundiget, aber im grundt nie befünden mügen* [können], *das er sich über gepüre mit disem überflaischgirigen weib hab wellen einlassen, gleichwol er oft beschriben, auch erschinen ist und mit andern graven und herren, auch denen vom adel vil daselbst gerennt und gestochen* [...][1]. Mechthilds Hof erscheint im Spiegel der *Zimmerischen Chronik* nur noch als Zerrbild jenes Ortes, der als Rottenburger „Musenhof“ in der älteren Literatur[2] gefeiert wurde: *Ir wesen und hofhalten ist aller frewden und wollusts, so man erdenken und gehaben mogt, überflissig* [überreich] *vol gewesen.* Froben Christoph von Zimmern berichtet weiter, Mechthild habe *zu Rotenburg grosse höf, auch cöstliche vasnachten gehalten*, sei aber nach dem Tod ihres zweiten Mannes *so mangierig gewesen*, dass sie jeden, der *mit aim langen und starken penicill begabt gewesen, zugelassen* habe. Weitere, teils derbe und misogyne Anekdoten unterstreichen dieses Bild. Mechthild wird wie eine typische Schwankfigur gezeichnet: die liebestolle, *mangierig*[e], Alte – kurz: eine vergnügungssüchtige, unverbesserliche Nymphomanin, die man wohl als *fraw Venusperg* hätte bezeichnen können.

Bei dieser Gelegenheit kommt Froben Christoph auf ein zentrales Werk zu sprechen, das im Umfeld der Mechthild entstanden sei – die „Mörin“ des Hermann von Sachsenheim (1366/69–1458). Es sei ein *höflich gedicht* [...], *darauß von ainem verstendigen wol etwas mag von hoffsitten und den gemeinen weltgepreuchen gelernt werden* [...][3]. Froben Christoph von Zimmern und mit ihm weite Teile der Forschung interpretieren das über 6.000

Die Mörin.
Eyn Schöne Kurtzweilige vnd Liebliche Histori/ welch durch weilandt Herr Herman von Sachsenheym Ritter (eyns abentheurlichen handels halben/ so jm in seiner jugent begegnet) beschriben/ vnd hernach die Mörin genant ist. Allen denen / so sich der Ritterschafft gebrauchen: Auch zarter fräwlin diener gern sein wolten: Nit alleyn zu lesen lustig/ vnd kurtzweilig/ sonder auch zu getrewer warnung nützlich vnd erschießlich rc. an tag geben.

Zu Wormbs truckts Sebastianus Wagner.

1 | Hermann von Sachsenheim: Die Mörin. Worms: Sebastian Wagner, 1538 (Vorlage: Bayerische Staatsbibliothek München, Titelblatt)

Verse umfassende Werk, das man die „geistreichste ‚show‘ des 15. Jahrhunderts“[4] genannt hat, als eine Art Schlüsselroman auf das Treiben am Rottenburger Hof. „Die Mörin“ (entstanden 1453)[5] war eines der erfolgreichsten Werke aus dem Umkreis der Mechthild; der Text wurde mehrfach (z. B. 1512, 1538, 1560 und 1565) gedruckt, kursierte in zahlreichen Handschriften und blieb so im literarischen Gedächtnis des 16. Jahrhunderts gegenwärtig (Abb. 1).

Im Zentrum der umfangreichen Verserzählung steht eine abenteuerliche Begebenheit, von welcher der Ich-Erzähler – ein alter Ritter – berichtet. Weil er einen Minneeid gebrochen habe, sei er mit Hilfe eines *edel zwerglin clain und werd* (Vers 64) *gen Orient* (Vers 170), auf eine paradiesische Insel ins Reich der Königin *Venus Minn* entführt und dort von der „schwarzen Mörin“ Brunhilt unter derben Anschuldigungen der Untreue angeklagt worden. Der nun fällige fünftägige Prozess auf Leben und Tod – ein typisches Element spätmittelalterlicher Minnereden – ist voller juristischer Finessen und witzig-zotiger Wortgefechte, deren zeitgenössischer Anspielungshorizont heute kaum noch nachvollziehbar ist. Unterbrochen wird der Prozess von ritterlichen Turnieren und nächtlichen Unterhaltungen über aktuelle Themen, immer wieder mit Anspielungen auf den Rottenburger Hof. Der Angeklagte wird verurteilt, appelliert jedoch an die nächst höhere Instanz, „Frau Abenteuer“, die *höher ist dann Venus Minn* (Vers 3739). König Tannhäuser ist das Appellationsverfahren zu teuer und zu unbequem, daher lässt man den Angeklagten einen lateinischen Eid schwören. Da Venus Minn diese Sprache nicht versteht, gelingt es, alles für den Angeklagten Nachteilige wegzulassen. Zufrieden kehrt der Ich-Erzähler nach Hause zurück, wo er seiner Ehefrau sehr selektiv von seinen Erlebnissen berichtet. Das Werk schließt mit einer direkten Anrede und Widmung an Pfalzgraf Friedrich den Siegreichen und Mechthild, die auch in weiteren Passagen (z. B. Verse 5452–5457) angesprochen wird:

Aim edeln fürsten hochgeborn
Und ainer werden fürstin guot –
Sie syend beid von ainem bluot,
Uß Bayerlant pfalczgraf by Rin,
Zuo Österrich ain herczogin –
Hon ich dis red zuo dienst gemacht.
(Verse 6042–6047)

Neben der „Mörin" widmet Hermann von Sachsenheim seiner *fürstin guot* (Vers 6043) zwei weitere Minnereden: den „Spiegel" (ca. 1452) und die „Unminne" (nach 1444). Hermanns literarisches Schaffen, aber auch sein Wirken als Jurist stehen in engster Beziehung zu Mechthild und zum Württembergischen Grafenhaus. Nach dem Tod Eberhards des Jüngern (1419) diente er als württembergischer Rat (1419–1442) unter Henriette von Mömpelgard († 1444) und ihrem Sohn Ludwig († 1450); 1431 erfolgte die Übertragung des Lehens Sachsenheim durch Ludwig. Seine Beziehungen zu Mechthild reichen zurück bis zur Heiratsverabredung mit Ludwig, bei der Hermann anwesend war[6]. Nach ihrer zweiten Ehe mit Albrecht VI. von Österreich lassen sich mangels Quellen Kontakte nur noch schwer bestimmen. Ob und wann er sich am Böblinger und dann am Rottenburger Hof aufhielt, ist unklar. Für eine enge Verbundenheit spricht immerhin, dass Hermanns gleichnamiger Sohn am Rottenburger Hof das Amt des Hofmeisters innehatte und Mechthild in verschiedenen Missionen diente. Er wird sogar in ihrem Testament erwähnt[7].

Hermanns gesamtes literarisches Werk entsteht im hohen Alter, zwischen 1444 und 1455. Man hat seine Werke als „ritterromantisch"[8] bezeichnet, und diese Bezeichnung trifft etwas Richtiges. Hermann beruft sich immer wieder auf die großen Autoren des deutschen Mittelalters, die er in derselben Weise als unübertroffene *exempla* zitiert wie die Humanisten die Autoren der klassischen Antike. Wolfram von Eschenbach, der jüngere Titurel, aber auch Verfasser vielgelesener Minnereden wie Hadamar von Laber („Die Jagd") zählen zu den verehrten Modellen.

Doch der Begriff „Ritterromantik" kann auch den Blick auf die Aktualität dieser spätmittelalterlichen Texte verstellen: Ritterliche Tugenden, Themen und Traditionen (vor allem die Rolle der Liebe und damit auch der Liebesdichtung) waren keineswegs Relikte der Vergangenheit, die man nostalgisch beschwor, weil sie unrettbar der Vergangenheit angehörten, sondern bildeten nach wie vor ein zentrales, hoch aktuelles Element höfischer Kultur. Während jedoch in Italien die Synthese zwischen Ritterroman bzw. Ritterromantik und Humanismus in Hauptwerken der Renaissanceliteratur kulminierte (Ariosts „Orlando Furioso" oder Tassos „Gerusalemme liberata"), standen sich in Deutschland beide Linien eher berührungslos gegenüber. Allenfalls der im 15. Jahrhundert aufblühende Prosaroman – Mechthild besaß z. B. Thüring von Ringoltingens „Melusine" (1456) – bot ein Gegenstück zum italienischen Ritterepos. Entscheidend war jedoch, dass beide Seiten, Humanisten und Ritterromantiker, in Mechthild ihren gemeinsamen Fluchtpunkt hatten (Abb. 2).

Auch wenn Hermanns burleske Texte, die gleichsam literarische „Fasnacht" trieben, nicht als „Schlüsselromane" bezeichnet werden können, so sind sie doch voller Bezüge auf Mechthild und den Rottenburger Hof. Auch in der Minnerede „Der Spiegel" wird die *furstin zart* (Vers 2667, S. 206) erwähnt. Zwischen dem Zwerg, der den Ich-Erzäh-

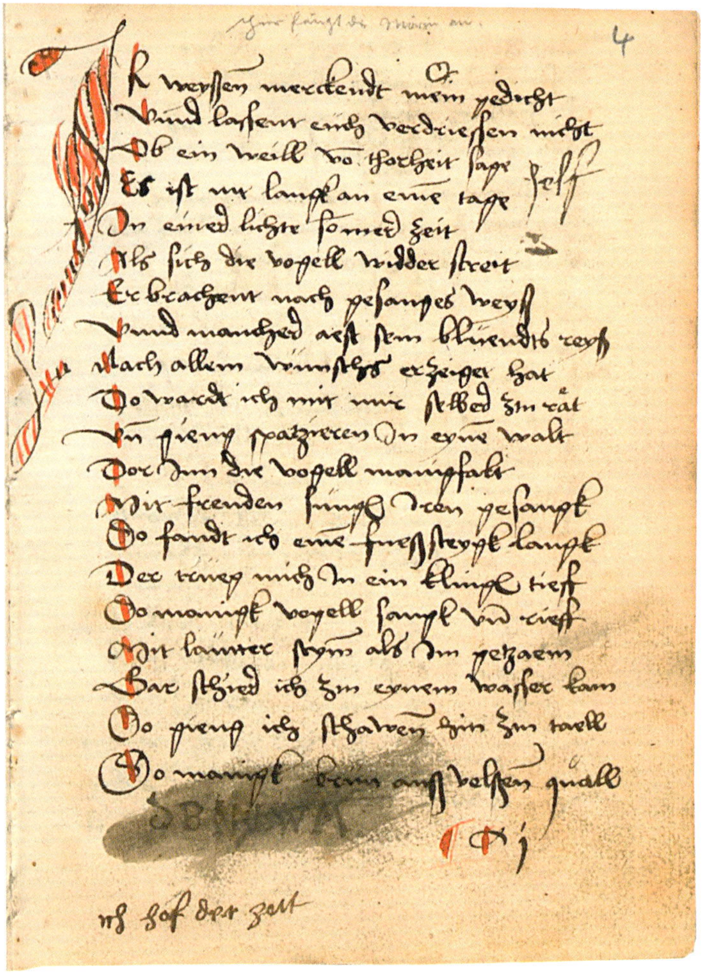

2 | *Hermann von Sachsenheim: Die Mörin. Handschrift F, sog. Liederbuch der Klara Hätzlerin (Vorlage: Universitäts- und Landesbibliothek Sachsen-Anhalt, fol. 4v)*

ler nach überstandenem Minne-Prozess wieder nach Hause bringt, und dem Protagonisten entspinnt sich ein Dialog über Mechthild und ihren zweiten Mann, den Herzog von Österreich: *myn fraw, die Abentur* [Abenteuer], *die ist der furstin holt* (Vers 2682 f., S. 206), denn Mechthild *hatt die waren mynn / vor allen dingen liep* (Vers 2686 f., S. 207). Solche und ähnliche Aussagen deuten darauf hin, dass Hermann seine Fürstin gegen *claffer* und *nachgaffer*, d. h. üble Nachredner, in Schutz nehmen will. Offenbar boten Mechthilds prächtige Hofhaltung und ihre Rolle als fürstliche Witwe schon zu Lebzeiten genug Stoff für üble Gerüchte und Gerede, die dann in der Chronistik ihre schwankhafte Fortsetzung fanden.

Doch was steckte hinter den Gerüchten? War Rottenburg wirklich ein Zentrum der Ausschweifung, des ganzjährigen Karnevals, oder doch ein „hotspot“ der Frührenaissance im deutschen Südwesten, der Dichter und Künstler anzog, mit anderen Worten: ein „Musenhof“? Die Forschung hat diese Frage, die schon die Zeitgenossen der Mechthild umtrieb, bis heute nicht entscheiden können. Pro und Contra stehen sich gegenüber. Auf der einen Seite die Anhänger der Musenhof-These, die betonen, dass Rottenburg durch Mechthild „für drei Jahrzehnte (1450–1482) der Mittelpunkt eines geistigen Lebens geworden [sei], nicht nur im engeren Umkreise – nein, man darf sagen für das südwestliche Deutschland“[9].

Auf der anderen Seite die Skeptiker: „Musenhof“ – das erinnere zu sehr an den „Musenhof“ der Anna Amalia in Weimar, ein Vergleich, der im Hinblick auf das Rottenburg des 15. Jahrhunderts anachronistisch wirke. Dass man für Rottenburg „Merkmale eines literarischen Zentrums, von dem literarische Ideen und Aufträge ausgehen müssten, das eine materielle Basis für die Literaturproduktion bereitstellen und kontinuierlich fördern sollte“[10], nur bedingt nachweisen kann, kann nicht überraschen.

Im Grunde legen die Skeptiker dieselbe hohe Messlatte an wie die Vertreter der Musenhof-These – nur eben unter umgekehrten Vorzeichen. So ist es nur folgerichtig, wenn die Skeptiker das Prädikat Rottenburger „Musenhof“‘ schlichtweg als „Irrtum der Mediävistik" verabschieden wollen[11]. Doch damit schüttet man das Kind mit dem Bade aus. Der Versuch, einen Mittelweg zwischen Idealisierung und Dekonstruktion zu finden, der das Phänomen „Mechthild und die Literatur'" in ihrem spezifischen historischen Kontext beschreibt, steht noch aus. Er müsste auf der Grundlage der historischen und literarischen Quellen die besonderen Beziehungen rekonstruieren, die Autoren wie Hermann von Sachsenheim, Niklas von Wyle oder Jakob Püterich von Reichertshausen untereinander, mit Mechthild selbst, ihrem Hof, ihrer Familie und ihrer Administration usw. verbanden. Zu beurteilen wäre die Rolle der Literatur für die Hofkultur, aber auch umgekehrt die Rolle der Hofkultur für die Literatur und in der Literatur – siehe etwa die „Mörin". Welche Erwartungen verbanden Literaten mit Mechthild? Wie war die Art ihrer Verbindung zur Fürstin? Wie eng bzw. persönlich waren die Kontakte, über welche Kanäle und Mittelspersonen verliefen sie? War die Unterstützung vor allem ideeller oder auch materieller Natur?

Besonders aufschlussreich für solche Fragen ist eine Figur wie Niklas von Wyle (um 1415–1479), Stadtschreiber (*protonotarius*) in Esslingen (1447/48–1469), schließlich als Kanzler im Dienst des Grafen von Württemberg in Stuttgart (1469–1479). Wyle stand mit dem Rottenburger „Musenhof" seit ca. Mitte der 1450er Jahre in Verbindung, noch engere Kontakte verbanden ihn mit dem Haus der Markgrafen von Baden. Für sie trat Wyle 1459 auf dem Fürstentag zu Mantua als Sprecher Karls I. von Baden auf und hielt dort eine Rede auf Papst Pius II., den von ihm verehrten Humanisten Enea Silvio Piccolomini. Wyle war ein im ganzen Südwesten hoch geschätzter Verwaltungsfachmann, Politiker und Diplomat, der sich unermüdlich für die Rezeption der neuen, modernen Ideen und Ideale der italienischen Frührenaissance und des Humanismus einsetzte. Neben zahlreichen rhetorisch-stilistischen Traktaten, die bis ins 16. Jahrhundert als vorbildlich galten, erreichte er mit seinen „Translationen" (auch „translatzen" oder „tütschungen"), d. h. Übersetzungen, ein Publikum weit über den Südwesten hinaus. Noch zu Lebzeiten (1478) wurde die 18 Stücke umfassende Sammlung in Esslingen gedruckt.

In den „translatzen" spiegelt sich die ungeheure Faszination, die von der Kultur der italienischen Renaissance auf den Südwesten ausstrahlte. Anders als sein Zeitgenosse Heinrich Steinhöwel (der ebenfalls in engem Kontakt zu Mechthild stand[12]) oder später Martin Luther übersetzte Wyle nicht sinngemäß, sondern bewusst wörtlich (*wort uz wort*), um so das Deutsche am Modell des lateinischen Stils zu einer gepflegten Literatur- und Verwaltungssprache auszubilden, die es mit den neuen, an der antiken Literatur orientierten ästhetischen Idealen aufnehmen konnte. Die 18 Mustertexte boten deutsche Versionen zentraler lateinischer (nicht etwa volkssprachlicher!) Prosatexte des italienischen Humanismus, darunter Auszüge aus Boccaccios „Decamerone" (Nr. 2 – Dec. IV, 1; nach der lateinischen Übersetzung), Texte Poggio Bracciolinis (Nr. 4–7; 11, 17) und immer wieder Schriften des von Wyle hoch verehrten Enea Silvio Piccolomini (1, 3, 12).

Der Kreis der Widmungsadressaten ist weit. Wyle zielt – wie die Übersetzungen antiker und humanistischer Klassiker insgesamt – weniger auf ein genuin humanistisches als auf ein sozial hoch stehendes deutschsprachiges Publikum. Von Eberhard im Bart ist vielfach bezeugt, dass er des

Lateinischen nicht mächtig war[13]. Für Mechthild dürfte vielleicht Ähnliches gelten (auch *Venus Minn* in der „Mörin" beherrscht kein Latein!). Zu Beginn des 15. Jahrhunderts war das Ideal des „gelehrten Edelmann[s] mit humanistischer Bildung"[14] nördlich der Alpen noch kaum verbreitet. Doch der Humanismus stieß seit dem Konstanzer Konzil (1414–1418) auch im Südwesten auf ein reges Interesse. „Eleganz" – Inbegriff humanistischer Formkultur (vgl. Lorenzo Vallas damals brandneue „Elegantiarum linguae Latinae libri sex" von 1449) – war nicht nur ästhetischer Selbstzweck, sondern erfüllte ganz praktische Funktionen.

Wyles neue, am Lateinischen geschulte deutsche Kunstprosa wurde zum Modell des offiziellen Kanzleistils im Südwesten. Humanisten waren als Schrift- und Kommunikationsexperten in den Verwaltungen, an den Höfen und im internationalen diplomatischen Verkehr mehr denn je gefragt. Aber auch jenseits der eigentlichen Trägerschicht bildete sich im 15. und 16. Jahrhundert – v. a. durch Übersetzungsprojekte – ein weitläufiges „humanistisches Feld"[15] aus, an dem mehr und mehr Akteure partizipierten. Humanisten wie Niklas von Wyle waren also zentrale Vermittlungsfiguren in mehrfacher Hinsicht: Zwischen Italien und Deutschland, zwischen Latein und Volkssprache, zwischen akademisch-humanistischer und adlig-höfischer Kultur.

Der Kreis der Widmungsadressaten vermittelt einen Eindruck von Niklas von Wyles weit gespannten Netzwerken. Zwei Stücke (Nr. 2 und 10) sind dem Markgrafen Karl von Baden gewidmet; die weit überwiegende Gruppe wird jedoch Mechthild von Rottenburg selbst (Nr. 1, 3, 12, 15) sowie Angehörigen ihrer Familie zugeeignet: Gräfin Margarethe von Savoyen (Nr. 9) und dem Sohn, Eberhard im Bart (Nr. 11, 13, 14). Hinzu kommt eine Widmung an Jörg Rott (Georg Seidensticker), Mechthilds Kämmerer, der – wie sich der dritten „Translatze" entnehmen lässt – als Kontaktmann zwischen Mechthild und Niklas von Wyle wirkte (Nr. 7, 8)[16].

Mechthild und ihr Hof waren nicht Wyles einziger, aber doch der zentrale Bezugspunkt. Die „Translatzen" sind daher die bedeutendste Quelle für die These vom Rottenburger „Musenhof". Man muss Wyles Lobreden auf Mechthild und ihre Familie dabei vor allem programmatisch verstehen; sie spiegeln weniger Tatsachen als Hoffnungen, und solche Hoffnungen auf einen kulturellen Aufschwung im Südwesten durch „Einbürgerung" der neuesten italienischen Literatur und Kultur trieben Niklas von Wyle vor allem an. Mechthild erscheint in den Widmungen seiner „Translatzen" als Verkörperung des Ideals einer Renaissancefürstin, *die sich mit aigner vernunft vnd wyszhait, ouch mit liebe zuo kunst, vnd mit verstäntnüsz aller hüpschkait gelychet den alt gelopten frowen* (Keller 1861, S. 92).

In der sechzehnten „Translatze", die eigentlich Ursula von Absberg – der Frau des Verwaltungsvorstehers am württembergischen Hof – gewidmet ist, rühmt Wyle die Pfalzgräfin als *ain grosse liebhaberin aller künsten, dero guoter lümde* [Leumund] *aller wyshait tugend vnd menschlichkeit so grosz ist, das der* […] *mit loben nit mag werden gemeret noch mit schelten gemindert* (Keller 1861, S. 333). Der Katalog der Tugenden mag der Topik des Frauenlobs entstammen und konventionell sein („Weisheit", „Menschlichkeit", d. h. *humanitas* = Bildung). Immerhin aber beruht er bei Wyle auf eigener Erfahrung und Anschauung.

Im unmittelbaren Anschluss an das Mechthild-Lob erinnert sich Wyle an eine persönliche

Begegnung, die auch ein bezeichnendes Licht auf sein Übersetzungsprojekt wirft. Offenbar hatte Mechthild Niklas von Wyle zu einer Seneca-Übersetzung angeregt (*das büchlin senece von den sitten*; Keller 1861, S. 333), von der sich übrigens sonst keine Spur findet. Wyle habe jedoch gezögert, weil er an einer Stelle keine Lösung gefunden habe:

[…] vnd alz sy fraget was das wer Sagt jch es stünd also. Si vis omnibus esse notus fac prius neminem noueris. das nach dem buochstaben also lute [lautet] *wilt du yderman sin bekant so machh vor* [vorher] *daz du niemant bekennest etc. Von stund an vf klaines schwygen* [nach kurzem Schweigen] *stillhalten vnd bedencken, tett ir gnad dise wort widerumb melden wilt du yederman sin bekant so machh vor daz du niemant bekennest* [kennst]. *Vnd redt dar vf. Ich main es hab vf jm dise mainung wilt du yderman sin bekant. Das ist. Wilt du daz mengklich* [viele] *vmb dich, guotz von dir sag vnd rede. So machh vor daz du niemant bekennest.* (Keller 1861, S. 333 f.).

Die höchst interessante Stelle belegt nicht nur den persönlichen Kontakt zwischen der Pfalzgräfin und ihrem Übersetzer, dessen Tochter am Rottenburger Hof erzogen wurde[17]; sie zeigt auch Mechthilds Schlagfertigkeit und Klugheit, die sich hier in einem witzigen Bonmot (einem *facete dictum*) äußert. Zugleich wird deutlich, dass Mechthild offenbar nicht über Lateinkenntnisse verfügt, sondern den Sinn (*mainung*) der Vorlage allein aufgrund ihrer Lebenserfahrung und Weltklugheit erkennt.

Doch wie stand es nun um Mechthilds Interesse an Literatur? Diese Frage lässt sich dank des so genannten „Ehrenbriefs“ (verfasst 1462) des Jakob

3 | *Jakob Püterich von Reichertshausen: Autorenbild aus dem Ehrenbrief für Pfalzgräfin Mechthild, Herzogin von Österreich, 1462 (Bayerische Staatsbibliothek München Cgm 9220)*

Püterich von Reichertshausen (1400–1469), einer umfangreichen Lobrede auf Mechthild in 148 sogenannten Titurel-Strophen, zumindest teilweise beantworten[18] (Abb. 3).

Püterich wirkte als Beisitzer am kaiserlichen Kammergericht in Wien und diente den Herzögen Siegmund und Albrecht IV. von Bayern-München als Rat[19]. Er verkehrte nicht persönlich am Rottenburger Hof und hatte Mechthild auch nie kennengelernt; diese hatte ihm jedoch zuvor eine Bücherliste (*zetel*; Str. 54, v. 3, S. 57) übersandt, in der sie über ihre Bibliotheksbestände Auskunft gab. Die Bekanntschaft ergab sich über die gemeinsame Verbindung zu Bayern: *Auch das ir seid des pluetes / von Bairn fürstlich durchlucht* (Str. 57, v. 1 f., S. 58). Dieser genealogische Aspekt ist überhaupt ein zentrales Anliegen des Briefes. Der *Ehrenbrief* enthält nämlich auch eine Zusammenstellung aller turnierfähigen bayerischen Adelsgeschlechter (Str. 57 ff..), von der Püterich hofft, dass sie Mechthild – der *fürstin wolgeborn aus Baierland* (Str. 148, v. 4, S. 76) – gefallen werde. Aus dem *Ehrenbrief* geht hervor, dass Mechthild 94 Handschriften bzw. Bücher besaß, von denen selbst der Büchernarr Püterich ganze 23 – darunter auch die „Mörin" und Wyles „Translatzen" (*statschreibers puechlein*; Str. 98, v. 7, S. 66) – unbekannt waren. Diese Titel werden in den folgenden Strophen einzeln aufgezählt. Püterich bietet Mechthild daher einen Büchertausch an und legt zu diesem Zweck ein Verzeichnis der 164 Bücher und Handschriften bei, die sich in seinem Besitz befanden. Ob dieser Tausch wirklich zu Stande gekommen ist, und wie sich Mechthilds Bibliothek weiterentwickelt haben mag, liegt im Dunkeln. In Mechthilds Testament, datiert 1. Oktober 1481, werden Bücher nicht als eigener Posten erwähnt. Sie sind stillschweigend unter der *zittlichen hab und guott, das unns zugehorig ist, es sy ligent oder farent*[20] subsumiert, die Mechthild ihrem *hertzenliebe*[n] *son*[21] Eberhard hinterlässt.

Damit zu einem kurzen Resümee: Die Kontroverse um Mechthilds „Musenhof" lässt sich – das haben die Quellen gezeigt – nur bedingt auflösen. Die Verbindungen zu Literaten ganz unterschiedlicher Traditionslinien machen aus Rottenburg noch kein literarisches Zentrum wie das Weimar Anna Amalias oder das Florenz Cosimo de' Medici. Die Quellenlage verbietet es aber auch, einfach von einem „Irrtum der Mediävistik"[22] zu sprechen. Es gilt vielmehr, auf der Grundlage intensiver Detailforschungen ein historisch genaueres Bild des Rottenburger Hofes zu zeichnen, der in vieler Hinsicht doch der geistige bzw. „virtuelle" Fluchtpunkt vieler Aktivitäten im Literaturbetrieb der Region war.

Gewiss war jene Mechthild, die Hermann von Sachsenheim, Niklas von Wyle oder Jakob Püterich von Reichertshausen in ihren Schriften beschworen, eine (männliche) Projektion: das Ergebnis individueller Verpflichtungen, Erwartungen und Hoffnungen. Diese Projektionen spiegelten jedoch – wie auch immer gebrochen – ein echtes Interesse und Bedürfnis seitens Mechthilds, des Hofes, ihrer Familie und Entourage. Mechthild lebte in einer Zeit, die neue Impulse aus Italien bezog; Hofkultur und Humanismus bildeten ebenso wenig einen Gegensatz wie Ritterromantik und Renaissance. Auch wenn Hermann von Sachsenheim und Niklas von Wyle literarisch und persönlich wenig verband, so repräsentierten beide doch gleichermaßen aktuelle Facetten höfischer Kultur, die man nicht zu sehr – im Sinne zweier Kulturen oder gar Epochen – gegeneinander ausspielen sollte. Die Übersetzungen eines Niklas von Wyle zeigen, dass sich ein „humanistisches Feld" etablierte, das weit über den inneren Kreis der professionellen Humanisten hinausreichte.

Eine Entwicklung zeichnet sich gleichwohl ab: Die spätmittelalterliche Tradition trat nach dem Tod Hermanns von Sachsenheim († 1458) zurück.

Die Zuwendung zur humanistischen Linie verstärkte sich in den 1460er Jahren, wie Wyles „Translatzen" andeuten, die nun schon den Sohn Eberhard als Widmungsadressaten einschlossen. Damit war die nächste Generation eingebunden, die bereits ganz auf Humanismus und Renaissance eingeschworen war. Dass Mechthild ihren Sohn zur Gründung der Universität Tübingen (1477) anregte, nachdem sie bereits die Gründung der Albertina in Freiburg maßgeblich mit befördert hatte, blieb ihre folgenreichste Tat. Es entsprach daher nur der Wahrheit, wenn Eberhard im lateinischen Einladungsbrief, der die Gründung der Universität mit einem Lob der *studia humanitatis* verband, ausdrücklich seiner Mutter für ihre „Kooperation" bei diesem Schritt in die Zukunft dankte[23].

1 Barack 1881, S. 453.
2 Martin 1870; Strauch 1883.
3 Zimmern 1881, S. 8.
4 Glier 1971, S. 321.
5 Klingner 2013/1, S. 840–848.
6 Huschenbett 1981, S. 1091.
7 Kruska 1989, S. 67.
8 Strohschneider 1986.
9 Strauch 1883, S. 3.
10 Wand-Wittkowski 2005, S. 2.
11 So plakativ bei Wand-Wittkowski 2005.
12 Bertelsmeier-Kierst 2017, S. 129.
13 Mertens 1994, S. 36–41.
14 Vgl. Musenfreunde und Gelehrte 2003, S. 61.
15 Zum Begriff Robert 2017, S. 316 f.
16 Keller 1861, S. 92; vgl. Wand-Wittkowski 2005, S. 20.
17 Bertelsmeier-Kierst 2017, S. 133.
18 Püterich von Reichertshausen 1899.
19 Kruska 1989, S. 41–45.
20 Kruska 1989, 131. Vgl. Kat. Nr. VI.6.
21 Kruska 1989, S. 132.
22 Wand-Wittkowski 2005.
23 Abgedruckt bei Decker-Hauff/Setzler 1977, S. 27.

Peter Rückert

Mechthild, Eberhard und Barbara: eine Familienskizze

1. Einführung

Ansetzend an die anregenden Forschungserkenntnisse, die in den letzten Jahren zum württembergischen Hof und dessen Protagonisten vor allem im späten Mittelalter vorgelegt wurden, soll im Folgenden eine knappe Familienskizze entworfen werden. Diese dreht sich um Mechthild von der Pfalz (1419–1482), Erzherzogin von Österreich und verwitwete Gräfin von Württemberg, ihren Sohn Eberhard V. (1445–1496), Graf und späterer Herzog von Württemberg, und dessen Gemahlin Barbara Gonzaga, geborene Markgräfin von Mantua (1455–1503) [1]. Im Mittelpunkt soll die Beziehung der beiden Damen stehen, die durch neue Quellenfunde und Publikationen eine intensive Annäherung erlaubt und auch besondere emotionale Eindrücke ermöglicht[2].

Eine zentrale Basis für die folgende kulturhistorische Skizze bietet zunächst die Briefesammlung um Barbara Gonzaga, die vor kurzem vorgelegt wurde[3]. Sie dokumentiert die Kommunikation um Barbara, die vor allem zwischen den Höfen in Württemberg und Mantua erfolgte. Auch Mechthild und Eberhard spielen darin wichtige Rollen, und so können wir uns erlauben, ihren gemeinsamen Beziehungen näherzutreten, ihr gegenseitiges Verhältnis kennenzulernen und damit auch ihr persönliches Format, über ihren höfischen Umgang hinaus[4].

Einzubetten ist diese Familiengeschichte zunächst aber in die dynastischen Kontexte und den politischen Rahmen ihrer Zeit. Dabei wollen wir chronologisch vorgehen: Es sollten schließlich nur acht gemeinsame Jahre werden, die Mechthild, Eberhard und Barbara zwischen 1474 und 1482 zusammen erlebten; acht Jahre, die auch im Zentrum unserer Beziehungsgeschichte stehen sollen. Die Struktur der Ereignisse und ihre markanten Einschnitte werden durch die Residenzen bzw. Höfe der beiden Damen vorgegeben: Heidelberg, Stuttgart/Urach/Böblingen und Rottenburg bei Mechthild; Mantua, Urach/Stuttgart und Böblingen bei Barbara. Parallelen in den Lebenswegen der beiden werden bereits hier evident, und so dürfen wir zumindest zeitweise von einem vergleichbaren Ambiente und Erfahrungsschatz ausgehen; einem höfischen Ambiente, das den beiden geboten wurde und das sie auch gestalten konnten. Wir wollen sie dabei beobachten in diesen acht gemeinsamen Jahren, die Mechthild größtenteils in Rottenburg und Barbara mit Eberhard im nahen Urach verbrachte. Wir wollen versuchen, ihr persönliches Bild in ihren gemeinsamen Begegnungen zu kontrastieren und zu konturieren[5].

2. Eberhard und Mechthild

Nachdem sein Vater Ludwig 1450 verstorben war, hatte Graf Eberhard kaum 14-jährig die Regierung in der Grafschaft Württemberg-Urach angetreten. Er sollte sich schon bald, unterstützt von seiner Mutter Mechthild, als geschickter Politiker erweisen und die bedrohte Selbstständigkeit seiner Herrschaft erhalten. Früh war er auch zu einer Ehe mit einer Tochter des Markgrafen von Baden gedrängt worden[6]. Doch auch weitere Angebote schlug er aus, sondern begab sich lieber auf Pilgerfahrt ins Heilige Land[7]. Sogar als 1469 die reichen Gonzaga, Markgrafen von Mantua, anfragen ließen, winkte Eberhard noch ab[8]. Einige Jahre später hatte er es sich dann anders überlegt: Offenbar unter familiärem Druck, jedenfalls mit der Vorgabe, für den Erhalt der Dynastie zu sorgen, nimmt Eberhard 1473 wieder Kontakt mit den Gonzaga auf. Die Seinen hätten ihn von einer Eheschließung überzeugt, bemerkt er, und es fällt nicht schwer, dahinter Mechthild zu erkennen[9]. Und tatsächlich erhält Eberhard auch bald den Zuschlag auf Barbara, die für ihre Schönheit gerühmte Tochter der Gonzaga[10].

In dieser frohen Aussicht auf eine fürstliche Braut haben Eberhard und seine Mutter selbst noch das Vergnügen, fürstliche Hochzeitsgäste zu sein: Im Februar 1474 feiert Mechthilds Neffe, Philipp von der Pfalz, großartige Hochzeit mit der bayerischen Prinzessin Margarethe in Amberg[11]. Pikanterweise war auch sie zuvor unter Eberhards Kandidatinnen gewesen, und er ließ es sich nicht nehmen, sein neues, italienisches Glück gerade hier demonstrativ zur Schau zu stellen: Gemeinsam mit seinem prächtigen Gefolgte tritt Eberhard in Amberg in kostbarer Ausstattung auf und lässt sich von zwei Dienern, *in welisch gekleidt*, in Mantuaner Schick, der Hochzeitsgesellschaft präsentieren – welches Signal an seine ehemalige Braut!

Die Königin beim Ball war seine Mutter Mechthild, die hier sogar einen neuen Tanz kreierte, bei dem zunächst die Herren und die Damen miteinander tanzen mussten, wie der anwesende Speyerer Bischof bewundernd bemerkt[12]. Ein großartiger Auftritt der beiden, der großen Eindruck hinterlassen hat, ebenso wie die prächtigen Hochzeitsgeschenke. Darunter ragte eine kostbare Handschrift des Vergil heraus, des berühmtesten Sohnes von Mantua[13] (Abb. 1). Bekanntlich bevorzugte auch Mechthild kostbare Handschriften als repräsentative Geschenke gerade an ihre nächsten Verwandten, und ihren Neffen Philipp mochte sie besonders[14]. Es spricht also einiges dafür, in Mechthild die bislang unbekannte, ebenso gebildete wie großzügige Schenkerin zu sehen.

Mechthild hielt damals einen weithin glänzenden Hof in Rottenburg am Neckar. Sie hatte bereits 1452 in zweiter Ehe Erzherzog Albrecht VI. von Österreich, den jüngeren Bruder Kaiser Friedrichs III., geheiratet[15]. Hier, in der vorderösterreichischen Stadt Rottenburg, in der Nähe von Tübingen und nicht weit von Urach, konnte sie unabhängig von ihrem Gatten ebenso eine eigene Hofhaltung aufbauen, wie ihren Kindern nahe sein. Gerade für

1 | Titelblatt des „Pfälzischen Vergil", 1473/74 (Vorlage: Biblioteca Apostolica Vaticana)

Eberhard war sie weiterhin die wichtigste Ratgeberin; auch übernahm sie in Rottenburg die Erziehung seiner unehelichen Kinder Ludwig und Margarethe[16]. Mit ihren repräsentativen Ansprüchen hatte Mechthild den Rottenburger Hof schon bald zum Anziehungspunkt zahlreicher bedeutender Literaten und Gelehrten werden lassen[17].

3. Eberhard und Barbara

Am Hof der Gonzaga in Mantua war Barbara am 11. Dezember 1455 als achtes der elf ehelichen Kinder des Markgrafen Ludovico und seiner Frau Barbara von Brandenburg geboren worden[18]. Sie wuchs im wohlbehüteten Kreis der Geschwister, erzogen und unterrichtet im humanistischen Geist gebildeter Lehrer heran, lernte früh lesen und schreiben, auch „lettere", also Latein und die antike Literatur kennen[19]. Da sich etliche Heiratsprojekte für Barbara zerschlugen, genoss sie am elterlichen Hof die Kultur des Rinascimento, die hier großartige Formen fand, in Architektur, Literatur und Musik[20] (Abb. 2).

Im April des Jahres 1474 erscheint Graf Eberhard von Württemberg mit stattlichem Gefolge in Mantua. Man trifft zunächst die Markgräfin Barbara mit ihrer 18-jährigen Tochter, die ihm gleich überaus gefällt, wie die italienischen Augenzeugen betonen[21]. Markgraf Ludovico bietet ihm anschließend einen glänzenden Einzug in die Stadt, und bereits wenige Tage später wird die Hochzeit im Dom von Mantua begangen, woran sich großartige Festlichkeiten anschließen. Beim Bräutigam in Urach soll dann bereits einige Monate darauf, vom 3. bis 6. Juli, die Hochzeit nochmals aufwändig begangen werden. Graf Eberhard von Württemberg will seiner italienischen Gemahlin, ihrem bedeutenden Gefolge und den zahlreichen Gästen eine Hochzeitsfeier auf fürstlichem Niveau bieten[22].

4. Die Uracher Hochzeit: Geschenke und Bücher

Erst jetzt, bei der Hochzeit, lernt Barbara auch ihre mittlerweile 55-jährige Schwiegermutter kennen. Sie hatte natürlich schon viel von ihr gehört, und bei ihren Eltern hatte Mechthilds Ruf einen besonderen Klang. Als Barbara mit ihrem Brautzug in Urach ankommt, ist Mechthild die erste, die sie begrüßt. Auch bei den anschließenden Zeremonien und in der Kirche ist Mechthild stets um sie, und während der Feierlichkeiten sitzen die beiden am Fürstinnentisch natürlich direkt beisammen. Wir können uns gut vorstellen, wie Mechthild ihrer Schwiegertochter „ihr" Uracher Schloss zeigt, wo diese jetzt die neue Herrin sein soll. Eberhard hatte es auf die Hochzeit hin mit Wandgemälden großartig ausschmücken lassen[23]. Eine mächtige heraldische Parade spielt sich nun in den prächtigen Sälen ab, wo der stolze Bräutigam seine fürstlichen Ahnen in ihren Wappen aufmarschieren lässt.

Die zahlreichen prominenten Gäste sind von dem internationalen Ambiente und dem rauschenden Fest mächtig beeindruckt, vor allem aber von der ansehnlichen Braut und ihrem stolzen Gefolge. Ihr und ihrem Bruder Rodolfo, dem Anführer des Brautzugs, gehört hier der erste Tanz, den die beiden „auf welsche Art" vortanzen, zur großen Freude der schwäbischen Gäste[24].

Die zahlreichen Geschenke und Verehrungen, die das Paar erhält, werden gleich in langen Listen notiert. Auch findet man ein kostbares Manuskript des „Tacuinum sanitatis" offenbar als Geschenk Mechthilds bei dem Hochzeitspaar wieder[25] (Abb. 3). Noch ein weiterer Codex aus Mechthilds Bibliothek „Malagis und Reinolt von Montalban", wird jetzt mit der Jahreszahl 1474 und Eberhards

2 | Barbara Gonzaga. Wandgemälde von Andrea Mantegna in der „Camera degli Sposi" des Palazzo Ducale von Mantua, um 1474 (Vorlage: Archivio di Stato Mantova)

Motto „Attempto" versehen[26], und gleich mehrere Handschriften des „Bidpai", einer altindischen Fabeldichtung, sind bekannt[27], die Antonius von Pforr, Mechthilds Kirchherr in Rottenburg, für Eberhard ins Deutsche übersetzte[28]. Auch dieser, von Stefan Schriber in Urach prächtig illuminierte Fürstenspiegel soll nun Eberhard und Barbara gehören, deren Zuneigung gleich auf der Titelseite idealisiert wird. So gehört der Palmbaum mit Eberhards Devise zu seinem persönlichen Pro-

3 | Paar mit Basilikum: Ausschnitt aus der Prachthandschrift des „Tacuinum Sanitatis" aus dem Besitz der Mechthild von der Pfalz, vor 1450 (Bibliothèque Nationale Paris, Fonds lat. 9333, fol. 26v)

gramm, das der Braut und der Uracher Gesellschaft seine auf Tugend, Liebe und Fruchtbarkeit ausgerichtete Gesinnung verdeutlichen sollte[29].

In die Bibliothek des jungen Grafenpaares gelangen jetzt neben den Büchern aus Mechthilds Besitz noch weitere Werke, die von Eberhard bei seiner Uracher Werkstatt in Auftrag gegeben wurden. Diese schönen Bücher, das Interesse für Literatur verbanden nicht nur die Mutter mit dem Sohn, sondern auch mit der gebildeten Schwiegertochter – natürlich bei je unterschiedlichen Vorlieben, wofür zunächst die Herkunft und Sprache eine zentrale Rolle spielten[30].

Mechthild, gebildet und belesen, hatte wohl auch im Lateinischen wohl noch einige Kenntnisse aus ihrer pfälzischen Jugend besessen[31]. Eberhard hatte diese nicht; bei seiner Erziehung war nach dem Willen seines Vaters das Lateinische ausgeschlossen worden[32]. Barbara hatte in Mantua hingegen eine gediegene Erziehung und Bildung erhalten, auch in Latein. Aber sie sprach und schrieb italienisch und mit ihrer neuen Familie, gerade ihrem Gatten, konnte sie sich zunächst nur über Dolmetscher unterhalten. Mit Mechthild lief die Kommunikation wohl einfacher: Mechthilds Mutter, Mathilde von Savoien-Achaia, hatte ihren Kindern am kurpfälzischen Hof in Heidelberg vielleicht auch schon etwas von ihrer romanischen Muttersprache vermittelt; Barbaras Mutter, Barbara von Brandenburg war schon als Kind nach Mantua verheiratet worden, hatte sich ihre deutschen Sprachkenntnisse auch bewahrt, diese aber offenbar nur sporadisch in ihrer Familie weitergegeben[33].

5. Der Hof in Urach

Die junge Barbara Gonzaga war nun also an einem neuen Hof gelandet, sie war jetzt keine umworbene italienische Prinzessin mehr, sondern eine Gräfin in Württemberg, einem geteilten Land, dessen eine Hälfte sie nun gemeinsam mit ihrem Mann von Urach aus regieren sollte[34]. Da war es vor allem wichtig, dass sie sich mit ihrem Mann – auch ohne viele Worte – gut verstand, und natürlich auch mit dessen Mutter. Barbaras Diener und Dolmetscher Konrad von Hertenstein berichtet bereits wenige

Wochen nach der Hochzeit an Barbaras Eltern nach Mantua, dass die beiden Eheleute gesund und wohlauf sind: [...] *sein ser frollich. Si peýde essen al tag mit ainander und er helt stet ir hant in seiner hant. So sneit man in das prot und di speis auf welisch fur und leben also in grosen frewden. Auch haben sý an ainander auster massen libe*[35].

Man bemüht sich um Barbara und will ihr den Anfang in der neuen schwäbischen Welt erleichtern. Gerade die Damen kümmern sich: Margarethe von Savoyen, ihre angeheiratete Tante und Italienerin wie sie, fragt schon wenige Wochen nach der Hochzeit bei Mechthild besorgt nach dem jungen Paar[36]. Und Mechthilds enges Verhältnis zu Barbara wird auch in Mantua dankbar wahrgenommen: Der begeisterte Bericht von ihrem Bruder Rodolfo über die Gastlichkeit und Freundschaft in Württemberg, lässt gleich persönliche Dankesschreiben der Eltern an Eberhard und Mechthild folgen. Dass Mechthild ihre Tochter Barbara *tamquam filiam propriam,* wie ihre eigene Tochter, aufgenommen habe, freut die Markgrafen sehr und sie wünschen, dass dies so bleiben möge[37]. Auch die weiteren Berichte von Barbaras italienischer Dienerschaft an den Markgrafenhof können nur bestätigen, wie Hertenstein in einem Brief bald darauf formuliert: *Meiner frawen gnad von Wirttenberg, ewr gnaden tochter, ist von den genaden Gocz gesunt und ist wol ainß mit irm hern und gemahell, desgeleichen mit ir muter, der herczogin von Osterreich. Si sein ser frolich mit ainander. Alle dinck sten wol* [...][38].

Die Dinge standen damals in Urach sogar zum Allerbesten, denn Barbara wurde schon nach wenigen Monaten schwanger. In zuversichtlicher Erwartung erkundigt sich die Brautmutter schon mal, was Mechthild ihrer Tochter wohl ins Kindbett schenken werde – eine goldene Gewandspange oder eine goldene Kette, wie bei ihren eigenen Töchtern[39]. Darüber hinaus erfährt sie, dass Barbara und ihr Mann gerade die Hochzeit seiner Schwester Elisabeth besuchen wollen, die bei ihrer Mutter in Rottenburg gefeiert wird. Hier, an Mechthilds Hof, hatte nicht nur diese Elisabeth nach dem Tod ihres ersten Mannes bereits einige Monate gelebt, hier wurden, wie erwähnt, auch Eberhards uneheliche Kinder von seiner Mutter versorgt und erzogen, die Barbara jetzt kennenlernen konnte, wohl mit eher gemischten Gefühlen[40].

Erste Verstimmungen zwischen den Eheleuten werden nun auch deutlich, weil Barbara sich von den Sitten am Uracher Hof in ihren Freiheiten eingeengt fühlt. Doch Hertenstein verweist sie auf den Willen ihres Gemahls: *Auch ain yde person mus sich nach aim lantcz siten richten, das lant richt sich nach dem menschen nicht!* [41].

Als Eberhard im Januar 1475 ins kaiserliche Heer vor Neuss zieht, um Kaiser Friedrich III. im Kampf gegen den Herzog von Burgund beizustehen, bleibt Barbara *mal contenta,* überaus verdrießlich, zurück[42]. Bei aller guten Hoffnung machen ihr die Schwangerschaftsbeschwerden, die Angst um ihren Mann und das Alleinsein in der Fremde doch schwer zu schaffen.

Verfolgen wir diese spannenden Monate von Barbaras Schwangerschaft noch etwas genauer: Zunächst wird der Speiseplan umgestellt: *da si nicht lustig ist zu essen* und ihr der Hauskoch nicht gefällt, wird jetzt im Frauenzimmer italienisch gekocht[43]. Glücklicherweise erhält Barbara von ihrer Mutter immer wieder italienische Spezialitäten aus Mantua geschickt, wie verschiedene Käse, Öl oder auch Limetten. Damit kann sie auch ihrer Schwiegermutter eine große Freude machen und gerne leitet sie einige Käse und Limetten direkt nach Rottenburg weiter[44].

Auch Mechthild und Barbaras Mutter stehen jetzt in anhaltend engem Kontakt miteinander und tauschen intensiv Geschenke aus, vor allem modische. Erhält Mechthild aus Italien Spiegel, Sommerschleier, Gürtel, Schlüsselriemen, so revanchiert sie sich mit einem böhmischen und einem schwäbischen Schleier und bittet Barbara von Brandenburg, *die von unnsern wegen zu tragen*[45]. Auch diese beiden Damen verbinden sich in besonderer Freundschaft und beweisen sich diese durch persönliche Briefe und Geschenke.

Mechthild erlaubt sich auch ganz besondere Bitten, vor allem um Unterstützung ihrer eigenen Klientel. Man bemerkt schnell, wie die beiden Familien zusammenrücken: Mechthild und die Württemberger nutzen den „heißen Draht" nach Rom, den die Gonzaga durch ihren Kardinal Francesco, den Bruder Barbaras, bieten[46]. Die Gonzaga wiederum schätzen die Nähe zum Kaiser, dem Haus Habsburg und dessen Politik, die den Schwiegersohn und dessen Mutter auszeichnet. Und die genannten Damen machen auch selbst Politik; am markantesten Barbara von Brandenburg gemeinsam oder in Vertretung ihres Mannes[47], auch Mechthild als selbständige Herrin des vorderösterreichischen Amts Hohenberg[48].

Barbara Gonzaga tritt als Gräfin von Württemberg hingegen nur bei der Nachrichtenübermittlung und Kommunikation mit ihrer Heimatfamilie hervor. Ansonsten kümmert sie sich darum, ihr schwäbisches Umfeld nach ihrer italienischen Art zu gestalten, gerade Haus und Garten. Es gibt keinen Spargel in Urach, man möge Spargelsamen aus Mantua schicken; aber sie brauche auch Basilikum, Nelken und Rosmarin[49]. *Zucce, rabanelli, verse* und Salat baut Barbara mit ihrem Gärtner selbst an; allesamt gesunde Sachen, die die schwäbische Küche nicht kennt[50]. Als dann Anfang Mai etliche Stangen italienischen Spargels in Urach eintreffen, hat Barbara diesen gleich zubereitet und gegessen, um nur genug davon zu bekommen, denn am nächsten Tag stand ihre Schwiegermutter Mechthild mit großem Gefolge in Urach zu erwarten[51]. Nicht nur, dass auch Mechthild für die italienischen Köstlichkeiten schwärmte, sie wollte auch wieder länger bei ihr bleiben. Mechthild kümmert sich um Barbara *und hat sie getrost*, wie Hertenstein schreibt: *Ich merck, das si gros lieb zu ir hat*[52].

Die Schwiegermutter ist Barbaras gute Ratgeberin, gerade auch bei ihren persönlichen Problemen. So würde sich Barbaras italienische Dienerin Genevra, die sie bereits aus Mantua begleitete, gerne verheiraten, und auch Mechthild meint, sie könne in der Gegend eine gute Partie machen – allerdings wäre die Sache durch Sprache und Herkunft der Genevra erschwert. Und tatsächlich wird Mechthild auch bald fündig, präsentiert ihr aber einen alten Mann mit einem kleinen Sohn[53]. Genevra ist damit gar nicht zufrieden und sollte nicht viel später von Barbara wieder zu ihrer Mutter nach Mantua zurückgeschickt werden[54].

Ende Juni 1475 wird es dann mit Barbaras Schwangerschaft ernst: Sie schickt Hertenstein zu Mechthild nach Rottenburg *ainer hebamen und saigamben halb. Es nahet der zeit, fraw Barbara wast der pauch sehr*[55]. Barbaras Bruder Gianfrancesco besucht und unterstützt sie nun in Urach und wartet mit ihr sehnlichst auf die Rückkehr ihres Mannes aus dem Krieg. Und tatsächlich kommt Eberhard gerade noch rechtzeitig zur Geburt nach Hause und kann seiner Frau beistehen: *2 des augost hat der almechtig Got fraw Barbara, ewr gnaden tochter, ain hubsche tochter geben. Di wetagn werten ir von 23 pis ain halb stund nach miternacht. Sie gedacht vil an ewr gnad. Der von Wirtenberg was stetcz peý fraw Barbare und trost si als lang, pis si des kind wolt gepern. Ich pin tulmetcz gebest. Ich hab hofnung, es werd ain gute hebam aus mir*, witzelt Hertenstein[56]. Mechthild kam mit ihrer Hebamme nämlich zu spät: *Alspald dý we kamen, da sickt ich der herczogin von Osterreich ain potn, aber si kom, als si des kinds genessen was.* Die kleine Barbarina war einige Wochen zu früh gekommen, und die Reise von Rottenburg bis Urach in dieser knappen Zeit nicht zu schaffen.

Doch Mechthild findet Mutter und Kind wohlauf; die Familie ist gesund und glücklich. Stolz zeigt der Vater die Geburt seiner Tochter gleich den Schwiegereltern in Mantua an: Auch wenn es kein Junge sei, habe er sich doch sehr darüber gefreut, und mit der Gewissheit über die Fruchtbarkeit seiner Frau könnten die beiden noch viele männliche Nachkommen erwarten[57].

Doch es sollte anders kommen: Die *bella Barbarina* hat ihr erstes Lebensjahr nicht überstanden, und weitere Kinder wurden dem Paar nicht beschieden. Barbara versank zuschends in Frustration und Depression, gerade weil sie ihrem Mann nicht zu den ersehnten Nachkommen verhelfen konnte. Sie fühlte sich bald am Hof missachtet, *misera e dispreciata*[58]. Die innige Verbindung zu Eberhard löste sich mehr und mehr, und auch ihre Kontakte zur eigenen Familie nach Mantua, wo ihre Eltern bald nacheinander sterben sollten, wurden immer dürftiger.

Es ist ihre Schwiegermutter Mechthild, die weiterhin mit wertvollen Geschenken die gegenseitige Verbindung nach Mantua hält. Sie schickt dem Markgrafen ein prächtiges Pferd, Barbaras Eltern bedanken sich mit Gold und Silber, da Mechthild so viel Gefallen an gold- und silberdurchwirkter Mode hat[59]. Als Barbaras Vater, Markgraf Ludovico, 1478 verstirbt, schickt Mechthild mit der Kondolenzbotschaft ein Geschenk an dessen Sohn und Nachfolger Federico, Barbaras Bruder. Danach brechen auch Mechthilds Kontakte nach Mantua ab.

Leider erfahren wir in diesen bitteren Jahren der Todesfälle um Barbara Gonzaga kaum etwas von ihren persönlichen Umständen. Nur aus den weiteren Geschenken, die sie mit Mechthild tauscht, können wir erschließen, wie eng die beiden noch zueinander standen, wie sie ihre gemeinsamen Erfahrungen mit den familiären Katastrophen verbanden. Barbara erhielt mehrere silberne Schalen mit dem österreichischen Wappen und dem Schild des hl. Andreas als Mechthilds persönlichem Schutzheiligen, oder ein vergoldetes *Mischkentlin*, das auf dem Griff ebenfalls Mechthilds Wappen zeigte; auch fünf *gewürkter griener bankpfulwen mit kindlein und mit schiltten Österreich und Pfalz*, kunstvoll gearbeitete Decken als Erinnerung an ihre Schwiegermutter[60].

6. Mechthilds Testament

Während dieser Jahre der Ehe ihres geliebten Sohnes mit Barbara Gonzaga, der anfangs so glücklichen und später so belasteten, stand Mechthild stets an beider Seiten – sowohl im politischen Auftreten gemeinsam mit ihrem Sohn, wie in der persönlichen Nähe zu seiner Frau. Ihr eigener Hof in Rottenburg strahlte damals noch immer um ihre schillernde Figur, doch fuhr auch sie ihre herrschaftliche wie literarische Präsenz deutlich zurück. Sie war mittlerweile nicht nur älter geworden, es ging ihr auch nicht mehr so gut.

Am 1. Oktober 1481 errichtet Mechthild ein umfassendes Testament, wovon sie eine Ausfertigung an ihren Neffen Pfalzgraf Philipp zur Aufbewahrung nach Heidelberg schickt[61]. Sie regelt hier zunächst ihr Leichenbegängnis und sorgt mit großzügigen religiösen Stiftungen für ihr Seelenheil, wie es ihrem fürstlichen Rang und Ansehen entspricht. In ihren Verfügungen über ihre reiche Hinterlassenschaft treten Mechthilds weitgespannten persönlichen Netzwerke noch einmal konkret hervor, vor allem aber ihre innige Beziehung zu ihrem Sohn. Eberhard soll ihr Haupterbe sein und gleichzeitig als „Principalseelwärter“ dafür sorgen, dass ihre weiteren Verfügungen ausgeführt werden. Ausdrücklich erhält er eine goldene Scheibe, eine Kontaktreliquie, womit sich Mechthild regelmäßig berühren ließ, und weitere goldene und silberne Heiltumstäfelchen sowie die vier Hofnarren seiner Mutter.

Deßglichen setzen, ordnen und verschaffen wir der hochgebornnen furstin, fraw Barbara marggrefin zu Mantow, grave Eberharts elichen gemahel, alle unnser slayer und patternoster, die wir hinder unns nach unserm tod und abgang verlaßen, dartzu ainen vergulten becher, betragen mit kirymiri, und das kopfhus, so unns unnser hertzlieber vetter, son und gevatter, der pfaltzgraf geschenckt hat […][62] – Alle Schleier, Paternoster, ein besonders verzierter, vergoldeter Becher sowie ein Schränkchen, das Mechthild offenbar von ihrem Neffen, Pfalzgraf Philipp, geschenkt bekommen hatte, erhält Barbara. Nicht nur ein wertvolles Erbe sollte sie ihrer Schwiegermutter verdanken, es waren ganz persönliche Stücke: die Schleier, die Mechthild ja vielfach von Barbaras Mutter aus Mantua erhalten hatte, auch den kostbaren Becher finden wir dann noch lange in Barbaras Besitz[63]. Barbara selbst hatte diesen damals aus Mantua mitgebracht und ihrer Schwiegermutter geschenkt; er zeigte das Wappen ihrer Familie und war kostbar emailliert. Das pfalzgräfliche Schränkchen schließlich, zur Aufbewahrung von Trinkgeschirr gedacht, wurde von Barbara ebenfalls sorgsam gehütet und hat sich vielleicht als einziges dieser Erbstücke in Teilen bis heute erhalten[64].

Für alles war also bestens vorgesorgt, als sich Mechthild wenige Monate später wieder einmal bei ihren Verwandten in Heidelberg aufhält, um sich in ärztliche Behandlung zu begeben. Hier verstirbt sie am 22. August 1482. Ihr Leichnam wird in einem prächtigen Leichenzug über Rottenburg nach Güterstein gebracht und neben ihrem ersten Mann Ludwig beigesetzt. Ihr Sohn Eberhard richtet alles aus, so wie sie es gewünscht hatte[65] (Abb. 4).

7. Ausblick

Danach zieht sich Eberhard zurück nach Urach. Er ist tagelang nicht zu sprechen, auch wegen der „schweren Läufte“, wie es heißt. Die Pest grassiert einmal wieder in Württemberg. Sogar als wenige Tage später ein Bote des Markgrafen von Baden an das Uracher Tor klopf, um die Beileidsbekunden des markgräflichen Hauses vorzutragen, bleibt ihm verschlossen[66].

In diesen Pestzeiten lassen Eberhard und Barbara die große Wallfahrtskirche im nahen Upfingen neu gestalten. Diese Kirche, die damals Eberhards Eltern Ludwig und Mechthild zu Ehren der Mutter Gottes haben errichten lassen, wird jetzt großartig ausgemalt: Der Zorn Gottes, Christus der Erlöser und die schützende Muttergottes über den armen Sündern werden gezeigt, als Stifter hervorgehoben Eberhard und Barbara, ausgewiesen durch ihre Wappen und in weiblicher Begleitung; gewidmet der Memoria an die verstorbenen Lieben[67] (Abb. 5).

Eberhard im Bart sollte bereits wenige Monate nach dem Tod seiner Mutter die Wiedervereinigung Württembergs gelingen. Als er 1495 zum Herzog erhoben wird, steht er im Zenit von Macht und Ansehen, doch stirbt er schon im Jahr darauf hochgeehrt. Barbara sollte ihn um einige Jahre überleben und ihren Witwensitz – wie ihre Schwiegermutter – in Böblingen beziehen. Ihre Versuche, wieder in ihre Heimat nach Mantua zurückzukehren, scheiterten. In der Fremde beendet sie ihr Leben 1503 in Böblingen.

Blicken wir kurz zurück, vor allem auf die Beziehung zwischen Mechthild von der Pfalz und Barbara Gonzaga. Hier sind manche Parallelen und viele Gemeinsamkeiten deutlich geworden, nicht nur in ihren Lebenswegen als kostbare Bräute und prominente Fürstinnen, sondern gerade in ihren Vorlieben, ihrem höfischen Umgang und ihrer tiefen Religiosität. Ihre Persönlichkeiten sind uns dabei differenziert gegenüber getreten; selbstbewusst und energisch die eine, zurückhaltend und verletzlich die andere. Ihre Mutterrolle war für beide von zentraler Bedeutung; gerade die enge Beziehung Mechthilds zu ihrem Sohn Eberhard tritt dabei hervor. Barbara hatte demgegenüber an ihrer Kinderlosigkeit ihr Leben lang zu leiden und ebenso das anfangs so innige Verhältnis zu ihrem Mann. Die Rolle der Fürstin als herrschaftliche Repräsentantin ihrer Dynastie interpretierten Mechthild und Barbara allerdings deutlich unterschiedlich und weisen damit gleichzeitig auf ihre unterschiedlichen Handlungsspielräume hin.

4 | Stifterbildnis Graf Eberhards im Bart am Hochaltar der Blaubeurer Klosterkirche, um 1493/94 (Vorlage: Karl Halbauer)

Was bleibt, ist vor allem der Eindruck menschlicher Nähe und Freundschaft in beeindruckendem weiblichem Format.

5 | Wandgemälde in der Marienkirche Upfingen: Pestbild mit Eberhard im Bart und Barbara Gonzaga als Stiftern unter dem Schutzmantel Marias, um 1482 (Vorlage: Karl Halbauer)

[1] Vgl. zu Mechthild und Eberhard die bereits in der Einführung zu diesem Band bei FRAUENKNECHT/RÜCKERT angegebene Literatur. Zu Barbara s. RÜCKERT 2012 (Von Mantua nach Württemberg), daneben auch die einschlägigen Beiträge um Barbara Gonzaga in: Briefe aus dem Spätmittelalter 2015.

[2] Grundlage für das Folgende boten meine Ausführungen RÜCKERT 2019 (Von Frau zu Frau), an die hier anzusetzen war; vgl. daneben auch den Beitrag THALLER in diesem Band.

[3] Barbara Gonzaga 2013.

[4] Vgl. dazu auch BEHNE 2015.

[5] Ein vergleichbarer methodischer Ansatz bereits bei Rückert 2014, S. 27–46; sowie zuletzt Rückert 2016.
[6] Rückert 2015, hier: S. 38.
[7] Ausführlich dazu Reichert/Faix 1998.
[8] Dazu ausführlicher Severidt 2002.
[9] Ebd., S. 239.
[10] Zu Barbara und ihrem Ruf: Ferrari 2013.
[11] Vgl. Württemberg im Spätmittelalter 1985, S. 68–70 (Peter Amelung). Dazu Buchner 1908; Buchner 1911.
[12] Vgl. dazu den ausführlichen Bericht von Bischof Matthias Ramung, in: Württemberg im Spätmittelalter 1985, S. 70.
[13] Biblioteca Apostolica Vaticana Pal. lat. 1632. Dazu Skiba 2013, S. 421.
[14] Zu Philipp dem Aufrichtigen vgl. Fuchs 2001.
[15] Mertens 1997; dazu auch Baum 1994, hier: S. 97; zu Albrecht VI. siehe zuletzt Langmaier 2015.
[16] Dazu auch Zeilinger 2006, hier: S. 136; ausführlicher Auge 2005.
[17] Vgl. Theil 1983 sowie den Beitrag Bamberger/Robert in diesem Band.
[18] Rückert 2012 (Zur Einführung), S. 15.
[19] Ferrari 2013; daneben auch Signorini 1985.
[20] Rückert 2012 (Zur Einführung), S. 15 f.
[21] Vgl. den Bericht des Andrea da Schivenoglia, in: Württemberg im Spätmittelalter 1985, S. 14 f.
[22] Zuletzt Bickhoff 2012; ausführlich dazu Zeilinger 2003.
[23] Lorenz 2012.
[24] Bickhoff 2012.
[25] Paris, Bibliothèque Nationale Fonds Lat. 9333; dazu Rückert 2012 (Von Mantua nach Württemberg), S. 238.
[26] UB Heidelberg Cod. Pal. germ. 340.
[27] UB Heidelberg Cod. Pal. germ. 84, 85; Chantilly, Musée Condé Cod. 680. Grundlegend dazu Mertens 1994 und zuletzt Cermann 2014. Vgl. Kat. Nr. VI.16 f.
[28] Zu Antonius von Pforr vgl. Honemann 2006, S. 165–176. Vgl. Kat. Nr. VI.16.
[29] Cermann 2014.
[30] Vgl. dazu auch den Beitrag Thaller in diesem Band.
[31] Vgl. den Beitrag Frauenknecht/Rückert in diesem Band.
[32] Vgl. etwa Faix 1990.
[33] Diese Feststellung ergibt sich aus ihrem Briefwechsel; vgl. Barbara Gonzaga 2013.
[34] Rückert 2012 (Zur Einführung), S. 20 ff.
[35] Barbara Gonzaga 2013, Nr. 87.
[36] Steinhausen 1899, Nr. 174. Dazu ausführlich der Beitrag Thaller in diesem Band.
[37] Barbara Gonzaga 2013, Nr. 90.
[38] Ebd., Nr. 94.
[39] Ebd., Nr. 95.
[40] Vgl. Auge 2005.
[41] Barbara Gonzaga 2013, Nr. 92. Dazu auch Behne 2015, S. 206 f.
[42] Vgl. ausführlich dazu: Herold 2015.
[43] Siehe auch Fuchs 2012, hier: S. 129.
[44] Barbara Gonzaga 2013, Nr. 100.
[45] Ebd., Nr. 121.
[46] Ebd., Nr. 135.
[47] Zu Barbara von Brandenburg vgl. Ferrari 2013.
[48] Vgl. den Beitrag Frauenknecht in diesem Band.
[49] Dazu wiederum Fuchs 2012.
[50] Dazu jetzt ausführlicher Rückert 2017.
[51] Barbara Gonzaga 2013, Nr. 147.
[52] Ebd., Nr. 145.
[53] Ebd., Nr. 147, 173.
[54] Ebd., Nr. 190.
[55] Ebd., Nr. 165. Dazu wiederum Behne 2015, S. 213.
[56] Ebd., Nr. 181.
[57] Ebd., Nr. 180, 186.
[58] Ebd., Nr. 255.
[59] Ebd., Nr. 196.
[60] Rückert 2012 (Von Mantua nach Württemberg), S. 253 ff., nach HStAS A 602 Nr. 380.
[61] Fischer 1994, hier: S. 113. Dazu ausführlich Kat. Nr. VI.6.
[62] Ebd., S. 129 ff.
[63] Vgl. dazu die Inventare der Barbara Gonzaga: HStAS A 602 Nr. 380.
[64] Kat. Nr. VI.14.
[65] Fischer 1994, S. 121 ff.
[66] Rückert 2015, S. 38 ff., Kat. Nr. VI.2.
[67] Dazu ausführlich: Halbauer 2017.

Anja Thaller

Mechthild von der Pfalz und Margarethe von Savoyen – zwei Fürstinnen im Spiegel ihrer Korrespondenz

Mechthild von der Pfalz (1419–1482)[1] und Margarethe von Savoyen (1420–1479)[2] wurden in hochadelige, sehr reiche und kulturell interessierte Familien hineingeboren[3]. Im Leben dieser beiden Fürstinnen des 15. Jahrhunderts, das von ähnlichen Erfahrungen und Interessen geprägt war, lassen sich einige Parallelen feststellen[4]. So verbanden die beiden ein ähnlicher sozio-kultureller Hintergrund sowie familiäre Wurzeln im Südwesten des Reiches. In direkten Kontakt miteinander kamen sie jedoch erst durch ihre Ehen. Im Folgenden wird die Beziehung zwischen diesen beiden Frauen anhand der im Hauptstaatarchiv Stuttgart erhaltenen Briefe Mechthilds an Margarethe näher betrachtet[5].

Mechthild von der Pfalz tritt als häufigste weibliche Korrespondenzpartnerin der Margarethe von Savoyen hervor: Aus den Jahren 1468 bis 1479 sind fünf Schreiben Mechthilds an Margarethe überliefert. In dieser Zeit lebten die beiden Fürstinnen nicht weit voneinander, die eine in Rottenburg am Neckar und in Böblingen, die andere in Stuttgart, aber auch in Nürtingen. Die Korrespondenz verlief mit Sicherheit nicht so einseitig, wie sie heute durch die Überlieferungslage erscheint. Vielmehr geht aus den erhaltenen Schreiben deutlich hervor, dass es einen umfangreichen Briefwechsel zwischen beiden gegeben haben muss: Mindestens vier heute verlorene Briefe schickte Margarethe in dieser Zeit an Mechthild.

Savoyen – Kurpfalz – Württemberg

Die 1419 in Heidelberg geborene Mechthild war etwa ein Jahr älter als Margarethe, die im Frühjahr/Sommer des Jahres 1420 in Schloss Morges am Genfer See das Licht der Welt erblickte[6]. Mechthilds gleichnamige Mutter stammte aus dem Haus Piemont-Achaia, einer Nebenlinie der Grafen von Savoyen, dessen Oberhaupt seit 1391 der Vater

Margarethes war, Graf Amadeus VIII., seit 1416 Herzog von Savoyen[7].

Nach dem raschen Ende ihrer erster Ehe durch den Tod ihres Ehemannes Ludwig III. von Anjou, (Titular-)König von Sizilien, verbrachte Margarethe rund zehn Witwenjahre in der savoyischen Heimat[8]. Die zweite Ehe wurde 1445 mit Kurfürst Ludwig IV. von der Pfalz, dem ranghöchsten weltlichen Fürsten nach dem König, geschlossen. Den Heiratsvertrag ratifizierten Ludwig IV., ein Bruder Mechthilds, sowie ein Bruder Margarethes, Herzog Ludwig I. von Savoyen[9]. Die erste Möglichkeit einer persönlichen Begegnung zwischen Mechthild und Margarethe ergab sich anlässlich der Hochzeit zwischen dem 21-jährigen Ludwig IV. und der 25-jährigen Margarethe am 18. Oktober 1445 in Heidelberg[10]. Allerdings lässt sich eine Teilnahme Mechthilds an den Feierlichkeiten nicht belegen und erscheint auch nicht sehr wahrscheinlich, da sie seit ihrer Eheschließung mit Graf Ludwig I. von Württemberg am 21. Oktober 1436 in Stuttgart bzw. Urach residierte[11] und Mitte Oktober 1445 hochschwanger war – ihr Sohn Eberhard kam am 11. Dezember in Urach zur Welt[12]. Auf jeden Fall begegneten sich Mechthild und Margarethe vier Jahre später, im September 1449, anlässlich der Beisetzung des jung verstorbenen Pfalzgrafen Ludwig IV. in der Heiliggeistkirche[13].

Vormund von Margarethes gerade erst 13 Monate altem Sohn Philipp wurde Friedrich I., der jüngere Bruder Mechthilds und Ludwigs, der auch die Regentschaft in der Pfalz übernahm und seinen Neffen schließlich adoptierte[14]. Margarethe blieb mit ihrem Sohn offenbar zunächst in Heidelberg, bis ihr im Sommer 1451 die Herrschaften Löwenstein und Möckmühl als Witwensitz zugewiesen wurden[15]. In den ersten Wochen nach dem Tod Ludwigs, einer ungewissen Situation für die zum zweiten Mal in jungen Jahren verwitwete Margarethe und ihren kleinen Sohn, unterstützte Mechthild ihre Schwägerin und ihren Neffen. Dies ist einem Schreiben des Grafen Ludwig I. von Württemberg-Urach[16] an Margarethe zu entnehmen, das etwa zwei Monate nach dem Tod des Pfalzgrafen, Ende Oktober 1449, entstand[17]. Daraus geht hervor, dass man Margarethe zeitweilig die Hofmeisterin Mechthilds zur Verfügung gestellt hatte und ihr auch zusicherte, deren Dienste noch länger in Anspruch nehmen zu können, wofür sich die junge Witwe schriftlich bei Ludwig bedankte.

Jedoch musste Mechthild schon bald dieselbe Erfahrung machen wie Margarethe, als sie durch den Tod ihres Ehemannes am 23. September 1450 zur Witwe wurde. 1451, im selben Jahr wie ihre Schwägerin Margarethe, bezog auch Mechthild ihren Witwenhof in Böblingen[18]. Die Vormundschaft über die minderjährigen Grafen fiel deren Onkel, Graf Ulrich V. von Württemberg, zu[19]. Diese übte Ulrich de facto gemeinsam mit den Uracher Räten aus[20], auf welche auch Friedrich I. von der Pfalz, der ebenfalls die Vormundschaft über seine Neffen beanspruchte, seinen Einfluss geltend zu machen versuchte[21]. Mechthild selbst verfolgte in diesem Zusammenhang eigene Interessen, ihr ging es vor allem um den Schutz ihrer Söhne und möglichst viele eigene Freiräume[22]. Ihre gefährdete Stellung als Witwe dürfte mit ein Grund für die recht bald erfolgte Eheschließung mit dem Habsburger Albrecht VI. gewesen sein[23], die Anfang August 1452 in Böblingen gefeiert wurde[24]. Nach ihrer Eheschließung mit dem kurz darauf zum Erzherzog erhobenen jüngeren Bruder Kaiser Friedrichs III. residierte Mechthild in Rottenburg[25]; die meiste Zeit, vor

1 | Margarethe von Savoyen als dritte Frau Graf Ulrichs V. von Württemberg. Altartafel, um 1472/80 (LMW Stuttgart Inv. Nr. 13721)

allem nach 1455, lebte sie also getrennt von ihrem Mann[26] (Abb. 1).

Auch Margarethe ging bald eine neue Ehe ein: Die Verhandlungen zur Anbahnung ihrer dritten Eheschließung führte Herzog Ludwig IX. von Bayern-Landshut[27], vielleicht war neben Friedrich von der Pfalz aber auch Mechthild im Hintergrund beteiligt, schließlich fiel die Wahl auf Graf Ulrich V. von Württemberg[28]. Dieser war nicht nur der Bruder von Mechthilds erstem Mann Ludwig, sondern auch der Vormund ihrer Söhne und hielt sich, wie einer Beschwerde der Räte von 1451 zu entnehmen ist, häufig und lange Zeit bei Mechthild und den Kindern in Urach auf[29]. Wie für Margarethe so war es auch für Ulrich die dritte Ehe. Die Hochzeit fand am 11. November 1453 in Stuttgart statt[30]. Wahrscheinlich, dass auch Mechthild an den Festivitäten teilnahm. Die beiden Frauen waren nun doppelt miteinander verschwägert. Doch war das Verhältnis zwischen Mechthild und Margarethe durch die Vormundschaft Ulrichs über Mechthilds Söhne wie auch aufgrund der Auseinandersetzungen um Margarethes Wittum mit Friedrich von der Pfalz wohl nicht ganz einfach, zumal zwischen Mechthild und ihrem Bruder ein „geschwisterliches Näheverhältnis" bestand[31]. Dennoch war der Umgang miteinander freundschaftlich, wie die Korrespondenz zeigt[32].

Gegenseitige Aufmerksamkeiten

Vom 6. März 1468 datiert das erste Schreiben Mechthilds von der Pfalz an Margarethe, das auf uns gekommen ist[33]. Angesichts ihrer Beziehung zueinander, die wir bislang in chronologischer Hinsicht verfolgt haben, verwundert es nicht, dass sich die beiden Frauen gegenseitig kleine Freuden bereiteten. Beliebte Geschenke waren Nahrungsmittel[34], und so schickte Mechthild am ersten Fastensonntag des Jahres 1468 aus Rottenburg eine Sendung Fische an Margarethe. Dem Begleitbrief können wir entnehmen, dass diese als Erwiderung für die *gutten visch*, die ihr Margarethe im Jahr zuvor hatte zukommen lassen und die Mechthild *wol schmackten*, gedacht war. Erst einige Jahre später erfahren wir von einer erneuten Aufmerksamkeit: Im Sommer 1474 schickte Margarethe ihrer Schwägerin Mechthild Pfirsiche, was sich dem Dankschreiben Mechthilds entnehmen lässt, das sie am 10. August 1474 aus Böblingen nach Stuttgart schrieb[35].

Die beiden benachbarten Fürstinnen empfahlen sich wohl auch gegenseitig Personen aus der Entourage sowie Hofpersonal. Vom 6. Dezember 1468 stammt ein Schreiben Mechthilds an Margarethe, in dem sie um Entschuldigung für Konrad von Ramstein[36] bittet, der seine Tochter nun doch nicht, wie vereinbart, für Margarethes Frauenzimmer schicken wollte[37], da damit *mercklich geschafft und herrendienst* verbunden sei. Margarethe solle ihm nicht zürnen: *Daran bewysen ir unns ain fruntlich gevallen*[38] (Abb. 2).

Auch am 1. März 1479 bat Mechthild um einen Gefallen Margarethes: Sie sollte Dr. Werner Wick, genannt Unzhäuser, Prediger am Heiligkreuz-Stift in Stuttgart und Rat Ulrichs V., eine Reise nach Heidelberg erlauben[39]. Dort sollte er seinen Verwandten, Abt Heinrich von Weißenburg, bei einem zur Regelung einer Angelegenheit mit seinen Priestern angesetzten Tag unterstützen[40]. Gelehrte Juristen bewegten sich bei Bedarf also zwischen den württembergischen Höfen[41].

Verbindungen zwischen Mechthild und Margarethe zeigen auch zwei Briefe der Priorin des Dominikaner-Terziarinnenkonvents im vorderösterreichischen Städtchen Binsdorf auf: Margarethe hatte sich 1470 und 1471, auf der Suche nach geistlichem Rat und Beistand, an die Schwesternkommunität gewandt[42]. Der Kontakt zwischen der württembergischen Gräfin und den Klausnerinnen wird wohl über Mechthild von der Pfalz hergestellt worden sein, schließlich war ihr die Stadt Binsdorf von Albrecht VI. verschrieben worden, gehörte also zu ihrer Herrschaft[43].

Freud und Leid

Die repräsentativen und familiären Verpflichtungen einer spätmittelalterlichen Fürstin führten diese auf Hochzeiten im Kreis verwandter wie befreundeter Fürsten. In besonders hervorgehobener Position begegnen wir den beiden Damen bei der Hochzeit von Margarethes Sohn Philipp mit Margarethe von Bayern-Landshut im Februar 1474 in Amberg[44]. Wie Matthias Ramung berichtet, ritt Margarethe als Mutter des Bräutigams am 19. Februar direkt nach ihrem Sohn in der Stadt ein, an dessen Seite wiederum seine Tante Mechthild[45]. Zwei Tage später schritten beide Fürstinnen Seite an Seite zur Messe und saßen gemeinsam im Kirchengestühl, auch beim Abendessen waren sie an einem Tisch[46].

Kein halbes Jahr später wurde Anfang Juli 1474 in Urach die Hochzeit von Mechthilds Sohn Eberhard mit Barbara Gonzaga gefeiert[47]. Auch hier trafen die beiden Schwägerinnen zusammen und saßen gemeinsam am Brauttisch[48]. Man feierte zusammen, tanzte und verstand sich offenbar gut,

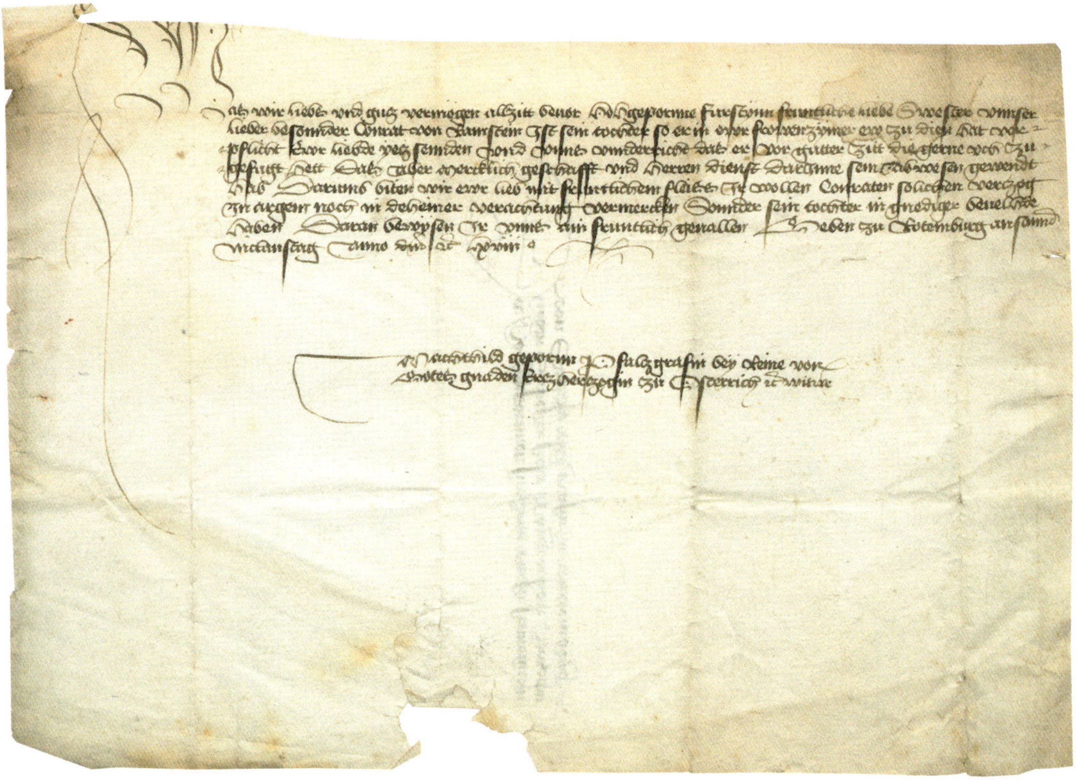

2 | Brief Mechthilds von der Pfalz an Margarethe von Savoyen von 1468 Dezember 6, Rottenburg (HStAS A 602 Nr. 260, Bl. 5)

denn bald darauf erkundigte sich Margarethe nach dem Befinden Eberhards wie der ihm frisch angetrauten Gattin. In Mechthilds Antwortschreiben lesen wir: *Ist uns nicht anders wissent, danne daz die bede in wolmugender, frischer gesuntheit syen*. Allerdings bedauere sie sehr, dass Margarethe krank sei, das *haben wir ungezwyfelt nit gern vernommen und sind des sere belaidiget*. Sie hoffe sehr, dass ihre Schwägerin mit Hilfe Gottes bald genese und sich noch lange Zeit *frolicher gesuntheit* erfreue[49].

Im Jahr 1478 fand ein weiteres freudiges Ereignis statt, das sich in Briefen zwischen den beiden niederschlug. Die zu diesem Zeitpunkt bereits zweifache Großmutter Mechthild konnte am 30. September ihre Schwägerin Margarethe zur Geburt eines Enkelsohnes beglückwünschen, den *ewr und unnser dochter, die vonn Hohenloe*, zur Welt gebracht hatte[50]. Der Sohn Helenes, die seit 1476 mit Kraft VI. von Hohenlohe verheiratet war, war kurz davor geboren worden. Die ersten Glückwünsche zur Geburt des Enkels hatte

Margarethe schon am 28. September von Barbara Gonzaga erhalten[51], tags darauf von ihrer Schwiegertochter Margarethe von Bayern-Landshut[52].

Aber auch die weniger schönen Erfahrungen des Lebens waren beiden Frauen vertraut, die zwei ihrer Ehemänner zu Grabe tragen und den Schmerz über früh verstorbene Kinder erfahren mussten: So verschieden die Töchter Margarethe und auch Philippine noch vor ihrer Mutter Margarethe, erstere im Jahr 1470, die zweite 1475. Mechthilds Sohn Andreas überlebte das Säuglingsalter nicht, und mit nur 18 Jahren starb 1457 ihr zweiter Sohn Ludwig II., vermutlich an Epilepsie[53].

Literarische Interessen

Wie Mechthild von der Pfalz ist auch Margarethe von Savoyen großes literarisches Interesse zu attestieren. So erhielt diese ebenfalls Handschriften geschenkt, bemühte sich um den Erwerb von Büchern und gab die Herstellung reich illustrierter Handschriften in Auftrag[54]. Von Dichtern wurden beide Fürstinnen gerühmt: So hatte Martin Le Franc, Hofkleriker und Sekretär Herzog Amadeus' VIII. von Savoyen, schon ein Loblied auf die erst 20-jährige Margarethe verfasst, die *reyne belle et sage, tant de vertu enluminee*[55]. Doch nicht nur in Savoyen, auch im deutschen Südwesten rühmten sie Literaten wie Niklas von Wyle in der Vorrede zu seiner 16. Translatze, dem „Lob der Frauen": Am *wirtenbergischen hofe* […] *da zwo fürstin sind, aine geborn von safoye und die ander von brandenburg bed höchstes lobes wert und üch in allen tugenden so bekannt, daz überflüssig wer mich darvon üch ützit zeschriben*[56]. Wyle hatte Margarethe schon 1464 seine neunte Translatze, die deutsche Übersetzung von Felix Hemmerlins „Contra validos mendicantes", zugeeignet. Mechthild von der Pfalz schien allerdings empfänglicher für seine *tütschungen* gewesen zu sein, immerhin widmete er ihr mehrere dieser Werke[57]. So fallen auch seine Worte über Mechthild enthusiastischer aus, er beschreibt sie als *ain grösse liebhaberin aller künsten: dero gůter lümde aller wyshait tugend und menschlichkait so grosz ist, daz der* […] *mit loben nit mag werden gemeret noch mit schelten gemindert*[58]. Weit mehr als Margarethe war es Mechthild, die im Zentrum der Aufmerksamkeit der Literaten stand, war sie doch auch als Mäzenin bekannt[59]. Freilich bewegten sich beide Fürstinnen immer wieder in einem Kreis von Gelehrten, Literaten, Frühhumanisten: etwa bei Hochzeitsfeierlichkeiten oder wenn man sich zu Badekuren in Liebenzell oder Wildbad zusammenfand[60].

Dass Mechthild und Margarethe auch literarischen Austausch pflegten, war bislang nicht bekannt, lässt sich nun aber belegen: Auf den 1. März 1479 kann aufgrund des Vergleichs von Schriftbild und Tinte ein Zettelchen datiert werden, das heute getrennt von dem Brief aufbewahrt wird, dem es einst beigelegt war[61]. Daraus geht hervor, dass Margarethe Mechthild um Zusendung eines „welschen", also eines in italienischer oder französischer Sprache verfassten Buches gebeten hatte. Doch Mechthild lässt sie wissen, *das wir solich bůch noch nit haben.* Sie wolle es aber sofort nach Erhalt nach Stuttgart schicken (Abb. 3). Ein halbes Jahr später, am 30. September 1479, starb Margarethe mit 59 Jahren und wurde in der Stuttgarter Stiftskirche begraben. Mechthild überlebte ihre Schwägerin um knapp drei Jahre.

Mechthild von der Pfalz und Margarethe von Savoyen waren zwei Frauen von gleichem Rang

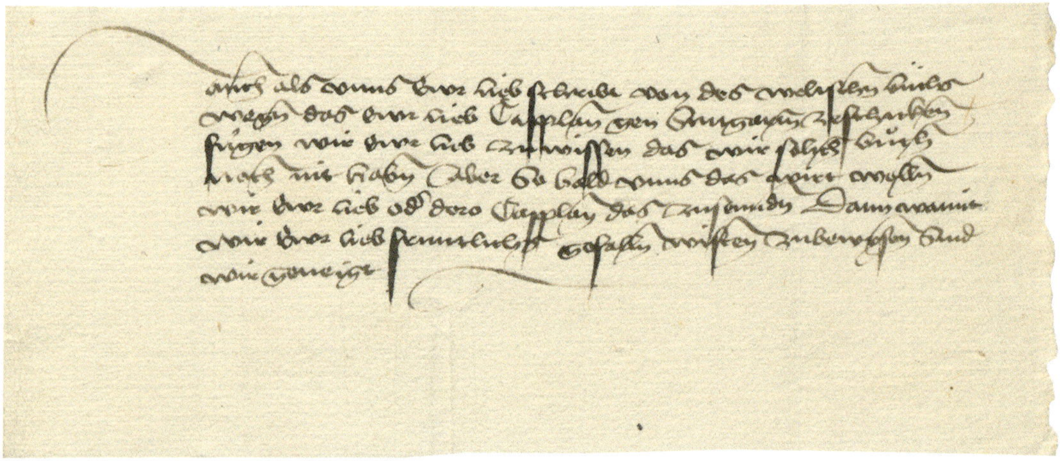

3 | Cedula als Beilage zum Brief Mechthilds von der Pfalz an Margarethe von Savoyen von 1479 März 1, Rottenburg (HStAS A 602 Nr. 260, Bl. 123)

und Alter, die ihre Lebenswege miteinander in Kontakt gebracht hatten und deren Leben als spätmittelalterliche Fürstinnen manche Parallele und Gemeinsamkeit aufweisen. Ihre savoyischen Wurzeln verbanden sie genauso wie ihre kurpfälzische und württembergische Vergangenheit bzw. Gegenwart. Bedingt durch ihre Ehen, Witwenschaften und Wiederverheiratungen wechselten nicht nur ihr geographisches wie persönliches Umfeld, sondern auch ihre eigenen politischen Interessen und die ihrer jeweiligen Familie. Zentral dürfte für beide neben ihrer gesellschaftlichen Stellung wohl die Mutterrolle gewesen sein, wie die Behauptung von Freiräumen und fiskalischen Ansprüchen. Daneben teilten sie die Erfahrungen einer jahrelangen Witwenschaft, auch dies für spätmittelalterliche Fürstinnen nichts Ungewöhnliches. Es gab wohl zahlreiche Gelegenheiten für persönliche Zusammentreffen. Bekannt ist aber vor allem die Kontaktpflege per Brief, die durch gegenseitige Aufmerksamkeiten vertieft wurde. Man feierte gemeinsam auf Hochzeiten, teilte die Freude über Geburten und auch die Trauer über Todesfälle, nahm Anteil an der Krankheit der anderen, unterstützte sich in Notlagen und hatte ein gemeinsames Interesse an Büchern, Bildung und Literatur.

[1] Zu Mechthild von der Pfalz siehe den Beitrag von Peter Rückert in diesem Band sowie demnächst Rückert 2019 (Von Frau zu Frau). Als biographische Arbeiten sind vor allem Kruska 1989 und noch immer Strauch 1883 zu nennen.

[2] Zu Margarethe von Savoyen gibt es bislang keine wissenschaftliche Biographie, sondern nur Lexikoneinträge und Aufsätze, die einzelne Aspekte ihres Lebens beleuchten; siehe demnächst Rückert 2019 (Margarethe von Savoyen). Die bislang umfassendste

Arbeit zu Margarethe, allerdings mit Fokus auf die Vorbereitung ihrer pfälzischen Heirat, stammt von Cornaz 1932.

3 Zu den Pfalzgrafen bei Rhein und Kurfürsten von der Pfalz siehe zuletzt Die Wittelsbacher am Rhein 2013; Peltzer u. a. 2013; Der Griff nach der Krone 2000. Zum Haus Savoyen siehe zuletzt Andenmatten 2012; Barbero 2002.

4 Zu einem vergleichbaren methodischen Ansatz siehe den Beitrag von Peter Rückert in diesem Band.

5 HStAS A 602 Nr. 260, Bl. 2–6. Zum gesamten im HStAS erhaltenen Briefcorpus der Margarethe von Savoyen siehe Rückert 2015, S. 44–48.

6 Vgl. Cornaz 1932, S. 22–24.

7 Siehe ebd., genealogische Tafel nach S. 336. Zu Amadeus VIII., der auf dem Basler Konzil 1439 zum Papst gewählt wurde, siehe zuletzt Giessmann 2014 sowie Andenmatten/Paravicini 1992.

8 Vgl. Cornaz 1932, S. 24–27. Zur Witwenschaft im Spätmittelalter siehe Spiess 2003.

9 Druck des Heiratsvertrages bei Cornaz 1932, S. 96–104 Nr. 6. Ludwig I. regierte seit der Wahl seines Vaters Amadeus VIII. zum Papst das Herzogtum Savoyen. Vgl. Uginet 2006.

10 Die Quellen zum Brautzug Margarethes bis nach Basel fließen sehr reichlich, vgl. Cornaz 1932; demnächst Rückert 2019 (Margarethe von Savoyen). Ab Basel wurde sie von einer pfälzischen Gesandtschaft unter Herzog Stephan von Bayern per Schiff nach Heidelberg begleitet. Zu Ludwig IV. von der Pfalz siehe Schaab 1988, S. 172–173.

11 Vgl. Müller 1970, Sp. 9–14. Zu den Beziehungen zwischen den württembergischen Grafen und den Pfalzgrafen bei Rhein siehe zuletzt auch Meyer 2016.

12 Zu Eberhard siehe Mertens 1997; Faix 1990 und zuletzt Lang 2009.

13 Vgl. Miethke/Lutzmann 2003, S. 621. Zur Grablege der Pfalzgrafen allgemein siehe Huthwelker 2009; zum Tod Ludwigs IV. siehe ebd., S. 125–137.

14 Vgl. Schaab 1988, S. 174–176. Zu Kurfürst Friedrich I. von der Pfalz siehe Fuchs/Spiess 2016; Fuchs 2013; Rolf 1981. Zu Philipp siehe Fuchs 2001.

15 HStAS A 602 Nr. 225 und 226. Zu Margarethes zweiter Witwenschaft siehe Birkmeyer 2004. Zu Möckmühl siehe Saur/Fleck 1998; Strohhäcker 1979. Zu Löwenstein siehe Dähn 1987.

16 Siehe dazu Deigendesch 1997 (Ludwig I.).

17 1449 Oktober 26, Urach: HStAS A 602 Nr. 260, Bl. 1. Druck bei Steinhausen 1899, S. 49–50 Nr. 65.

18 Siehe dazu den Beitrag von Rückert in diesem Band sowie Lorenz/Scholz 2003; Scholz 1987.

19 Vgl. Meyer 2016, S. 147, 150–151; Fritz 1999, S. 121–128. Zu Ulrich V. siehe ausführlich Fritz 1999.

20 Vgl. Meyer 2016, S. 158–163; Mertens 2004, S. 94.

21 Vgl. Meyer 2016, S. 147; Birkmeyer 2004, S. 288–289 Anm. 27; Fritz 1999, S. 124.

22 Vgl. Langmaier 2015, S. 326–328.

23 Vgl. Meyer 2016, S. 157. Zu Albrecht VI. siehe zuletzt ausführlich Langmaier 2015.

24 Vgl. Langmaier 2015, S. 332; s. dazu auch den Beitrag Frauenknecht in diesem Band.

25 Vgl. Meyer 2016, S. 158. Zu Rottenburg siehe den Beitrag Aderbauer in diesem Band.

26 Vgl. das Itinerar Albrechts VI. nach 1455 in Langmaier 2015, S. 669–679, sowie den Beitrag von Frauenknecht in diesem Band.

27 Vgl. Fritz 1999, S. 126–127. Zu Ludwig IX. von Bayern-Landshut siehe Lackner 2011.

28 Vgl. Fritz 1999, S. 126–128.

29 HStAS A 602 Nr. 266. Vgl. Mertens 2004, S. 94; Fritz 1999, S. 123.

30 Heiratsvertrag: HStAS A 602 Nr. 227.

31 Vgl. Meyer 2016, S. 151.

32 In ähnlicher Weise blieben etwa auch die Kontakte zwischen Margarethe von Savoyen und Katharina von Baden trotz der badisch-württembergischen Konflikte um Esslingen freundschaftlich. Vgl. Fritz 1999, S. 328–329.

33 1468 März 6, Rottenburg: HStAS A 602 Nr. 260, Bl. 6. Druck bei Steinhausen 1899, S. 83 Nr. 112. S. Kat. Nr. III.3a.

34 Spiess 2008, S. 57. Zur mittelalterlichen Geschenk-Kultur siehe zuletzt Grünbart 2011.

35 HStAS A 602 Nr. 260, Bl. 4. Druck bei Steinhausen 1899, S. 124–125 Nr. 174. S. Kat. Nr. III.3b.

36 Dieser gehörte zur vorderösterreichischen Ritterschaft, vgl. Speck 1994, S. 119.

37 Zum Frauenzimmer allgemein siehe Nolte 2005, S. 221–257; Hirschbiegel/Paravicini 2000.

38 1468 Dezember 6, Rottenburg: HStAS A 602 Nr. 260, Bl. 5. Druck bei Steinhausen 1899, S. 86–87 Nr. 117.

39 Zu Werner Wick siehe Auge 2002, S. 582–588 Nr. 368. Er hielt später nicht nur die Trauerrede auf dem Begräbnis Ulrichs, wir finden wir ihn auch unter den Vollstreckern des Testaments Graf Eberhards V.

40 HStAS A 602 Nr. 260, Bl. 2. Die weltliche Priesterschaft seines Klosters hatte sich wohl dem neuen Abt nicht unterstellen wollen; auch mit dem Bischof von Speyer gab es einen Konflikt, der im Juni 1479 vor den Kaiser getragen wurde. Siehe Regesten Kaiser Friedrichs III. 2002, Nr. 304–306.

41 Vgl. dazu auch Auge 2002, S. 197–206.

42 HStAS A 602 Nr. 260, Bl. 41 und 42.

43 Vgl. Langmaier 2015, S. 330. Darüber hinaus bestand auch zwischen der Kartause Güterstein und den Binsdorfer Schwestern eine enge Verbindung, sodass sich diese 1500 in die Konfraternität des Kartäuserordens aufnehmen ließen, vgl. Zekorn 2003. Zu Güterstein siehe Deigendesch 2001.

44 Zur Amberger Hochzeit siehe Laschinger 2011; Württemberg im Spätmittelalter 1985, S. 68–70; Buchner 1911; Buchner 1908. Dazu auch der Beitrag Rückert in diesem Band.

45 Vgl. Buchner 1908, S. 417–418; Buchner 1911, S. 97–98.

46 Vgl. Buchner 1908, S. 419–421.

47 Zur Uracher Hochzeit siehe den Beitrag von Peter Rückert in diesem Band. Zu Barbara Gonzaga siehe zuletzt Rückert 2016; Rückert 2013; Rückert 2012.

48 Vgl. Zeilinger 2003, S. 109.

49 HStAS A 602 Nr. 260, Bl. 4. Druck bei Steinhausen 1899, S. 124–125 Nr. 174. S. Kat. Nr. III.3b.

50 1478 September 30, Rottenburg: HStAS A 602 Nr. 260, Bl. 3. Druck bei Steinhausen 1899, S. 194 Nr. 280. S. Kat. Nr. III.3c.

51 HStAS A 602 Nr. 260, Bl. 7. Druck bei Rückert 2012, S. 334 Nr. 9 (Abb. S. 335); Antenhofer 2013, S. 317 Nr. 201; Steinhausen 1899, S. 193 Nr. 279.

52 HStAS A 602 Nr. 260, Bl. 23.

53 Zu Andreas siehe Deigendesch 1997 (Andreas). Zu Ludwig II. siehe ebd. (Ludwig II.); Mertens 2004, S. 95.

54 Siehe dazu Drostel 2006, S. 393–398; Lähnemann 2002; Backes 1992, S. 177–185.

55 Deschaux 1999, S. 233, Vv. 20341–20342. Vgl. Lähnemann 2002, S. 158–159, sowie zuletzt Mühlethaler 2013.

56 Keller 1861, S. 334. Zu Wyle siehe Schwenk 2007/08; Schwenk 1978.

57 Siehe Backes 2002, S. 187–188, sowie den Beitrag von Robert/Bamberger in diesem Band.

58 Keller 1861, S. 333.

59 Vgl. Backes 2002, S. 171–191 sowie Wand-Wittkowski 2005; Karnein 1995; Kruska 1989; Theil 1983.

60 Vgl. Backes 2002, S. 32; Rückert 2015, S. 46; vgl. dazu den Beitrag Rückert in diesem Band.

61 HStAS A 602 Nr. 260, Bl. 123, Cedula zu Bl. 2.

MELANIE PRANGE

Sorge um das Seelenheil: Mechthilds Stiftungen und Kunstförderung

Der seit 1460 mit Mechthild in brieflichem Kontakt stehende Frühhumanist Niklas von Wyle (um 1410–1479) umschrieb die Erzherzogin in seiner „Lobrede auf die Frauen“ (1474) als „große Liebhaberin der Künste“[1]. Angesichts dieser verheißungsvollen Beschreibung, die schon mehrfach im Zusammenhang mit der Kunstförderung Mechthilds zitiert wurde, sieht man sich mit einer geringen Anzahl an erhaltenen Bildwerken und einer schwierigen Quellenlage konfrontiert[2]. Können über Mechthilds Auftraggeberschaft und die von ihr geförderte Kunst dennoch Rückschlüsse gezogen werden?

Einen ersten Hinweis auf Mechthilds Stiftungstätigkeit liefert die vormoderne Rottenburger Chronistik, die im Zusammenhang mit der Erzherzogin besonders eines betont: Dass sie eine große Wohltäterin war, in deren Gunst sowohl die Neckarstadt als auch besonders das in Ehingen ansässige Chorherrenstift St. Moriz standen[3]. Von den *schönen Altaren, Orglen, Ornaten und andern Gottsgaben*, die Mechthild dem Chronisten Lutz von Lutzenhardt († 1612/13) zufolge den Rottenburger Kirchen gestiftet haben soll, ist jedoch nichts erhalten[4]. Besonders bedauerlich ist der Verlust des Hochaltars in der Stadtkirche, dessen Malereien hälftig von ihr finanziert wurden[5]. Mechthilds Stiftungstätigkeit in der Neckarstadt war aber offensichtlich so prägend, dass ihr durch die Historiographen selbst jene hochrangigen Kunstwerke zugeschrieben wurden, bei denen ein von ihr unabhängiger Stiftungszusammenhang heute als gesichert gilt[6].

Mechthilds vielfältige Förderung der geistlichen Institutionen in Rottenburg steht im Zusammenhang mit dem spätmittelalterlichen Stiftungswesen und dem Anliegen, das Seelenheil im Jenseits durch wohltätige Taten zu sichern. Ausdrücklich formuliert wird dieses Anliegen in Mechthilds Testament von 1481[7].

Der erste Teil des Dokuments befasst sich ausschließlich und sehr detailliert mit den Gebeten und Gottesdienstzeiten ihres Begräbnisses sowie mit der zukünftigen Bewahrung ihrer Memoria[8]. Für ihr Gedenken sorgte Mechthild in vielfacher Hinsicht – und zwar sowohl in ihrem zweiten Witwensitz Rottenburg als auch außerhalb der Grafschaft Hohenberg[9]. Eng verbunden war sie dem Benediktinerkloster Hirsau, dem sie „wie eine Mutter“ galt[10]. Förderung erfuhren auch das

Zisterzienserkloster Bebenhausen, das Kollegiatstift Sindelfingen, das Zisterzienserkloster Maulbronn, die Franziskaner in Tübingen und Leonberg sowie das Spital und die Pfarrkirche Urach[11].

Besonders herauszustellen sind Mechthilds Schenkungen an die Kartause Güterstein am Albtrauf über Urach[12]. Bereits mit der Residenzbildung in Urach unter Mechthilds erstem Gemahl, Ludwig I. von Württemberg-Urach (1412–1450), stieg diese zur Grablege der Grafenfamilie auf[13]. Hierfür dienten im europäischen Dynastiengefüge prominente Beispiele als Vorbilder, darunter die Grablege der burgundischen Herzöge Champmol bei Dijon (ab 1383)[14]. Dass sich Mechthilds Gönnerschaft in Güterstein nach Ludwigs Tod kontinuierlich fortsetzte, lässt sich schon 1451 durch eine großzügige Zuwendung – eine goldbestickte Kasel sowie 100 Gulden für die Wiederherstellung des *domus inferior* – nachvollziehen[15]. Als Gegenleistung erteilte ihr das Generalkapitel einen Dispens vom Verbot des Zutritts zur Marienkirche für Frauen: Einmal im Jahr, jeweils am Jahrestag ihres Mannes, war es Mechthild erlaubt, an der Messe teilzunehmen. Dies war der Beginn ihrer großzügigen, jahrzehntelangen Stiftungstätigkeit. Es war schließlich auch Güterstein, dem die *generosa domna de Austria*[16] 1467 ihren wertvollen Heiltumsschatz überließ[17]. An diese beachtliche Schenkung war die Bedingung geknüpft, dass die sakralen Gegenstände niemals verkauft werden dürften. Darüber hinaus sollte das Schatzverzeichnis im Guttäterbuch des Klosters eingetragen und an Mechthilds Jahrtag verlesen werden.

Mit der Mehrfachabsicherung ihres Seelenheils verkörperte Mechthild das Idealbild einer wohltätigen Stifterin. Ein großer Teil ihrer Zuwendungen bestand aus materiellen Gütern, der Finanzierung von Bauprojekten und deren künstlerischer Ausstattung. Die Sorge um das Leben nach dem Tod war also Mechthilds wesentliches Movens bei der Kunstförderung[18]. Dies erschließt sich eindrücklich an ihrer Reliquienstiftung an das Kloster Güterstein. Denn Mechthild übergab das kostbare Heiltum natürlich nicht ungefasst an die Kartause. Vielmehr war dieses in wertvollen kunsthandwerklichen Arbeiten geborgen, die Mechthild zum größten Teil selbst in Auftrag gegeben haben dürfte. Angeführt wird die beachtliche Liste von einer edelstein- und perlenbesetzten Pietà aus Gold und Silber im Wert von 1.000 Gulden. Hierbei dürfte es sich um ein figürliches Reliquiar gehandelt haben – eventuell die Fassung einer hochrangigen Schleierreliquie (*peplum*) der Gottesmutter Maria, die in anderen Gütersteiner Quellen belegt ist[19]. Neben diesem bemerkenswerten Andachtsbild werden ein goldenes, edelsteinbesetztes Kreuz, ein goldener Schrein mit einer Verkündigungsszene sowie eine emailverzierte Tafel derselben Ikonographie genannt. Von einer bedeutenden Januariusreliquie (*hailtum sant Januarii*) muss im Zusammenhang mit einer Martyriumsdarstellung ausgegangen werden, welche einem silbervergoldeten Tabernakel einbeschrieben war.

Mechthilds besondere Verehrung des heiligen Andreas spiegelte sich in einem silbervergoldeten, kristallbesetzten Figurenreliquiar wider[20]. Das spätmittelalterliche Bedürfnis, sich mit den Fassungen für die Reliquien ein Bildnis vom Heiligen zu machen, zeigt sich in der Listung dreier Kopf- oder Büstenreliquiare für die Gebeine der 11.000 Jungfrauen – Gefährtinnen der heiligen Ursula. Da in diesem Zusammenhang kein Edelmetall erwähnt wird, handelte es sich wohl um hölzerne Büsten, wie sie – ausgehend von Köln – seit der

Gotik vielfach hergestellt wurden. Auch zwei silbervergoldete Kreuze, eine silbervergoldete Monstranz, vier Kristallbecher und eine saphirbesetzte Kristallkanne, eine silbervergoldete Tafel, eine silberne Messgarnitur, zwei silberne Pulte und ein silbernes Leuchterpaar werden genannt. Das Verzeichnis schließt mit einer vergoldeten Engelfigur aus Holz, die eine Goldtafel – vermutlich eine Kanontafel – hielt.

Die Vielfalt an religiöser Schatz- und Textilkunst in Mechthilds Besitz zeigt sich auch in ihren Schenkungen an andere Sakralgemeinschaften[21] sowie in ihrem Testament, das von Monstranzen, Patenen, Passionsdarstellungen, Tüchern mit Marien- und Heiligenbildern, Rosenkränzen, ganzen Altarausstattungen und Reliquiaren berichtet[22]. Kaum eines der genannten Objekte hat jedoch die Zeit überdauert, sodass es nicht möglich ist, über die Materialnennung hinaus etwas über die Kunstwerke zu sagen. Nur wenige Quellen berichten von Mechthilds Auftragsvergabe zur Herstellung der zahlreichen Devotionalien[23]. Woher die Goldschmiede stammten und in welcher Form sie die Gegenstände für die Erzherzogin fertigten, ist nicht belegt[24].

Der Verlust der Schenkungen kann nicht genug bedauert werden, manifestierte sich in ihnen doch immer auch ein herrschaftliches, repräsentatives Anliegen. Hinweise darauf gibt die jüngste Bauforschung, die Mechthilds Rolle als Förderin von Bauprojekten betont – etwa im Zusammenhang mit der Sülchenkirche (Langhaus 1450/51, Chor 1454) vor den Toren Rottenburgs oder mit der Mauritiuskirche in Holzgerlingen (Langhaus 1473, Chor 1480)[25]. Besonders das kunstvoll gestaltete Chorgewölbe der Mauritiuskirche macht den Anspruch des Bauwerks offenbar. Der breit gelagerte Chor der Sülchenkirche hätte ohne weiteres ein monumentales Altarretabel aufnehmen können. Heute ist Mechthilds Stiftungstätigkeit in beiden Kirchen nur noch durch wandfeste Wappen präsent. Sehr wahrscheinlich ist eine Förderung Mechthilds auch in der Marienkirche Upfingen, wo Graf Ludwig I. Patronatsherr war[26].

Neben der geringen materiellen Überlieferung stellt auch die lückenhafte schriftliche Quellenlage ein Problem dar. So lässt sich derzeit nicht konkretisieren, ob und in welchem Umfang Mechthild an der Stiftung der Chorfenster in der Tübinger Stiftskirche (1470–1489) beteiligt war, wo ihr Bildnis zweimal vor Augen tritt[27]. Da die Fenster (1477–1478) aufs engste in Verbindung mit der Verlegung des Sindelfinger Chorherrenstifts und der Gründung der Universität durch Eberhard im Bart (1445–1496) und Mechthild stehen, liegt eine Stiftungsbeteiligung Mechthilds nahe[28]. Daher soll an dieser Stelle die Qualität der Glasmalereien erwähnt werden, die in der Forschung als quantitativ und qualitativ bedeutendste schwäbische Glasmalereien des Mittelalters nach jenen des Ulmer Münsters bezeichnet werden[29]. Zuständig waren die zu jener Zeit führenden Straßburger Glasmalerwerkstätten unter der Leitung von Peter Hemmel (um 1420–1506) aus Andlau. Mit Hemmel erreichte die Glasmalerei einen künstlerischen und technischen Höhepunkt.

Künstlerisch höchst anspruchsvoll war auch ein Altarwerk, das in der Forschung kontrovers diskutiert wird und dessen Aufstellungsort und Stiftungszusammenhang nicht abschließend geklärt ist: Das Retabel des sogenannten Meisters von Schloss Lichtenstein (Abb. 1). Dieser namentlich nicht bekannte Maler war um 1450 tätig und erhielt seinen Notnamen nach dem Aufbewahrungsort

1 | Marienkrönung, Meister von Schloss Lichtenstein, um 1450 (Staatsgalerie Stuttgart, Inv. Nr. L 1191)

zweier seiner Bilder, dem Schloss Lichtenstein ob Honau[30]. Der wohl in Wien ausgebildete Meister gehörte zu den herausragenden mitteleuropäischen Künstlern seiner Generation. Er übersetzte die Neuerungen der niederländischen Tafelmalerei in eine vom Schönen Stil geprägte Bildsprache[31]. Neben den erhaltenen zwei Tafeln aus Schloss Lichtenstein haben sich weitere 21 Bildfelder in unterschiedlichen Institutionen erhalten, die zu einem mächtigen Altarretabel mit einem Marien- und Passionszyklus rekonstruiert wurden. Jüngst zog Wilfried Franzen eine Anfertigung des Altarwerks für das Ehinger Stift wieder in Erwägung[32]. Er hält es für naheliegend, dass das Retabel für Mechthilds zweiten Gemahl Albrecht VI. von Habsburg (1418–1463) entstand und dieser hierfür einen Künstler aus dem Umfeld seines brüderlichen Hofs beauftragte, um seiner neuen Präsenz in der Grafschaft Hohenberg Ausdruck zu verleihen. Da Rechnungen aus dem Stift erst um 1480 überliefert sind, bleibt die Frage, ob das Retabel des Lichtensteiner Meisters tatsächlich Teil der umfangreichen Stiftungstätigkeit von Albrecht und Mechthild in St. Moriz war, derzeit offen.

Gerade vor dem Hintergrund der großen Überlieferungsverluste ist es ein Glücksfall, dass sich ein Kunstwerk erhalten hat, welches eindeutig mit Mechthild in Verbindung zu bringen ist und Tendenzen ihrer Kunstförderung erkennen lässt: das Altarretabel aus der heute evangelischen Marienkirche in Ehningen (bei Böblingen) (Abb. 2–4). Graf Ludwig I. von Württemberg-Urach war in Ehningen Lehensherr. Es ist davon auszugehen, dass Einkünfte aus dem Gäuort Bestandteil von Mechthilds Wittum waren, welches sie auch nach ihrer Heirat mit Albrecht VI. genießen durfte[33]. Sehr wahrscheinlich diente das heute zum Bestand der Staatsgalerie Stuttgart gehörende Retabel als Aufsatz des Hochaltars im 1476 fertiggestellten Chor[34]. Als Mechthilds Schenkung ist das Kunstwerk durch ihr Wappen auf einer der Flügelaußenseiten erkennbar: In der Szene der Verkündigung ist es im Bildfeld mit dem Engel Gabriel in trompe-l'œil-Art an der Rückwand des Mariengemachs dargestellt. Es zeigt heraldisch rechts den Bindenschild ihres zweiten Gemahls, Albrechts VI., links ihr angestammtes pfälzisches Wappen mit Rauten und einem steigenden Löwen.

Auffallend ist, dass das Retabel nicht dem damals in Schwaben üblichen Typus des Schreinaltars folgt, sondern als ein in allen Teilen gemaltes

2–4 | Ehninger Altar, Meister des Ehninger Altars, um 1476 (Staatsgalerie Stuttgart, Inv. Nr. 1125a–e)

Triptychon niederländischen Vorbildern. Während auf den Außenseiten mit der Verkündigung an Maria der Beginn des göttlichen Erlösungswerks veranschaulicht wird, entfaltet sich auf den drei Bildtafeln der Innenseiten dessen Erfüllung: Die Mitteltafel zeigt die Auferstehung Christi, während die Flügel mit dessen Erscheinung vor Maria und dem Apostel Thomas in zwei Szenen die Offenbarung des Auferstandenen thematisieren[35].

Die kunsthistorische Forschung ist sich darüber einig, dass es sich bei dem Meister des Ehninger Altars um einen in den Niederlanden ausgebildeten Künstler gehandelt haben muss[36]. Sehr deutlich sind die Parallelen zum Werk des Dierc Bouts (1410/20–1475). So zeigt die Malerei dessen typische Farbpalette mit einem von changierenden Rot- und Rosatönen durchsetztem vorherrschenden Grün. Die Auferstehung und die Verkündigung finden sich nahezu übereinstimmend beziehungsweise sehr ähnlich in kleinformatigen Gemälden der Bouts-Schule. Daher wurde vermutet, dass es sich beim Ehninger Altar um eine getreue Wiederholung eines heute verlorenen Retabels von Dierc Bouts handelt. Die Holzart der Tafeln (Fichte), die im Vergleich zu erhaltenen Altären von Bouts stärkere Betonung der Breitendimension sowie die größere Buntheit der Farbpalette werden jedoch als Hinweise dafür angeführt, dass der zuständige Maler zwar in den Niederlanden gelernt hatte, jedoch aus Schwaben stammte und seine Werkstatt in Rottenburg ansässig war[37]. Ungeachtet der Herkunftsfrage und der Werkstattlokalisierung ist zu betonen, dass der Künstler des Retabels über die Malerei des Dierc Bouts mit den Schöpfungen führender Vertreter der niederländischen Tafelmalerei – Jan van Eyck (um 1390–1441) und Rogier van der Weyden (1399/1400–1464) – in Kontakt gekommen war[38]. Ganz deutlich manifestiert sich dies in seinem bemerkenswerten Altarwerk. Dem mit vielschichtiger Symbolhaftigkeit malerisch äußerst fein und naturnah wiedergegebenen Innenraum der Verkündigungsszene auf den Außenseiten steht auf den Festtagsseiten eine bogenförmige, tiefe Weltenlandschaft mit Simultandarstellungen gegenüber. Deren geschlossene Komposition ist harmonisch und dennoch hochkomplex – besonders durch die zweigeschossigen Architekturen verschiedener Stilsprachen, die gekonnte Durchblicke ermöglichen. Raffinesse bewies der Künstler auch bei der Alleinstellung der Figur Christi. Dessen Gewanddrapierung ist raumbildend und erinnert an Niclaus Gerhaert von Leyden (nachweisbar 1462–1473), der mit seinen Skulpturen Generationen von Künstlern nördlich der Alpen prägte[39]. Grandios ist das Spiel von Licht und Schatten, welches sich am gläsernen Kreuzstab Christi zeigt – eine deutliche Parallele zum epochalen Werk van Eycks.

Der Ehninger Altar gehört zweifellos zu jenen spätmittelalterlichen Kunstwerken, bei denen theologische Tiefe und Vielschichtigkeit zusammen mit höchster malerischer Könnerschaft zu einer gesteigerten Intensität der Wirkung führten. Dies lässt Rückschlüsse auf die Ambitionen der Stifterin zu – umso mehr, weil weitere Aufträge aus ihrem direkten Umfeld an die Werkstatt des Ehninger Meisters ergingen. So entstand auf Initiative Eberhards im Bart das Widmungsexemplar der unter dem Titel „Buch der Beispiele der alten Weisen“ (um 1474–1480) ins Deutsche übertragenen Fabelsammlung „Pantschatandra“ oder „Bidpai“ (1445–1496)[40]. Hochbedeutsam ist die Handschrift aufgrund der 132 Miniaturen. Für den versiertesten Miniaturisten der Handschrift wird eine Mitarbeit in der Werkstatt des Meisters des Ehninger Altars vermutet[41]. Er war wohl (um 1480) auch der Maler des Retabels für die Pfarrkirche in Wurmlingen[42]. Da Wurmlingen zur Morgengabe Mechthilds gehörte, liegt auch für diesen Altaraufsatz ein Engagement Mechthilds im Bereich des Möglichen. Erhalten blieb eine Tafel mit der Ausgießung des Heiligen Geistes, die sich heute in der Staatsgalerie Stuttgart befindet (Abb. 5). Dass ein so wegweisender Künstler wie der Ehninger Meister eine Vorbildfunktion besaß, wurde schon im Zusammenhang mit den Werken des Meisters des Rohrdorfer Altars aufgezeigt (Abb. 6)[43]. Wo sich dessen Werkstatt befand, ist wie im Falle des Ehninger Meisters nicht bekannt. Sollte die Annahme zutreffen, dass der Maler zumindest eine Zeit lang (um 1480/85) in Rottenburg tätig war, liegt es nahe, dass Mechthild auch Aufträge an ihn vergab.

Die Beschäftigung mehrerer und durchweg namhafter Maler bestätigt sich durch die Weittenauer-Chronik. Dieser zufolge bezahlte Mechthild im Jahr 1474 die Hälfte der 423 Gulden für die Malereien des Altarretabels in der Rottenburger Marktkirche, das dem Stadtbrand 1644 zum Opfer fiel[44]. Ausgeführt wurden diese von Albrecht Rebmann (nachweisbar 1469–1474) und dessen Schwager Hans Schüchlin (nachweisbar 1471–1505) aus Ulm. Auch wenn über das Aussehen des Retabels nichts bekannt ist, so darf hier aufgrund der Künstlernamen von einer hohen Qualität ausgegangen werden. Albrecht Rebmann stammte aus Nürnberg. Wahrscheinlich ist, dass er seine Ausbildung in der Werkstatt Hans Pleydenwurffs (um 1420–1472) erhalten hatte, der eine Vermittlerrolle bei der Übernahme der niederländischen Kunst nach Deutschland einnahm. Hans Schüchlin

5 | Ausgießung des Heiligen Geistes, Meister des Ehninger Altars (Werkstatt/Schule), um 1480 (Staatsgalerie Stuttgart, Inv. Nr. 15)

6 | Anbetungsszene aus dem Rohrdorfer Altar (Staatsgalerie Stuttgart, Inv. Nr. 1223b)

7 | *Grabfigur der Mechthild von der Pfalz von Hans Multscher in der Stiftskirche St. Georg, Tübingen, um 1450–1452*

gehörte in der zweiten Hälfte des 15. Jahrhunderts zu den namhaftesten Künstlern Ulms und stand einer der größten und produktivsten Werkstätten vor. In seinem frühen Hauptwerk – dem Tiefenbronner Hochaltarretabel (1469) – ist seine Orientierung an dem Meister des Sterzinger Retabels (1456–1458) erkennbar[45]. Dieser war wiederum dem niederländischen Realismus eng verbunden und hatte 1456 bis 1459 mit Hans Multscher (um 1400–1467) zusammen am Sterzinger Retabel gearbeitet[46]. In Ulm arbeitete Schüchlin mit den wichtigsten Künstlern seiner Zeit zusammen, was eine Bürgschaft u. a. zusammen mit Michel Erhardt (um 1440/45–nach 1522) für Niklaus Weckmann (nachweisbar 1481–1526) belegt[47]. Es war wohl auch der Ruhm Schüchlins, der es bewirkte, dass jüngere Maler wie Bernhard Strigel (um1460–1528) oder Hans Holbein d. Ä. (um 1465–1524) nach Ulm kamen, um dort zu lernen. Schüchlins Schwiegersohn, Bartholomäus Zeitblom (um 1455–1518), trat zunächst in dessen Betrieb ein, übernahm um 1494 die Werkstatt und signierte seitdem mit eigenem Namen – etwa am Kilchberger Retabel (1494) für Georg von Ehingen (1428–1508)[48]. Für die Malerei ist also festzuhalten, dass Mechthild Künstler beauftragte, die direkt oder indirekt mit den Hauptmeistern ihrer Zeit Berührung hatten, selbst im Zentrum des Kunstschaffens standen und hierdurch mit führenden Vertretern anderer Gattungen gut vernetzt waren. Traf dies auch für andere Kunstgattungen zu?

Im Bereich der Bildhauerei hat sich nur ein relevantes Bildwerk erhalten, das Antwort auf diese Frage geben kann. Es handelt sich um das berühmte Grabbild der Erzherzogin in der Tübinger Stiftskirche St. Georg. In der Forschung gilt es als sehr wahrscheinlich, dass Mechthild dieses Bildnis um 1450–1452 selbst in Auftrag gab – und dies bei dem zu jener Zeit renommiertesten Bildschnitzer Ulms, Hans Multscher (Abb. 7)[49]. Die in Sandstein ausgeführte Figur wurde nach ihrer Überführung aus Güterstein in die Stiftskirche Tübingen überarbeitet[50] und mit der neu angefertigten Darstellung Ludwigs I.[51] auf einer gemeinsamen Tumbaplatte zu einem Grabmal vereint. Ursprünglich zierte das Hochrelief einen in eine Nische eingestellten Prunksarkophag auf dessen Wandung Figuren – vermutlich *Pleurants* – dargestellt waren

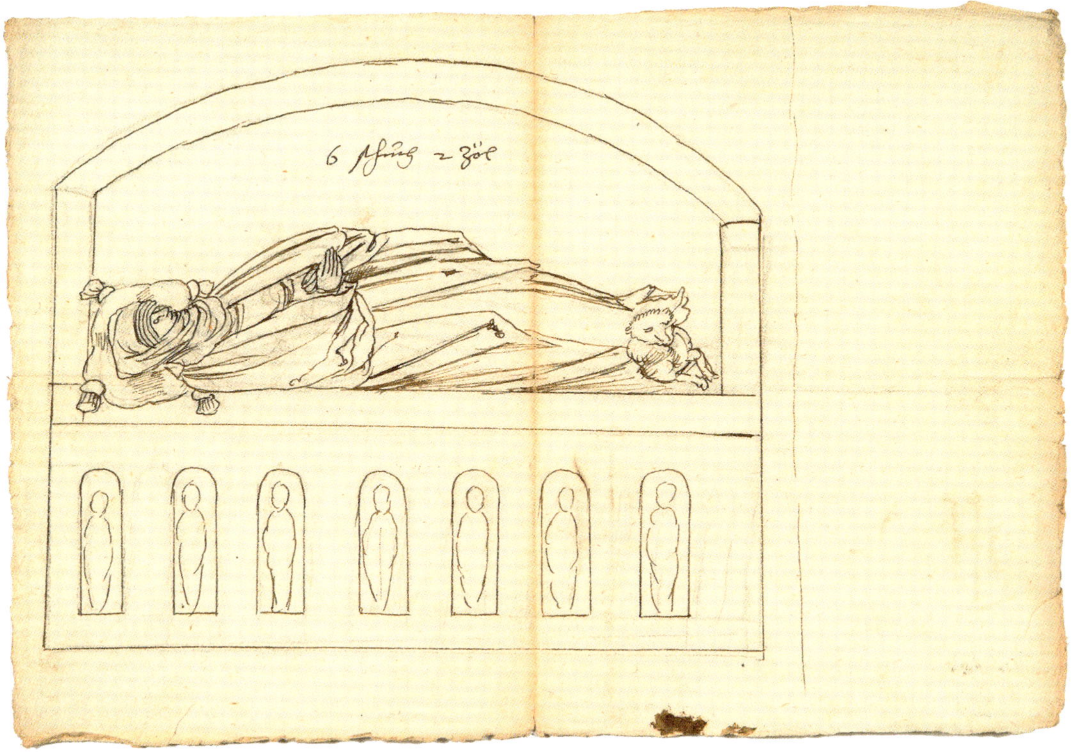

8 | Prunksarkophag der Mechthild von der Pfalz in der Kartause Güterstein. Zeichnung aus einem Bericht von 1554 (HStAS G 47 Bü 24)

(Abb. 8)[52]. Als Vorbilder für die Anlage dienten wohl Beispiele in Frankreich und den Niederlanden – zum Beispiel das Grab der Isabella von Bourbon († 1476) in der Kathedrale von Antwerpen. Mechthilds Grabfigur gilt mit ihrem ausgreifenden Volumen, ihrer Mehransichtigkeit und ihrer feinen, in Ansätzen naturalistischen Gesichtsbildung als Höhe- und Schlusspunkt der Hauptschaffensphase Multschers vor dem Übergang zu seinem abstrakteren und härteren Spätwerk. Die Orientierung Multschers am westlichen Kunstraum wurde gerade an der Grabfigur aufgezeigt[53]. Als Vorbilder für deren Gewandbildung wurden Werke des Meisters von Flémalle (nachweisbar 1410–1440) und Jan van Eycks angeführt[54]. Auch für den Bereich der Skulptur kann im Umfeld Mechthilds damit ein Künstlername genannt werden, der eine prägende Rolle in Süddeutschland einnahm.

Mit ihrem Grabmal setzte Mechthild in mehrfacher Hinsicht ein deutliches Zeichen: Zunächst ist bemerkenswert, dass sie sich an der Seite ihres ersten Gattens auf württembergischem Gebiet, das heißt im Einflussbereich ihres Sohnes Eberhard, beisetzen ließ[55]. Offensichtlich schien ihr eine Bestattung in der Kartause als größter Heilsgarant. Dass ihrer Memoria im liturgischen Vollzug tatsächlich eine große Rolle zukam, belegt die ursprüngliche Aufstellung ihres Sarkophags in der Klosterkirche[56]. Mit dieser Position setzte Mechthild ihrer langjährigen Rolle als Hauptstifterin des Klosters ein Denkmal – und dies auch durch die künstlerische Qualität der Anlage. Möglicherweise war diese Teil eines umfangreichen Ausstattungsensembles; zumindest fällt auf, dass Hans Multscher in der Entstehungszeit des Grabbildes auch mit der Anfertigung des heute verlorenen Choraltars in der Kartause beauftragt war[57].

Mechthilds Anspruch und die damit verbundene Auftragsvergabe an erstrangige und vielgefragte Künstler vermag nicht zu erstaunen, bedenkt man ihre Herkunft und Stellung sowie ihre finanziellen Möglichkeiten[58]. Ihre Erziehung am kurfürstlichen Hof der Wittelsbacher in Heidelberg hatte sicherlich nicht nur Auswirkungen auf ihre Bildung, sondern auch auf ihre ästhetischen Ansprüche. Denn die nördliche Kurpfalz gehörte um 1400 zu jener politisch und wirtschaftlich eng vernetzten Region des Mittelrheins, die sich durch eine unvergleichlich reiche Kunstproduktion auszeichnete. Die hohe Innovationskraft der Werkstätten in Frankfurt und am Mittelrhein wusste sich auch der Heidelberger Hof zu Nutze zu machen. So sind Mechthilds Großvater, König Ruprecht (1352–1410), und Vater, Kurfürst Ludwig III. (1378–1436), als Auftraggeber Madern Gertheners (um 1365–1430) belegt, der als bedeutendster mittelrheinischer Künstler der Spätgotik gilt[59]. Zugleich sind über die südliche Kurpfalz Vernetzungen an den Oberrhein und ins Elsass nachzuweisen, was sich zum Beispiel an den Erwerbungen der kurfürstlichen Handbibliothek unter Ludwig III. manifestiert[60]. Die Pracht entfaltete sich unter Mechthilds Bruder, Friedrich I. dem Siegreichen (1425–1476), weiter. Als Vorbild für seine fürstliche Selbstinszenierung dienten Friedrich I. der französische und besonders der burgundische Hof[61].

Diese wenigen Schlaglichter auf die kurfürstliche Wittelsbacher Hofkultur in Heidelberg und die dort versammelte Kunst mögen genügen, um das Umfeld zu charakterisieren, durch das Mechthild geprägt wurde[62]. Hierbei ist zu bedenken, dass sie ihrer Familie aus politischen Gründen auch später immer verbunden blieb[63]. Als Regentin, die gegenüber Habsburg und Württemberg eine eigenständige Politik verfolgte, legte sie auf eine fürstliche Hofhaltung mit entsprechenden künstlerischen Repräsentationsmedien Wert[64]. Dies legt unter anderem ihr umfangreicher weltlicher Silberschatz nahe, den sie ihrem Sohn Eberhard hinterließ[65]. Werner Fleischhauer geht davon aus, dass es sich hierbei größtenteils um das Silber ihrer pfälzischen Aussteuer handelte, das im Zuge ihrer zweiten Ehe mit dem Allianzwappen Österreich-Pfalz ausgestattet oder umgeschmolzen wurde[66]. Mengenmäßig stand der Schatz kaum hinter jenem zurück, den Eberhards Gemahlin Barbara Gonzaga von Mantua (1455–1503) in ihre Ehe eingebracht hatte. Bemerkenswert ist darüber hinaus, dass nur bei den Objekten Mechthilds und Barbaras teilweise von *welschen* Formen die Rede ist[67]. Wie der Großteil ihrer Schenkungen hat auch Mechthilds Silberschatz die Zeiten nicht überdauert.

Trotz der großen Verluste können Schlussfolgerungen zu Mechthilds Kunstförderung gezogen werden: Durch die sorgfältigen und vielseitigen Vorkehrungen für ihr Seelenheil trat Mechthild an zahlreichen sakralen Orten als großzügige Stifterin auf, indem sie Baumaßnahmen und Ausstattungsensembles finanzierte. Dass sie ihre Memoria auf diese Weise erfolgreich sicherte, zeigt die Geschichtsschreibung, die sie als *devota mulier in Deum et sancta in pauperesque piissima* im Gedächtnis verankerte[68]. Über ihre Stiftungstätigkeit hinaus ist davon auszugehen, dass die Erzherzogin hochwertige Kunstgegenstände zu Repräsentationszwecken an ihrem Hof sammelte. Bei der Auftragsvergabe legte Mechthild großen Wert auf Qualität, die sie offenbar durch jene Künstler garantiert sah, deren Schöpfungen sich am niederländisch-französischen Kulturraum orientierten[69]. Diese Vorliebe – ebenfalls nachzuvollziehen anhand ihrer Bibliothek[70] – war offenbar bereits durch ihre pfalzgräfliche Herkunft vorgeprägt. Jedoch scheint Mechthild bei der Künstlerauswahl ganz eigene, vom Heidelberger Hof unabhängige Akzente gesetzt zu haben. Dies legt besonders die wiederholte Beauftragung von gefragten Ulmer Künstlern nahe. Das zeitgenössische Lob Mechthilds als „große Liebhaberin aller Künste" war also sicherlich gut begründet.

1 Nikolaus von Wyle, Lobrede auf die Frauen (1474), zit. nach Theil 1983, S. 126. Vgl. dazu den Beitrag Bamberger/Robert in diesem Band.

2 Z. B. Manz 1982.

3 Siehe den Beitrag Aderbauer in diesem Band.

4 Chronickh vnd Gslechter Buech der Loblichen Österreichischen Statt Rottenburg am Negger, 1608–1610, WLB Cod. hist. fol. 764. Zit. nach Kempf 1986, S. 603. Zur Chronik siehe den Beitrag Aderbauer in diesem Band.

5 Tradition Buch von dem Anfang, Vhrsprung vndt Wachßthumb deß löblichen alten Stüffts Sant Maurizij in Ehingen nebst Rottenburg am Nekher, 1674–1678, Johann Evangelist Weittenauer, Diözesanarchiv Rottenburg, M 253, B 76, S. 153, 156. Zur Choranlage Sülchens siehe Marstaller 2018 (Sülchenkirche), S. 302–305.

6 Z. B der spätgotische Marktbrunnen sowie die Stiftung der Pfarrei St. Martin und der Chorbau ihrer Pfarrkirche.

7 Bereits 1458 hatte Mechthild ein Testament erstellt. Dieses oder eine überarbeitete Fassung ließ sie 1468 im Kloster Hirsau hinterlegen. Das letztgültige Testament stammt vom 1. Oktober 1481. Fischer 1994, S. 112. Zum Testament siehe Kat. Nr. VI.6.

8 Zum Testament siehe auch Württemberg im Spätmittelalter 1985, Nr. 4, S. 13; Fischer 1994.

9 Neben dem St. Morizstift in Ehingen profitierten auch die Rottenburger Karmeliten von Mechthilds Gunst. Fischer 1994, S.116.

10 Fischer 1994, S. 142, Anm. 131.

11 Fischer 1994, S. 116, S. 142, Anm. 132.

12 Zum vielschichtigen Beziehungsgeflecht zwischen den Gütersteiner Kartäusern und dem Uracher wie dem Rottenburger Hof Mechthilds siehe Deigendesch 2001, S. 63–76.

13 Diese Funktion ist bereits 1443 nachzuweisen, als Andreas, der drittälteste Sohn Ludwigs und Mechthilds, dort bestattet wurde. Vgl. Deigendesch 2001, S. 60.

14 Zur Kartause siehe Prochno 2002.

15 Deigendesch 2001, S. 62.

16 Anniversarium der Kartause Güterstein, nach Schön 1905, S. 25.

17 HStAS A 486 U 22. Zur Urkunde siehe Schön 1898, S. 156; Württemberg im Spätmittelalter 1985, Nr. 135, S. 127; Deigendesch 2001, S. 64. S. Kat. Nr. VI.4.

18 Basierend auf Matthäus 19,16–26 entstand bereits in patristischer Zeit die Vorstellung vom „Seelgerät" – einem Vorrat für die Seele oder dem Schatz im Himmel, den man sich durch die Almosenspende anlegen konnte. Mit der Entstehung von christlichen Gemeinden und Kirchen wurde die Ausgestaltung der Gotteshäuser als „geistige Nahrung" für die Armen verstanden und der Almosenspende gleichgesetzt. Seit dem 5. Jahrhundert ist die Vorstellung nachzuvollzie-

hen, durch das Gedächtnis der Lebenden am Tag des Jüngsten Gerichts an der Erlösung teilhaben zu können. Daher gaben die Menschen viel daran, ihr Gedenken – ihre Memoria – schon zu Lebzeiten mehrfach abzusichern. Dies führte dazu, dass die finanziellen Mittel für die Pflege des Kults bis zum Beginn des 16. Jahrhunderts stetig anstiegen. Zum Stiftungswesen siehe Borgolte 2012, zusammenfassend Jezler 2000.

[19] Deigendesch 2001, S. 64 f.

[20] Fischer deutet Mechthilds Andreasverehrung als Resultat ihrer Orientierung am Hof der burgundischen Herzöge, bei denen der heilige Andreas als Patron des Ordens vom Goldenen Vlies eine besondere Stellung einnahm. Fischer 1994, S. 138, Anm. 115. Siehe auch siehe Fleischhauer 1970, S. 24, Anm. 95, S. 50.

[21] Dem Kloster Hirsau vermachte Mechthild 1482 kostbare Paramente, u. a. einen mehrteiligen Ornat aus dem Besitz des Königs Ladislaus von Böhmen, Erzherzog von Österreich († 1457). Dessen Besitzungen waren zum Teil an seinen Vetter Albrecht VI. übergegangen. Schön 1901, S. 37.

[22] Fischer 1994; Kat. Nr. VI.6.

[23] So bezahlte sie 1478 einem Pretiosenhändler 14 Gulden für ein Kreuz, einen Goldschmied namens Hans entlohnte sie mit 23 Gulden, vgl. Schön 1901, S. 36; Schön 1904, S. 38.

[24] Ein aus der Regierungszeit Mechthilds erhaltenes Kreuzreliquiar (um 1475) hat sich im heutigen Domschatz Rottenburgs erhalten. Manz 1982, S. 34. Ein Bezug zu Mechthild ist jedoch nicht nachzuweisen, zumal die Goldschmiedearbeit im Barock überarbeitet wurde. Zum Reliquiar siehe Urban 2012, S. 28 f.

[25] S. Kat. Nr. IV. 14. Tilmann Marstaller vermutet, dass Mechthild auch an den Umbauten in der Wallfahrtskirche Zu unserer lieben Frau im Holderbusch und Sankt Urban in Hirschau sowie mit dem Bau der Theoderichkapelle am Weg von Rottenburg nach Wendelsheim in Verbindung zu bringen ist und ihre Rolle als Kirchenstifterin demnach bedeutend größer gewesen sein könnte, als dies bislang angenommen wurde; vgl. Marstaller 2018 (Sülchenkirche), S. 316.

[26] S. Kat. Nr. II.9. Ein Jahr nach Fertigstellung der Kirche (1449) wurde Upfingen von der Pfarrei Gächingen abgetrennt und eigenständige Pfarrei. In den folgenden Jahren wurde die Wallfahrtskirche vom württembergischen Herrscherhaus weiterhin gefördert. Halbauer 2017, S. 151. Vgl. den Beitrag Rückert in diesem Band.

[27] Vgl. Kat. Nr. II.5 und III.9.

[28] Becksmann 1986, S. 263, S. 269 f. Zur Gründung der Universität siehe den Beitrag Hirbodian/Prasse in diesem Band.

[29] Zu den Glasmalerereien der Tübinger Stiftskirche siehe Becksmann 1986, S. 257–312.

[30] Marientod, Schloss Lichtenstein ob Honau, Marienkrönung (Fragment), Schloss Lichtenstein ob Honau – als Leihgabe in der Staatsgalerie Stuttgart (Inv. Nr. L 1191).

[31] Franzen 2018. Zum künstlerischen Umfeld siehe Vlachos 2018; Labuda 2018; Hörsch 2018. Eine umfassende Würdigung erfuhr der Meister 2013; vgl. Pirker-Aurenhammer 2013.

[32] Franzen 2018. Der Hinweis auf eine Rottenburger Provenienz stammt erst aus dem 19. Jahrhundert (Förster 1853, S. 185). Seitdem herrscht eine rege Diskussion darüber, wie dieses Indiz zu deuten ist. Im Gegensatz zu Franzen lehnt Franz Quarthal eine ursprüngliche Aufstellung des Retabels in St. Moriz vor allem im Abgleich mit der Rottenburger Chronistik ab (Quarthal 2013).

[33] Hierfür spricht die Tatsache, dass sie sich auch nach ihrer Übersiedlung nach Rottenburg 1454 immer wieder im Böblinger Raum aufhielt und dort ansässige Institutionen unterstützte. Deigendesch 2001, S. 63.

[34] Staatsgalerie Stuttgart, Inv. Nr. 1125a–e.

[35] Zur detaillierten Bildbeschreibung siehe Kat. Nr. IV.13.

[36] Rettich/Klapproth/Ewald 1992, S. 207–209.

[37] Rettich/Klapproth/Ewald 1992, S. 207.

[38] Der starke Einfluss Rogier van der Weydens (1399/1400–1464) lässt es wahrscheinlich erscheinen, dass Bouts um 1440 sein Schüler war. In Bouts' Bildern ist auch die Vertrautheit mit den Werken von Jan van Eyck (um 1390–1441) und Aelbert van Ouwater (um 1415–1475) zu erkennen.

[39] Zu Niclaus Gerhaert siehe Roller 2011.

[40] Diese Handschrift befindet sich heute im Besitz des Musée Condé in Chantilly (Ms. 680, olim 1389).

[41] S. Kat. Nr. IV.13. Vgl. Cermann 1991, S. 93 ff.; Cermann 2014, S. 64. Die Miniaturen weisen Bezüge zum Fechtbuch (1467) Eberhards im Bart von Hans Talhoffer auf (Bayerische Staatsbibliothek München, cod. icon. 394a). Dr. Antonius von Pforr († 1483), Rat der Erzherzogin, übersetzte das indische Werk. Es war ursprünglich als Fürstenspiegel geschrieben, durch Pforr aber zu einem Buch der Lebensweisheiten – ähnlich den damals beliebten Fabeln Äsops – gestaltet worden.

[42] Staatsgalerie Stuttgart, Inv. Nr. 15. Vgl. Cermann 2014, S. 64.

[43] Der Meister erhielt seinen Notnamen nach dem ehemaligen Hochaltar der Johanniterkirche in Rohrdorf bei Nagold (1482 oder 1485). Zum Meister des Rohrdorfer Altars und seinen in der Staatsgalerie Stuttgart erhaltenen Bildwerken siehe Rettich/Klapproth/Ewald 1992, S. 252–257.

[44] Tradition Buch von dem Anfang, Vhrsprung vndt Wachßthumb deß löblichen alten Stüffts Sant Maurizij in Ehingen nehst Rottenburg am Nekher, 1674–1678, Johann Evangelist Weittenauer, Diözesanarchiv Rottenburg, M 253, B 76, S. 153, 156. Die andere Hälfte der Kosten übernahmen die Heiligenpfleger.

[45] Pfarrkirche St. Maria und Magdalena.

[46] Heute Multscher-Museum, Sterzing. Zum Sterzinger Altar siehe Zolda 2011. Zur Verbindung der Sterzinger Malereien zum Werk Rogier van der Weydens siehe ebd. S. 131.

[47] Er fungierte ab 1491 abwechselnd als Spitalpfleger, Bettelherr, Ainunger, Ratsmitglied, Pfleger der Schützenbruderschaft und Pfarrkirchenbaupfleger. In der 1499 verfassten Bestätigung der Lukasbruderschaftsordnung wird er als erster der namhaften Künstler Ulms in der Mitgliederliste aufgeführt und als alter Zunftmeister bezeichnet.

[48] LMW Stuttgart, L 1969–783. Rechter Standflügel Leihgabe der Staatsgalerie Stuttgart, Inv. Nr. 1127. Zwei Tafeln in der Staatsgalerie Stuttgart, Inv. Nr. 33, 43.

[49] In ihrem Testament von 1481 findet sich ein Hinweis darauf, dass Mechthild zusätzlich zu der figürlichen Grabplatte ein Epitaph für Güterstein anfertigen ließ, das an ihre durch ihre zweite Heirat erworbenen Titel erinnern sollte und ein Andreaskreuz aufwies. Vgl. Fischer 1994, S. 128. Vgl. Württembergisches Landesmuseum 1997, S. 344, Anm. 17. Zur Grabplatte siehe auch Kat. Nr. VI.8.

[50] In der 1554 angefertigten Zeichnung sind Mechthilds Hände gefaltet, während sie im jetzigen Zustand den Gewandsaum halten. Hierbei wird es sich um eine zeichnerische Ungenauigkeit handeln.

[51] Ausgeführt 1556 von Jakob Woller aus Schwäbisch Gmünd. Vgl. Württembergisches Landesmuseum 1997, Nr. 29, S. 340–344, hier S. 342.

[52] Diese Anordnung hat sich durch eine 1554 angefertigte Zeichnung (HStAS G 47 Bü 24 (1554–1556)) überliefert. Vgl. Württembergisches Landesmuseum 1997, S. 343. Siehe auch Kat. Nr. VI.9.

[53] Vgl. ebd.

[54] Ebd., S. 343.

[55] Mit der Wahl ihrer Grablege in Güterstein stellte sich Mechthild sowohl gegen die Habsburger als auch gegen die Stuttgarter Linie der Württemberger. Zur politischen Dimension ihrer Grablege siehe Deigendesch 2001, S. 65–67.

[56] Dies ist ihrem Testament zu entnehmen (*… und in die kirch getragen und begraben werden zu der lincken syten by der wannd*; zit. nach Fischer 1994, S. 128). Erst später wurde Mechthilds Grabmal in die 1486 konsekrierte Andreaskapelle überführt. Ebd., S. 143, Anm. 134.

[57] WLB Stuttgart, Cod. hist. 2^0 421, fol. 118r. Württembergisches Landesmuseum 1997, S. 343. An Kunstwerken aus der 1535 aufgelösten Kartause hat sich nur der Passionsaltar (1512) erhalten, der heute in der Stiftskirche Oberstenfeld steht. Decker-Hauff 1952; dazu Ehmer 2016, S. 107–109.

[58] In die Ehe mit Albrecht VI. brachte Mechthild 73.000 Gulden ein, von denen ihr 30.000 aus der Ehe mit Ludwig zustanden. Für die anderen 43.000 Gulden erhielt sie die Grafschaft Hohenberg.

[59] Von Fiercks 2013, S. 297 f.

[60] Ebd., S. 295.

[61] Dies zeigt sich nicht zuletzt an seinem Grabmal in der Kapelle des Heidelberger Schlosses: Es folgt dem

Grabtypus der französischen Könige. Der Heidelberger Sarkophag war der erste seiner Art in Süddeutschland; vgl. COHN 2013, S. 279.

62 Vgl. dazu den Beitrag FRAUENKNECHT in diesem Band.

63 Besonders mit ihrem Bruder Friedrich stand Mechthild zeitlebens in engem Kontakt. Vgl. FISCHER 1994, S. 155, Anm. 199; s. auch den Beitrag FRAUENKNECHT in diesem Band.

64 Ein Hinweis hierfür ist z. B. ein Bildteppich mit den Wappen ihrer Eltern, den Mechthild leihweise von ihrem Bruder Friedrich erhalten hatte; vgl. Kat. Nr. I.13; dazu FISCHER 1994, S. 155, Anm. 199. Zur Hofhaltung Albrechts VI. siehe LANGMAIER 2015, S. 234.

65 Mechthilds Silberschatz umfasste 73 Becher, 19 Köpfe und Doppelköpfe, 1 Schale, 7 Kannen und Flaschen, 6 Wasserbecken, 7 Löffel, 54 Esssilber. Zum Inventar des herzoglichen Silberschatzes (HStAS A 201 Bü 1) siehe FLEISCHHAUER 1970. Einige Objekte des Silberschatzes überließ sie zusammen mit ihren Rosenkränzen und Schleiern ihrer Schwiegertochter Barbara Gonzaga. Vgl. FISCHER 1994, S. 133, S. 155, Anm. 201, sowie den Beitrag RÜCKERT in diesem Band.

66 FLEISCHHAUER 1970, S. 49 f.

67 FLEISCHHAUER 1970, S. 51. Dazu RÜCKERT 2012, S. 253–257 (Claudia SANDTNER).

68 Johannes Trithemius, *Chronica Insignia Duo*, Frankfurt 1601, zit. nach SCHÖN 1904, S. 65.

69 Neben ihrer Prägung durch den Heidelberger Hof mag auch die zu Lebzeiten Mechthilds enge Beziehung des Hauses Württemberg zu den Herzögen von Burgund eine Rolle gespielt haben. Vgl. FISCHER 1994, S. 138, Anm. 115.

70 Vgl. den Beitrag BAMBERGER/ROBERT in diesem Band. Dazu siehe auch Kat. Nr. V.8.

Herbert Aderbauer

Erzherzogin Mechthild im Spiegel frühneuzeitlicher Rottenburger Chroniken

In der Geschichte Rottenburgs stellt die Regentschaft von Pfalzgräfin Mechthild einen Sonderfall dar. Seit dem Verkauf der Grafschaft Hohenberg an das Haus Österreich im Jahr 1381 war die Zeit von Mechthilds Hofhaltung zwischen 1454 und ihrem Tod 1482 die einzige, in der Rottenburg nochmals Residenzstadt war. Es wäre mithin zu erwarten, dass Mechthild und ihr Hof in Rottenburg in der örtlichen Geschichtsschreibung und Chronistik als absoluter Glanz- und Höhepunkt der lokalen Geschichte dargestellt würden. Wie die nachstehende Untersuchung der Rottenburger Chroniken zeigen wird, ist dies freilich nur bedingt der Fall.

Die bekannteste und am häufigsten zitierte chronikalische Erwähnung Mechthilds stammt allerdings nicht aus Rottenburg. Es ist die „Verschwankung" und Verunglimpfung ihrer Person und ihres Hofes in der berühmt-berüchtigten Chronik der Grafen von Zimmern[1]. Erzherzogin Mechthild erscheint in dieser von Froben Christoph von Zimmern ab 1559 in Meßkirch verfassten Chronik als eine Gestalt aus einer derben Scherz-Geschichte, als wollüstige Witwe, sie *hett auch fraw Venusperg genennt werden*[2] können. Mechthild sei eine Nymphomanin (*überflaischgirige*[s] *Weib*) gewesen, von der man sich als Graf von Zimmern besser ferngehalten habe. Dieses Urteil schmückt der Chronist mit derb-zotigen „Histörchen" rund um eine von Mechthild auf dem Rottenburger Marktplatz ausgerichtete Fastnachtsveranstaltung aus (Abb. 1).

Um diese extreme und kuriose Stilisierung Mechthilds einordnen zu können, muss man sich den Charakter der Zimmerischen Chronik vergegenwärtigen. Sie stellt eher ein literarisches als ein historiographisches Werk dar. In bewusster Stilisierung baut Froben Christoph von Zimmern Anekdoten, Schwänke, Sagen, oft auch derb-erotische „Possen", deren Motive auch auf antike oder mittelalterliche Vorlagen rekurrieren, ein, verlegt die Handlung in die Grafschaft Zimmern oder angrenzende Gebiete und weist die Rolle der Protagonisten mitunter historischen Persönlichkeiten seiner jüngeren Vergangenheit zu[3]. Jenseits der Frage, inwieweit sich Mechthild tatsächlich schon zu Lebzeiten gegenüber rufschädigenden Gerüch-

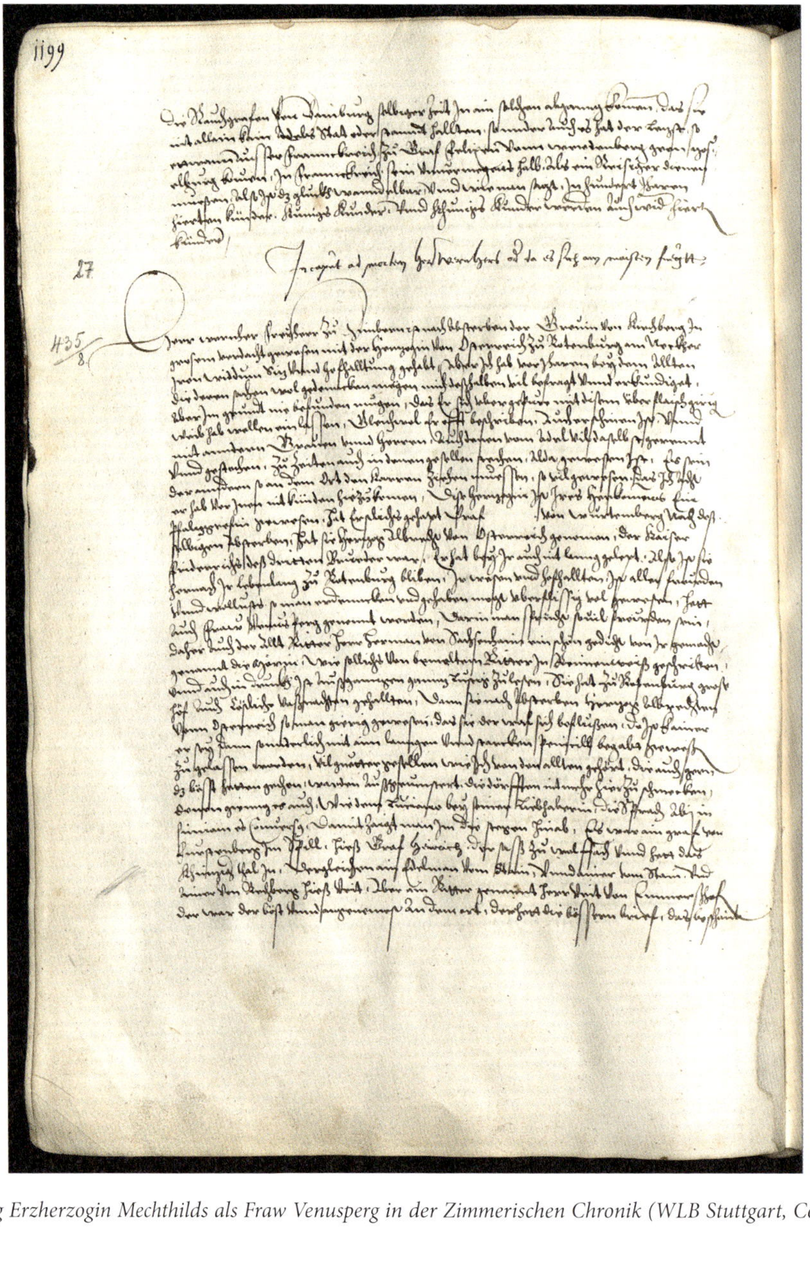

1 | Darstellung Erzherzogin Mechthilds als Fraw Venusperg in der Zimmerischen Chronik (WLB Stuttgart, Cod. Don. 580b, S. 1199)

ten verteidigen (lassen) musste, ist es natürlich denkbar, dass Zeitgenossen oder Nachgeborene Themen und Motive aus der im Kreis um Mechthild entstandenen und gesammelten Literatur, die durchaus auch freizügig-erotischer Natur sein konnte, übelmeinend oder aus Unverstand auf sie selbst projizierten[4]. Bis zur „Neuentdeckung“ der Zimmerischen Chronik durch den Germanisten Joseph von Laßberg Mitte des 19. Jahrhunderts blieb ihr Verbreitungsgrad begrenzt. Für die Rottenburger Geschichtsschreibung spielte die diffamierende Darstellung Mechthilds in der Zimmerischen Chronik jedenfalls keine Rolle, man kannte sie wohl nicht.

Rottenburger Chroniken

Neben kleineren, hier nicht berücksichtigten Fragmenten gehen folgende Rottenburger Chroniken auf Mechthild und ihre Zeit ein:

a) „Chronickh vnd Gslechter Buech der Loblichen Österreichischen Statt Rottenburg am Negger“ von Christoph Lutz von Lutzenhardt[5].
Lutz von Lutzenhardt († 1612/13) ist der städtischen Oberschicht zuzurechnen. Er verfasste seine fünf Bände umfassende Chronik in den Jahren 1608 bis 1610. Bereits seit dem 17. Jahrhundert ist der zweite Band, der die Geschichte der Stadt und damit auch die Ära der Pfalzgräfin Mechthild enthalten haben muss, verschollen (Abb. 2).

b) „Tradition Buch von dem Anfang, Vhrsprung vndt Wachßthumb deß löblichen alten Stüffts Sant Maurizij in Ehingen nehst Rottenburg am Nekher“ von Johann Evangelist Weittenauer[6].
Weittenauer (1640–1703) entstammte ebenfalls der Rottenburger Oberschicht. Als promovierter Theologe war er seit 1675 Stiftspfarrer, seit 1687 bis zu seinem Tod Propst des Chorherrenstifts St. Moriz in Rottenburg-Ehingen. Sein auch kurz „Liber traditionum“ genanntes, 1674 bis 1678 entstandenes Werk ist im Kern eine Geschichte des Chorherrenstifts und kommt damit dem Typus der Klosterchronik nahe, ist aber darüber hinaus eine Fundgrube für die Geschichte der gesamten Stadt und der Grafschaft Hohenberg.

c) „Die Grafschaft Hohenberg oder Topographisch-Diplomatisch- und Historisch- auch Geographische Beschreibung der Obern- und Niedern Herrschaft Hohenberg“ von Joseph Anton Gärt[7].
Gärt (1743–1799) war zunächst Heiligenvogt, seit 1788 Registrator des vorderösterreichischen Oberamts Rottenburg. Eine erste Fassung der Chronik ist auf dem Titelblatt mit 1779 datiert, enthält aber Eintragungen bis in die 1790er Jahre. Gärts chronikartige Landesbeschreibung ist nicht allein auf Rottenburg, sondern auf die gesamte Grafschaft Hohenberg ausgerichtet (Abb. 3).

d) „Archivum Parochiae Civitatis Rottenburgensis ad St. Martinum” von Ludwig Anton Haßler[8].
Haßler (1755–1825) war 1771 in seiner Geburtsstadt Wien in den Augustinerorden eingetreten und dort 1777 zum Priester geweiht worden. Seit 1786 wirkte er als Professor für morgenländische Sprachen, Hermeneutik und Exegetik des Alten Testaments an der Universität Freiburg. 1788 übernahm er die Pfarrstelle an der Martinskirche in Rottenburg. Bereits 1795 wechselte Haßler nach Oberndorf am Neckar,

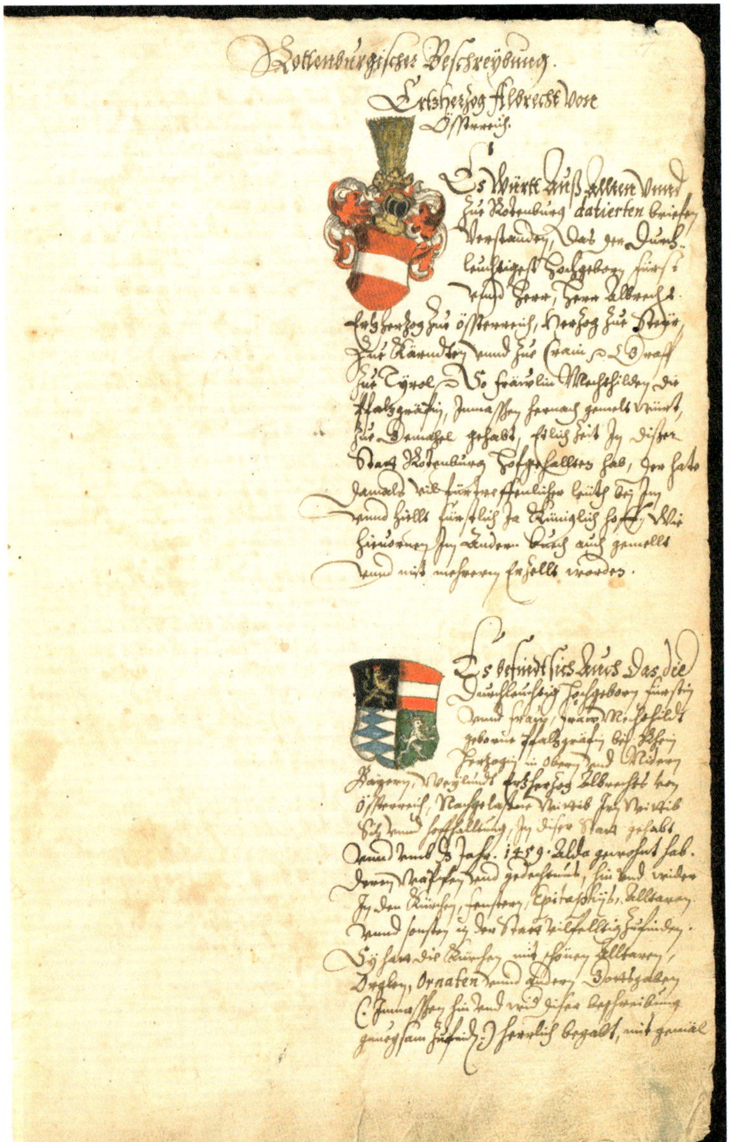
Rottenburgischen Beschreybung.
Ertzhertzog Albrecht von Össterreich.
Es württ auß alten vnnd zu Rotenburg datierten briefen verstanden, das der durchleüchtigest hochgeborn fürst vnnd herr, herr Albrecht ertzhertzog zu össterreich, hertzog zu Steir, zu Kärnden vnnd zu Crain, graff zu Tyrol, vo fräulin Mechthilden, die pfaltzgräfin, …

Es befindt sich auch das die durchleüchtig hochgeboren fürstin vnnd fraw, fraw Mechthild geborne pfaltzgräfin bei Rhein hertzogin in Obern vnnd Nidern Bayern, weylund ertzhertzog Albrechts von össterreich nachgelassne wittib ihr wittib sitz vnnd hoffhaltung in diser statt gehabt vnnd vmb das jahr 1459 alda gewohnt hab. …

2 | *Die Erwähnung von Erzherzog Albrecht und seiner Gattin Mechthild in der Chronik des Lutz von Lutzenhardt (WLB Stuttgart, Cod. hist. fol. 764, Bd. 4, S. 7)*

wurde dort 1806 Dekan des Dekanats Rottweil und kehrte schließlich in der Gründungsphase des Bistums Rottenburg 1817 als Generalvikariatsrat nach Rottenburg zurück.
Haßler verfasste das „Archivum“, einen Sammelband mit wissenswerten und grundlegenden Informationen über seine Pfarrstelle, 1795 angesichts seines Weggangs nach Oberndorf. Der umfangreiche chronikalische Notizen enthaltende Band war demnach für seine Amtsnachfolger bestimmt.

e) „Chronik der Königlichen Würtembergischen Stadt Rottenburg und Ehingen am Neckar“ von Ludwig Anton Haßler.
Das 1819 gedruckte Büchlein umfasst den Zeitraum von 1200 bis zum Erscheinungsjahr. Haßler teilt seinen Stoff in historische Perioden ein, bei denen er zunächst in chronologischer Ordnung lokale Ereignisse auflistet und anschließend Bemerkenswertes aus ganz Europa zusammenträgt. Als gedrucktes Werk kam dieser Chronik ein erheblich größerer Verbreitungsgrad zu als dem nur amtsintern weitergegebenen „Archivum“.

f) „Chronik der Stadt Rottenburg und Ehingen am Neckar“ von Joseph Manz[9].
Joseph Manz (1794–1863) lebte als Weber in Rottenburg. Er hatte sich nach eigenen Angaben von Jugend an mit der Stadtgeschichte befasst und diente Domdekan Ignaz Jaumann als „Amanuensis“, also als Gehilfe und Sekretär. Sein ab 1826 niedergeschriebenes, streng chronologisch aufgebautes Werk berücksichtigt Ereignisse bis zum Jahr 1850.

g) „Beschreibung des Oberamts Rottenburg“, herausgegeben von Johann Daniel Georg Memminger.

3 | Die Grabplatte von Erzherzogin Mechthild und ihrem ersten Gatten Graf Ludwig von Württemberg in der Tübinger Stiftskirche als Anlage zur Chronik von Joseph Anton Gärt (WLB Stuttgart, Cod. hist. fol. 638 d)

Die 1828 erschienene Oberamtsbeschreibung wurde maßgeblich von Ignaz Jaumann (1778–1862) verfasst[10]. Jaumann, gebürtig aus Wallerstein im Ries und im Bistum Augsburg zum Priester geweiht, war als Theologe von der Aufklärung geprägt und lebte seit 1814 als Stadtpfarrer in Rottenburg. Seit 1817 war er zudem Generalvikariatsrat und anschließend langjähriger Domdekan des neu gegründeten Bistums.

4 | Johann Evangelist Weittenauer (1640–1703), Ölgemälde, wohl von Hans Jerg Vetter, vom Ende des 17. Jahrhunderts (Sülchgau-Museum Rottenburg)

In Rottenburg hatte sich der vielseitige Gelehrte als Altertums- und insbesondere Römerforscher einen Namen gemacht.

Kanonisierung des Wissens über Mechthild

Mit den Chroniken von Lutz von Lutzenhardt und Stiftspropst Johann Evangelist Weittenauer waren bis zum Ende des 17. Jahrhunderts umfangreiche historiographische Werke entstanden, die den Grundstock an Einzelinformationen zum Leben und Wirken Erzherzogin Mechthilds in Rottenburg lieferten. Bis ins 19. Jahrhundert hinein führten sie zu einer Art Kanonisierung des Rottenburger Wissens über Mechthild, weil sich ausnahmslos alle späteren Chronisten wesentlich auf diese beiden Chroniken stützten.

Zu diesem Wissenskanon zählen Mechthilds hohe Abkunft, ihre beiden Ehen und der Verweis auf Eberhard im Bart als ihrem Sohn, sodann ihre Stiftungen und Regelungen zugunsten des Chorherrenstifts St. Moriz: die Schenkung der Pfarrei Spaichingen an das Stift 1455, der Erlass neuer Statuten des Stifts 1464, diverse Steuerbefreiungen sowie Regelungen hinsichtlich der Besoldung der Stiftspröpste, der Stellung des Stifts gegenüber der Kommune und ihren Organen usw. Die deutliche Fokussierung auf Mechthilds Leistungen zugunsten des Chorherrenstifts St. Moriz ist bei Weittenauer (Abb. 4) als Stiftspropst intendiert, bei Lutz möglicherweise eher dem Zufall der Überlieferung geschuldet, nämlich dem Verlust des zweiten und der Unvollständigkeit des dritten Bandes seiner Chronik[11]. An Stiftungen, die nicht dem Chorherrenstift zugutekamen, werden regelmäßig lediglich die Schenkung eines Hauses („Nussert“) an die Armbrustschützen und die hälftige Finanzierung der Fassung des Choraltars der Pfarrkirche St. Martin aufgezählt.

Der Rückgriff der Verfasser auf die beiden Chroniken manifestiert sich in mitunter fast wörtlichen – zumeist nicht als Zitate kenntlich gemachten – Übernahmen einzelner Sätze oder gar ganzer Abschnitte. Diese Praxis führte dazu, dass auch historische Irrtümer wie zum Beispiel Mechthilds schon anhand ihrer Lebensdaten widerlegbare Bauherrschaft am Chor der Pfarrkirche St. Martin (1424) weiter tradiert wurden, eine Fehlinformation, die als spätere Randglosse in die Weittenauersche Chronik Eingang gefunden hatte und noch in Jaumanns Oberamtsbeschreibung zu finden ist.

Die Abhängigkeit der späteren Chronisten von den älteren Chroniken geht bei Ludwig Anton Haßler so weit, dass er als Pfarrer von St. Martin die Inkorporation der Spaichinger Pfarrei in das Morizstift erwähnt, während er die ebenfalls in die Zeit Mechthilds fallende Inkorporation seiner eigenen Pfarrei in die Universität Freiburg übergeht.

Gegenüber diesem von Lutz und Weittenauer vorgegebenen Wissenskanon gibt es in der frühneuzeitlichen Chronistik nur sehr bedingt einen Wissenszuwachs. Eher kann man davon sprechen, dass die späteren Chronisten – sieht man von Haßler als Ausnahme ab – durch ihre je eigene Herkunft und Intention insofern eigene Akzente setzten, als sie eine unterschiedliche Auswahl an den bereits bekannten Nachrichten trafen.

In Einzelfällen führen jedoch auch neu hinzugezogene Quellen zur Wissenserweiterung. So erwähnt Gärt eine auf Mechthild zurückgehende Spitalstiftung und die Einrichtung des Hofgerichts für die Grafschaft Hohenberg. Joseph Manz, der seine Chronik ab 1826, also nach der Eingliederung Rottenburgs ins Königreich Württemberg verfasste, nahm Nachrichten über Mechthilds Beziehungen zur angrenzenden Grafschaft Württemberg auf, die er neueren Publikationen entnommen hatte. Er erweitert damit das Wissensspektrum um eine württembergische Komponente.

Mechthild als milde Stifterin

Bei allen vormodernen Chronisten dominiert das Bild Mechthilds als einer der Stadt und – insbesondere im Falle des Stiftspropstes Weittenauer – dem Chorherrenstift St. Moriz wohlwollend zugewandten Stifterin. Häufig zitiert wird der Satz aus der Lutz'schen Chronik: *Sie hat die Kirchen mit schönen Altaren, Orglen, Ornaten und andern Gottsgaben* [...] *herrlich begabt, mit Gemäl uf das schönest und kostlichest zieren, auch die Stadt in viel Weg mit nutzlichen und notwendigen Gebäuen erbesseren und auch den schönen Brunnen, der bei S. Martins Kirchen uf dem Markt steht, machen lassen* [...][12].

Als Wohltäterin und positive Gestalt blieb Mechthild im kollektiven Gedächtnis der Bürger, die laut Weittenauer von ihr liebevoll als vom „Fräulein von Österreich" sprachen. Die Tatsache, dass alle Chronisten der Erzherzogin mit dem Rottenburger Stadtwald und dem spätgotischen Marktbrunnen (Abb. 5 und 6), teilweise auch mit der Stiftung der Pfarrei St. Martin und dem Bau des Chors ihrer Pfarrkirche Schenkungen oder positive Taten zuschrieben, die sie gar nicht geleistet hatte, spricht Bände: wem sollte man solch hochherzige Schenkungen zutrauen, wenn nicht ihr? Dazu passt, dass Landvogt von Plank 1779 dafür plädierte, man möge das im Verfall begriffene Rottenburger Schloss erhalten, weil es „auf einige Zeit von der Erzherzogin Mechtild bewohnt" worden sei[13].

Mechthild als selbständige Regentin

Auffallend schwer taten sich die Chronisten mit der Tatsache, dass Mechthild bereits zu Lebzeiten ihres Gatten Albrecht von ihm getrennt in Rottenburg residierte, spätestens nach dessen Tod 1463 weitgehend selbständig und machtbewusst regierte und gegenüber ihren württembergischen und habsburgischen Verwandten durchaus eine eigenständige Politik verfolgte.

5-6 | Der Rottenburger Marktbrunnen, der lange als Stiftung Mechthilds galt. Original, heute in St. Moriz in Rottenburg, mit zwei von drei Brunnenfiguren: Kaiser Friedrich III. und Erzherzog Sigmund von Tirol, irrtümlich mit Pfälzer Wappenschild (Vorlage: Steffen Schlüter, Stadtarchiv Rottenburg)

Für Lutz und Weittenauer hatte Mechthild in Rottenburg nach Albrechts Tod schlicht ihren Witwensitz, für Gärt und Manz war sie gar nur die Gattin des in Rottenburg Hof haltenden Albrecht, und Haßler schrieb Leistungen Mechthilds ihrem längst verstorbenen Ehemann Albrecht zu. Erst Domdekan Jaumann hielt schnörkellos fest, dass Mechthild in Rottenburg das Land „verwaltete und regierte“[14].

Fokus auf die Geschichte der Stadt

Der Fokus der Rottenburger Chronisten auf die engere Stadtgeschichte oder – im Falle des „Liber traditionum“ Weittenauers und des „Archivum“ Haßlers – gar auf einzelne Institutionen versperrt den Blick auf größere Zusammenhänge. Sieht man von den überall behandelten Universitätsgründungen in Freiburg und Tübingen ab, dann wird nur bei Joseph Anton Gärt, der die Überlassung der Grafschaft Hohenberg an Mechthild als „Morgengabe" anspricht, und ansatzweise auch bei Joseph Manz der territorialgeschichtliche Rahmen von Mechthilds Herrschaft überhaupt thematisiert. Gerade in diesem Kontext ist freilich der Verlust des zweiten, die Geschichte Rottenburgs behandelnden Bandes der Chronik des Lutz von Lutzenhardt besonders schmerzlich.

Die bekannten Stiftungen Mechthilds an außerhalb der Grafschaft Hohenberg liegende Institutionen, wie die Klöster Hirsau oder Güterstein oder an das Kollegiatstift Sindelfingen, tauchen nirgends auf. Keiner der Chronisten thematisiert Mechthilds Stellung in den politischen Auseinandersetzungen zwischen der Pfalz, Württemberg, Habsburg und Bayern[15], keiner erkennt ihre Versuche, die Grafschaft Hohenberg ihrem Sohn Eberhard zuzuspielen, keiner kommentiert auch nur das auffallende – von fast allen angesprochene – Faktum, dass Mechthild sich an der Seite ihres ersten Mannes auf württembergischem Boden bestatten ließ. Gärt harmonisiert diesen Umstand gar, indem er sie an der Seite Albrechts in Tübingen begraben sein lässt.

Manz erwähnt immerhin, dass Mechthild Besitzrechte in Hirschau und Wurmlingen an ihren Sohn Eberhard geschenkt hatte. Es passt ins Bild, dass er die politisch brisante Flucht Eberhards im Bart nach Rottenburg im Jahr 1459, mit der sich der noch minderjährige Eberhard von seinem Vormund befreite und letztlich die selbständige Regentschaft erlangte, zwar erwähnt, sie aber zu einem „Besuch" bei der Mutter verharmlost.

Mechthild als lüsterne Witwe?

Die Verunglimpfung der Erzherzogin in der Zimmerischen Chronik als nymphomanische Frau Venus, die in Rottenburg wilde Fastnachten gefeiert und die Lust reichlich wahllos, über alle Standesgrenzen hinweg zum Lebensmittelpunkt gemacht habe, spielt in den vormodernen Chroniken Rottenburgs keine Rolle. Die Zimmerische Chronik, deren Adressat ohnehin eigentlich nur die eigenen Nachfahren und allenfalls die angrenzende Adelsgesellschaft gewesen ist, wurde nicht rezipiert. Erst mit ihrer „Wiederentdeckung" bzw. mit ihrer Edition und Drucklegung durch Karl August Barack 1869[16] wurde sie allgemein bekannt. Seither schrieb die lokale Forschung vehement gegen diese Darstellung an[17]. Als fruchtbarer erweist es sich freilich, die Zimmerische Chronik als literarischen Text zu verstehen und auch nur in diesem Kontext zu interpretieren.

Mechthild und ihr „Musenhof"

Der wissenschaftlichen Forschung des 19. und 20. Jahrhunderts war es gelungen, Mechthild als geistig interessierte Persönlichkeit und Fürstin zu erkennen, die eine kleine Schar an Intellektuellen und Poeten um sich versammelt hat – die Enge der Anbindung ist hierbei freilich umstritten. Das Konstrukt eines regelrechten „Musenhofs" in Rottenburg, in dessen Zentrum Erzherzogin Mechthild gestanden habe, ist zu einem Gemeinplatz geworden. Auch wenn in jüngerer Zeit Zweifel an der Existenz eines literarischen Zentrums oder auch nur einer literarischen Förderung durch Mechthild geäußert wurden und Mechthild im Vergleich mit anderen Fürsten des 15. Jahrhunderts „als literarisch interessierte Frau wenig auffallend“ geschildert wurde[18], bleibt doch die für sich sprechende Tatsache, dass Mechthild eine nicht unbedeutende Bibliothek besaß und über Bücher und literarische Werke korrespondierte, dass sie Werke zu ihrem Gebrauch ins Deutsche übersetzen ließ, und dass ihr nicht wenige Werke gewidmet wurden bzw. sie in diesen Werken als vorbildliche und literarisch bewanderte Fürstin gepriesen wird.

Keine der untersuchten Rottenburger Chroniken deutet auch nur in entferntester Form die Existenz eines solchen Geisteslebens und gar „Musenhofes“ an. Immerhin hatte bereits Lutz von Lutzenhardt, ohne Angabe der Quelle und ohne dies weiter auszuführen, ein Zitat aus den „Annales suevici“ des Martin Crusius in seinen Text eingebaut, wonach ihr *multae praeclares virtutes* zuzuschreiben wären[19]. Auch in Jaumanns Oberamtsbeschreibung von 1828 klingt eine solche Thematik vorsichtig an, indem er an Mechthild als an eine „sehr verständige Frau“ erinnert[20].

Anders steht es um Mechthilds Rolle als aktive Förderin der Wissenschaften. Die Chronisten stellen sich diesem Thema in erstaunlich unterschiedlichen Varianten. Lutz von Lutzenhardt zitiert erneut Martin Crusius, wonach Mechthild den Anstoß (*impulsus*) für beide Universitätsgründungen gegeben habe. Bei Weittenauer und Gärt hatte Mechthild dagegen keine Mitwirkung an den Stiftungen, bei Haßler stiftete Mechthild zusammen mit ihrem Gemahl Albrecht die Universität Freiburg, während ihr Sohn Eberhard auf Mechthilds *Angeben* hin das Tübinger Pendant gründete. Bei Manz hatte sie daran wiederum keinen Anteil, bei Jaumann ist sie unbestimmt „Stifterin so vieler kirchlichen und wissenschaftlichen Institute“[21]. Eine klare Tendenz lässt sich dabei nicht erkennen.

Mechthild und die „Fasnet“

Für Mechthild als „Gründerin“[22] oder auch nur Veranstalterin von – in der damaligen Zeit durchaus üblichen – Fastnachtsfeierlichkeiten gibt es in den Rottenburger Chroniken keine Anhaltspunkte. In diesem Punkt ist das nüchterne Fazit zu ziehen, dass die örtliche Tradition sich hier ausgerechnet auf die zotige Verunglimpfung durch den literarisch zu lesenden Text der Zimmerischen Chronik bezieht, aus der sie gar noch den derb-erotisch konnotierten *Offenhaiser* [...] *genannt der Halberdrein*[23] als zweite Fastnachtsgestalt gewinnt.

Mechthilds Regentschaft als ein Glanz- und Höhepunkt der Rottenburger Geschichte?

Als Joseph Anton Gärt Ende des 18. Jahrhunderts in seiner Chronik notierte, dass *die Stadt Rottenburg durch längere Zeit das allerhöchste Glück* gehabt hätte, *in ihren Ringmauern* einen Fürsten *auf das devoteste verehren zu können*[24], hatte er damit zwar der Mitte des 15. Jahrhunderts den Rang eines Glanz- und Höhepunktes der Rottenburger Geschichte zugebilligt, doch war er irrigerweise von einer Hofhaltung Albrechts VI. ausgegangen. Mechthild erscheint in dieser Hinsicht nur als Gattin des Fürsten.

Am Ende bleibt in der vormodernen Chronistik das Bild der milden Stifterin, die der Stadt und dem Chorherrenstift gewogen war und das Stadtbild geprägt hat. Ludwig Anton Haßler brachte dies auf die knappste Formel: *Erzherzoginn Mechtildis von Oesterreich, die milde Stifterinn*[25].

Der „Musenhof" fand in den Rottenburger Chroniken nicht statt, ebenso wenig Mechthilds überregionales Wirken oder gar ihre Territorialpolitik. Dies zu entdecken sollte der wissenschaftlichen Forschung vorbehalten bleiben.

1 WLB Stuttgart, Cod. Don. 580, a–b.

2 Zit. nach Barack 1881, Bd. 1, S. 454. Vgl. den Beitrag Bamberger/Robert in diesem Band.

3 Wolf 2012, S. 133 und 140.

4 Wand-Wittkowski 2005, S. 4 f.; Schön 1904, S. 75 ff.

5 WLB Stuttgart, Cod. hist. fol. 764. Ediert bei Kempf 1986.

6 Diözesanarchiv Rottenburg, M 253, B 76.

7 Die gebundene, auf 1779 datierte Fassung des ersten Teils befindet sich in der WLB Stuttgart: Cod. hist. fol. 638a. Daneben gibt es mehrere, von anderer Hand gefertigte Überarbeitungen für eine geplante Drucklegung: Cod. hist. fol. 638b-638g. Für Hinweise sei an dieser Stelle Herrn Dr. Erwin Frauenknecht gedankt.

8 Diözesanarchiv Rottenburg, M 9, B 116.

9 StA Sigmaringen, Dienstbibliothek des Fürstlich Hohenzollernschen Haus- und Domänenarchivs Dc 22.

10 Beschreibung Oberamt Rottenburg 1828, S. 221. Für Hinweise sei an dieser Stelle Frau Dr. Lioba Keller-Drescher gedankt.

11 Kempf 1986, S. 22–36. Der dritte Band mit der Beschreibung der Stadt und ihrer Gebäude konzentriert sich auf die Kirche des Chorherrenstifts St. Moriz, während Beschreibungen der Pfarrkirche St. Martin, des Karmeliterklosters oder auch des Spitals fehlen.

12 Zit. nach Kempf 1986, S. 603.

13 OAB Rottenburg 1900, 2. Teil, S. 34.

14 OAB Rottenburg 1828, S. 150.

15 Press 1994.

16 Barack 1869; eine neue, verbesserte Ausgabe legte Barack 1881/82 vor.

17 Martin 1870, S. 179 ff.; Strauch 1886, S. 27 ff.; Schön, S. 39 f.

18 Wand-Wittkowski 2005, S. 26.

19 Kempf 1986, S. 603; für die Überprüfung sei Herrn Dr. Erwin Frauenknecht herzlich gedankt.

20 Beschreibung Oberamt Rottenburg 1828, S. 150.

21 Ebd., S. 123.

22 Homepage der Narrenzunft Rottenburg, URL http://www.narrenzunft-rottenburg.de/NZ/Zunft/Gruppen/Historischer-Teil/Graefin-Mechthild.html (letzter Zugriff: 10.12.2018).

23 Barack 1881, Bd. 1, S. 455.

24 WLB Stuttgart, Cod. hist. fol. 638a, pag. 87 f.

25 Hassler 1819, S. 122.

Karlheinz Geppert

Gräfin Mechthild – im (Narren-) Spiegel unserer Zeit

Seit zehn Jahren bekrönt Mechthild majestätisch den markanten Narrenbrunnen vor der historischen vorderösterreichischen Zehntscheuer in der Rottenburger Altstadt (Abb. 1). Mit dieser Bronze-Brunnensäule, 2009 geschaffen von dem Bildhauer Gerold Jäggle (Ertingen und Stuttgart), ist Mechthild jetzt dauerhaft präsent im Weichbild der Römer- und Bischofstadt. Keine Persönlichkeit des späten Mittelalters ist in der Stadt so „lebendig" wie Mechthild, geborene Pfalzgräfin bei Rhein, Gräfin von Württemberg, Erzherzogin von Österreich, das „Fräulein von Österreich". Mechthild regiert und residiert als Gräfin – die Rottenburger nehmen es scheinbar mit dem Titel nicht so genau – samt ihrem Hofstaat noch immer in der Neckarstadt. Freilich dies nur in der sogenannten fünften, der tollen, der närrischen Jahreszeit, in der Zeit der weit über die Tore der Stadt hinaus bekannten Fasnet.

1 | Narrenbrunnen vor der Zehntscheuer in Rottenburg, bekrönt von Gräfin Mechthild, geschaffen von Gerold Jäggle, 2009 (Vorlage: Steffen Schlüter, Stadtarchiv Rottenburg)

An Mechthilds Hof: „cöstliche vasnachten"

Die Rottenburger Narrenzunft, die „Zunft zur Pflege alten Brauchtums", sieht sich in einer

Tradition von höfischen Fastnachtsspielen, welche die Erzherzogin Mechthild in der Zeit als Regentin der Grafschaft Hohenberg in ihrer Residenzstadt Rottenburg (1454–1482) abhalten ließ. So berichtet die Chronik der Grafen von Zimmern, die um die Mitte des 16. Jahrhunderts entstanden ist, dass Mechthild *zu Rotenburg große höf, auch cöstliche vasnachten gehalten*[1] habe. Und dies seit nunmehr 567 Jahren, so soll man wenigstens glauben, wenn man der Zählung des Narrenjournals „Der Ahland. Amtliches närrisches Organ der Narrenzunft Rottenburg a. N. für alle Narrete, Spinnete groß und klein, gegr. 1452" vertraut.

Seit dem Spätmittelalter und der Renaissance hat sich im närrischen Leben Rottenburgs vieles verändert. Für etliche Jahre und Jahrzehnte schweigen jedoch die Quellen. Es gab Zeiten gänzlicher Fastnachtsverbote, dies freilich nicht nur in Rottenburg. Am Ende des 18. Jahrhunderts wurden in der vorderösterreichischen Oberamtsstadt alljährlich Maskenbälle im oberen Saal des barocken Rathauses abgehalten. Im 19. Jahrhundert waren Gastwirtschaften und Vereine Träger der Fasnacht. In den Gründerjahren nach 1871 richteten „Fastnachts-Comites" das närrische Treiben aus, welches nach dem Bau der Rottenburger Turn- und Festhalle zu Beginn des 20. Jahrhunderts vor allem dort stattfand.

Von Prinz Karneval zu Gräfin Mechthild

In der Mitte der 1920er Jahre entstand die Rottenburger Narrenzunft, die bestrebt war, „die Existenzberechtigung des Vereins durch die Verankerung im historischen Geschehen der Stadt abzusichern. Rasch erinnerte man sich des gebildeten Fräuleins von Österreich, der Erzherzogin Mechthild, die durch ihr fruchtbares Wirken der Stadt einst zu großem Ansehen verholfen hatte"[2]. So hieß es etwa noch 1929: *Die feierliche Eröffnung des Weltbades Rottenburg in Anwesenheit seiner kgl. Hoheit des Prinzen Karneval*, aber dann bereits auch: *Wie uns die Kurverwaltung drahtet, wird nächstes Jahr Gräfin Mechthilde mit großem Gefolge von Edelknaben und Edeltannen [Druckfehler des Setzerlehrlings: soll heißen Edeldamen!] an den Übungen teilnehmen. Heil!*[3].

Da zu Beginn der 1930er Jahre Fastnachtsumzüge aufgrund der schlechten wirtschaftlichen Lage verboten waren, erfolgte der erste öffentliche Auftritt einer Gräfin Mechthild als Fasnetsfigur schließlich im Februar 1933: *Vor dem Rathaus war eine große Tribüne errichtet, unter dem roten Baldachin thronte in fürstlicher Pracht Gräfin Mechthildis, umgeben von ihrem Hofstaat, dem Magistrat der Stadt mit den Minnesängern, dem Hofnarr* […][4] (Abb. 2).

Dieser erste Auftritt im Unheilsjahr 1933 erweist sich – jubiläumtechnisch – im Nachhinein als unglückliche Erstdatierung, aber hinterher ist man bekanntlich immer schlauer. Dennoch bildet Mechthild seither den Mittelpunkt des historischen Teils der Rottenburger Fastnacht.

Der Titel des bereits erwähnten Narrenjournals weist zu Recht auf die eigentliche Hauptfigur der Fastnacht hin, den Ahland. Während der närrischen Zeit zwischen dem Dreikönigstag und Aschermittwoch tummeln sich neben den mit etlichen Schellen behängten Ahlanden noch zahlreiche Laufnarren, Pompele und 21 Hexen in der Stadt unter dem Domturm. Unbestrittene Herrin dieser närrischen Welt mit dem Motto „'s goht dagega" ist seit den 1950er Jahren Gräfin Mechthild, die mit

2 | Die erste Darstellerin der Gräfin Mechthild in den 1930er Jahren: Sofie Büttgen. Im Jahr 1930 adoptierte die Narrenzunft Rottenburg Mechthild als Vor-Figur. Wegen Verbot des Fasnetstreibens von 1930 bis 1932 war der erste Umzug mit Mechthild dann erst 1933 möglich (Vorlage: Narrenzunft Rottenburg e.V.)

ihrem Hofstaat, allen voran der Obernarr Halberdrein, den historischen Teil bildet. Zu ihrem Gefolge zählen neben dem Hofnarren, der Hofmarschallin Gräfin Barbara und dem Grafen Eberhard im Bart noch zahlreiche Hofdamen, Pagen, Fanfarenbläser, Jäger und Magistratsbeamte. Am Abend des „Schmotzigen Daoschdig" übernimmt Mechthild als offizielle Repräsentantin der Fasnet die Herrschaft in der Stadt. Hofnarr und Ofenheizer Halberdrein proklamiert dies mit den Worten: *Ab sofort isch´s Regiment / von dera Stadt in meine Hend / I hau da Schlüssel / ´s isch wieder soweit / in Raudaburg isch Narrenzeit.* Ab Aschermittwoch ruht das närrische Regiment der Gräfin. Die Kostüme, die historischen Vorlagen nachgebildet sind, kommen bis zur nächsten Saison wieder in den Kasten.

GMG oder JEG: Gräfin-Mechthild- oder Josef-Eberle-Gymnasium

Die Auswahl von Schulnamen ist manchmal nicht ganz einfach, sie unterliegt des Öfteren dem Zeitgeist oder den Zeitläuften. Einige Namen sind vom Schulträger geprägte programmatische Widmungen, andere Bezeichnungen sind mit einer Persönlichkeit verbunden, einem Namens- oder Schulpatron. Nach dem städtischen Eugen-Bolz-Gymnasium (EBG) und dem katholischen Sankt-Meinrad-Gymnasium (SMG) war es im Herbst 2000 endlich soweit, am 7. Oktober konnte die offizielle Einweihung des noch namenlosen „Zweiten städtischen Gymnasiums" (kurz: ZSG) erfolgen. Doch bereits ein Jahr später begann in der Bischofstadt eine intensive Diskussion über den vermeintlich finalen Namen des bisherigen ZSG. Eine ins Spiel gebrachte Schulpatronin war Mechthild. Die Debatte in den Leserbriefspalten des „Schwäbischen Tagblatts" erwies sich als lebhaft, hier einige Beispiele:

Ich finde sowieso, dass es nach Gräfin Mechthild benannt werden sollte. Leider gibt es hier viele, die anders denken und meinen, „Faschings-Gymnasium" oder das Kürzel passt nicht: „GMG"[5].

[So] *könnte das Gymnasium dann ‚Em-Graf-Eberhard-sairer-Muddr-ihr-Oberschul‘ heißen*[6].

Die vor allem als Fasnetspatronin bekannte Gräfin Mechthild […][7].

Bei der allerdings unverbindlichen Umfrage der Lokalzeitung im März 2001 gelangte Mechthild als potentielle Schulpatronin dann übrigens auf den ehrenwerten zweiten Platz, gleich nach Josef Eberle (1901–1986). Dessen Erstplatzierung war wohl vor allem der Tatsache geschuldet, dass 2001 mit zahlreichen Veranstaltungen und Aktionen der 100. Geburtstag des Rottenburger Ehrenbürgers gefeiert wurde. Nach all den unlösbaren Abwägungen, es sollte eine Frau sein, aber keine spätmittelalterliche Fürstin, schon gar keine „Fasnetspatronin“ – und Josef Eberle hatte ja schon „seine“ Brücke samt dem Heiligen Nepomuk, wurde erst einmal eine lange Denkpause eingelegt. Anlässlich des zehnjährigen Schuljubiläums im Juli 2010 war es dann endlich soweit: Das Zweite Städtische Gymnasium heißt seither Paul-Klee-Gymnasium (PKG), passend zum angebotenen Sonderprofil Bildende Kunst.

Wie gemalt: Mechthild im Bild der Gegenwart

Die Erforschung und Darstellung der Heimatgeschichte haben in unserem Land seit der Mitte des 19. Jahrhunderts ein großes Interesse gefunden und zu zahlreichen Publikationen geführt. Daran waren sehr viele Laien beteiligt. Im Fokus dieser engagierten Lokalgeschichtsforscher stand oft ein beschränkter Kanon von (Lieblings-)Themen, die immer wieder „beackert“ wurden. Ein bevorzugtes Thema der Rottenburger Lokalgeschichtsschreibung war (und ist) Mechthild, zur Veröffentlichung gelangten die Beiträge zumeist in den Publikationen des bereits 1852 gegründeten Sülchgauer Altertumsvereins.

In der „Sülchgauer Scholle“ erschien 1927 ein nicht immer kritischer Aufsatz von Eugen Storz über Mechthild, welche als „Maria Theresia von Hohenberg“ tituliert und positiv geschildert wird[8]. Dieser Aufsatz ist vermutlich eine der Quellen für viele immer wieder in der Heimatliteratur Rottenburgs verfasste Artikel zur Gräfin, und für viele archetypisch gewordene Angaben – „literarische Hauptstadt Südwestdeutschlands“, „cöstliche vasnachten“, angebliche Urheberin des Rottenburger Marktbrunnens – wobei Storz seinerseits großzügig aus Theodor Schön schöpft[9]. Und ähnlich lautende Lobeshymnen legt der junge, gerade von den Nazis entlassene Radiomann Josef Eberle 1934 in einem Rundfunkmanuskript einem Chronisten in den Mund: „Unter der prachtliebenden Erzherzogin Mechthilde, der Mutter von Graf Eberhard im Bart und grossen Gönnerin der Stadt, war Rottenburg eine fürstliche Residenz und eine kulturelle Hochburg, ja geradezu die schöngeistige Hauptstadt Südwestdeutschlands“[10] (Abb. 3).

In den Nachkriegsjahren wurden in regelmäßigen Abständen in der Zeitschrift „Der Sülchgau“ weiterhin Aufsätze zu Mechthild veröffentlicht[11]. Auf der anderen Seite befasste sich der Volkskundler Utz Jeggle im Rahmen der Fastnachtsforschungen des Tübinger Ludwig-Uhland-Instituts bereits 1966 mit dem Thema „Mechthild und Fasnet“: „Die Rottenburger haben bei ihrem Griff in die Motivrüstkammer ‚Geschichte‘ die Gräfin Mechthild hervorgeholt. Die Zimmerische Chronik berichtet, daß unter ihrer Herrschaft üppige Fasnachtsfeiern stattgefunden hätten. Sie berichtet

3 | Eine „Thematische Vertiefung“ des Stadtarchivs Rottenburg in der Zehntscheuer 2007/2008 unter dem Titel „Die Rottenburger Landesfürstin – Erzherzogin Mechthild in ihrer Zeit“ (Vorlage: Steffen Schlüter, Stadtarchiv Rottenburg)

aber auch, daß Mechthild ein ‚überflaischgiriges weip‘ gewesen sei, die man auch ‚fraw Venusperg‘ hätte nennen können, was noch durch etliche schlüpfrige Anekdoten illustriert wird. […] Der Gedanke, daß eine betagte Witwe und dazu noch sittenlose Person zum Zentrum einer historischen Fasnacht werden sollte, ist unvorstellbar. Mechthild muß blond und anständig sein“[12].

Das Antlitz der Mechthild spielte 50 Jahre später erneut eine besondere Rolle, als eine geschichtsinteressierte Stadträtin 2015[13] monierte, dass in der Bildergalerie der Ehrenbürger und herausragenden Persönlichkeiten im Rathaus ausschließlich Männer dargestellt sind. Aufgrund dieser Diskussion und Situation beauftragte die Stadt den in Rottenburg lebenden Künstler Horst Fenn mit der Neu-Interpretation eines zeitgenössischen Mechthild-Portraits. Finanziell gefördert wurde dieses Projekt von der Narrenzunft und von der den Impuls gebenden Stadträtin Dorothea Lichtenau. Im Januar 2016 stellte der Künstler sein Werk im Rathaus vor, die anschließende viermonatige Ausstellung im Sülchgau-Museum stieß auf ein großes Interesse des Publikums. Heute hängt das Bild im Öhrn des Rathauses, gegenüber dem Portrait ihres Sohnes Graf Eberhard von Württemberg – dessen Bildnis ziert übrigens bereits seit über 100 Jahren das Rottenburger Rathaus (Abb. 4).

Hie Sindelfingen, hie Böblingen

Allerdings wird nicht nur in Rottenburg am Neckar die Erinnerung an Mechthild in vielerlei Art und Weise gepflegt, auch Sindelfingen und Böblingen sind mit von der Partie. In der Martinskirche zu Sindelfingen erinnert ein historisches Sandsteinrelief an Erzherzogin Mechthild und ihren Sohn Graf Eberhard im Bart[14]. In der heutigen Industriestadt ging Mechthild ebenfalls in den Karneval ein: 1971 gründete sich ein Verein zur Pflege des Brauchtums, der Volksmusik, des Tanzes und des Karnevals, genannt „Gesellschaft Blau-Weiss Sindelfingen e.V.“. Gestartet wurde mit den Sparten Elferrat, Fanfarenzug, Tanzgarde und einem Prinzenpaar.

Mit der Karneval-Kampagne 1996/97 wurde eine neue Symbolfigur aus der Taufe gehoben: „Gräfin Mechthild von der Pfalz". Sie ersetzte das bis dahin „traditionelle Prinzenpaar".

Und eine weitere Stadt pflegt einen historisierenden Umgang mit Mechthild als prägende Gestalt der (Stadt-) Geschichte: die altwürttembergische Oberamtsstadt und heutige Kreisstadt Böblingen, einst Mechthilds Witwensitz. Das Museum in der Böblinger Zehntscheuer widmete Mechthild und den anderen fürstlichen Witwen auf Schloss Böblingen 1987 eine Ausstellung[15]. Auf Initiative des Landeshistorikers Gerhard Raff wurde im September 2002 auf dem Böblinger Marktplatz eine Gedenkstele für Gräfin Mechthild eingeweiht[16]. Und „Mechthild" tauften die Böblinger ihr eigens zur 750-Jahrfeier 2003 gebrautes Bier. Unter der Überschrift „Mechthild: Eine Erfolgsgeschichte geht zu Ende" resümierte die Lokalzeitung: *Begleitet von vier Barden, allesamt gekleidet wie im Mittelalter und bewehrt mit Musikinstrumenten wie Dudelsack oder Harfe, stellt eine leibhaftige Mechthild das Bier vor: Seither flossen über 1.000.000 Liter des köstlichen Gebräus durch die Kehlen der Böblinger. Somit bleibt Mechthild in guter Erinnerung*[17].

4 | Porträt der Erzherzogin Mechthild von Horst Fenn, 2016. Heute im Rottenburger Rathaus (Vorlage: Steffen Schlüter, Stadtarchiv Rottenburg)

Mythos Mechthild

Es soll freilich auch Zeitgenossen geben, für welche die Verwendung der historischen Erzherzogin als Gräfin Mechthild in der Rottenburger Fasnet, im Sindelfinger Karneval oder als Böblinger Bier-Patin eine einseitige Indienstnahme dieser herausragenden Persönlichkeit darstellt. Dadurch würde man, so meinen sie, der Bedeutung der gebildeten und geistig hochstehenden Erzherzogin Mechthild nicht gerecht, deren „Musenhof" späthöfische Dichtung und frühhumanistische Gelehrsamkeit vereinte. Doch scheint hier der unvergleichliche und unvergessene Rottenburger Dichter und Heimatgeschichtsschreiber Prof. Dr. Josef Eberle zu einer vielleicht treffenden Einschätzung zu kommen. Als Sebastian Blau schreibt er in seiner „Rottenburger Hauspostille": „Frau Mechthild hat viele Freude an Geselligkeit, an Rennen und Stechen, an Fastnachtmummereien und sonstigen Lustbarkeiten gehabt, was in keine Heiligenlegende paßt, umso besser aber zu einer mit allen Sinnen dem Leben fröhlich zugewandten Pfälzerin, zu

5 | *Straßenschild der Mechthildstraße in Rottenburg. Das um ein „h" verkürzte alte Straßenschild ist mittlerweile ersetzt (Vorlage: Steffen Schlüter, Stadtarchiv Rottenburg)*

einer Frau der Renaissance, die über das zeitgenössische Maß ihrer fürstlichen Standesgenossen und -genossinnen hinaus gebildet und gescheit war"[18] (Abb. 5).

Mechthilds Popularität scheint in ausgewählten Städten Württembergs ungebrochen zu sein, dies belegen nicht zuletzt die zahlreichen Aktivitäten anlässlich des 600. Geburtstages im Jahre 2019. Allein die Narrenzunft Rottenburg bietet einen bunten und großen Veranstaltungsreigen, vorgestellt in der Lokalzeitung mit der Zeile „Dickes Programm zu Ehren einer Adligen"[19]. Der Zeitungsredakteur merkte in seinem Kommentar „Zu viel der Ehre" allerdings kritisch an: *Sicher, Mechthild ist heute nurmehr eine lokale Fasnet-Ikone. Aber aufgeklärte Menschen sollten die Angehörigen einer einst herrschenden Ausbeuterklasse nicht verklären. Ob die Rottenburger der Gräfin zum 600. Geburtstag huldigen wollen, wenn auch mit einem Augenzwinkern, sollten sie sich also gut überlegen. Stattdessen gäbe es ja auch die Möglichkeit, sie symbolisch vom Thron zu stürzen*[20].

Wie auch immer: Mechthild lebt jedenfalls im neckarschwäbischen Rottenburg weiter, vielleicht auch nur ihr unergründlicher Mythos in einem Spiel zwischen Spaß und Ernst.

1 Barack 1881, S. 454; s. dazu auch den Beitrag Aderbauer in diesem Band.
2 Schwarz/Hensler 1986, S. 29.
3 Rottenburger Zeitung, 12.02.1929.
4 Rottenburger Zeitung, 28.02.1933.
5 Schwäbisches Tagblatt, 27.03.2001.
6 Schwäbisches Tagblatt, 03.04.2001.
7 Schwäbisches Tagblatt, 30.03.2001.
8 Storz 1927, S. 25–28.
9 Schön 1903–1905.
10 Geppert 2008/2009, S. 256.
11 Manz 1963, S. 10–11; Manz 1967, S. 33–30; Manz 1982, S. 31–36. Eine „thematische Vertiefung" des Stadtarchivs mittels einer Kabinettausstellung im Sülchgau-Museum 2007/2008 unter dem Titel „Die Rottenburger Landesfürstin – Erzherzogin Mechthild in ihrer Zeit" erwies sich als gut besucht.
12 Jeggle 1966, S. 50.
13 Leserbrief von Dorothea Lichtenau im Schwäbischen Tagblatt, 28.01.2015.
14 Vgl. Kat. Nr. III.8.
15 Scholz 1987.
16 Kreiszeitung / Böblinger Bote, 29.09.2002.
17 Kreiszeitung / Böblinger Bote, 20.12.2003.
18 Eberle 1976, S. 92.
19 Schwäbisches Tagblatt, 04.01.2019.
20 Ebd.

Katalog

Zeittafel: Der deutsche Südwesten im 15. Jahrhundert

1410	König Ruprecht I. von der Pfalz (†). Aufteilung des pfälzischen Territoriums unter seinen Söhnen
1414–1418	Konzil von Konstanz
1417	Graf Eberhard III. von Württemberg (†)
1419	Graf Eberhard IV. von Württemberg (†)
1433	Gemeinsame Regierung der Grafen Ludwig I. und Ulrich V. in Württemberg
1436	Kurfürst Ludwig III. von der Pfalz (†). Heirat Graf Ludwigs I. von Württemberg mit Pfalzgräfin Mechthild in Stuttgart
1438	Kurfürstin Mechthild von Savoyen (†)
1442	Teilung der Grafschaft Württemberg unter den Grafen Ludwig I. und Ulrich V.
1450	Graf Ludwig I. von Württemberg-Urach (†). Gräfin Mechthild zieht auf ihren Witwensitz nach Böblingen
1452	Die verwitwete Gräfin Mechthild heiratet Erzherzog Albrecht VI. von Österreich und zieht nach Rottenburg
1457	Gründung der Universität Freiburg durch Erzherzog Albrecht VI. von Österreich
1459	Graf Eberhard im Bart übernimmt in Württemberg-Urach die Regierung
1462	In der Schlacht von Seckenheim verliert Graf Ulrich V. gemeinsam mit den Markgrafen von Baden gegen Kurfürst Friedrich I. von der Pfalz
1463	Erzherzog Albrecht VI. von Österreich (†)
1468	Pilgerreise Graf Eberhards im Bart ins Heilige Land
1474	Heirat Graf Eberhards im Bart mit Barbara Gonzaga von Mantua in Urach
1476	Kurfürst Friedrich I. von der Pfalz (†)
1477	Gründung der Universität Tübingen durch Graf Eberhard im Bart und Erzherzogin Mechthild
1480	Graf Ulrich V. von Württemberg (†)
1482	Erzherzogin Mechthild (†). Münsinger Vertrag: Wiedervereinigung der Grafschaft Württemberg unter Graf Eberhard im Bart
1495	Württemberg wird von Kaiser Maximilian I. zum Herzogtum erhoben
1496	Herzog Eberhard im Bart (†).

1

DIE KURFÜRSTEN VON DER PFALZ UND IHR HEIDELBERGER HOF

Die Pfalzgrafen bei Rhein gehörten im frühen 15. Jahrhundert zu den mächtigsten Fürsten im deutschen Reich: Mechthilds Großvater Ruprecht († 1410) war römisch-deutscher König, ihr Vater Ludwig III. († 1436) ein einflussreicher Kurfürst. Er fungierte als Vertreter des Königs und war auch Protektor des bedeutenden Konstanzer Konzils.

Der Heidelberger Hof der Pfalzgrafen besaß damals neben seiner politischen Bedeutung auch eine starke kulturelle Ausstrahlung. Mechthilds Eltern, Kurfürst Ludwig und seine Frau Mechthild von Savoyen, setzten wichtige Impulse in Literatur, Architektur, Kunst und Musik. Zu den berühmten Gästen am Hof zählte etwa der Sänger Oswald von Wolkenstein, der in seinen Liedern sogar die kurfürstlichen Kinder im Heidelberger Schloss besang – an der Spitze Mechthild, die älteste Tochter des Kurfürsten.

Mechthild war schon 1419, wenige Monate nach ihrer Geburt, in die Ehe mit dem württembergischen Grafensohn Ludwig versprochen worden, auch er war damals erst sieben Jahre alt. Diese politische Verbindung, arrangiert von Ludwigs Mutter und Mechthilds Vater, sollte die Kurpfalz und die aufstrebende Grafschaft Württemberg dynastisch und politisch miteinander verbinden. Doch wusste Mechthild auch die enge Beziehung zu ihrer pfälzischen Familie – vor allem zu ihrem Bruder Friedrich – zeitlebens zu erhalten. Ihre hohe pfälzische Abstammung hat Mechthild stets erinnert und repräsentiert.

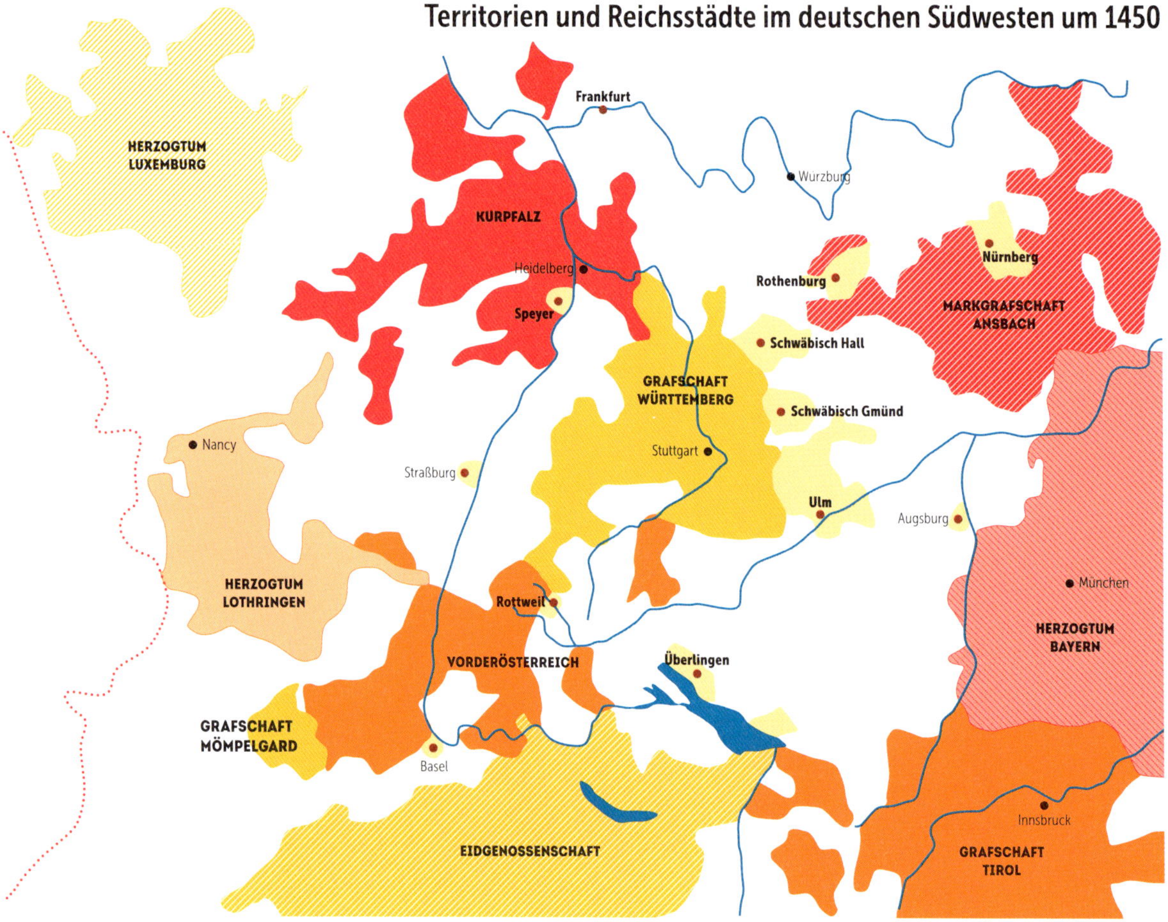

I.1

I.1 Territorien im deutschen Südwesten um 1450

Vorlage: Großer historischer Weltatlas, S. 120 f.
Entwurf: E. Frauenknecht; Bearbeitung: B. Kölz

Im frühen 15. Jahrhundert gilt die Kurpfalz als wichtigste Territorialherrschaft im deutschen Südwesten. Daneben gewinnt die Grafschaft Württemberg an Bedeutung, größeren Einfluss besitzen hier auch die Markgrafen von Baden und das Haus Habsburg mit seinen vorderösterreichischen Besitzungen (Vorlande). Zunehmende herrschaftliche Eigenständigkeit beansprucht die Eidgenossenschaft; auch geht starker Einfluss auf das Geschehen im Reich von den benachbarten burgundischen Herzögen aus. Von politischer Bedeutung sind zudem die größeren Reichsstädte; vor allem ihre Städtebünde sollten in Verbindung mit der Reichsspitze die territoriale Entwicklung im Südwesten prägen.

EF

I.2 Die Pfalzgrafschaft bei Rhein im frühen 15. Jahrhundert

Vorlage: Der Griff nach der Krone, S. 31
Entwurf: E. Frauenknecht; Bearbeitung: B. Kölz

Das gesamte Territorium der Pfalzgrafschaft bei Rhein wurde im Jahr 1410 unter den vier Söhnen König Ruprechts (1352–1410) aufgeteilt: Ludwig III., der älteste Sohn, erhielt die pfälzischen Kerngebiete, das sogenannte Kurpräzipuum, und übernahm damit auch die Kurfürstenwürde. Die übrigen Gebiete wurden unter die drei jüngeren Brüder Johann, Stephan und Otto verteilt, die jeweils neue (Teil-)Fürstentümer begründeten. Die Reichspfandschaften, die nach 1375 angefallen waren, wurden nicht mit in die Teilung einbezogen, sie blieben unter der Verfügungsgewalt des Kurfürsten.

Lit.: Der Griff nach der Krone 2000, S. 31, 332.

EF

I.3 Ansicht von Heidelberg

[Um 1588–1589]
Federzeichnung von Jan Brueghel d. Älteren
Vorlage: Metropolitan Museum New York
Ausgestellt: Reproduktion (Ausschnitt)

Auf seiner Reise von Antwerpen nach Italien fertigte Jan Breughel der Ältere 1588/89 eine berühmte Ansicht Heidelbergs. Der Ausschnitt vermittelt einen Eindruck von dem prächtigen Schlossbau, obwohl die Bausubstanz nach dem Tod König Ruprechts († 1410) durch Um- und Ausbauten mehrmals überformt wurde. Schon sein Sohn und Nachfolger, Pfalzgraf Ludwig III., tritt als Bauherr am Heidelberger Schloss in Erscheinung.

Lit.: Hanschke 2015; Hanschke/Thoma 2013.

EF

I.3

I.4 Die Pfalzgrafen bei Rhein im 15. Jahrhundert

Stammtafel (vgl. S. 227)
Vorlage: Der Griff nach der Krone, S. 368 f.
Entwurf: E. Frauenknecht; Bearbeitung: B. Kölz

Die Pfalzgrafen bei Rhein aus dem Hause Wittelsbach galten seit dem 14. Jahrhundert als die mächtigsten weltlichen Kurfürsten. Mit König Ruprecht (1352–1410) hatten sie das Reichsoberhaupt gestellt. Auch in den drei nächsten Generationen gehörte das pfalzgräfliche Haus zu den bedeutendsten Dynastien und ihre Residenz in Heidelberg zu den wichtigsten Fürstenhöfen des deutschen Reiches.

Lit.: Die Wittelsbacher und die Kurpfalz 2013; Die Wittelsbacher am Rhein 2013; Der Griff nach der Krone 2000.

EF

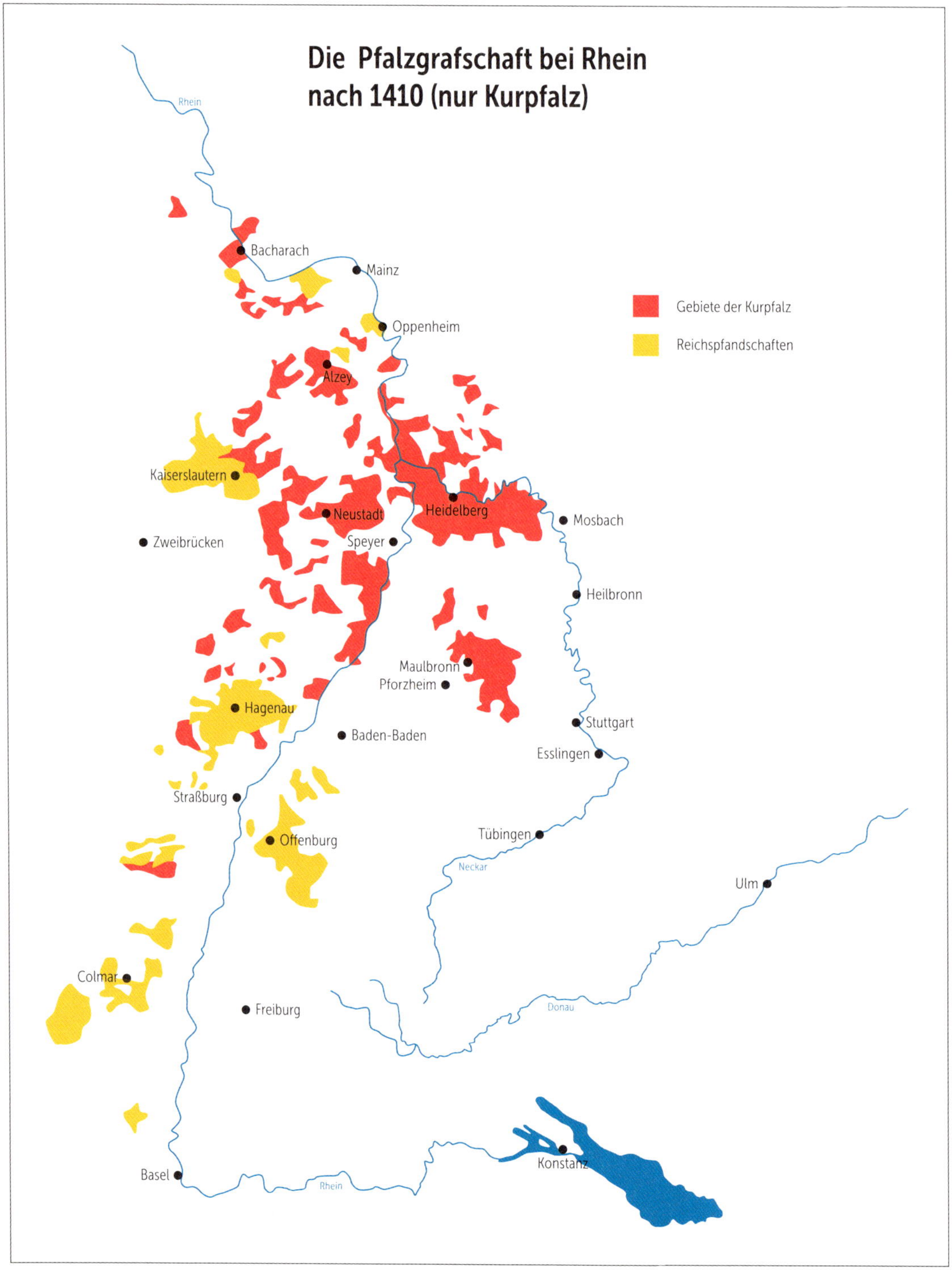

Die Pfalzgrafschaft bei Rhein
nach 1410 (nur Kurpfalz)
Gebiete der Kurpfalz
Reichspfandschaften
Rhein
Bacharach
Mainz
Oppenheim
Alzey
Kaiserslautern
Neustadt
Heidelberg
Mosbach
Zweibrücken
Speyer
Heilbronn
Maulbronn
Pforzheim
Hagenau
Baden-Baden
Stuttgart
Esslingen
Straßburg
Offenburg
Tübingen
Neckar
Ulm
Colmar
Freiburg
Donau
Konstanz
Basel
Rhein

I.2

I.5

I.5 Die Eltern Mechthilds von der Pfalz

[Um 1772/73]
Kopie aus dem Amberger Schloss
Vorlage: Bayerisches Nationalmuseum München, Inv. Nr. NN 3610
Ausgestellt: Reproduktion (Ausschnitt)

Die Miniaturkopie zeigt Großeltern (links) und Eltern (rechts) Mechthilds von der Pfalz: Links ihren Vater Kurfürst Ludwig III., den Bärtigen, und rechts ihre Mutter Mechthild von Savoyen († 1438); in der Mitte Ludwigs erste Frau, Blanca von England († 1409). Ein Titulus erläutert die Darstellung: *Ludwig der Bärtig genant Gottesfreint / hat in die Pfaltz vil nütz gezeünt / Er vermehlt ein Englisch Königin / Und von Sophoy ein Princessin.*
Das Bild war Teil eines umfangreichen wittelsbachischen Regentenzyklus´, der sich ursprünglich im Heidelberger Schloss befunden hatte. Vor dem Dreißigjährigen Krieg wurde der Zyklus im kurfürstlichen Schloss in Amberg in der Oberpfalz kopiert. Beide Zyklen sind heute verloren, erhalten hat sich die Ahnenreihe der pfälzischen Wittelsbacher nur in Form dieser Miniaturkopie aus dem 18. Jahrhundert. Der ursprüngliche Zyklus im Heidelberger Schloss war Ausdruck einer eigenen dynastischen Selbstwahrnehmung der pfälzischen

I.6

Wittelsbacher. Entstehung und Datierung der ursprünglichen Ahnenreihe sind allerdings umstritten. Zuletzt wurde darauf verwiesen, dass die Anlage des Zyklus' schon in die erste Hälfte des 15. Jahrhunderts zu datieren und möglicherweise mit dem sogenannten Ruprechtsbau des Heidelberger Schlosses in Verbindung zu bringen sei. Diesen repräsentativen Bau hatte König Ruprecht begonnen und Kurfürst Ludwig III. vollendet.

Lit.: Mittler 1996, S. 56 f.; Huth 2013, bes. S. 144 ff.

EF

I.6 Pfalzgraf Friedrich der Siegreiche

1471, Heidelberg
Miniatur in einer Pergamenthandschrift
Generallandesarchiv Karlsruhe 67/1057, Bl. 42 r
Ausgestellt: Reproduktion

Das Votivbild des Pfalzgrafen Friedrich I., des „Siegreichen" (1425–1476), zeigt ihn knieend vor der Muttergottes mit Kind. Neben ihm liegt sein Helm mit dem pfälzischen Rautenschild und dem roten Kurschild. Die Miniatur schmückt das Lehenbuch des Pfalzgrafen, das zu den aufwändigsten seiner Gattung und Zeit gehört.
Pfalzgraf Friedrich sollte nach dem Tod seines Bruders Ludwig IV. († 1449) die Herrschaft in der Pfalzgrafschaft übernehmen und dessen Sohn Philipp adoptieren. Mit seiner älteren Schwester Mechthild (1419–1482) blieb er zeitlebens eng verbunden. In ihrem Sinne erhob er dann auch Ansprüche auf das Württemberger Erbe seiner Neffen und wurde damit zum großen Gegenspieler von Mechthilds Schwager, Graf Ulrich V. von Württemberg.

Lit.: Landschaft, Land und Leute 2007, S. 103; Der Griff nach der Krone 2000, S. 242.

PR

Die Pfalzgrafen und ihr Sänger: Oswald von Wolkenstein

I.7 Pfalzgraf Ludwig III. auf dem Konstanzer Konzil

[Um 1465]
Miniatur in der Konstanzer Konzilschronik Ulrichs von Richtental
Städtische Museen Konstanz – Rosgartenmuseum, Hs. 1, Bl. 76 r
Ausgestellt: Reproduktion

I.7

In dem Konstanzer Exemplar der berühmten Chronik des Konstanzer Konzils (1414–1418) wird die herausragende Rolle des Pfälzer Kurfürsten in mehreren Miniaturen veranschaulicht. Dabei wird auch die Belehnung Pfalzgraf Ludwigs III. mit seinem Kurfürstentum durch König Sigismund dargestellt: Die rechte Hand Ludwigs ist zum Schwur erhoben, in der linken hält er ein Banner mit seinem Wappen. Ludwig III. hatte König Sigismund bei dessen Kandidatur für die römisch-deutsche Königskrone unterstützt und war mit ihm sehr vertraut. Als vornehmster der weltlichen Kurfürsten und Reichsvikar war er Protektor des Konstanzer Konzils und vertrat den König in dessen Abwesenheit.

Lit.: Heidelberg 2017, S. 52 (E. Wiesmann); Der Griff nach der Krone 2000, S. 239.

PR

I.8

I.8 Oswald von Wolkenstein im Gefolge Pfalzgraf Ludwigs III.

[Um 1465]
Miniatur in der Konstanzer Konzilschronik
Ulrichs von Richtental
Städtische Museen Konstanz – Rosgartenmuseum,
Hs. 1, Bl. 76 r
Ausgestellt: Reproduktion

Im Gefolge des Pfalzgrafen Ludwigs III. auf dem Konstanzer Konzil befand sich auch Oswald von Wolkenstein, den diese Miniatur in der Konzilschronik mit einem geschlossenen Auge zeigt – hier irrtümlich dem linken statt dem rechten.
Der Tiroler Ritter und Sänger stellte sich auf dem Konzil in den Dienst König Sigismunds. In Konstanz fand er mit der versammelten herrschaftlichen Prominenz um König und Papst ein breites Publikum für seine Lieder. Zu Pfalzgraf Ludwig III. pflegte er hier eine freundschaftliche Nähe, die ihn bald auch an den kurfürstlichen Hof nach Heidelberg führen sollte.

Lit.: Heidelberg 2017, S. 60 (E. Wiesmann); Herweg 2014.

PR

I.9 Oswald von Wolkenstein

Porträt in der Innsbrucker Liederhandschrift B
1432
Pergament/Öl, 48,4 x 33,6 cm
Universitäts- und Landesbibliothek Tirol, Innsbruck
(ohne Signatur), Bl. 1 v
Ausgestellt: Reproduktion

Oswald von Wolkenstein hat selbst dafür gesorgt, dass seine Dichtungen in zwei Liederhandschriften aufgezeichnet wurden. In der Innsbrucker Liederhandschrift B findet sich auch sein berühmtes Porträt: Es zeigt den Ritter und Sänger im stolzen Ornat seiner Ordenszeichen, des Greifen- oder Kannenordens sowie des von König Sigismund gestifteten Drachenordens. Sein herabhängendes rechtes Augenlid ist deutlich dargestellt und kennzeichnet seine markante Erscheinung. Oswald von Wolkenstein gibt sich hier als selbstbewusster Dichter und königlicher Diplomat.

Lit.: Heidelberg 2017, S. 61 (E. Wiesmann); Das Konstanzer Konzil 2014, S. 182 (S. Orlowski).

PR

I.9

I.10 Loblieder Oswalds von Wolkenstein auf Pfalzgraf Ludwig III. und seine Familie

[Nach 1425]
Pergament, 37 x 27 cm
Österreichische Nationalbibliothek Wien,
Codex Vindobonensis 2777, Bl. 46 v – 47 r
Ausgestellt: Reproduktion (mit Audioversion an Hörstation)

In der Musikforschung ist der Südtiroler Ritter Oswald von Wolkenstein als „Schöpfer des Individualliedes“ bekannt, das von den Strophen der Meistersinger und der vom Choral geprägten Melodik abgegrenzt wird (Stäblein). Wie in den Dichtungen Oswalds ist auch in den Melodien das „Ich Wolkensteiner!“ nicht zu überhören. So trat er auf: *Ich han gelebt wol vierzig jar leicht minner zwei / mit toben, wüten, tichten, singen mangerlei* [...] *auch kund ich fidlen, trummen, paugken, pfeiffen*“ (Lied 18). So hat er dafür gesorgt, dass in den beiden wichtigen Handschriften mit seinen Dichtungen (heute in Wien und Innsbruck) auch die Melodien aufgezeichnet wurden.
Oswald von Wolkenstein war seit dem Konstanzer Konzil befreundet mit Pfalzgraf Ludwig III. Als er im März 1428 nach Heidelberg kommt, wird er mit allen Ehren empfangen und gleich zum Singen aufgefordert: *Schier müsst ich singen, hell erklingen*

I.10

manig liet (Lied 41). Dabei wird er sein Loblied auf Heidelberg und die kurfürstliche Familie vorgetragen haben (Lied 86):

O Phalzgraf ludewig,	„O Pfalzgraf Ludwig,
by Rin, so vin, dein steyg	bei Rhein, so fein, dein Steig
geit braitte, schraitte tugent groß.	heißt Weite, schreite, Tugend groß!
Kainer dein genoß	Keiner deiner Genossen
Dir nicht geleichen mag. […]	der je Dir zu gleichen vermag. […]
auch frewen dich die frauen, permafoy,	Auch freuen dich die Frauen, par ma foi,
hort ich von deim getruwen	so hörte ich von deiner treuen
gemächelin von sophoy.	Gemahlin von Savoy[en]."

Mit der nächsten Strophe rühmt der Sänger Heidelberg und die ansehnliche Kinderschar der kurfürstlichen Familie:

Ich rüm dich, haidelwerg,	„Ich rühm dich Heidelberg,
lob oben uf dem Berg,	lob' oben auf dem Berg,
das schöne, fröne, mündlin rot,	dass schöne, prächtige Mündchen rot
da zeren muß und brot	dort verzehren Mus und Brot
mit züchten wolgemut,	mit Sittsamkeit wohlgemut,
ir er ist ser behüt,	ihre Ehre ist sehr behüt'
durch Mätzlin, Kätzlin, Kädachein,	durch Mechtlen, Kätchen, Katharinchen,
Agnes und Engichin,	Agnes und Ingelchen,
der iugent ungefiert,	in ihrer Jugend ungeziert.
Des lob ich got den milden,	Des lob ich Gott, den milden,
was ich kann,	wie ich kann,
das er also kann bilden,	dass er kann bilden
schön kindichin wolgetan.	so schöne Kindchen wohlgetan."

Diese Preisstrophen auf Heidelberg und die Familie Kurfürst Ludwigs III. heben bemerkenswerterweise auch dessen Gemahlin Mechthild von Savoyen hervor sowie die fünf Töchter der Familie: *Mätzlin, Kätzlin, Kädachein, Agnes und Engichin*. Die erstgenannte *Mätzlin* ist die älteste, Mechthild, 1419 geboren und damals gerade neun Jahre alt. Offensichtlich hatte Mechthild mit ihren Schwestern in Heidelberg auch unmittelbaren Umgang mit dem berühmten Sänger, der sich von ihrem Liebreiz beeindruckt zeigt.

Lit.: Heidelberg 2017; Pelnar 1982; Schönmetzler 1990; Schwob 1977; Stäblein 1972.

AT/PR

I.11 Der Ehevertrag zwischen Mechthild von der Pfalz und Ludwig I. von Württemberg

1419 November 25
Ausfertigung, Pergament, 52,5 x 74 cm
28 anhängende Siegel, 1 Siegel verloren
HStAS A 602 Nr. 119

Mit der Urkunde vom 25. November 1419 wird die Verbindung zwischen Mechthild von der Pfalz und dem württembergischen Grafensohn Ludwig vertraglich vereinbart. Die treibende Kraft dürfte Gräfin Henriette von Mömpelgard gewesen sein, die nach dem überraschenden Tod ihres Ehemanns Eberhard IV. im Juli 1419 rasche Vorsorge für ihre beiden unmündigen Söhne Ludwig und Ulrich treffen musste. Nach wenigen Monaten erfolgte in enger Zusammenarbeit mit der württembergischen Vormundschaftsregierung, der zeitweise fast drei Dutzend Diener und Räte angehörten, die vorliegende Heiratsabrede. Hierbei vereinbaren Pfalzgraf Ludwig III. und Gräfin Henriette mit Zustimmung von 27 namentlich genannten Räten eine Ehe zwischen ihren Kindern Mechthild und Ludwig (*eyn ee und frundschafft zuschen unsern kynden*). Ludwig war zu diesem Zeitpunkt erst sieben Jahre, Mechthild erst wenige Monate alt; es handelte sich also um eine Vereinbarung, die weit in die Zukunft reichen sollte.
Detailliert geregelt werden die finanziellen Aspekte der Heiratsverbindung. Pfalzgraf Ludwig sichert seiner ältesten Tochter 30.000 Gulden Mitgift zu (*unser lieben dochter freuwelin Mechtilt drißig dusent gulden zu zugelt*). Vereinbart wird bereits, dass diese Summe in drei Raten zu je 10.000 Gulden nach dem Beilager, also dem Vollzug der Heirat, bezahlt werden sollte. Die württembergische Seite bringt dagegen ebenfalls 30.000 Gulden als Wittumsgut auf (*zu irem wyedem*), zur Absiche-

I.11

rung für eine mögliche Witwenschaft. Weitere 30.000 Gulden sollten zur Widerlegung der Mitgift dienen (*drißig dusent gulden zu widerlegunge irs zugelts*); insgesamt wird also von dieser Seite eine Summe von 60.000 Gulden eingebracht. Tatsächlich zur Verfügung stellen musste Graf Ludwig 3.000 Gulden (*er sal ir nemlich von zwenczig gulden einen gulden gelts bewisen, das werdent mitnamen funffzehenhundert gulden jerlicher gulte zu irem wydeme und funffzehenhundert gulden jerlicher gulte zu widerlegunge irs zugelts, das zusamen drudusent gulden jerlicher gulte machen werdet*). Diese Summe wird auf die Einkünfte der Ämter Böblingen und Sindelfingen (*der burge, stedte und sloße Bobelingen und Sindelfingen*) verschrieben. Die Hochzeit selbst sollte stattfinden, sobald Mechthild *druczehen oder vierczehen jare alt wirdet*.

Lit.: Abdruck der Urkunde bei Martin 1870, Nr. 1, S. 227 ff.; Schön 1903, S. 18–21; Raff 1988, S. 281 ff.; Fischer 1994, S. 146.

EF

I.12 Pfalzgraf Ludwig III. als Vermittler zwischen Württemberg und dem Kloster Maulbronn

1425 März 21, Stuttgart
Ausfertigung, Pergament, 26,4 x 57,2 cm
6 anhängende Siegel, 1 Siegel verloren
HStAS A 502 U 408

Während der Minderjährigkeit Graf Ludwigs I. von Württemberg hatten Statthalter die vormundschaftliche Regierung in der Grafschaft übernommen. Bei einem Streit um die Rechte und Einkünfte im Dorf Illingen sollte Pfalzgraf Ludwig III. als Vogt des Klosters Maulbronn und zukünftiger Schwiegervater des jungen württembergischen Grafen Ludwig vermitteln. Als Siegler des Ausgleichvertrages treten neben dem Aussteller Pfalzgraf Ludwig III. auch Graf Rudolf von Sulz sowie die Ritter Hans von Stadion und Hans von Sachsenheim als Vertreter der württembergischen Partei gegenüber Abt und Konvent des Klosters Maulbronn auf (das Siegel des Abtes fehlt). Das pfalzgräfliche Siegel zeigt im Wappen in je zwei Feldern den Pfälzer Löwen und die wittelsbachischen Rauten. Als Helmzier ist ein Löwe zu erkennen, der einen Helm umklammert hält, wie diese Form bereits seit dem frühen 14. Jahrhundert für die pfälzischen Wittelsbacher bekannt ist.
Pfalzgraf Ludwig III. trat in den Jahren nach der Heiratsabrede von 1419 für seine Tochter Mechthild mit Graf Ludwig von Württemberg noch des Öfteren in württembergischen Angelegenheiten auf. Doch schon bald sollte die Konkurrenz zwischen den Pfalzgrafen und Württemberg gerade um Einfluss und Rechte beim reichen Zisterzienserkloster Maulbronn deutlich an Schärfe zunehmen.

Lit.: Drös 2000, S. 105 ff.; Meyer 2016, S. 146; OAB Maulbronn 1870, S. 237.

EF

I.13 Das Familientuch der Pfalzgrafen bei Rhein

1454 September 30
Ausfertigung, Pergament, 18 x 37 cm
1 anhängendes Siegel
HStAS A 602 Nr. 126
(vgl. Abb. S. 22)

Nach ihrer zweiten Vermählung schreibt Mechthild im Herbst 1454 an ihren Bruder Friedrich und verspricht, ein von ihm geliehenes Tuch wieder zurückzugeben (*ein gwiß hubisch gewurckt duch, daran in acht stucken unsers lieben herren Gottes lyden und an den vier zieplfen desselben duchs der hochgebornen fursten und furstinnen unsers lieben herren und vatters und unser lieben frawen und*

I.12

mutter seligen wapen gewirket sind). Friedrich hatte ihr das wertvolle Tuch auf Lebenszeit geliehen (*unsern leptagen und nit lenger zu nyessen, zu gebruchen und jnnezuhan*). Die gewirkte Tapisserie zeigte die Passion Christi in acht Bildern und trug an den Enden die Wappen der Eltern von Mechthild und Friedrich.

Für die pfälzische Familientradition besaß das repräsentative Tuch offensichtlich so große Bedeutung, dass die Rückgabe in einer förmlichen Urkunde geregelt wurde, die Mechthild mit ihrem Siegel beglaubigte. Als geborene Pfalzgräfin bei Rhein und als Erzherzogin von Österreich tituliert sie sich in der Siegelumschrift; das Wappen kombiniert pfälzische und habsburgische Elemente (im ersten Feld der habsburgische Bindenschild, im zweiten und dritten Feld der Pfälzer Löwe und im vierten Feld die wittelsbachischen Rauten).

I.14

Das Tuch blieb bis an das Lebensende Mechthilds in ihrem Gebrauch: In ihrem Testament erwähnt sie 1481 zwei große Tücher, eines davon *mit dem passion und lyden unnsers herrn*, das sie ihrem Neffen Pfalzgraf Philipp dem Aufrichtigen vermachte.

Lit.: Fischer 1994, S. 115; Theil 1981, S. 83, 86.

EF

I.14 Das Stuttgarter Wappenbuch

[1439–1450]
Papier, 54 Bll., ca. 24–29 x 16,5–21,5 cm, restauriert
HStAS J 1 Bd. 289 (aufgeschlagen S. 4)

Das berühmte „Stuttgarter Wappenbuch" besteht aus Fragmenten verschiedener Wappenbücher; seine ursprüngliche Ordnung lässt sich nicht mehr sicher rekonstruieren: Einem älteren Wappenbuch gehörten zwei Gruppen mit Personenwappen und Wappen von Territorien und Städten an (rund 410 Wappenabbildungen), zu einer jüngeren Schicht rund 110 Adelswappen, knapp 20 Städtewappen und 2 Papstwappen. Die aufgeschlagene Seite zeigt links unten das bekannte kurpfälzische Wappen mit Löwen und Rauten.

Lit.: Klein 1980, S. 276 ff.; Kaiser Karl IV. 2016, S. 110 f.

EF

I.15 Goldmünzen der pfälzischen Kurfürsten Ludwig III. und Friedrich I.

Kurfürst Ludwig III. von der Pfalz, Goldgulden, 1419–1420, geprägt in Oppenheim
Gold, Dm. 22 mm, 3,44 g
(aus dem Fund von Metterzimmern)
Landesmuseum Württemberg, Stuttgart, Inv. MK 1935

Kurfürst Ludwig III. von der Pfalz, Goldgulden, 1419, geprägt in Heidelberg
Gold, Dm. 23 mm, 3,37 g
(aus dem Fund von Metterzimmern)
Landesmuseum Württemberg, Stuttgart, Inv. MK 1936

Kurfürst Friedrich I. von der Pfalz, Goldgulden, 1452–1454, geprägt in Bacharach
Gold, Dm. 23 mm, 3,39 g
Landesmuseum Württemberg, Stuttgart, Inv. MK 16493

Die zwei Münzen von Kurfürst Ludwig III., Mechthilds Vater, zeigen auf dem Avers den stehenden Apostel Petrus mit einem Nimbus um seinen Kopf. In den Händen hält Petrus seine Attribute, einen Schlüssel und ein Buch. Die Umschrift nennt den Namen des Münzherrn und seine Titel als Pfalzgraf bei Rhein und Herzog von Bayern: LVD(o)WIC(us) C(omes) P(alatinus) R(henus) DVX BAVA(rie). Die Umschrift wird unten durch einen Schild mit den bayerischen Rauten unterbrochen.
Der Revers zeigt einen Vierpass mit dem gevierten pfälzisch-bayerischen Wappen, in Winkeln finden sich vier kleinere Schilde mit den Wappen der Erzbischöfe Mainz (Rad), Köln und Trier (jeweils ein Kreuz) sowie des Herzogs von Jülich (Löwe). Die vier rheinischen Kurfürsten hatten, zum Teil mit weiteren mittel- und niederrheinischen Fürsten, seit dem 14. Jahrhundert immer wieder Münzverträge geschlossen, um das stark zersplitterte Geldwesen zu vereinheitlichen und so ein gemeinsames Währungsgebiet zu schaffen, was den wirtschaftlichen Austausch stark erleichterte.

Die Inschriften auf dem Revers der zwei Münzen geben die Prägeorte Oppenheim (Landkreis Mainz-Bingen) bzw. Heidelberg an: MON(eta) NOV(a) OPPENh(eimensis) bzw. HEIDEL(bergensis). Die beiden Goldgulden Ludwigs III. stammen aus dem Münzfund von Metterzimmern (Landkreis Ludwigsburg). Dieser Schatz, der um die Mitte des 15. Jahrhunderts verborgen und 1905 wieder entdeckt wurde, bestand aus 64 Goldgulden. Der Goldgulden des pfälzischen Kurfürsten Friedrichs I., Mechthilds Bruder, zeigt auf seiner Vorderseite den Prägeherrn in stehender Figur mit geschultertem Schwert. Die Umschrift nennt Namen und Titel des Münzherrn: FRID(ericus) C(omes) P(alatinus) R(henus) DVX BAV(arie). Die Rückseiteninschrift gibt das Material und die Prägestätte der Münze an: MONETA NOVA AUREA BA(cherachensis) – neues goldenes Geld aus Bacharach (Landkreis Mainz-Bingen). Im Feld ist innerhalb eines Dreipasses der quadrierte pfälzisch-bayerische Wappenschild zu sehen.

Lit.: Felke 1989, Nr. 979–980, 954–956, 1324–1326; Goeßler 1908, S. 2 f.

MO

11

MECHTHILD ALS GRÄFIN VON WÜRTTEMBERG UND IHRE RESIDENZ IN URACH

1436 feierten Mechthild und Ludwig Hochzeit in Stuttgart, der zentralen Residenz der Württemberger Grafen. Ihr Territorium umfasste damals ein relativ geschlossenes Gebiet um den mittleren Neckar, das bereits auch weit über den Schwarzwald nach Westen ausgriff.

Als neue Landesherrin residierte Mechthild zunächst in Stuttgart, wo sich das Haus Württemberg bald auch der ersten Nachkommen erfreuen konnte. Die Herrschaft sollte allerdings durch die Landesteilung belastet werden, die Ludwig und sein jüngerer Bruder Ulrich im Jahr 1442 vereinbarten.

Ludwig und Mechthild residierten anschließend in Urach, während der jüngere Bruder Ulrich mit seiner Familie den Stuttgarter Landesteil verwaltete. Auch persönliches Unglück blieb nicht aus: Ein Sohn starb bereits nach wenigen Tagen, ein weiterer litt unter einer schweren Krankheit.

In diesen Uracher Jahren pflegt das Grafenpaar enge Beziehungen zum Kartäuserkloster im nahen Güterstein, wo nun auch die Grablege des Uracher Grafenhauses eingerichtet wird. Besonders Mechthild fördert mit großzügigen Stiftungen den Gütersteiner Konvent, eine Verbindung, die auch nach dem Tod Ludwigs († 1450) andauern sollte. Ludwig wird nach seinem überraschenden Tod in Güterstein beigesetzt, und auch Mechthild lässt sich dort bereits eine Grabstelle einrichten. In den prächtigen Glasfenstern der Tübinger Stiftskirche haben beide, Ludwig und Mechthild, als frommes Stifterpaar eine gemeinsame Darstellung gefunden.

Die Grafschaft Württemberg im frühen 15. Jahrhundert

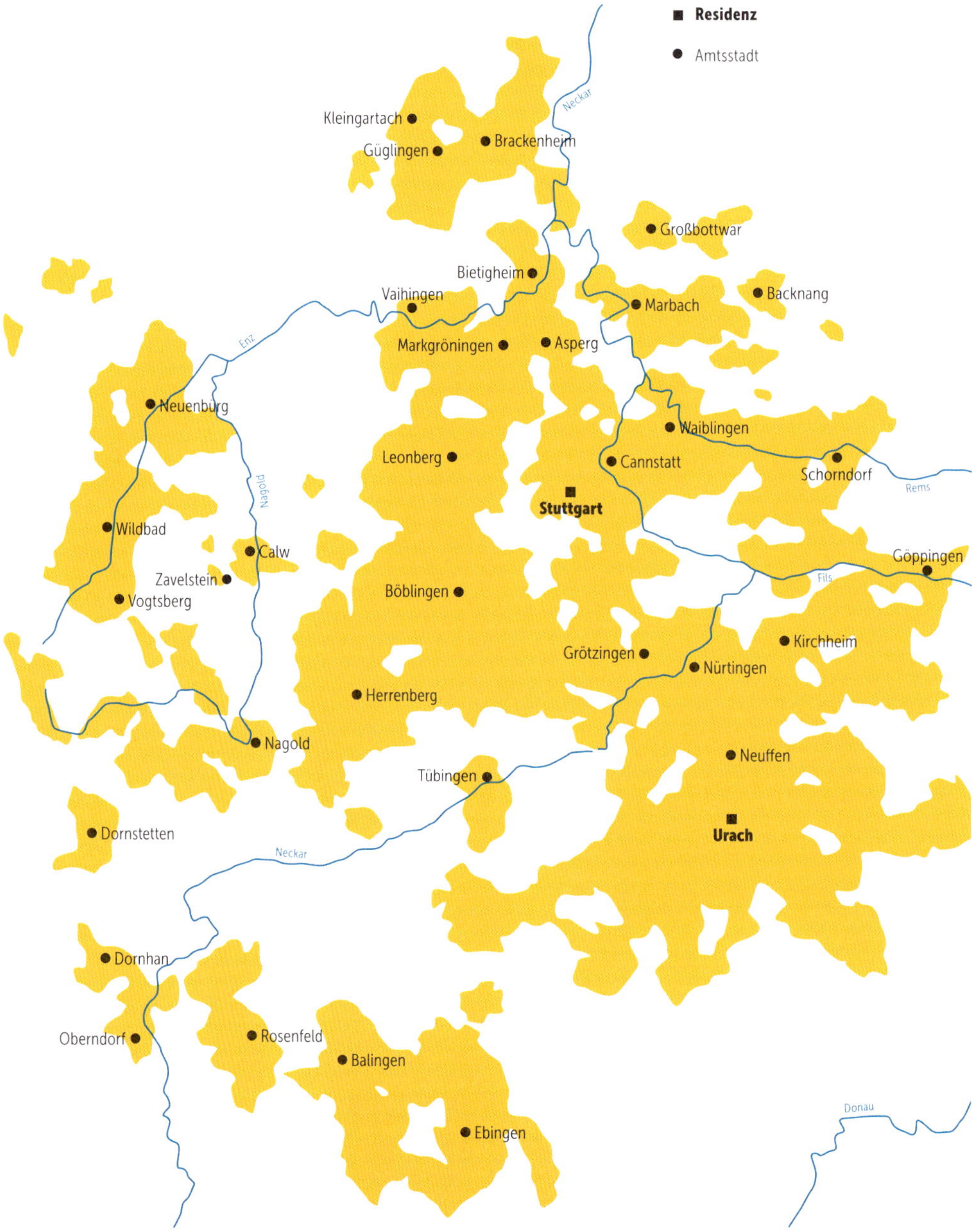

II.1

Herrschaft und Haus Württemberg

II.1 Die Grafschaft Württemberg im frühen 15. Jahrhundert

Entwurf: P. Rückert nach einer Vorlage von E. Blessing im Historischen Atlas von Baden-Württemberg
Bearbeitung: K. Schmid (adposit-design); B. Kölz (attraktive grautöne)

Im frühen 15. Jahrhundert umfasste das Territorium der Grafen von Württemberg ein relativ geschlossenes Gebiet um den mittleren Neckar, vom Zabergäu im Norden bis auf die Schwäbische Alb im Süden, von den Höhen des nördlichen Schwarzwalds im Westen bis zu den Tälern von Rems und Fils im Osten. Als repräsentative Residenz und zentrales Herrschaftszentrum besaß Stuttgart besondere Bedeutung, zahlreiche weitere Städte und Burgen dienten als Amtssitze und regionale Verwaltungszentren. Mit dieser Ausdehnung ihres Herrschaftsbereichs hatte die Grafschaft Württemberg um 1400 bereits weitgehend ihre späteren Konturen erreicht.

PR

II.2 Die Residenz: Das Stuttgarter Schloss

1680
Ausschnitt aus dem Forstkartenwerk von Andreas Kieser
Vorlage: Landesmedienzentrum Baden-Württemberg
Ausgestellt: Reproduktion (vergrößert)

Bereits gegen Ende des 14. Jahrhunderts war Stuttgart zum wichtigsten Aufenthaltsort der Grafen von Württemberg geworden. Hier wurde bald ihr repräsentatives Herrschaftszentrum ausgebildet; die gräfliche Familie mit ihrem Hof residierte in einer mächtigen Wasserburg, dem heutigen Alten Schloss.

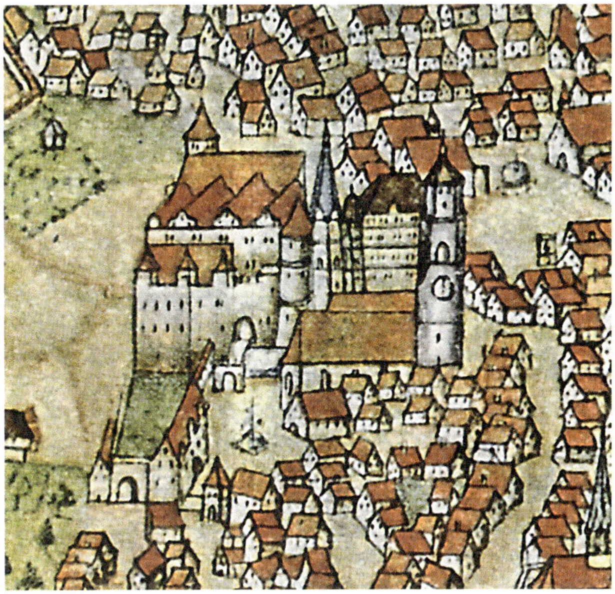

II.2

Der Ausschnitt aus dem späteren Forstkartenwerk von Andreas Kieser zeigt das herrschaftliche Zentrum von Stuttgart mit dem Schloss und der benachbarten Stiftskirche. In unmittelbarer Umgebung war auch die Verwaltung der Grafschaft untergebracht, die mit der Kanzlei die herrschaftliche Politik umsetzen sollte.

PR

II.3 Das Haus Württemberg im 15. Jahrhundert

Stammtafel (s. S. 228).

Mit dem württembergischen Wappen markiert sind die Gestalten des Hauses Württemberg, die seine Geschichte im 15. Jahrhundert besonders prägen sollten. Unter Graf Ludwig I. waren nach 1444 die Mömpelgarder Barben in den Württemberger Wappenschild mit den drei Hirschstangen aufgenommen worden. Der Uracher Vertrag von 1473 machte diese Gestaltung mit den Hirschstangen und Barben im gevierten Schild dann zum „offiziellen" Wappen der Gesamtfamilie.

PR

II.4 Die Wittumsverschreibung Graf Ludwigs I. für Mechthild und ihre Stuttgarter Hochzeit

1436 Oktober 18, Stuttgart
Vidimus von 1454, Pergament, 38,5 x 70,5 cm
3 anhängende Siegel
HStAS A 602 Nr. 120

Graf Ludwig I. verschreibt seiner Frau Mechthild für ihr Wittum und ihr Zugeld in Höhe von je 30.000 Gulden Einkünfte auf Böblingen und Sindelfingen (*uff diesen hernach geschriben unsern slossen und stedten, dorffern, wylern, hoven, gulten, renten, nutzen, fellen und allen andern iren zugehorungen*) unter Bezugnahme auf die Heiratsabrede von 1419. Schon damals wurden Böblingen und Sindelfingen als Wittum und Widerlegung eingesetzt, jetzt wird der Umfang präzise beschrieben: Burg und Stadt Böblingen, Stadt Sindelfingen, Dagersheim, Darmsheim, Aidlingen, Ostelsheim, Döffingen, Magstatt, Maichingen, Holzgerlingen, Schönaich und Dettenhausen, dazu die Rechte in Weil im Schönbuch, Breitenstein, Neuweiler, Altdorf und Ehningen. Dazu sind weitere württembergische Besitzungen aus den Ämtern Herrenberg (Kuppingen, Jesingen, Affstätt) und Leonberg (Eltingen, Malmsheim und Rutesheim) als Versicherung angeführt, falls die Böblinger Einkünfte den jährlichen Zins von 5% (die genannte Summe von 3.000 Gulden jährlich aus den 60.000 Gulden Wittum und Zugeld zusammen) nicht erbringen sollten.
Die Verschreibungsurkunde wurde durch den Abt von Schönau, den pfälzischen Hofmeister Peter von Talheim und den Heidelberger Vogt Dietrich von Venningen am 16. Juni 1454 nach der Originalausfertigung vidimiert. Dieser Umstand verweist auf das anhaltende Interesse des Heidelberger Hofes an den finanziellen Ansprüchen aus Mechthilds erster Ehe. 1454 war Mechthild längst mit Erzherzog Albrecht VI. verheiratet; um die Ausstattung und finanzielle Absicherung Mechthilds gab es jedoch Unsicherheiten. Mechthild hatte nur die Hälfte der 60.000 Gulden in ihre zweite Ehe mit eingebracht, die Einkünfte aus ihrem Wittum sollte sie, wie es rechtlich üblich war, auch nach ihrer Wiederverheiratung nutzen dürfen. Erst im Januar 1455 sollte Albrecht VI. dann endgültig diese Regelung bestätigen.
Zentrale Bedeutung hat die vorliegende Wittumsverschreibung auch für die Frage, wann die Hochzeit zwischen Graf Ludwig I. und Mechthild stattgefunden hat. Die Stuttgarter Annalen geben an, die Hochzeit sei am Sonntag nach dem Gallustag 1434 gefeiert worden, und über die frühe württembergische Chronistik fand dieses Datum (17. Oktober 1434) weite Verbreitung bis in die neuere Literatur. Doch steht dem diese Wittumsverschreibung von 1436 entgegen, weil solche Verträge üblicherweise vor dem Beilager ausgestellt wurden. Demnach kann die Hochzeit erst nach dem 18. Oktober 1436 in Stuttgart stattgefunden haben; nach dem aktuellen Forschungsstand gilt der 21. Oktober 1436 als Hochzeitstag von Mechthild und Ludwig von Württemberg.

Lit.: Abdruck der Urkunde bei Martin 1870, S. 243 ff., Nr. 3 (fehlerhaft); Fischer 1994, S. 147; Fouquet 1987, S. 724 ff. Nr. 292; Raff 1988, S. 282 ff.; Schön 1903, S. 57; Widder 2016.

EF

II.5 Ludwig und Mechthild als Stifter in Glas

[Nach 1478], Straßburg
Glasmalereien im Chor der Stiftskirche Tübingen,
85 bzw. 86 x 44 cm
Aufnahme: Corpus Vitrearum Deutschland
(S. auch Abb. S. 37)

Die Glasfenster im Chor der Tübinger Stiftskirche mit ihren insgesamt 161 Scheiben bilden einen bedeutenden Bestand spätmittelalterlicher Glasmalerei nicht nur für den schwäbischen Raum. Das ursprüngliche, dem Straßburger Glaser Peter Hemmel von Andlau (um 1420–1506) und seiner Werkstatt zugeschriebene Ensemble bestand aus acht Fenstern, von denen vier den Patrozinien des Heiligen Georg, der Muttergottes (zweifach) und des Heiligen Martin gewidmet waren. Neben einem Johannesfenster setzten sich die weiteren drei, die auf Stiftungen Graf Eberhards V. (1445–1496) und seiner Mutter Mechthild (1419–1482) zurückgehen, mit den Themen des Sündenfalls, der Passion und des Jüngsten Gerichtes auseinander. Aufgrund mehrerer Restaurierungen im Laufe der Jahrhunderte lässt sich das ikonographische Gesamtprogramm der Chorverglasung im Detail allerdings nur hypothetisch rekonstruieren, weshalb die heutige Anordnung der erhaltenen Scheiben diesem nur bedingt entspricht.
Die Darstellungen Mechthilds von der Pfalz und ihres Mannes Ludwig auf den Glasfenstern der Stiftskirche Tübingen zeigen die beiden als Stifter in andächtiger Gebetshaltung. Ludwig, der bereits 1450 verstarb, kniet hier in einer gelbgrünen Mistelzweiglaube mit weißgrauen Früchten. Bekleidet ist er mit einer prächtigen Rüstung; sein Wappenschild zeigt das gevierte württembergische Wappen mit Hirschstangen und Barben. Den Mistelzweigen könnte sinnbildhafte Bedeutung zukommen, da ihnen Heilkraft gegen Epilepsie zugeschrieben wurde, woran der älteste Sohn des Paares, Ludwig II., schwer litt.
Mechthilds kniende Figur wird hier eingerahmt von einer baldachinartigen Eichenlaube mit zwei darin sitzenden Vögeln. Da der seltenen Eichenmistel bei Epilepsie besondere Heilungskraft zugesprochen wurde, würde die rahmende Darstellung der beiden Stifter auch in ihrer Symbolkraft korrespondieren. Um die beiden Eichenstämme winden sich Spruchbänder mit der Devise: *gůtte mere* – „das Gute vermehren" oder konkreter: „gute Nachricht", was im religiösen Kontext mit Blick auf die Auferstehung zu verstehen ist. Beide Bedeutungen würden gut mit Mechthilds persönlichen Zielen und Hoffnungen einhergehen, auch wenn diese Devise ansonsten nicht zu belegen ist. Die Figur Mechthilds wird hier ganz in Grisaille wiedergegeben: Sie trägt einen kostbaren Mantel aus graubraunem Seidendamast mit Inkarnat und Pelzbesatz und eine lange weißbraune, schleierartige Haube. Mit den Händen umfasst sie grazil einen Rosenkranz; zu ihren Füßen findet sich der pfälzische Wappenschild.

Lit.: Becksmann 1986, S. 304 ff.; Decker-Hauff 1977; Gommel 1966; Jantzen 1993.

AP/SR/PR

II.5

Württemberg in der Herrschaftskrise

II.6 Die Grafschaft Württemberg um 1450

Entwurf: P. Rückert nach einer Vorlage von E. Blessing
im Historischen Atlas von Baden-Württemberg
Bearbeitung: K. Schmid (adposit-design); B. Kölz
(attraktive grautöne)

Im beginnenden 15. Jahrhundert hatte sich die politische Landschaft im deutschen Südwesten neu formiert: Neben der Kurpfalz und der Markgrafschaft Baden kam hier jetzt auch der Grafschaft Württemberg zentrale Bedeutung zu. Mit der Teilung der Grafschaft zwischen den Brüdern Ludwig und Ulrich V. im Jahr 1442 war die bis dahin erreichte relative räumliche Geschlossenheit des württembergischen Territoriums allerdings durchbrochen. Die Ämter als Verwaltungseinheiten boten die Trennungslinie an, die zwei selbständige Territorien, Württemberg-Stuttgart und Württemberg-Urach, entstehen ließ. Während Ulrich den Stuttgarter Teil mit der hergebrachten Residenz Stuttgart übernahm, baute sich Ludwig sein Herrschaftszentrum in Urach auf; weitere Städte und Burgen dienten als Amtssitze und regionale Verwaltungszentren – die Herrschaft Württemberg befand sich bis auf weiteres in der territorialpolitischen Krise.

PR

II.7 Ansicht von Urach

[Um 1616], Tübingen
Aquarell auf Papier, 20,1 x 32 cm
Landesmuseum Württemberg Stuttgart, Inv. Nr. 1936-180
(Abb. S. 11)

Eine Stadtansicht von Urach mit der darüber gelegenen Festung Hohenurach findet sich im Stammbuch des Prinzen Johann Wilhelm von Sachsen-Altenburg und bietet einen zeitnahen detaillierten Eindruck von der Residenzstadt Ludwigs und Mechthilds. Die Stadt an der Erms wird überragt vom Turm der Amanduskirche, die von ihrem Sohn Eberhard bald in den Ausmaßen der Stuttgarter Stiftskirche neu errichtet werden sollte. Der sich anschließende mächtige Schlossbau mit Rundtürmen kennzeichnet das neue Schloss, das Ludwig und Mechthild – neben der alten Wasserburg – ausbauen ließen. Auch ein neuer Torturm und eine eigene Kanzlei wurden errichtet, der benachbarte Tiergarten erweitert und Hohenurach befestigt; Urach wurde von Ludwig und Mechthild zu einer repräsentativen Residenz gestaltet.

Lit.: Barbara Gonzaga 2012, S. 262; Halbauer/Marstaller 2012; Kübler 2012.

PR

II.8 Urach als Residenzstadt

Modell, 150 x 150 cm
Sperrholz, Birkenholz, Plexiglas
Voruntersuchungen: Hans-Jürgen Bleyer, Tilmann Marstaller
Bauphasenplan und Modellentwurf: Tilmann Marstaller
Modellbau: Ferdinand und Gerd Schäfer, Schwäbisch Hall

Vor allem die ausführlichen Beschreibungen der Uracher Hochzeit von Graf Eberhard von Württemberg mit Barbara Gonzaga im Jahr 1474 sowie intensive hausgeschichtliche Forschungen erlauben es, die städtische Topographie von Urach als Residenzstadt der Grafen von Württemberg (1442–1482) zu rekonstruieren. Gemeinsam mit neueren archäologischen und bauhistorischen Befunden vor allem zum Uracher Schloss und dem Neubau der benachbarten Amanduskirche kann die zeitgenössische Situation – trotz einiger Unschärfen – modellartig erfasst und umgesetzt werden.

Lit.: Barbara Gonzaga 2012, S. 248 f.

PR

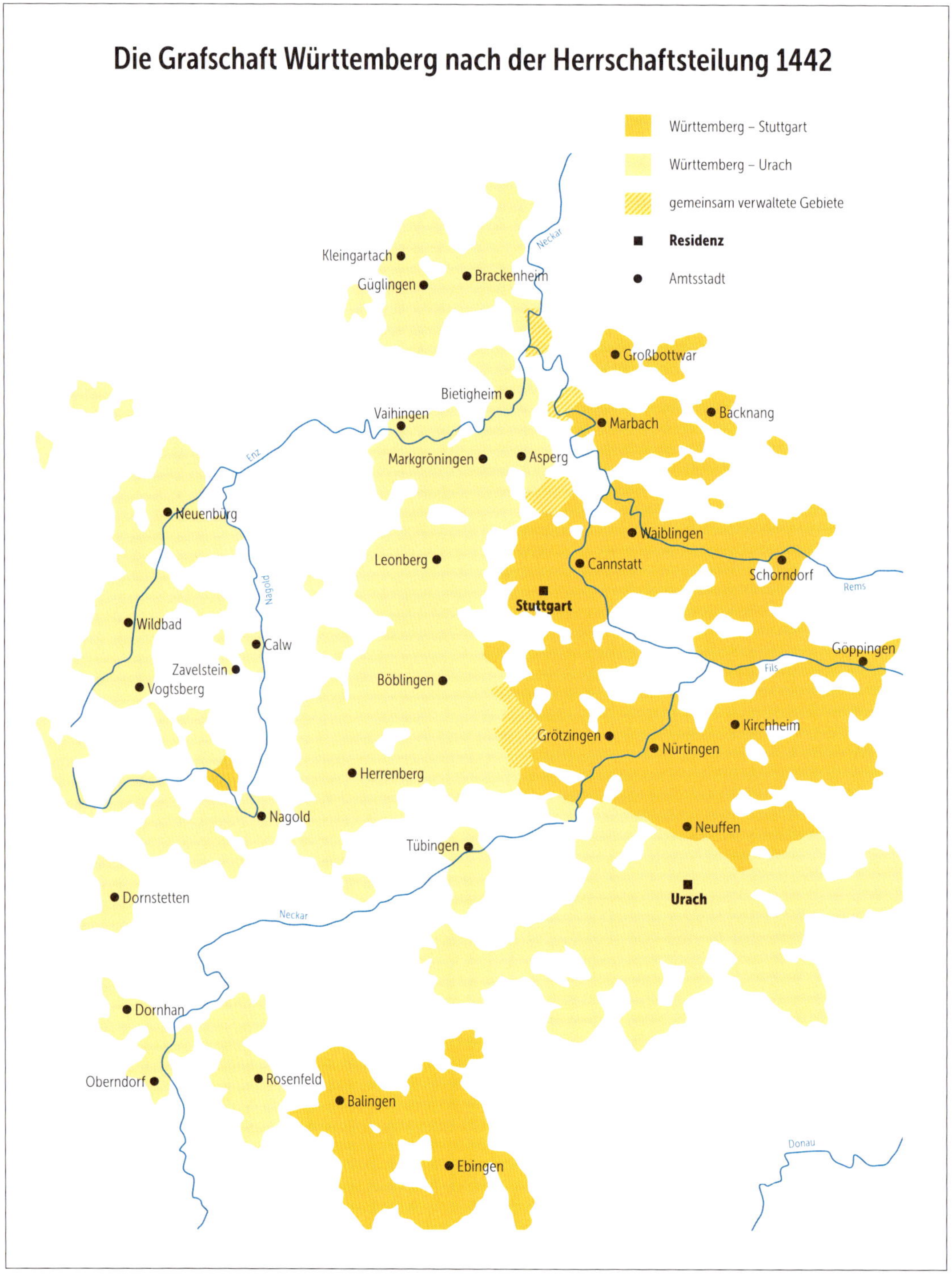

Die Grafschaft Württemberg nach der Herrschaftsteilung 1442
Württemberg – Stuttgart
Württemberg – Urach
gemeinsam verwaltete Gebiete
Residenz
Amtsstadt
Kleingartach
Güglingen
Brackenheim
Neckar
Großbottwar
Bietigheim
Vaihingen
Marbach
Backnang
Enz
Markgröningen
Asperg
Neuenburg
Waiblingen
Leonberg
Cannstatt
Schorndorf
Rems
Nagold
Stuttgart
Wildbad
Calw
Göppingen
Fils
Zavelstein
Vogtsberg
Böblingen
Kirchheim
Grötzingen
Nürtingen
Herrenberg
Nagold
Neuffen
Tübingen
Urach
Dornstetten
Neckar
Dornhan
Oberndorf
Rosenfeld
Balingen
Ebingen
Donau

II.6

II.9 Die Wallfahrt nach Upfingen

Wandgemälde mit dem hl. Christophorus in der Marienkirche Upfingen
[Um 1450]
Aufnahme: Karl Halbauer

Die Marienkapelle im unweit von Urach gelegenen Dorf Upfingen war bereits im frühen 15. Jahrhundert Ziel einer regionalen Wallfahrt. Durch den regen Zulauf zu klein geworden, wurde 1448 ein neuer, großer Kirchenbau vollendet, der von der württembergischen Herrschaft in Urach maßgeblich unterstützt worden war, wie die Wappentafel Graf Ludwigs I., des Patronatsherrn, mit der Bauinschrift an der Kirche zeigt. Bereits im Jahr darauf wurde die Marienkirche in Upfingen zur selbständigen Pfarrkirche erhoben und weiterhin von Ludwig und Mechthild gefördert. Das Grafenpaar erhoffte sich, durch Wallfahrten und Stiftungen vor allem zur Heilung ihres an Epilepsie erkrankten ältesten Sohnes Ludwig II. (1439–1457) beizutragen. Ihre geistlichen Räte und Ärzte empfahlen auch, dass Ludwig II. jährlich ein „Opfer" für die Gottesmutter nach Upfingen bringen sollte: *item sin gnad sol auch vnser lieben frowen gen vpffingen sin lebtag all Jar ein opfer bringen oder schicken, als denn sin gnad ist.*
Die Wallfahrtskirche in Upfingen wurde also auch von der Herrschaft persönlich besucht und anhaltend unterstützt, wie dann auch die Stiftung von großartigen Wandgemälden durch Ludwigs jüngeren Bruder und Nachfolger Eberhard V. zeigt (vgl. Abb. S. 58). Wohl schon mit dem Neubau der Kirche war um 1450 ein monumentales Bild des hl. Christophorus an der Südwand des Langhauses angebracht worden. Die bekannte Szene zeigt, wie der Christusknabe mit der Weltkugel in der Linken von dem Riesen Christophorus durch einen Fluss getragen wird. Christophorus galt als Schutzpatron der Reisenden und Pilger und zählte zu den 14 heiligen Nothelfern. Seine besondere Wirkmächtigkeit lag darin begründet, dass sein Anblick vor einem überraschenden, unvorbereiteten Tod bewahren sollte – Grund genug, seine Darstellung auch für die Pilger und anderen Besucher der Upfinger Wallfahrtskirche unübersehbar monumental zu gestalten.

II.9

Lit.: Halbauer 2017.

PR

Mechthild und die Kartause Güterstein

II.10 Das Gütersteiner Kopiar

[2. Hälfte des 15. Jahrhunderts], Güterstein
Papier, Vorsatzblatt Pergament, Einband Leder auf Holz, punziert, 31,5 x 22,5 cm
HStAS H 14 Bd. 119 a
Aufgeschlagen: Bl. 113 v / 114 r

Im Jahr 1439 gründeten die Grafen Ludwig I. und Ulrich V. von Württemberg in Güterstein bei Urach ein Kartäuserkloster. Dieser Ort hatte bereits eine monastische Tradition: Anfang des 13. Jahrhunderts entstand hier offenbar ein Zisterzienserkloster, das dann ab dem späten 14. Jahrhundert als Propstei der Benediktinerabtei Zwiefalten erscheint. Aus territorial- und kirchenpolitischen Motiven wandelten Ludwig und Ulrich diese Einrichtung 1439 in eine Kartause um. Das Kloster erlangte eine bedeutsame Stellung für Württemberg, da es nach der Landesteilung von 1441/42 von Ludwig I. und Mechthild als Grablege für ihre Familie eingerichtet wurde und seine Prioren eine wichtige Rolle bei der Reform der Klöster in Württemberg spielen sollten.

Das Gütersteiner Kopialbuch entstand in der zweiten Hälfte des 15. Jahrhunderts und weist mehrere Schreiberhände auf. Es enthält Abschriften von Urkunden vom 14. Jahrhundert bis zum Jahr 1472, die sich vor allem auf den Erwerb von Grundbesitz, die Verleihung von Privilegien und die Stiftung von Jahrtagen beziehen. Außerdem umfasst der Band auch urbarielle Aufzeichnungen, die über Abgaben und Einkünfte informieren.

Mehrere Urkundenabschriften dokumentieren Schenkungen Mechthilds von der Pfalz, die schon 1458 finanzielle Zuwendungen an Güterstein vorgesehen hatte. Am 12. März 1467 bestätigte sie die Übergabe von liturgischem Gerät, Andachtsgegenständen, Reliquien und Vasa sacra (*hailtum*) an das Kloster (vgl. Kat. Nr. VI.4). Der Text dieser wichtigen Urkunde wurde auch in das Gütersteiner Kopiar übertragen. Mechthild begründet ihre kostbare Stiftung mit der göttlichen Lebensform der Kartäuser: [...] *mit güter vorbetrachtung, angesehen und betracht habend das götlich leben und wesen und den loblichen gotsdienst, der nacht und tag zü unser lieben fräwen zum Gütterstain von den ersamen gaistlichen herren und brüdern, den carthusern daselbs, vollbracht wirt und füro zü ewigen ziten volbracht sol werden, und och zu lob und ere demselben almächtigen Gott, der hymelschen furstin, siner lieben mutter, magt Marie und allem hymelschen here* [...], *uns und unsern nachkomen selen ewiges haile und troste.*

Im Einzelnen handelte es sich dabei um *ain costlich barmhertzikait* [Pietà] *von gold und silber gemacht mit edelm gestain und berlin gefaßt, thusend guldin wert, item ain gantz guldin crutzlin in ainem silbrin vergulten fäßlin mit edelm gestain, item die verkündung unser lieben fröwen in ainem tabernackel von lutrem gold gemacht, item ain gantz guldin täfelin, darin geschmeltz die verkundung unser lieben fräwen, item ainen costlichen tabernackel von silber ubergult mit ainem silbrin marter bild an das hailtum sant Januarii, gebunden von dobleten* [Kristallschalen] *gefaßt, by hundert guldin wert, item sant Endres bild von silber gemacht und ubergult, mit dobleten gefaßt, item zway costliche silbrin crutz gantz vergult, item dry silbrin monstrantz und vergult, item vier becher von cristall, item ain barillin köpflin* [Becher], *beschlagen und*

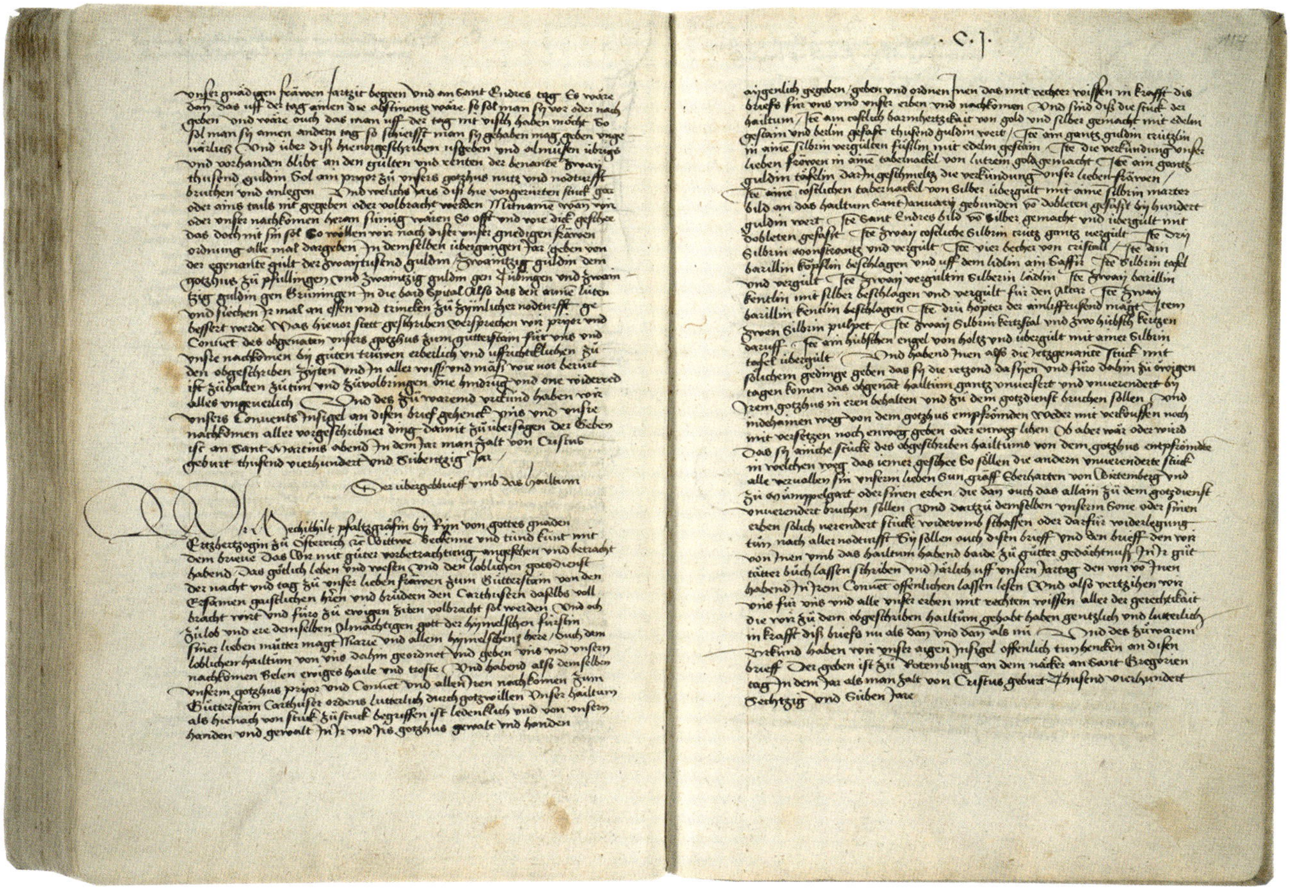

II.10

uff dem lidlin [Deckel] *ain saffir, item ein silbrin tafel und vergult, item zway vergultin silberin lädlin, item zway barillin kentlin mit silber beschlagen und vergult fur den altar, item zway barillin kentlin beschlagen, item dru höpter der ainlifftusend magt* [11.000 Jungfrauen], *item zwen silbrin pulpet* [Pulte], *item zway silbrin kertzstal* [Leuchter] *und zwo hubsch kertzen daruff, item ain hubschen engel von holtz und ubergult mit ainer silbrin tafel ubergult.*

In den folgenden Jahren machte Mechthild der Kartause noch weitere Zuwendungen wie auch in ihrem Testament vom 1. Oktober 1481. Darin bestimmte sie schließlich, dass ihr Leichnam in Güterstein beigesetzt werden sollte, wie es nach ihrem Tod am 22. August 1482 auch geschah.

Lit.: Deigendesch 2003; Fischer 1994; Gawlik 1991; Martin 1870; Raff 1988; Beitrag Prange in diesem Band.

FL

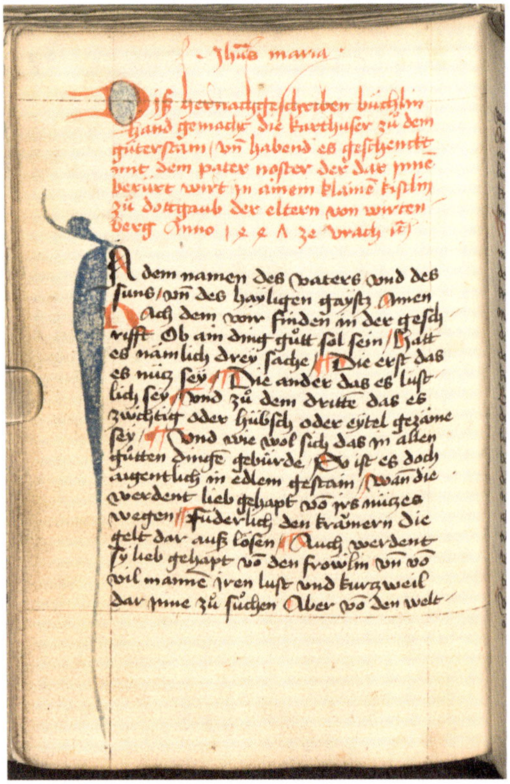

II.11

II.11 Das Gütersteiner Gesprächsbüchlein

[Um 1450]
Papier, 247 Bll., 14,3 x 10 cm
Bayerische Staatsbibliothek München,
Cgm 830, Bl. 134 v – 171 r
Ausgestellt: Bl. 134 v (Reproduktion)

Das sogenannte „Gütersteiner Gesprächsbüchlein“ ist in zwei Handschriften überliefert. Es handelt sich dabei um einen Prosadialog zwischen einer Fürstin und einer Krämerin über die Bedeutung eines aus Edelsteinen bestehenden Paternosters. Die Krämerin bietet der Fürstin eine aus fünfzig unedlen und sieben edlen Steinen bestehende Gebetskette an und erläutert ihrer fürstlichen Kundin zunächst die magisch-medizinische Wirkung der Edelsteine, bevor sich eine theologische Paternosterauslegung anschließt.

Aus dem vorangestellten Initium geht der Entstehungszusammenhang hervor: *Jhesus Maria. Diß hernach geschriben büchlin hand gemacht die karthuser zů dem Güterstain und habend es geschenckt mit dem paternoster, der darinnen berürt wirt in ainem klainen kistlin, zů dottgaub der eltern von Wirtenberg anno 1447 ze Urach*. Das württembergische Grafenpaar erhielt Text und Paternoster 1447 also als Patengeschenk von den Gütersteiner Kartäusern überreicht, anlässlich der Taufe ihrer Tochter Elisabeth (1447–1505).

Der geistliche Text entstand aus diesem Anlass und verdeutlicht die enge persönliche Bindung Mechthilds zur Kartause Güterstein. Mit der Fürstin als Dialogpartnerin wird Mechthild direkt angesprochen; hier spiegelt sich ihr persönliches Interesse an religiöser Unterweisungsliteratur wider. Der erbauliche Text fand bald weitere Verbreitung: Neben der hier angesprochenen, um 1450 im Augsburger Kloster St. Ulrich und Afra entstandenen Handschrift ist eine weitere Abschrift des Dialogs bekannt (UB Augsburg, Cod. III. 1.4° 8). Diese wird zeitlich etwas später eingeordnet (nicht vor 1464); ihr Überlieferungskontext lässt allerdings noch Bezüge zum Haus Württemberg erkennen.

Lit.: Handschriftencensus (*http://www.handschriftencensus.de/werke/6205*; Abruf 28.02.2019); Deigendesch 2001, S. 222 ff.; Deigendesch 2016, S. 293 ff.; Beitrag Rückert in diesem Band.

EF

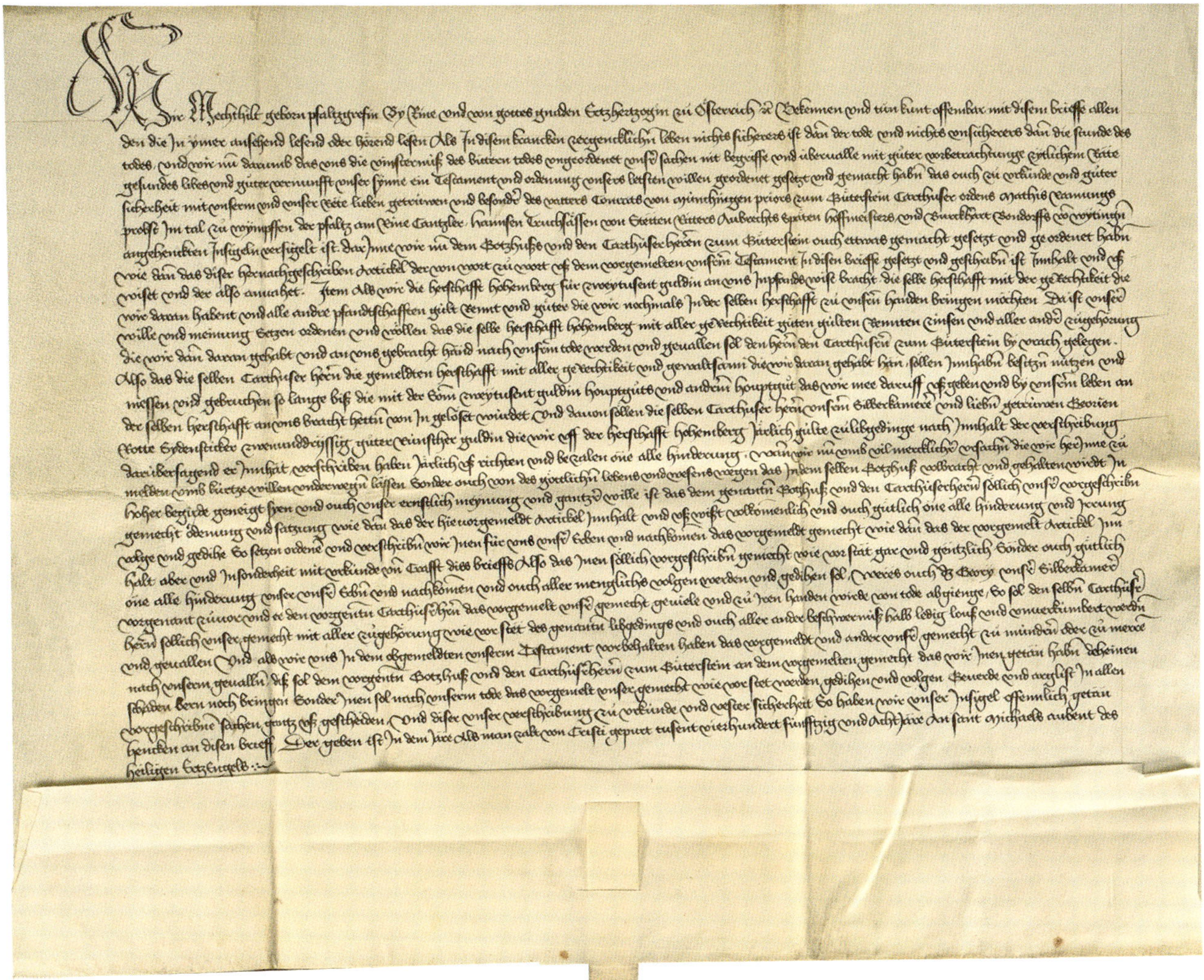

II.12 Mechthild vermacht der Kartause Güterstein ihren Pfandbesitz an der Herrschaft Hohenberg

1458 September 28
Ausfertigung, Pergament, 30 x 38 cm
1 anhängendes Siegel
HStAS A 486 U 116

Die von Mechthild ausgestellte Urkunde ist in mehrfacher Hinsicht bemerkenswert. Die eigentliche Verfügung besteht in der Übergabe ihres Pfandbesitzes an der Herrschaft Hohenberg an die Kartause Güterstein. Wichtig ist, dass es sich dabei nur um die sogenannte obere Herrschaft Hohenberg handelt. Diesen Teil (den Burgstall Hohenberg und das Schloss Wehingen samt Zubehör) erhielt Mechthild von ihrem Mann Albrecht als Pfand für ein

Darlehen von 2.000 Gulden, das sie ihm gleich nach ihrer Ehe ausgehändigt hatte. In zwei Urkunden von 1453 und 1457 hatte Albrecht das Darlehen mit der Übertragung der Pfandschaft abgesichert, nun wollte es Mechthild testamentarisch an die Kartause weitergeben. Das eigentliche Testament hat sich nicht erhalten, über Anlass und Inhalt wissen wir daher nur aus der vorliegenden Urkunde.
Genannt sind hier auch die Mitsiegler der testamentarischen Verfügung, meist enge Vertraute des Uracher Hofes: der Prior von Güterstein, Konrad von Münchingen, der Hofmeister Albrecht Späth sowie Hans Truchseß von Stetten und Burkhard Bondorf von Weitingen. Alle treten mehrmals im Umfeld von Mechthild sowie später am Hof Eberhards im Bart in Erscheinung. Auch der pfälzische Kanzler Matthias Rammung († 1478) siegelt das Testament, während kein Vertreter von Mechthilds Gatten Albrecht erwähnt wird.
Die Schenkung sollte zum Zankapfel zwischen Württemberg und Habsburg werden; Kulminationspunkt war dann ein geheimer Tausch zwischen Mechthild und ihrem Sohn Eberhard im Jahr 1475, wobei die obere Herrschaft an Württemberg gehen sollte. Als diese Absicht publik wurde, reagierten die Habsburger mit einem Prozess.
Wie hartnäckig Mechthild trotzdem an der Übergabe an Güterstein festhielt, zeigt ihr letztes Testament von 1481, wo diese Verfügung wiederum aufgenommen wurde. Dabei legt Mechthild auch fest, dass die Kartäuser aus dem jährlichen Ertrag der Pfandschaft ein Leibgeding an ihren Silberkämmerer Jörg Rott auszahlen sollten. Jörg Rott (oder Georg Seidensticker) ist über Jahrzehnte im höfischen Umfeld Mechthilds nachzuweisen, zunächst mit juristischen Aufgaben in der Kanzlei, dann in der zentralen Funktion als Kämmerer. Gleichzeitig war Rott eingebunden in das literarische Netzwerk um den Rottenburger Hof: Er vermittelte Werke des Niklas von Wyle an Mechthild und heiratete bald dessen Tochter Dorothea, die am Hof Mechthilds erzogen worden war.

Lit.: Fischer 1994, S. 154; Deigendesch 2001, S. 66; MRFH 2160 (Abruf 28.02.2019); Beitrag Frauenknecht in diesem Band.

EF

II.13 Der Kopf eines Trauernden (?) aus der Kartause Güterstein

[Um 1450], Ulm, Hans Multscher (?)
Grauer Sandstein, dreiviertelrund, ungefasst, 10 x 7 x 8,5 cm
Landesmuseum Württemberg, Stuttgart, Inv.-Nr. 1969–733

Der sorgfältig durchmodellierte Kopf kam 1969 über die Sammlung des Uracher Altertumsvereins, nach dessen Angaben er bei der Kartause Güterstein aufgefunden wurde, ins Landesmuseum Württemberg. Hans Multscher schuf wohl um 1450 für die Kartause die Grabmäler von Graf Ludwig I. und seiner Gattin Mechthild von der Pfalz, deren Figuren nach der Auflösung des Klosters 1554 in die Tübinger Stiftskirche verlegt wurden (s. Abb. S. 208). Da der kleinformatige steinerne Kopf ebenfalls in die Zeit um 1450 zu datieren ist und eine hohe bildhauerische Qualität aufweist, wird der wegweisende Ulmer Bildhauer oder sein direktes künstlerisches Umfeld auch für das Fragment als Urheber vermutet.
Das Kopffragment, das am Halsansatz abgeschlagen ist und hinten eine Bruchstelle zeigt, gehörte ursprünglich als Teil eines Reliefs in einen größe-

ren Zusammenhang. Der Kopf wendet sich leicht nach links, schaute also aus dem Relief heraus. Da keinerlei Fassungsspuren nachzuweisen sind, und die Steinoberfläche sehr sorgfältig bearbeitet wurde, ist davon auszugehen, dass der Kopf steinsichtig konzipiert war. Dargestellt ist ein Mann in gesetzterem Alter mit leichten Falten um die Augen und schmalen Lippen. Die leicht herabgezogenen Mundwinkel lassen an eine Deutung als trauernde Figur denken. Der Mann trägt eine Kopfbedeckung, deren Typus aufgrund der fragmentarischen Erhaltung nicht mehr sicher rekonstruiert werden kann. Daher ist offen, ob es sich um einen Kleriker – sicher jedoch um keinen Kartäusermönch mit entsprechender Kapuze – oder um eine weltliche Person handelte.
Eine Zuordnung des Kopfes zu den Grabmälern des Grafen Ludwig I. beziehungsweise seiner Gemahlin Mechthild, etwa als Fragment einer der Klagefiguren an den Wänden der Tumben, ist unwahrscheinlich, da die unter Arkaden stehenden Trauernden vermutlich als Kartäuser geschildert waren. Das Kopffragment könnte aus unterschiedlichen Kontexten stammen: Vermutet wurde beispielsweise eine Zugehörigkeit zum Skulpturenschmuck des ehemaligen Lettners, der möglicherweise kurz nach dem Einzug der Kartäuser in Güterstein im Jahr 1439 errichtet wurde. Zu einem solchen Bauteil sind gleichwohl ebenso wie etwa zu einem möglichen Sakramentshaus mit figürlichen Darstellungen keine weiteren Informationen überliefert. Dagegen ist in einer Quelle ein ehemaliger Hochaltar der Kartause Güterstein dokumentiert, für den um 1449 der Ulmer Bildhauer Johannes – vermutlich Hans Multscher – verantwortlich zeichnete. Da Multscher mitunter auch Altaraufsätze in Stein ausführte, wie etwa das sogenannte Karg-Retabel im Ulmer Münster, könnte das Kopffragment eventuell von einem solchen steinernen Retabel stammen.

II.13

Lit.: Deigendesch 2001, S. 178; Lichte/Meurer 2007, Kat. Nr. 38, S. 77–79.

ISH

II.14 Mechthild zeigt heimlich den Tod ihres Mannes Ludwig an

1450 September 24, Urach
Abschrift, Papier (1594, Martin Crusius)
HStAS A 602 Nr. 118

Am Donnerstag, dem 24. September des Jahres 1450, schreibt Mechthild aus Urach einen Brief an Werner von Zimmern zu Messkirch, ihren Getreuen:

[…] *Wier clagen dir, das der hochgeborn, unsser lieber herr und gemahel uff heut leyder von todt abgangen ist. Des sele der allmechtig Got gnedig und barmhertzig sein wölle. Unnd herumb so pitten wier dich mitt fleiß, dich khein sach irren zue lassen, du khomest ohnne alles verziehen zue unns heer geen Urach unnd wellesst dz in gehaimb hallten unnd also nit außbleiben. Das wellen wier geern umb dich verschulden* […]

Dieser ebenso eilige wie vertrauliche Brief Mechthilds gibt ihre erste Reaktion auf den gerade erfolgten Tod ihres Mannes Ludwig wieder, der an diesem 24. September 1450 in Urach, wie es heißt an der Pest, verstorben war. Offenbar braucht Mechthild jetzt dringend schnelle Hilfe und Unterstützung. Jedenfalls zieht sie gleich ihren getreuen Freiherrn Werner von Zimmern (um 1423–1483) mit der Todesnachricht ins Vertrauen und bittet diesen dringendst, unverzüglich zu ihr nach Urach zu kommen und die Nachricht geheim zu halten.
Das von der späteren Zimmerschen Chronistik vielfach ausgemalte enge Verhältnis zwischen Mechthild und Werner von Zimmern ist freilich nicht näher bekannt, doch eignet dem Brief jedenfalls eine deutliche Brisanz, die auch bereits Ende des 16. Jahrhunderts zu seiner vorliegenden Abschrift durch den bekannten Tübinger Professor und württembergischen Geschichtsschreiber Martin Crusius (1526–1607) führte. Auch die dann bei der Beerdigung Ludwigs von Mechthild zur Schau getragene überschwängliche Trauer hat bereits bald zur Kritik zeitgenössischer Chronisten an Mechthilds Betragen geführt.

Lit.: Beiträge Frauenknecht/Rückert, Bamberger/Robert und Aderbauer in diesem Band.

PR

III

MUTTER, WITWE, STIFTERIN

Nach dem unerwarteten Tod ihres Mannes Ludwig 1450 wird Mechthilds Witwensitz Böblingen für kurze Zeit zu ihrem Lebensmittelpunkt. Als Mutter und Witwe ist sie unter Druck – die Vormundschaft über die unmündigen Söhne und ihre eigene Absicherung sind umstritten und werden zum Zankapfel mit ihrem Schwager Graf Ulrich in Stuttgart. In diesem Konflikt tritt rasch auch ihr Bruder, Kurfürst Friedrich von der Pfalz, an Mechthilds Seite. So erscheint ihre zweite Ehe, die Mechthild im Sommer 1452 mit Erzherzog Albrecht von Österreich schließt, wie eine Flucht aus dieser schwierigen Situation.

Mechthild übersiedelt nun in die nahe österreichische Herrschaft Hohenberg nach Rottenburg. Von hier aus kann sie ihre Kontakte nach Württemberg, nach Böblingen und Urach, gut weiter pflegen. Vor allem nutzt sie ihren Böblinger und Sindelfinger Besitz für umfangreiche Stiftungen, besonders auch im Verbund mit ihrem Sohn Eberhard im Bart. Großzügig schenkt sie die Böblinger Pfarrkirche mit ihren Einkünften dem Kloster Hirsau, um dort die Reform des klösterlichen Lebens zu unterstützen und sich und ihrer Familie das Gebetsgedenken der Hirsauer Mönche zu sichern.

Aus dem Vermögen des Sindelfinger Stifts finanziert Mechthild die Gründung der Universität Tübingen, die sie gemeinsam mit Eberhard im Jahr 1477 vollzieht. Das Gedenken an Mechthild als Mitgründerin der Tübinger Universität wird gleich auch in Stein gemeißelt: Ein Relief in der Sindelfinger Martinskirche erinnert noch an diese fromme Stiftung von Mutter und Sohn, die schließlich herausragende Bedeutung gewinnen sollte.

III.1

III.1 Ansicht von Böblingen

[1683–1685]
Kolorierte Federzeichnung im Forstlagerbuch
von Andreas Kieser
HStAS H 107/3 Bd. 10, Bl. 3

Die Ansicht vermittelt einen detaillierten Eindruck von der württembergischen Amtsstadt Böblingen, die Gräfin Mechthild von Württemberg nach dem Tode ihres Mannes Ludwig († 1450) als Witwensitz dienen sollte. Auch ihre Schwiegertochter Barbara Gonzaga sollte sich später als Witwe nach Böblingen zurückziehen, nachdem ihr Mann Eberhard V. gestorben war († 1496). Dominiert von dem mächtigen Schloss und der Stadtkirche erhebt sich die Stadt hinter einem wehrhaften Mauerring, umgeben von ausgedehnten Gartenanlagen.

Lit.: Barbara Gonzaga 2012, S. 290.

PR

III.2 Die Regelung der Vormundschaft in Württemberg-Urach

1450 Dezember 6, Urach
Ausfertigung, Pergament, 51 x 54 cm
7 anhängende Siegel
HStAS A 602 Nr. 262

Bei seinem überraschenden Tod Ende September 1450 hinterließ Graf Ludwig zwei unmündige Söhne. Zur Klärung der Herrschaftsfrage im Uracher Landesteil wurde eine Vormundschaftsregierung eingerichtet. Unter maßgeblicher Mitwirkung des württembergischen Adels werden bald die Einzelheiten hierfür vertraglich bestimmt: Als nächster Verwandter übernimmt Graf Ulrich die Vormundschaft für seine beiden unmündigen Neffen. Eine starke, kontrollierende Rolle nehmen die Uracher Räte ein, insbesondere der Hofmeister Albrecht Spät. Die Urkunde wird von Graf Ulrich von Württemberg, Graf Johann von Werdenberg, Truchsess Jakob von Waldburg, den drei Rittern

III.2

Burkhard von Ellerbach, Berthold von Schellenberg und Konrad von Weitingen sowie dem Uracher Hofmeister Albrecht Spät besiegelt.
Zwar war Ulrich formell alleiniger Vormund, in der praktischen Herrschaftsausübung war er aber an die Zustimmung der Uracher Räte gebunden. Zuvorderst wurde der Verbleib der unmündigen Kinder geregelt, sie sollten bei ihrer Mutter Mechthild in Urach bleiben: *Item das die hochgeborn furstin, frow Mechtilt, pfalzgrefin by Rine, hertzogen in Beyeren, grefin zu Wirtemberg und zu Mumppelgart, wittwe, unser liebe swester, unser lieb vettern und die frowlin, ir swestern, by ir habe und sie by jnen sije und die ziehe und iren statt und wesen ze Urach habe.* Die täglichen Regierungsgeschäfte sollten Albrecht Spät und die vier Räte übernehmen (*und was sachen die herrschafft teglichs zu schaffen, das die durch dieselben hofmeister und rete gehandelt und ußgerichtet werden*). Wichtig war auch, dass der Uracher Landesteil nicht ohne Zustimmung der Räte und Mechthilds in Konflikte Graf Ulrichs hineingezogen werden durfte.
Diese Konstellation führte innerhalb kürzester Zeit zu Spannungen. Bereits Ende Dezember verzichtete Mechthild auf ihren Anteil an der Vormundschaft, doch dafür beanspruchte ihr Bruder, Pfalzgraf Friedrich, nun eine aktive Rolle. Ein wesentlicher Impuls ging dabei auch von den Uracher Räten aus; als treibende Kraft trat hier Hofmeister Albrecht Spät hervor. Die Situation sollte in der Folgezeit angespannt bleiben, auch nachdem 1453 der kränkelnde Erstgeborene, Ludwig II., für volljährig erklärt wurde.

Lit.: Press 1994, S. 12 ff.; Fritz 1999, S. 121 ff.; Meyer 2016, S. 150 f.; Beitrag Frauenknecht in diesem Band.

EF

III.3 Mechthild tauscht sich aus: Briefe und Kommunikation

Von Mechthild von der Pfalz sind gerade für die Zeit ihrer Witwenschaft und selbständigen Regierung in Böblingen bzw. Rottenburg etliche Briefe überliefert, die ihre intensive Kommunikation anzeigen. Erhalten haben sich vor allem Briefe an weibliche Empfänger, wie ihre Schwägerin Margarethe von Savoyen, Gräfin von Württemberg-Stuttgart, oder die Mutter ihrer Schwiegertochter, Barbara von Brandenburg, Markgräfin von Mantua. Dabei tritt die höfische Kultur besonders zum Vorschein: Der Austausch von modischen Geschenken (Spiegel, Schleier, Gürtel) wie von kulinarischen Köstlichkeiten (Südfrüchte, Fische) ist Ausdruck der gemeinsamen Freundschaft und Verbundenheit. Ebenso zeugt das aufmerksame Interesse am Gesundheitszustand und an familiären Ereignissen von dem engen persönlichen Umgang miteinander, wie drei Briefe Mechthilds an Margarethe von Savoyen zeigen:

a) Mechthild dankt Margarethe für die guten Fische und schickt ihr ebenfalls Fische zurück

1468 März 6, Rottenburg
Ausfertigung, Papier, 19,5 x 27,8 cm
HStAS A 602 Nr. 260, Bl. 6
Edition: Steinhausen, Nr. 112

Der hochgebornnen furstin, unnser fruntlichen, lieben swester, frouen Margrethen, geborn herzogin von Saphoy, gravyn zu Wirttemberg etc.

Was wir liebs und gutz vermogen alzitt bevor, hochgebornne furstin, frundliche, liebe swester. Wir sein noch wol ingedenck der gutten visch, so ewr

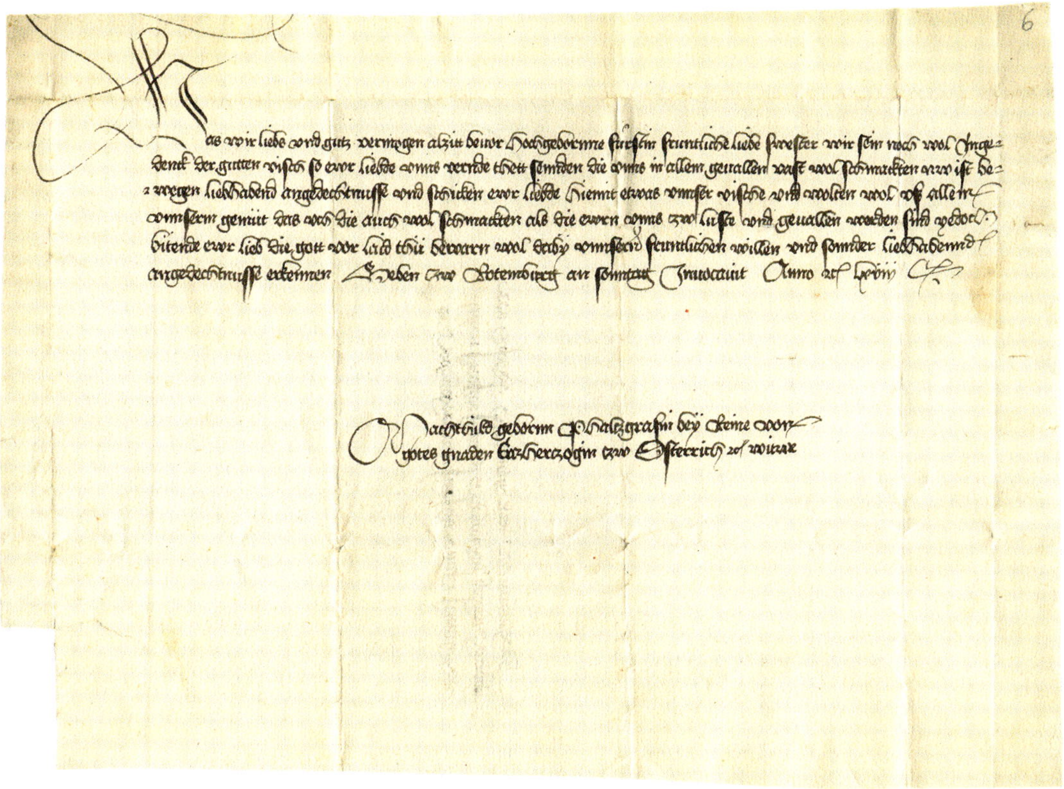

III.3a

liebde unns vernde thett sennden, die unns in allem gevallen vast wol schmackten. Nw ist bewegen liebhabend angedechtnusse und schicken ewr liebde hiemit etwas unnser vische und wolten wol uß allem unnserm gemüt, das uch die auch wol schmackten, als die ewrn unns zw luste und gevallen worden sind, yedoch bitende, ewr lieb, die Gott vor laid thü bewarn, wol daby unnsern fruntlichen willen und sonnder liebhabennd angedechtnusse erkennen. Geben zw Rotemburg an sonntag Invocavit anno etc. [14]68.

Machthild, gebornn phaltzgrafin bey Reine, von Gotes gnaden ertzhertzogin zw Osterich etc., witwe

b) Mechthild dankt Margarethe für Pfirsiche und tauscht sich zum gesundheitlichen Befinden aus

1474 August 10, Böblingen
Ausfertigung, Papier, 20,2 x 27,3 cm
HStAS A 602 Nr. 260, Bl. 4
Edition: Steinhausen, Nr. 174

Der hochgebornen furstin, unser fruntlichen, lieben swester, frow Margrethen, geborn hertzogin von Sopheye und gräfin zu Wirtemberg und zu Mumppelgart etc.

Was wir eren, liebs und guts vermogen allzit zuvor, hochgeborne furstin, fruntliche liebe swester.

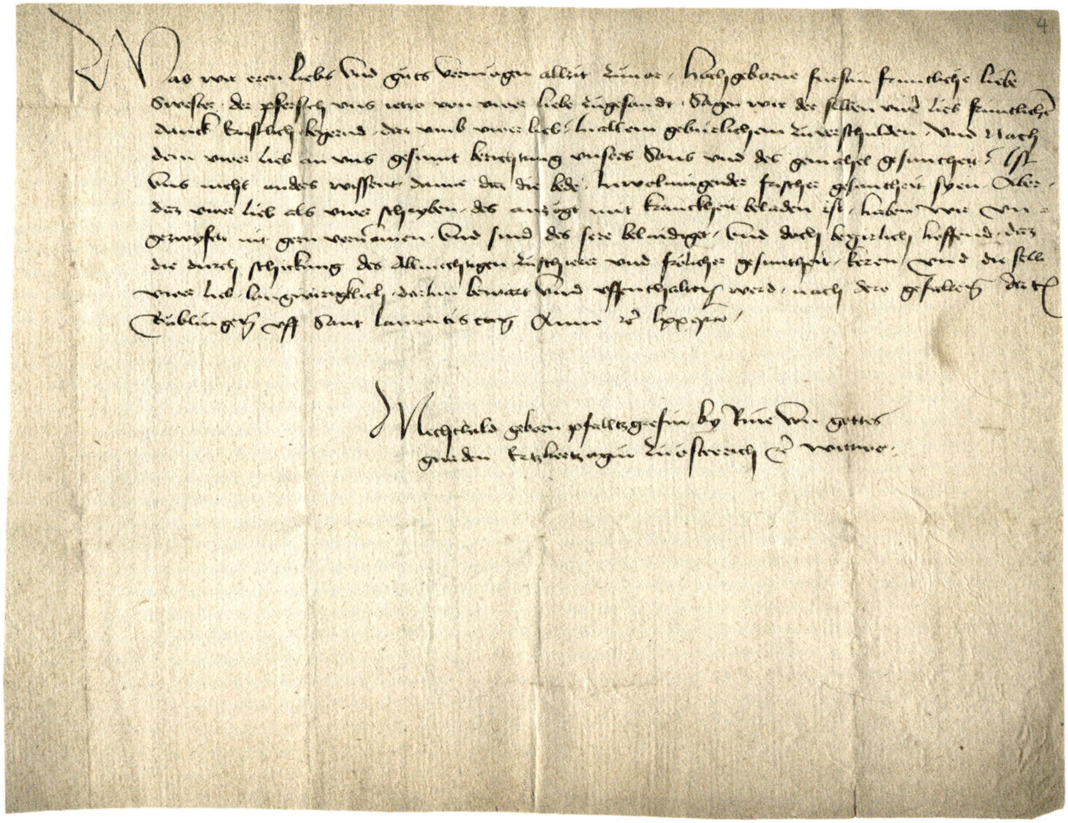

III.3b

Der pfersich, uns ietzo von uwer liebe zugesandt, sagen wir derselben uwer lieb fruntlichen danck, ernstlich begernd, daz umb uwer lieb in allem geburlichem zu verschulden. Und nachdem uwer lieb an uns gesinnt berichtung unsers sons und des gemahel gesuntheit: Ist uns nicht anders wissent, danne daz die bede in wolmugender, frischer gesuntheit syen. Aber daz uwer lieb, als uwer schryben des anzögt, mit kranckheit beladen ist, haben wir ungezwyfelt nit gern vernommen und sind des sere belaidiget und doch begirlich hoffend, daz die durch schickung des Allmechtigen zu schierer und frolicher gesuntheit keren und dieselb uwer lieb langwirigklich darinn bewart und uffenthalten werd, nach dero gefallenn. Datum Büblingen uff sant Laurentistag, anno etc. [14]*74.*

Mechthild, geborn pfaltzgrefin by Rine, von Gottes gnaden ertzhertzogin zu Osterrich etc., wittwe

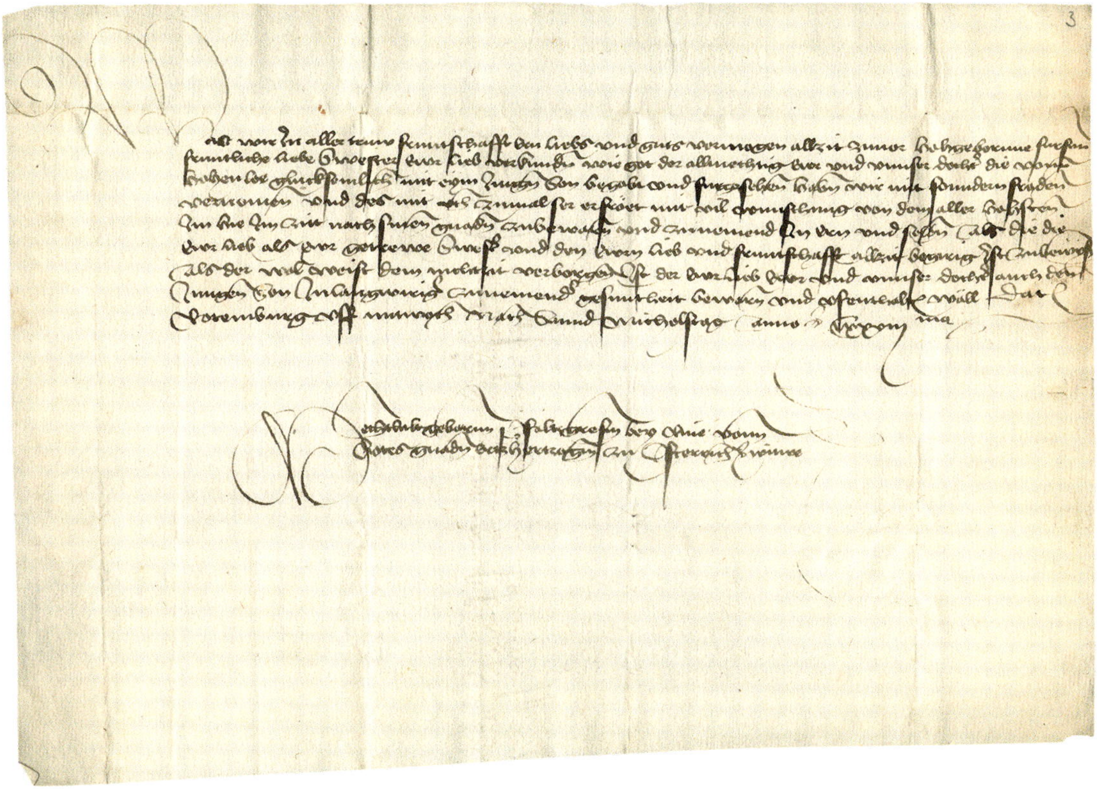

III.3c

c) Mechthild gratuliert Margarethe zur Geburt ihres Enkels

1478 September 9, Rottenburg
Ausfertigung, Papier, 20,5 x 29,5 cm
HStAS A 602 Nr. 260, Bl. 3
Edition: Steinhausen, Nr. 121

Der hohgebornnen furstin, unnser fruntlichen, lieben swester, fraw [Margrethen], *gebornn hertzoginn von Saphoy, gräfinn zu Wirttemberg und zu Mumppelgart* [etc.]

Was wir in aller truw, fruntschafft, ern liebs und guts vermogen allzit zuvor, hochgebornne furstinn, fruntliche liebe swester. Ewr lieb verkunden, wie Got der allmechtig ewr und unnser dochter, die vonn Hohenloe, glucksemlichen mit eym jungen son begobt und furgesehenn, haben wir mit sonndern frodenn vernomenn. Und des mit uch zumal ser erfröet, mit vil wunschung von dem allerhohsten im hie im zitt nach sinen gnaden zu bewaren und zu nemend in ern und selden. Als die, die ewr lieb als

III.4

ewr getrewe swester und den ewrn lieb und fruntschafft allzit begirig ist zu bewyßen, als der wol weist, dem nichtzit verborgenn ist, der ewr lieb, ewr und unnser dochter, auch den jungen son in langwiriger zunemender gesuntheit bewaren und ufenthalten wäll. Datum Rotemburg uff mitwoch nach sannd Michelstag, anno etc. [14]*78.*

Mechthilt, gebornn pfaltzgrefin bey Rine, vonn Gotes gnaden ertzhertzoginn zu Osterrich etc., witwe

Lit.: Beiträge Rückert und Thaller in diesem Band.

PR

III.4 Mechthild schenkt die Pfarrkirche von Böblingen an Kloster Hirsau

1468 Mai 4, Rottenburg
Ausfertigung, Pergament, 43 x 25 cm,
1 anhängendes Siegel
HStAS A 491 U 174

Mechthild wandte mehreren geistlichen Einrichtungen Stiftungen zu, darunter das Kloster Hirsau. Die Benediktinerabtei Hirsau hatte sich im frühen 15. Jahrhundert den monastischen Reformbewegungen der Zeit geöffnet und 1458 war sie der Bursfelder Kongregation beigetreten, einem Zusammenschluss von Benediktinerklöstern. Im Mai 1468 macht Mechthild dem Kloster eine besonders reiche Schenkung und hebt dabei ihre Hochschätzung des geistlichen Lebens in Hirsau hervor. Sie sei *pillich geneigt czu allem gaistlichem statt, aber besonnder den stetten und gotzhussern, darinn ein geordent wesen und ein reformiert leben gehalten wirtt.* [...] *Durch sichtliche underrichtung* habe sie erfahren, dass der Hirsauer Abt Bernhard (1460–1482) und sein Konvent *nach ordnung der romischen kirchen die reformacion und observancz nach herkomen und säliger gewonheitt ires ordens volfuren und fleissigclich uben sien.* Mechthilds Zuwendung verfolgte einen bestimmten Zweck: Es sollte *in dem ussern closter czu sant Aurelien, darinne bisher vil jar nit munch des ordens statte wonung und gotlicher dienstbarkeitt volbracht haben von wegen der buwfelligkeitt, ouch durch gebrust czytlicher narung,* [...] *munchlich wesen und gotlich dienstbarkeit dester bas wider uffgericht* werden. Der Bau des älteren Aurelius-Klosters, aus dem die Mönche 1092 schon in den benachbarten, größeren Neubau des Peter-und-Pauls-Klosters übergesiedelt waren, sollte also offenbar wieder mit monastischem Leben erfüllt werden. In beiden Klöstern sollte nun auf ewig Mechthilds, ihres Sohnes Eberhards und aller ihrer Vorfahren und Nachkommen wie den anderen Stiftern dieses Gotteshauses gedacht werden. Dazu übereignet Mechthild dem Kloster mit Zustimmung Eberhards ihre Kirche in Böblingen mit allen Rechten, Besitzungen und Einkünften sowie dem Patronatsrecht. Schloss und Stadt Böblingen waren Teil des Wittumsguts Mechthilds aus ihrer ersten Ehe mit Graf Ludwig I. von Württemberg. Bei der Kirche handelte es sich um die dem hl. Dionysius geweihte Schlosskapelle, die 1419 zur Pfarrkirche erhoben worden war. Auf der Grundlage des geschenkten Patronatsrechts wurde die Kirche in Böblingen anschließend dem Kloster Hirsau inkorporiert. Schon wenige Monate später, im Juni 1468, übergibt Mechthild eine Ausfertigung ihres Testaments zur Verwahrung nach Hirsau, was ihre enge Beziehung zum Hirsauer Konvent betont. Häufiger vermittelt die Fürstin damals auch in Konflikten des Klosters. Schließlich sollte Mechthild das Kloster Hirsau auch in ihrem letzten Testament von 1481 mit einer reichen Geldstiftung und seidenen Tüchern bedenken.

Lit.: Fischer 1994; Martin 1870; Molitor 2003; Putze 1991; Scholz 2003; Schreiner 1975.

FL

III. 5 Die Mömpelgarder Genealogie

1474
Ausfertigung, Pergamentlibell, 8 Bll.
HStAS G 400 Bü 14
Aufgeschlagen: Bl. 7 r

Die kostbare Handschrift, die in mehreren Ausfertigungen und zeitgenössischen Abschriften erhalten ist, beschreibt die genealogische Abfolge und Verwandtschaftsverhältnisse der Grafen von Mömpelgard bis zur Verbindung der Erbtochter Henriette mit Graf Eberhard IV. von Württemberg. Der Text der Handschrift wurde offenbar in Mömpelgard (Montbéliard) für Graf Eberhard im Bart verfasst und weist mit der Jahreszahl 1474 und seiner Devise „Attempto“ auf die Hochzeit mit Barbara Gonzaga in diesem Jahr hin. Besondere Bedeutung kommt der Abhandlung wegen ihres kostbaren Buchschmucks zu, der wohl von dem Schreiber und Illustrator Stephan Schriber am Uracher Hof gestaltet wurde.
Eine Miniatur zeigt die ganze Gestalt des jugendlichen Grafen Eberhard im Bart in der sogenannten „Mömpelgarder Genealogie“. In der Rechten hält er den damals üblichen württembergischen Wappen-

III.5

schild, in der Linken das Wappen der Kurfürsten von der Pfalz, aus deren Haus Eberhards Mutter Mechthild stammte. Darüber finden sich die Wappen seiner Großeltern und der Mömpelgarder Ahnenpaare aus drei weiteren Generationen.

Lit.: Cermann 2014; Barbara Gonzaga 2012, S. 230.

PR

Die Gründung der Universität Tübingen

III.6 Die Flößerei auf dem Neckar wird geregelt

1476 August 27, Rottenburg
Ausfertigung, Pergament, 27 x 57 cm, 4 Siegel anhängend
HStAS A 602 Nr. 3751

Erzherzogin Mechthild regelt gemeinsam mit Graf Ulrich V. von Württemberg-Stuttgart, ihrem Sohn Graf Eberhard für Württemberg-Urach und der Stadt Esslingen die Flößerei auf dem Neckar. In diesem in ihrer Residenz Rottenburg geschlossenen Vertrag wird bestimmt, dass der Fluss ab Sulz in Monatsfrist geöffnet und alle Hindernisse und Wehre beseitigt werden sollen (*So sol der Necker und alle wur, fachh und were geoffnet werden*). Auch die Zuflüsse zum Neckar sollen möglichst ebenso von den angrenzenden Herrschaften für die Flößerei geöffnet werden, so dass ein freier, sicherer Flößereibetrieb für jedermann gewährleistet werden kann. Bis auf den Zoll in Lauffen werden alle weiteren Abgaben abgeschafft, und für zukünftige Streitfälle soll es ein gemeinsames Schiedsgericht geben.
Das wirtschaftliche Anliegen der vier Parteien ist deutlich: Von der freien Flößerei auf dem Neckar konnten alle profitieren, gerade weil der bekannte Mangel an Bauholz in Württemberg und den benachbarten Reichsstädten nach Floßhölzern aus dem Schwarzwald verlangte. Zudem stand für Mechthild und Eberhard die Gründung ihrer Universität in Tübingen konkret vor Augen, wofür das Holz als Baumaterial dringend benötigt wurde. Dafür verzichtete sie selbst auch auf lukrative Zollabgaben aus dem Flussverkehr in ihrem Territorium um Rottenburg.

Lit.: Marstaller 2018 (Monstra); Beitrag Prasse/Hirbodian in diesem Band.

PR

III.7 Die päpstliche Bulle zur Gründung der Universität Tübingen

1476 November 13, Rom
Ausfertigung, Pergament, 49,5 x 75 cm
Bleibulle des Papstes an Hanfschnur anhängend
HStAS A 602 Nr. 6392 (Abb. S. 34)

Nachdem Graf Eberhard im Bart und seine Mutter Mechthild sich bereits mehrfach mit Suppliken an Papst Sixtus IV. (1414–1484) gewandt hatten, um

III.6

etliche Pfründen der Stiftskirche Sindelfingen nach Tübingen zu verlegen und dort eine Universität zu gründen, erlaubt der Papst mit dieser Bulle die Errichtung der Universität. Das prächtige Privileg aus der päpstlichen Kanzlei wurde aufwändig gestaltet: Der Text beginnt mit einer großen S-Initiale, die verlängerte Schrift („littera elongata") ziert die 1. Zeile und das gediegene Schriftbild besticht.
Bis ins Detail werden hier die Ausstattung und Versorgung der neuen Universität geregelt; das Vorschlagsrecht zur Besetzung der vorgesehenen Kanonikate bzw. Pfründen obliegt ihren Stiftern, Graf Eberhard und seiner Mutter Mechthild, die der Papst hier als seine „in Christus geliebte Tochter" anspricht (*dilectam in Christo filiam Mechtildem*).
Wenige Monate später erfolgte die Publikation der Bulle. Die Eröffnung der neuen Universität Tübingen am 3. Juli 1477 wurde dann in Form eines Einblattdrucks breit bekannt gemacht: Graf Eberhard tritt hier in „Kooperation" (*cooperatione*) mit seiner Mutter Mechthild als Universitätsgründer auf.

Lit.: Edition (mit Übersetzung): *http://www.landesarchiv-bw.de/plink/?f=1–31901* (Abruf 4.3.2019); Beitrag Prasse/Hirbodian in diesem Band.

PR

III.8

III.8 Der Gedenkstein zur Gründung der Universität Tübingen

Meister des Volland-Epitaphs (?), 1477
Sandstein, 172 x 107 cm
Sindelfingen, St. Martinskirche
(s. auch Abb. S. 33)

Die Verlegung des Chorherrenstifts Sindelfingen, an die der noch heute in der dortigen Pfarrkirche aufgestellte „Gedenkstein" visuell wie schriftlich erinnert, erfolgte im Zuge der Gründung der Tübinger Universität durch Graf Eberhard im Bart und Mechthild von der Pfalz im Jahr 1477.

Tübingen hatte sich als größte Stadt in der Grafschaft Württemberg-Urach zu einem wirtschaftlichen und kulturellen Zentrum entwickelt, das mit der Gründung einer Universität zusätzlich an überregionaler Bedeutung gewinnen sollte. Der Anteil Mechthilds an dem Plan ihres Sohnes tritt deutlich vor Augen: Die kurpfälzische Prinzessin und Gräfin von Württemberg galt schon den Zeitgenossen als kunstinteressierte Mäzenin. Die Förderung der Wissenschaften war ihr gleichermaßen ein zentrales Anliegen, wie die Universitätsgründung in Freiburg im Breisgau eindrucksvoll belegt, die sie zusammen mit ihren zweiten Gatten Erzherzog Albrecht VI. von Österreich zwischen 1455 und 1460 bereits intensiv betrieben hatte. Die finanzielle Unabhängigkeit der Tübinger Universität sollte durch die Verlegung des zum Wittum Mechthilds gehörenden Sindelfinger Stifts und die damit einhergehende Umwidmung der dazugehörigen Pfründen gesichert werden. Das ursprünglich am Hoftor des Stifts und heute an der Westwand des nördlichen Seitenschiffs in der Martinskirche angebrachte Relief und seine lateinische Inschrift erinnern an dieses prominente Ereignis: *Illustrissima D*[omi]*na Mechtildis nata Palatina Reni ac Archiducissa Austrie et illustris Eberhardus Comes de Wirtemberg et eiusdem filius huius sacri cenobij post prioris collegii translatione*[m] *ad Tubinge*[n] *restauratores atque canonice recte instauratores anno domini M CCCC LXXVII* (vgl. Übersetzung S. 35). Die Ikonographie und die spezifische visuelle Gestaltung des Werkes charakterisieren es als einen Akt der Frömmigkeit der Stifter; der Gedenkstein sollte damit unübersehbar der dynastischen Memoria dienen. Das rechteckige Bildfeld, dessen Hintergrund Reste einer blauen Farbfassung aufweist, zeigt Mechthild von der Pfalz und Eberhard im Bart in ewiger Anbetung des frontal in Ganzfigur dargestellten Schmerzensmannes. Auf der rechten Seite kniet der ins Profil gerückte Graf, neben ihm das Wappen Württembergs und Mömpelgards, wobei er weder den Helm seiner Rüstung, deren einzelne Platten und Bänder detailliert ausgearbeitet sind, noch das Schwert – heute nur noch fragmentarisch erhalten – abgelegt hat. Zur Rechten Christi betet Mechthild, die durch ihre ehrenvolle Position als Prinzessin der Kurpfalz, Mutter des regierenden württembergischen Herrschers und Erzherzogin von Österreich gegenüber ihrem Sohn hervorgehoben wird; ihr Allianzwappen verbindet den Löwen und die Wecken der Kurpfalz mit dem österreichischen Bindenschild. Mechthild ist in ein weites, schmuckloses Gewand gekleidet, das am Rand des Bildfeldes zu komplexen Falten aufgeworfen ist, und trägt zudem die schlichte Haube einer verheirateten Frau. Sie hat die Hände zum Gebet gefaltet und erweckt den Eindruck, als ob sie mit ihrem Oberkörper geradezu demutsvoll vor dem seine Wundmale präsentierenden Gottessohn zurückweichen würde, auf dessen Seitenwunde und heute nicht mehr erhaltenen Unterarme sie zu blicken scheint. Die Dornenkrone und das sich seitlich der Hüfte aufbauschende Lendentuch verweisen ebenfalls auf einzelne Stationen der Passion und fordern den Betrachter dezidiert zu einer Imitatio-Haltung, einer kontemplativen Verinnerlichung der Leiden Christi auf.

Das kompositorische Grundmuster des Reliefs weist eine weitere eschatologische Dimension auf, da es an die bekannte Darstellungstradition angelehnt ist, die den Schmerzensmann zwischen Maria und Johannes zeigt. Die Dialektik der Blicke lässt dabei offen, ob die in dieser Rolle präsentierten Stifter tatsächlich Christus in seiner körperlichen Präsenz sehen, oder ob es sich bei dem Schmerzensmann um eine Vision handelt, an welcher der Betrachter dank der Vermittlerrolle von Mechthild und Eberhard teilhat. Auf eine solche komplexe Verschränkung unterschiedlicher Realitätsebenen im Dienste religiöser Erfahrung verweisen ästhetisch auch weitere skulpturalen Elemente, die – wie etwa der Nimbus des Gottessohnes – bewusst an den Übergängen zwischen dem Reliefhintergrund und der inneren Rahmung positioniert wurden.

Lit.: Decker-Hauff/Setzler 1977; Decker-Hauff 1997; Gradmann 1919; Schönhuth 1864; Wand-Wittkowski 2005; Beitrag Prasse/Hirbodian in diesem Band.

AP/SR

III.9 Mechthild und ihre Enkelin Margarethe in Glas

[Um 1477], Straßburg
Glasmalerei im Chor der Stiftskirche Tübingen, 85 x 44 cm
Aufnahme: Corpus Vitrearum Deutschland
(Abb. S. 15)

Mechthild von der Pfalz findet sich zweimal in den Glasfenstern im Chor der Tübinger Stiftskirche dargestellt: Neben ihrem Stifterbild, das sie gegenüber ihrem ersten Mann Ludwig I. von Württemberg zeigt (vgl. Kat. Nr. II.5), tritt Mechthild hier gemeinsam mit ihrer Enkelin Margarethe, der unehelichen Tochter Eberhards im Bart, auf. Diese frühere der beiden Darstellungen Mechthilds befindet sich im unteren Register des Weltgerichtsfensters, dessen thematisches Pendant im Sinne der Typologie das Sündenfallfenster bildete.

In ewiger Anbetung kniet die Fürstin, begleitet von Margarethe, vor den Heiligen Petrus und Johannes dem Evangelisten, den Blick nach oben gerichtet. Mechthild trägt einen prunkvollen roten Damastmantel mit weißem Pelzbesatz an den Ärmeln,

III.10

einen goldenen Gürtel und ein weißes Mieder. Besonders auffällig ist ihre Haartracht, die ansonsten bei der Straßburger Glaswerkstatt nicht nachweisbar ist: Ein doppelt geflochtener Zopf rahmt das Gesicht, eingefasst von einem mit Perlen besetzten Band. Entsprechend ist Mechthilds Haartracht auf ihrem bekannten Bild im Codex Ingeram dargestellt, wo sie dazu noch einen Schleier trägt (s. Abb. S. 9).
Mechthilds Enkelin Margarethe, die andächtig in ihrem Gebetbuch liest, trägt über jungfräulich offenem Haar ein Haarnetz mit einem reichen, tropfenförmigen Gehänge aus Bein. Ihr tiefgrünes Damastkleid mit offenen Schlitzärmeln lässt ebenfalls ein weißes Mieder zum Vorschein kommen. Margarethe sollte später in die Familie Schultheiß in Weil im Dorf einheiraten und nach ihrem Tod 1493 in der Amanduskirche in Urach beigesetzt werden. Der Gebetsruf des Spruchbandes über Mechthild und Margarethe *O maria* [du got]*tes schrin hilff uns zů den gnod*[en] *din* richtet sich an die Muttergottes, womit ein gleichsam intermedialer Bezug zu der darüber positionierten Deesis-Gruppe entsteht, bei der Maria als Fürbitterin zur Rechten ihres Sohnes erscheint.

Angesichts der einheitlichen ornamentalen Gestaltung des Hintergrundes und der Spruchbänder besteht kein Zweifel an der Zusammengehörigkeit dieser Darstellung mit dem gegenüberliegenden Bild einer weiteren jugendlichen Stifterfigur, bei der es sich offenbar um Ludwig Württemberger (um 1465–1495) handelt – auch er ein unehelicher Sohn Eberhards im Bart. Ludwig und Margarethe wuchsen zum Zeitpunkt der Fensterstiftung unter der Obhut ihrer Großmutter an Mechthilds Rottenburger Hof auf. Sie wurden hier in deren Stiftung einbezogen.

Lit.: Becksmann 1986, S. 290 f.; Decker-Hauff 1977; Gommel 1966; Jantzen 1993.

AP/SR/PR

III.10 König David aus der Wurzel Jesse

[Um 1478], Straßburg, Hans von Maursmünster (?)
Glasmalerei aus dem Chor der Stiftskirche Tübingen
Farbige Hüttengläser mit Schwarzlot und Silbergelb, rotes Gewandstück und blauer Rankengrund nicht ursprünglich zugehörig, Dm. 20,5 cm
Landesmuseum Württemberg, Stuttgart, Inv. Nr. E 527
Ausgestellt: Reproduktion

Das Glasgemäldefragment mit der Darstellung König Davids stammt aus dem Achsenfenster im Chor der Tübinger Stiftskirche. Der Harfe spielende David bildete einst Teil einer Darstellung der Wurzel Jesse, die vier Felder des vierbahnigen, zwölfzeiligen Chorfensters einnahm. Stifter des Achsenfensters der Stiftskirche in Tübingen waren Eberhard im Bart und seine Gattin Barbara Gonzaga – beide sind in den unteren Zeilen des zentralen Chorfensters auch dargestellt. Die Wurzel Jesse schließt sich oberhalb der Stifterbilder an.

Lit.: Becksmann 1986, S. 281, S. 313, Nr. 45, Abb. 442; Becksmann 1995, S. 205–207; Scholz 1995, S. 17; Spätmittelalter am Oberrhein 2001, Nr. 267, S. 145 f.

ISH

IV

ERZHERZOGIN VON ÖSTERREICH

Mit ihrer zweiten Heirat 1452 gerät Mechthild in das engere Umfeld des Hauses Habsburg. Ihr Gatte, Erzherzog Albrecht VI., ist der jüngere Bruder des Kaisers. Die prachtvolle Darstellung der beiden Eheleute im Codex Ingeram repräsentiert ihre Verbindung auf höchstem Niveau. Mechthild wird dadurch Teil eines Netzwerks von hochrangigen Kontakten, aber auch Partei in den innerfamiliären Konflikten der Habsburger.

Die Grafschaft Hohenberg tritt nun als Territorium neu in den Blick. Als Witwengut Mechthilds erweitert es – neben ihren württembergischen Besitzungen – ihren herrschaftlichen und wirtschaftlichen Spielraum. Die Erzherzogin nutzt diesen großzügigen Rahmen auch als Mäzenin für Literatur und Kunst – der berühmte Ehninger Altar steht prominent dafür.

Aber auch in der profanen Herrschaftspraxis setzt Mechthild Zeichen: Sie bestimmt in Wirtschaft und Verwaltung; sie setzt die politischen Akzente. So profiliert sich Mechthild bald als Regentin der Grafschaft Hohenberg – zunächst an der Seite ihres Mannes, nach dessen Tod allein und in beeindruckender Selbständigkeit.

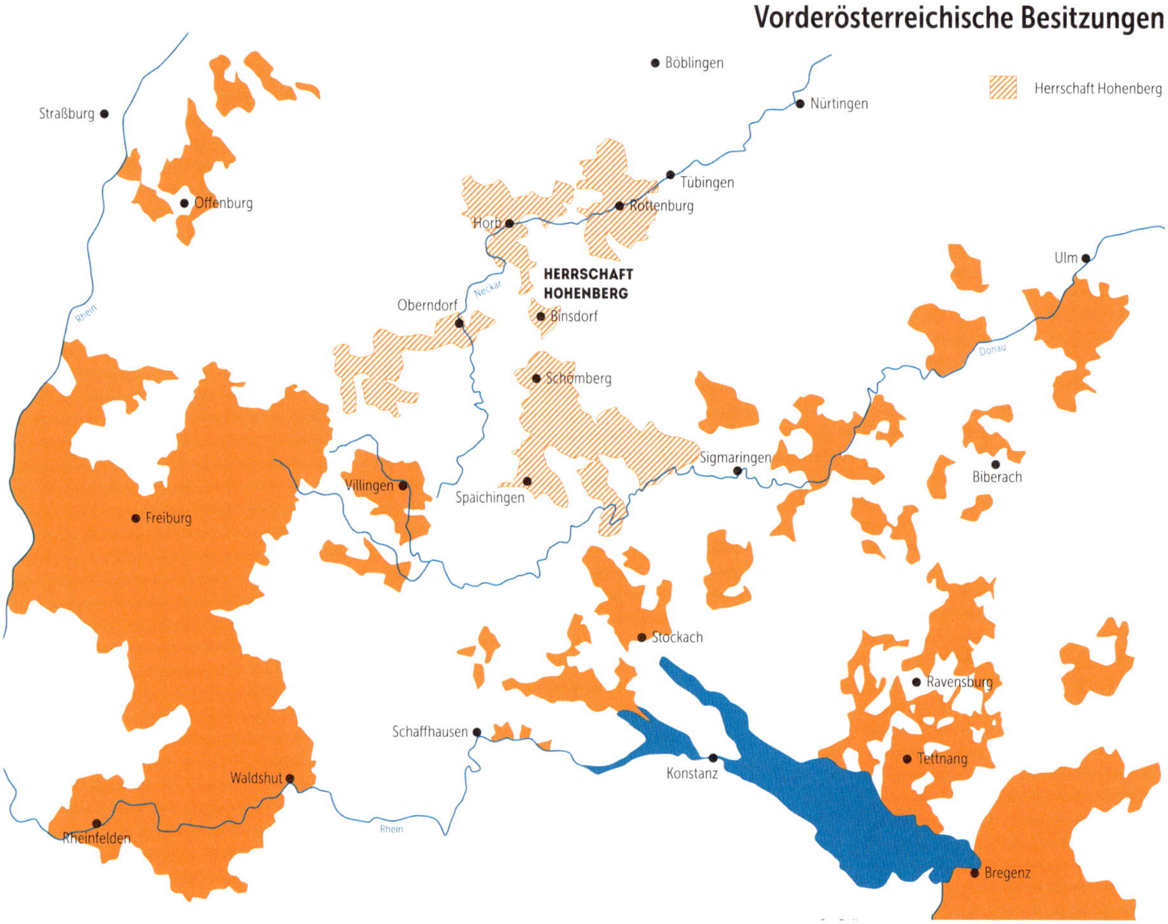

IV.1

IV.1 Vorderösterreichische Besitzungen

Vorlage: Historischer Atlas von Baden-Württemberg (Ausschnitt)
Entwurf: E. Frauenknecht; Bearbeitung: B. Kölz

Vorderösterreich hat sich als Bezeichnung für die habsburgischen Besitzungen nordwestlich von Tirol erst im 18. Jahrhundert etabliert, davor wurde das Konglomerat aus unterschiedlichen Gebieten und Herrschaftsrechten auch als Vorlande („Vordere Lande“) bezeichnet. Zu Vorderösterreich im engeren Sinn gehörten die alten habsburgischen Besitzungen im Elsaß und im Aargau, dazu umfangreicher Besitz im Breisgau, wo sich ab 1368 Freiburg als Herrschaftsmittelpunkt herausbildete. Dazu kamen weiterer Besitz um Villingen sowie die vier „Waldstädte“ Waldshut, Laufenburg, Rheinfelden und Säckingen. Teile des Aargaus gingen 1415 an die Eidgenossen verloren.
Zum habsburgischen Besitz in Schwaben gehörten seit 1381 die Obere und Niedere Grafschaft Hohenberg mit Rottenburg als Herrschaftsmittelpunkt, seit 1465 die Landgrafschaft Nellenburg,

IV.2

Besitz im Bereich der oberen Donau, dazu Ehingen mit den Herrschaften Schelklingen und Berg sowie die Markgrafschaft Burgau (nicht eingezeichnet). In Vorarlberg zählten die Grafschaft Feldkirch (1375) und ab 1451 die Herrschaft Hohenegg zu den Vorderen Landen. Herrschaftsträger für alle diese Gebiete war die Tiroler Linie der Habsburger in Innsbruck. Die territoriale Zersplitterung und eine komplexe Verpfändungssituation sollten die Entwicklung eines einheitlichen Territoriums verhindern und dann zu Beginn des 19. Jahrhunderts zu einer Aufteilung Vorderösterreichs führen.

Lit.: Himmelein/Quarthal 1999; Kretzschmar 2001; Metz 2000; Quarthal/Faix 2000; Quarthal 2000; Schiersner 2018.

EF

IV.2 Albrecht VI. von Österreich und Mechthild von der Pfalz

Miniaturen im Codex Ingeram
1459
Aquarell- und Deckfarben auf Papier,
ursprünglich etwa 30 x 21 cm (später vergrößert)
Wien, Kunsthistorisches Museum, Hofjagd- und Rüstkammer, Inv.-Nr. A 2302

Aufrecht schreitet Albrecht VI. von Österreich (1418–1463), den goldenen, mit einem Diamanten besetzten Verlobungsring in der linken Hand, Mechthild von der Pfalz (1419–1482) entgegen, seiner auf der gegenüberliegenden Seite dargestellten Gattin. Der aufwändige, mit Goldornament verzierte Pelzrock des Erzherzogs sowie das darunter liegende Gewand sind dabei nicht nur Ausdruck seines Reichtums, sondern vor allem seines Standes, der insbesondere durch die Wiedergabe des Fürstenhutes betont wird. Der Blick des Habsburgers ist nach oben gerichtet, während die rechte Hand zur Beteuerung des am 10. August des Jahres 1452 gegebenen Eheversprechens auf seiner Brust ruht. Der Regent von Alt- und Oberösterreich sowie Bruder Kaiser Friedrichs III. (1415–1493) hatte ein Jahr nach dem Tod des Grafen Ludwig I. von Württemberg († 1450) um die Hand der 31-jährigen Witwe Mechthild angehalten. Der Ingeram-Codex zeigt das Ehepaar prominent auf den ersten beiden Seiten und wurde – so lässt sich aus den deutlichen bildlichen Verweisen auf die Heirat schließen – anlässlich ihrer Hochzeit 1452 in Auftrag gegeben. Die Forschung nimmt an, dass der Codex im späten 15. Jahrhundert folgende Abfolge aufwies: 1) Die Länder des Hauses Österreich und der österreichische Adel (fol. I-X, XI leer), 2) Die Wappen der Exempla (fol. XII-XVII), 3) Die Wappen der Ämter und Würden (fol. XVIII-XXVII), 4) Das Fragment eines europäischen Wappenbuches (fol. XXVIII-XXXV), 5) Die Wappen des Hauses Österreich einschließlich der abgefallenen Eidgenossen (fol. XXXVI-XXXIX, XL leer), 6) Die Wappen der Turniergesellschaften (fol. XLI-CXXXIV).

Der immense repräsentative Anspruch der Handschrift spiegelt sich in der komplexen heraldisch-genealogischen Wiedergabe führender Fürstenhäuser Europas und ihrer dynastischen Verbindungen wider, für die Albrechts und Mechthilds Heirat par excellence stand. Der in den Bildraum eingefügte Bindenschild Österreichs und der Wappenschild der Kurpfalz, die durch das Ehegelübde verbunden wurden, bilden daher die zentralen Elemente der geradezu minimalistisch anmutenden Komposition. Das Motiv des Vorwärtsschreitens unterstreicht insofern visuell die Bedeutung der Wappen, als sich die beiden Figuren nicht nur auf die genealogischen Zeichen zubewegen, sondern von diesen auch partiell verdeckt werden. Mechthilds weißer Schleier, der ihre Schultern und die aufwändige Flechtfrisur bedeckt, flattert, eine kunstvolle Faltenschlaufe bildend, in der Luft. Mit ihrer Linken hebt sie grazil das golddurchwirkte rote Kleid an, wodurch ihr beschuhter Fuß mit einer hölzernen Trippe – wie diese auch Albrecht trägt – zum Vorschein kommt. Das runde Gesicht der Erzherzogin ist ebenmäßig und wird von den blonden Zöpfen, in die am Haaransatz Perlen eingeflochten sind, sowie einem breiten Goldband am Hals kreisförmig umrahmt. Darüber hinaus verweisen die helle Haut, die leicht geröteten Wangen sowie der schmale Mund und die mandelförmigen Augenlider auf den idealtypischen Darstellungsmodus, weshalb eine Portraitähnlichkeit fraglich bleibt.

Ihren Blick richtet die Fürstin konzentriert auf ein ungewöhnliches Objekt, das sie bedächtig in ihrer ausgestreckten rechten Hand hält: Obwohl die Farbschichten an dieser Stelle stark beschädigt sind, kann der Gegenstand aufgrund seines mit Edelsteinen besetzten Rahmens als Spiegel identifiziert werden, der Mechthilds Gesichtszüge schemenhaft reflektiert. Die Gräfin erscheint somit nicht nur als Inbegriff hochadeligen Anmuts und ehelicher Treue, sondern auch als Idealbild weiblicher Klugheit. Durch das Attribut der „Prudentia“ wird dabei symbolisch einerseits die Fähigkeit der Erzherzogin zu besonnenem Denken und weisem Handeln hervorgehoben und andererseits die dargestellte dynastische Verbindung der beiden Häuser als ein überlegter Akt europäischer Heiratspolitik präsentiert.

Lit.: Becher/Gamber 1986; Waldstein-Wartenberg 1990.

AP/SR

Mechthilds zweite Ehe: Erzherzog Albrecht VI. und die Grafschaft Hohenberg

IV.3 Die Heiratsabrede zwischen Gräfin Mechthild und Erzherzog Albrecht von Österreich

1451 November 3, Böblingen
Ausfertigung, Papier, 41,5 x 31 cm
HStAS A 602 Nr. 122

Mit dem Tod ihres Mannes Ludwig I. von Württemberg am 24. September 1450 verlor Mechthild von der Pfalz formell ihren politischen Einfluss am Hof in Urach. Als Witwe mit fünf Kindern war sie nun in einer prekären Lage. Die vormundschaftliche Regierung für ihre Söhne übernahm ihr Schwager Ulrich V. aus der Stuttgarter Linie des Hauses Württemberg. Mechthild zog sich zunächst auf ihren Witwensitz in Böblingen zurück, der ihr zusammen mit Sindelfingen und anderen Ortschaften als Morgengabe aus ihrem ersten Ehevertrag zugesichert worden war. Ihre Residenz auf der Böblinger Burg sowie die Verfügungsgewalt über die Einnahmen aus den zugehörigen Besitzungen gaben ihr die notwendige Unabhängigkeit, um von dort aus ihr Hauptziel weiter zu verfolgen: Den Schutz ihrer Söhne und deren Erbrechte. Die Eheschließung mit Albrecht von Österreich ist somit wohl auch als eine weitere Absicherung der Interessen ihrer Söhne zu sehen. Durch diese Heirat galt sie nun – nach der Kaiserin – als zweitmächtigste Frau im Reich.
Bereits im September 1451 hatten Gesandte Albrechts VI. in Böblingen über eine Ehe mit Mechthild verhandelt. Am 3. November kam es dann unter der Vermittlung von Markgraf Albrecht von Brandenburg und Pfalzgraf Friedrich, Mechthilds Bruder, zur Heiratsabrede. Darin wurden im Wesentlichen die Mitgift der Braut und die Widerlage des Bräutigams geregelt: Mechthild sollte 73.000 Gulden in die Ehe einbringen, davon standen ihr 30.000 noch aus der 1. Ehe zu, die restlichen 43.000 Gulden wurden mit den 43.000 Gulden Widerlegung durch Albrecht zusammengefasst. Diese 86.000 Gulden bildeten das gemeinsame Vermögen der Ehepartner. Im Todesfall sollte diese Summe an den verbleibenden Partner fallen bzw. nach dem Ableben beider zur Hälfte an die Kinder Mechthilds und Albrechts, sofern welche vorhanden: [...] *Item so sol die genant frow Mechthylt hertzogen Albrechten obgenant zubringen dreyundsilbentzigtusent guldin Rinscher, der dann dreyundviertzigtusent guldin verwidemt sullen werden. Item gegen den dreyundviertzigtusent guldin sol ir hertzog Albrecht widerumb dreyundviertzigtusent guldin Rinscher zu widerlegung geben, als widerlegungrecht ist, das alles also in einer sume sechsundachtzigtusent guldin Rinscher machet, die sie beydersyt miteinander ir leptag niessen sullen. Und ob das were, das eins vor dem andern mit tode abgieng, das Got lange wolle verhuten, so sol das ander sin leptag by den sechsundachtzigtusent guldin heymstewr und widerlegung einen bysitz haben, und darnach sol das gut, das von hertzog Albrechten darkomen ist uff sine kinder, oder ob er der nicht hette, uff sin nechsten erben gevallen, und das ander gut sol uff frow Mechthylten kinder, die sie mit im oder sunst hette oder uff ire nechsten erben, ob sie nicht kinder hette, fallen* [...]
Darüber hinaus wurde die Überreichung einer Morgengabe festgeschrieben; daraus wurden 4.000 Gulden für das Seelenheil Mechthilds bzw. ihrer Kinder bestimmt. Außerdem sollten ihr ein Fünfzehntel aller Einnahmen in der Grafschaft Hohenberg zustehen. Die oben genannten Beträge von jeweils 43.000 Gulden wurden auf die verschiedenen Herrschaften umgelegt, vor allem auf die

IV.4

genannte Grafschaft, die allerdings noch verpfändet war und erst eingelöst werden musste. Für diesen Fall verpflichtete sich Mechthild, 43.000 Gulden zur Verfügung zu stellen. Zum Zeitpunkt der eigentlichen Eheschließung am 8. August 1452 stand diese Rücklösung jedoch noch immer aus.

Lit.: Langmaier 2015.

GL

IV.4 Erzherzog Albrecht von Österreich überlässt seiner Gemahlin Mechthild die Herrschaft Hohenberg als Morgengabe

1453 September 17, Rottenburg
Ausfertigung, Pergament, 15,2 x 28 cm
1 Siegel anhängend (beschädigt)
HStAS A 602 Nr. 125

Die österreichische Grafschaft Hohenberg umfasste unter anderem Burg und Stadt Hohenberg, Rottenburg, Haigerloch sowie die Städte Schömberg, Oberndorf, Nusplingen, Fridingen, Binsdorf und Horb. Aufgrund finanzieller Probleme Österreichs kam es immer wieder zu Verpfändungen dieser Grafschaft. Ihre strategische Bedeutung ließ eine Rücklösung immer dringlicher erscheinen; für die Schaffung eines eigenen Fürstentums, wie es Albrecht VI. vorschwebte, ein unverzichtbarer Baustein.

Nicht nur den württembergischen Expansionsversuchen wäre damit ein Riegel vorgeschoben, sondern auch eine Verbindung zu den habsburgischen Besitzungen im Osten geschaffen worden. In der Ehe mit Mechthild von der Pfalz sah Albrecht VI. vielleicht auch eine Chance, ihren Bruder, den Pfalzgrafen, als Verbündeten zur Auslösung der österreichischen Pfandschaften zu

gewinnen. Aber auch Mechthild erkannte die Bedeutung der Grafschaft Hohenberg; sie forderte diese von Albrecht als Morgengabe. Ihr Anspruch auf die Herrschaft wurde in den Heiratsvertrag vom 3. November 1451 zwar bereits aufgenommen, doch stand die Rücklösung der Grafschaft noch immer aus.
In dieser Situation bekräftigt Albrecht nun seine vertragliche Zusicherung für seine Gemahlin, die nun als Morgengabe im Wert von 10.000 Gulden die Grafschaft Hohenberg erhält: [...] *Also geben, verweysen und verschreiben wir derselben, unser lieben gemahel, sölicher zehentausent gulden morgengab in craft ditzs briefs auf unser herschaft Hohemberg, die dann die reichstete vormaln in phandtweis inngehabt haben, und auf unserm pürgstal zu Hohemberg und auf allem dem, das dartzu und in unser herschaft Hohemberg gehöredt, nüchts ausgenommen, die darauf ynnzehaben zu sambt der vordern verschreybung nach ynnhalt irer briefe, die sy von uns hat, zu nyessen und zu geprauchen als morgengabe und lands recht ist* [...]

Lit.: Langmaier 2015; Rottenburg 1981.

GL

IV.5 Kaiser Friedrich III. bestätigt die Morgengabe für seine Schwägerin, Erzherzogin Mechthild

1456 Dezember 20, Wiener Neustadt
Ausfertigung, Pergament, 23,5 x 39,5 cm
1 Siegel anhängend (beschädigt)
HStAS A 602 Nr. 132

Kaiser Friedrich gibt in seiner Eigenschaft als Fürst von Österreich und „ungeteilter Miterbe" seine Zustimmung zur vorausgegangenen Morgengabe seines Bruders Albrecht VI. für Mechthild von der Pfalz. Konkret angesprochen werden die Umlegung der 86.000 Gulden aus der Heimsteuer Mechthilds und der Widerlegung Albrechts sowie der 10.000 Gulden Morgengabe auf die Rechte und Nutzungen an der Herrschaft Hohenberg mit Schloss Wehingen, Schloss, Burg und Stadt Rottenburg sowie an den Städten Ehingen, Horb, Schömberg und Binsdorf. Auch gibt der Kaiser seine Zustimmung zur Auslösung von Schloss Haigerloch, das Mechthild für 13.000 Gulden aus ihrer Heimsteuer nun in Besitz nimmt.

Lit.: Langmaier 2015; Regesten Kaiser Friedrichs III. 2007, Nr. 18, S. 130 f.; Rottenburg 1981.

GL

IV.6 Kaiser Friedrich III.

Standfigur auf dem Marktbrunnen in Rottenburg
Kopie von 1911 nach der originalen Brunnenfigur (heute in der Morizkirche in Rottenburg-Ehingen)

Friedrich III. aus dem Haus Habsburg wurde 1440 zum deutschen König und 1452 zum Kaiser gekrönt. Sein Bruder, Erzherzog Albrecht VI., heiratete im selben Jahr die Pfalzgräfin Mechthild, die Witwe des Grafen Ludwig I. von Württemberg. Diese residierte dann als Regentin der vorderösterreichischen Grafschaft Hohenberg von 1454 bis 1482 in Rottenburg am Neckar. Im Streit um ihre Besitzrechte wie um die Vormundschaft über die Kinder von Mechthild und Ludwig sollte der Kaiser bald eine zentrale Rolle spielen.
Dargestellt ist Friedrich hier als eine von drei Herrscherfiguren auf dem Rottenburger Marktbrunnen. Der Brunnen galt lange als Stiftung Mechthilds, doch ist diese Ansicht inzwischen widerlegt. Als Entstehungszeit der gotischen Brunnensäule werden derzeit die Jahre 1482/83 angenommen, als nach Mechthilds Tod Erzherzog

IV.6

Sigmund die Herrschaft Hohenberg übernommen hatte. Die drei Fürstenfiguren stellen demnach die Verkörperung der habsburgischen Herrschaftsgewalt dar. Die Figur mit Krone und Szepter (gegen das Rottenburger Rathaus hin) wird gemeinhin mit Friedrich III. identifiziert. Gerade in der Deutung der dritten Figur (gegen die Domfassade), ein Ritter im Harnisch und Helm, hat die Forschung bisher noch zu keiner einheitlichen Überzeugung gefunden. Das Original des Marktbrunnens steht seit 1911 in der Morizkirche in Rottenburg-Ehingen (S. Abb. S. 90 und Kat. Nr. VII.9).

Lit.: Schwineköper 1977; Baum 1987, S. 420; Manz 1987; Nau 1989; Landschaft, Land und Leute 2007, S. 93 f.

EF/PR

Finanz- und Münzpolitik

IV.7 Mechthild lässt die württembergische Münze in der Grafschaft Hohenberg übernehmen

1457 September 27, [Rottenburg]
Ausfertigung, Papier, 26,5 x 32 cm
HStAS A 602 Nr. 735

Mit einem nachdrücklichen Schreiben wendet sich Mechthild im September 1457 an den württembergischen Landhofmeister Albrecht Spät. Sie teilt ihm mit, sie sei von ihrem ältesten Sohn Ludwig († 1457) und seinen Räten gebeten worden, in der Grafschaft Hohenberg die württembergische Münze zu übernehmen. Der gemeinsame Umlauf württembergischer Münze würde beiden Teilen großen Nutzen bringen. Auch würde von württembergischer Seite dafür ein Kredit über 1.200 Pfund Heller gewährt.
Mechthilds Stellungnahme verdeutlicht ihr eigenständiges herrschaftliches Auftreten in der Grafschaft Hohenberg. Gleichzeitig wird damit ihr Anliegen ersichtlich, den Einfluss Württembergs auf die Grafschaft Hohenberg im Streit mit Erzherzog Sigmund, dem Vetter ihres Mannes Albrecht, zu stärken. Mechthild erklärt, sie habe dies dem Bürgermeister und dem Rat zu Rottenburg mitgeteilt und diese angewiesen, dass sie *die muntz* mit Graf Ludwig *halten wollen*. Der Wert der Münze sollte dabei weder erhöht noch vermindert werden.

Lit.: Martin 1870; Raff 1988; Rottenburg 1981; Quarthal 2007; Beitrag Frauenknecht in diesem Band.

FL

IV.8 Drei Schillinge von Graf Eberhard V.

Markgraf Christoph I. von Baden, Graf Eberhard V. von Württemberg-Urach und Graf Ulrich V. von Württemberg-Stuttgart, Gemeinschaftsschilling, o. J. (1479/80)
Silber, Dm. 21 mm, 1,49 g und 1,54 g
Landesmuseum Württemberg, Stuttgart, Inv. MK 5804 (Abb.) und MK 5810

Um 1479/80 schnitzte der Stempelschneider Hans Wydenbein in Tübingen die Wappen der damaligen Territorien Baden und Württemberg in zwei Münzstempel ein, welche die Vorder- und die Rückseite eines gemeinschaftlich herausgegebenen Schillings prägen sollten. Markgraf Christoph I. von Baden sowie die Herren des zu dieser Zeit geteilten Landes Württemberg, Eberhard V. von Württemberg-Urach und Ulrich V. von Württemberg-Stuttgart, hatten sich mit dem Leonberger Münzvertrag von 1475 zu einer währungspolitischen Zusammenarbeit entschlossen, um Handel und Geldumlauf in ihren Herrschaftsgebieten zu erleichtern.
Die Ausmünzung dieses Schillings sollte einem akuten Silbergeldmangel in Baden und Württemberg infolge des Ausschlusses von Fremdwährungen entgegenwirken und vereinte zum ersten und trotz weiterer Münzverträge für lange Zeit zum letzten Mal die Wappen beider Länder auf einer Münze: Die Hirschstangen von Württemberg und die Barben von Mömpelgard finden sich im quadrierten Schild der württembergischen Münzherren VLRI(cus) Z EBER(hardus) COMI(-tes) DE WIR(temberg), der Schrägbalken von Baden und das Schachbrett von Sponheim gehören zum Wappen des CRISTOF MARCK(io) DE BADE(n). Die Festlegung von Vorder- und Rückseite bleibt bei dieser Münze eine Frage der Perspektive.

IV.8

Graf Eberhard V. von Württemberg, Palmbaumschilling

1494
Silber, Dm. 21 mm, 1,48 g
Landesmusem Württemberg, Stuttgart, Inv. MK 5812

Graf Eberhard V. von Württemberg gibt sich durch die Legende EBERH(ardus) COM(es) & WIRT(embergensis) SENIOR und sein Wappen, einen quadrierten Schild mit den Hirschstangen von Württemberg und den Barben von Mömpelgard, auf der Vorderseite dieses Schillings als Prägeherr zu erkennen. Eine Palme mit deutlichem Wurzelwerk und ausladender Krone schmückt als persönliches Symbol des Grafen die Rückseite des Silberstücks, auf dem neben dem Motto ATTEMPTO („ich wag's" oder „ich versuch's") auch die Jahreszahl 1494 erscheint.

Die Nennung des Prägejahres war auf württembergischen Münzen bisher nicht üblich und könnte aus Anlass des 20. Jubiläums der Hochzeit Eberhards mit Barbara geschehen sein. Mit dieser Ehe hatte Eberhard nicht nur eine italienische Adlige und eine beträchtliche Mitgift ins Land gebracht, sondern auch den Geist des Humanismus und die Renaissance antiker Ideen. Der Palmbaum, in dem sich altrömische Sieges- und christliche Lebenssymbolik vereinen, sowie das wagemutige Motto des Grafen werden ebenso mit seiner Pilgerreise ins Heilige Land (1468) in Verbindung gebracht wie seinem zeitgemäßem Streben nach Erkenntnis und Bildung, das sich in der Wahl eines antiken Sinnbildes ausdrückt.

Lit.: Klein/Raff 1993, Nr. 25, 28; Nau 1959, Taf. 15,1–3; Gamer-Wallert 2003; Barbara Gonzaga 2012.

SK

IV.9 Ein Pfennig von Erzherzog Albrecht VI. und vier Pfennige von Kaiser Friedrich III., Mechthilds Schwager

Erzherzog Albrecht VI. von Österreich,
Pfennig („Schinderling"), 1457–1460
Silber, 12 x 14 mm, 0,5 g
Landesmuseum Württemberg, Stuttgart, Inv. MK 8028 (Abb.)

Kaiser Friedrich III., Pfennig („Schinderling"), 1457–1460
Silber, 12,5 x 12,5 mm, 0,46 g
Landesmuseum Württemberg, Stuttgart, Inv. MK 8027a (Abb.)

Kaiser Friedrich III., Pfennig („Schinderling"), 1457–1460
Silber, 12,5 x 13 mm, 0,55 g
Landesmuseum Württemberg, Stuttgart, Inv. MK 8027b

Kaiser Friedrich III., Pfennig („Schinderling"), 1457–1460
Silber, Dm. 15,5 mm, 0,46 g
Landesmuseum Württemberg, Stuttgart, Inv. MK 8027c

Kaiser Friedrich III., Pfennig („Schinderling"), 1457–1460
Silber, Dm. 14,5 mm, 0,46 g
Landesmuseum Württemberg, Stuttgart, Inv. MK 8027d

IV.9

Diese kleinen Pfennigmünzen brachten Mitte des 15. Jahrhunderts großes Leid über die Bevölkerung Österreichs und Teile des heutigen Süddeutschlands. In zeitgenössischen Aufzählungen werden diese Münzen, so genannte Schinderlinge, in einer Reihe mit Kriegen, Pestausbrüchen und großen Ernteausfällen genannt. Die verheerende Besonderheit dieser Münzen liegt in ihrem geringen Silbergehalt.
Vor allem die militärische Aufrüstung im Zuge der Erbstreitigkeiten zwischen Friedrich III. und Albrecht VI. hatte zu einem hohen Geldbedarf in den österreichischen Ländern geführt. Um diesen Bedarf zu decken, ließen Albrecht und Friedrich die Münzproduktion in ihren Ländern ankurbeln. Doch waren in keinem der beiden Herrschaftsgebiete ergiebige Silbervorkommen erschlossen. Silber musste zu hohen Preisen importiert werden. Zwischen 1457 und 1460 setzten die beiden

IV.10

Münzherren deshalb den Silberanteil in ihren Groschen und Pfennigen immer weiter herab. Dabei änderte sich die äußere Erscheinung der Münzen im Vergleich zu ihren silberhaltigeren Vorgängern kaum: Nach wie vor wurden die Pfennige nur einseitig geprägt. die Münzen zeigten bei beiden Prägeherren weiterhin drei Buchstaben in einem Dreipassornament, die auf den jeweiligen Münzherrn verwiesen: F-R-I für Friedrich und A-L-T für Albrecht. In der Mitte des Dreipasses trugen beide Stempel den Habsburger Bindenschild und zeigten so die Abkunft und Herrschaftsansprüche der Münzherren an. Die „Schinderlings“-Münzen unterscheiden sich somit nur in Farbe und Gewicht von älteren Pfennigmünzen mit höherem Silbergehalt.
Zur Erkennung genügten diese Merkmale aber offenbar, denn schon bald wurden die älteren Münzen gehortet oder von Münzstätten aufgekauft und zu unterwertigen Münzen umgeprägt. So verdrängten die „Schinderlinge“ mit ihrem geringen Materialwert schnell die alten, wertvolleren Münzen. Es kam zu einer der ersten großen Inflationen in Europa.

Lit.: Emmerig 2007, S. 99 f.; Koch 1994, Nr. Fa61 (Inv. MK 8028), Fb3 (Inv. MK 8027 a-d).

PS

IV.10 Kaiser Friedrich III. nimmt Mechthild in seinen besonderen Schutz

1465 Juli 10, Wiener Neustadt
Ausfertigung, Pergament, 24,5 x 54,5 cm, 1 Siegel anhängend
HStAS A 602 Nr. 142

Erzherzog Albrecht VI. starb überraschend am 2. Dezember 1463 mit 44 Jahren in der Wiener Hofburg. Nach seinem Tod war die Stellung Mechthilds auf ihrem Witwensitz in Rottenburg nicht mehr gesichert. Da Albrecht bereits 1458 die Herrschaft Hohenberg gegen den Willen Mechthilds seinem Vetter Sigmund von Tirol überlassen hatte, kam es in der Folge zu ständigen Auseinan-

dersetzungen zwischen Sigmund und Mechthild sowie ihrem Sohn Graf Eberhard im Bart. Mechthild wendet sich nun direkt an ihren Schwager, Kaiser Friedrich III., der ihr seinen besonderen Schutz versichert und bei Zuwiderhandlung mit schweren Strafen droht:
Wir Friderich von Gottes gnaden romischer keyser [...] *bekennen und tun kunt offenlich mit disem briefe allen den, die in sehen oder horen lesen, daz wir aus mercklichen ursachen uns dartzu bewegende, die hochgebornnen Mechthilden gebornn Pfaltzgrefin bey Reine, weilent des hochgebornnen Albrechts, ertzhertzogen zu Osterreich etc., unsers bruders und fursten, dem Gott genad, verlassen wittibe, unser furstin mit iren widemen, auch allen und yeglichen iren lannden, leutten, herschafften, slossen, stetten, merckten, dorffern, gebietten, teglichem hoffgesinde, dienern, hindersessen, undertanen, habe und gutt, wo und wie die sein, in unser und des heiligen reichs besonnder fride, gnad, schutz und schirm empfanngen und genomen haben* [...].

Lit.: Langmaier 2015; Regesten Kaiser Friedrichs III. 2007, Nr. 548, S. 297 f.; Rottenburg 1981.

GL

IV.11 Geldgeschäfte: Mechthild zahlt ein Darlehen zurück

1467 März 24, Frankfurt
Ausfertigung, Papier, 22,2 x 33 cm, 1 aufgedrücktes Siegel
HStAS A 602 Nr. 3077

Der Kölner Domherr Stephan von Pfalz-Simmern-Zweibrücken (1421–1481/85), ein Verwandter Mechthilds aus einer Pfälzer Nebenlinie, hatte Mechthild ein Darlehen über 1.000 Gulden gewährt. Urkundlich bestätigt er nun, dass seine liebe Tante Mechthild (*unnser lieben mümen*) 500 Gulden davon zurückbezahlt habe. Die Zahlung fand, typisch für den spätmittelalterlichen Geldverkehr, auf der Frankfurter Frühjahrsmesse statt. Sie zeigt auch den engen verwandtschaftlichen Kontakt an, den Mechthild noch immer mit ihrer pfalzgräflichen Familie pflegte.

Lit.: Houtte 1993.

FL

IV.12 Mechthilds Lehenhof

1458–1472; 1473–1482
2 Papierbände, 134 Bll., vier Einzelblattbeilagen, 23 x 19,5 cm bzw. 45 Bll., 32 x 23,5 cm
HStAS B 31 Bü 394, 393

Die zahlreichen Lehenbriefe Mechthilds von der Pfalz wurden in mehreren Bänden registriert und abgeschrieben. Diese Abschriften wurden von verschiedenen Händen eingetragen und beginnen mit der Überschrift: *Nota daz sind die lehen, so min gnadige fraw von Ostereich etc. in abwesen mines gnadigen herren von Osterrich uf untz an sin gnad gelichen hat, angefangen an samstag nach dem hailigen uffarttag anno domini MCCCCLoctavo.* Am 11. Mai 1458 wurde das Lehenverzeichnis angelegt, Albrecht VI. befand sich zu diesem Zeitpunkt schon länger außer Landes. Zeitgleich hatte er sich in Wien mit seinem Vetter Sigmund auf einen Tausch eingelassen: Sigmund sollte die Vorderen Lande, darunter die Herrschaft Hohenberg, bekommen und dafür seine Ansprüche am habsburgischen Erbe auf Albrecht übertragen. Für Mechthild entstand dadurch in Hohenberg eine neue Situation, sie musste ihre Ansprüche auf das Witwengut wahren – und tat das durch ihre Herrschaftspräsenz. Eine ganze Reihe der Lehenurkunden betont die Kontinuität ihrer Herrschafts-

wahrnehmung für ihren Gatten (*haben wir in namen und auf tat unsers lieben herren und gemahel als eines regierenden fursten* […] *verlihen*). Die Einträge reichen hier bis in das Jahr 1472 und können den Lehenhof der Herrschaft Hohenberg sichtbar machen.
Der sich zeitlich anschießende Papierband mit dem Rückvermerk *Nider lehen register Hohenberg 1473* enthält 62 Abschriften von hohenbergischen Lehenbriefen, die von Erzherzogin Mechthild in den Jahren 1473 bis 1482 ausgestellt wurden. Hier nimmt Mechthild Bezug auf den Tod ihres zweiten Ehemanns Albrecht († 1463) und betont ihre Herrschaft in der Grafschaft Hohenberg als ihrem Witwengut: weil […] *nach siner liebe abgang uns alle gaistliche und weltliche lehen zu der herrschafft Hohemberg gehörig mit andern in unserm widem verschriben sind, nach innhalt der brief und verschribung uns daruber gegeben.*

Lit.: Langmaier 2015, S. 552 f.; Beitrag Frauenknecht in diesem Band.

EF

IV.13 Der Ehninger Altar

[Um 1476], Süddeutschland
Aus der Pfarrkirche St. Maria in Ehningen
Mischtechnik auf Fichtenholz mit leinwandüberzogenen Vorderseiten
Mitteltafel: 146 x 161 cm; Flügel: je 146 x 73 cm (lichtes Maß)
Staatsgalerie Stuttgart, Inv. Nr. 1125a–e
(S. Abb. S. 73)

Bei dem Altarretabel aus der Marienkirche in Ehningen handelt es sich um das einzige Kunstwerk, das ohne jeden Zweifel als Schenkung der Mechthild von der Pfalz zu identifizieren ist. Deren Stiftungstätigkeit belegt das Wappen auf dem rechten Außenflügel. Es zeigt heraldisch rechts den Bindeschild Albrechts VI. von Habsburg, links das

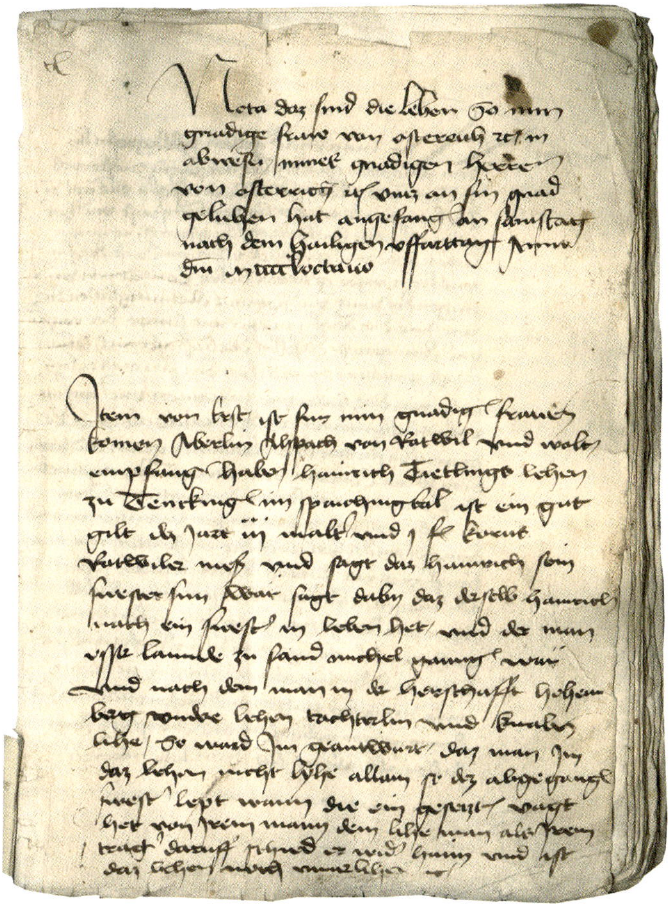

IV.12

pfälzische Wappen mit Rauten und einem steigenden Löwen.
Der Altaraufsatz gehört zu den herausragenden Bildwerken, die sich aus dem späten Mittelalter in Süddeutschland erhalten haben. In ihm vereint sich vielschichtige theologische Symbolik mit malerischer Könnerschaft: Auf höchst eindringliche Weise wird das göttliche Erlösungswerk auf dem gemalten Triptychon entfaltet.
Die Außenseiten stellen mit der Verkündigung an Maria die Menschwerdung Gottes dar (Lk 1,26–38). Auf dem linken Flügel kniet die in himmelblaue Gewänder gehüllte und mit einem Strahlennimbus

IV.13

ausgezeichnete Jungfrau vor einer durchfensterten Altarnische. Sie wendet sich im Gebet innehaltend Gabriel zu, der ihr die Geburt des göttlichen Kindes offenbart. Um der zukünftigen Gottesmutter zu huldigen, ist der Engel auf die Knie gesunken. Die prächtigen Flügel, die Albe und die Dalmatik sowie das gläserne Zepter geben ihn als himmlischen Liturgen und Boten zu erkennen. Mit seiner Rechten weist er gen Himmel und damit auf seinen göttlichen Auftrag. Maria nimmt diesen demütig an; ihre grüßende Hand und ihre niedergeschlagenen Augen setzen ihre Reaktion ins Bild: „Ich bin die Magd des Herrn. Mir geschehe wie du gesagt hast" (Lk 1,38). Den Moment der Inkarnation veranschaulicht die Taube des Heiligen Geistes, die auf ihr Haupt herabschwebt.

Die Ausstattung des Mariengemachs und der Ausblick in den sich daran anschließenden Innenhof sind mit großer malerischer Detailgenauigkeit wiedergegeben. Gerade die Kombination aus minutiösem Realismus und dichter Symbolik entfaltet ein theologisches Panorama, das die Bedeutung des Geschehens pointiert herausarbeitet. Verheißung und Erfüllung des göttlichen Erlösungswerks werden in den typologischen Bezügen der Malerei thematisiert. So erscheinen auf dem in die linke Altarnische eingestellten Schnitzretabel die Figuren von Moses, dem Stifter der jüdischen Religion, und Jesaja, dem ersten der vier großen alttestamentlichen Propheten, der die Geburt des Messias durch eine Jungfrau voraussagte (Jes 7,14). Als Hinweis auf die Bundeslade ist die

Truhe zu lesen, vor der Maria anstelle eines Betpults kniet. Im Tympanon über dem Gartenzugang erscheint der Sündenfall, der den Alten Adam und die Alte Eva als Antitypen von Christus und Maria verbildlicht. Marias Jungfräulichkeit wird durch die Symbole des geschlossenen Gartens (*hortus conclusus*) und der weißen Lilie bekräftigt. Auch die Gegenstände im geöffneten Wandschrank und das aufwändig gestaltete Brokattuch in der Fensternische nehmen auf Marias Tugenden (Jungfräulichkeit, Weisheit, Mäßigkeit) und ihre Rolle im Heilsplan Gottes Bezug. Die drei Kissen auf der Sitzbank sind als Hoheits- und Trinitätssymbole zu deuten. Selbst die Bodenfliesen besitzen mit ihren geometrischen Motiven von Kreis und Quadrat eine über das Dargestellte weit hinausgreifende Bedeutung: Sie sind als Sinnbilder für die Vollkommenheit und die Welt bzw. das irdische Leben Jesu Christi zu deuten.

Der Blick aus dem Fenster auf das hohe Gebirge spielt auf die nach der Verkündigung stattfindende Heimsuchung an: Maria reist über das Bergland von Judäa zu ihrer Base Elisabeth, die den Messias als erste als solchen erkennt (Lk 1,39–56). Das Fensterkreuz zeichnet schließlich den Kreuzweg Jesu Christi vor.

Seine Auferstehung – die Erfüllung des Heilsplans – ist auf der Mitteltafel des Retabels dargestellt. Eingebettet ist das Geschehen in eine tiefe Weltenlandschaft mit Simultandarstellungen. Von einem raumgreifenden Mantel in majestätischem Rot umhüllt, tritt der Messias aus dem Felsengrab. Seine Rechte ist zum Segensgestus erhoben, in der Linken hält er einen gläsernen Kreuzstab, der bis zum oberen Bildrand ragt. Christus zu Füßen lagern die zum Teil schlafenden, zum Teil sich erschrocken abwendenden Soldaten. Im rechten Bildmittelgrund sieht man die drei Frauen auf ihrem Weg zum Grab (Mk 16,1–8; Mt 28, 1–10), links erscheint der Heiland ein weiteres Mal in der „Noli me tangere"-Szene vor Maria Magdalena (Joh 20,17).

Über die Figur des Auferstandenen sind Mitteltafel und Flügel miteinander verbunden. Die vor ihm knienden Figuren – links Maria, rechts der zweifelnde Jünger Thomas (Joh 20,19–29) – setzen wiederum die Außenseiten miteinander in Bezug. Auch die souverän beherrschten Raumeinsichten und zweigeschossigen Architekturen mit ihren raffinierten Durchblicken verbinden die Innenseiten der Flügel sowohl miteinander als auch mit der Verkündigungsszene auf den Werktagseiten. Zur kompositorischen und inhaltlichen Verknüpfung der Bildfelder tragen schließlich auch die Hintergrundszenen bei: Die Himmelfahrt (Apg 1,9–11), die sich auf einer Anhöhe auf der linken Innentafel ereignet, bezieht sich auf die Weltenlandschaft der Mitteltafel. Die Figur von Maria erscheint links in Verehrung des Auferstandenen und rechts von den Aposteln umgeben in der Pfingstwunderszene (Apg 2,1–41).

Diese malerischen Kunstgriffe haben eine in sich ruhende, harmonische und doch formen- und variantenreiche Komposition zur Folge. Neben der Ausgewogenheit von Komplexität und Geschlossenheit ist die brillante Farbgebung zu betonen sowie das gekonnte Spiel mit Licht und Schatten. Wie der Gesamttypus des gemalten Triptychons weist die Stilsprache des ausführenden Meisters auf eine Ausbildung in den Niederlanden hin – dem Zentrum spätmittelalterlicher Tafelmalerei nördlich der Alpen. In der Forschung werden die engen Bezüge zu den Werken des Dierc Bouts betont (1410/20–1475), an denen der Maler des Ehninger

Altars wohl geschult wurde. Festzuhalten ist, dass Erzherzogin Mechthild für das Retabel in der Pfarrkirche Ehningen – einem Bestandteil ihres Wittums – einen Maler beauftragte, dessen an den Hauptmeistern seiner Zeit orientierte Könnerschaft die Möglichkeiten anderer schwäbischer Werkstätten deutlich überstieg.

Lit.: Rettich/Klapproth/Ewald 1992.

MP

IV.14 Mechthilds Stifterwappen im Chorgewölbe

[Um 1480]
Schlussstein im Chorgewölbe der Mauritiuskirche Holzgerlingen, bemalt
Aufnahme: Tilmann Marstaller

Die Bedeutung Mechthilds als Förderin von Bauprojekten wird beispielhaft mit der St. Mauritiuskirche in Holzgerlingen greifbar. Hier hatte Mechthild die Patronatsrechte als Teil ihres württembergischen Wittums inne. Der Kirchenbau wurde unter ihrer Regie erstellt, wie auch die Dendrodaten der verwendeten Hölzer bestätigen (Langhaus 1473 d, Chor 1480 d). Gerade das kunstvoll gestaltete Chorgewölbe demonstriert den repräsentativen Anspruch des Bauwerks und seiner Stifterin. Ein prächtiger Schlussstein zeigt einen Engel, der das Wappen Mechthilds hält, mit dem österreichischen Bindenschild ihres zweiten Gemahls Albrecht VI. (heraldisch rechts) neben ihrem Pfälzer Wappen mit Löwen und Rauten. Auch mit der Sülchenkirche, vor den Toren Rottenburgs, und weiteren Kirchen und Kapellen in der Rottenburger Umgebung wird Mechthild inzwischen als Stifterin in Verbindung gebracht.

IV.14

Lit.: Marstaller 2018 (Sülchenkirche), S. 314 ff.; Beitrag Prange in diesem Band.

PR

V

DER „MUSENHOF" IN ROTTENBURG

Als zentraler Aspekt in Mechthilds Leben sollte ihr „Musenhof" in Rottenburg die Aufmerksamkeit an sich ziehen. Mechthilds Hof als Mittelpunkt ihrer Herrschaft Hohenberg entwickelte sich rasch zu einem Anziehungspunkt, nicht nur wegen seiner überschaubaren politischen Bedeutung. In Rottenburg fanden auch Kunst und Literatur vielfältige Begegnung.

Mechthilds literarisches Interesse war breit gefächert – Ritterdichtung gehörte ebenso dazu wie „moderne" frühhumanistische Literatur, die gerade erst durch Übersetzungen ins Deutsche populär wurde. Über persönliche und ideelle Zusammenhänge war Mechthild in einen kulturellen Zirkel eingebunden, der ihren „Musenhof" bald auch schon kritisch beäugen ließ.

Die literarischen Widmungen und Ehrbezeugungen für Mechthild stehen gemeinsam mit ihrer beeindruckenden Bibliothek für ihre strahlende Rolle als Mäzenin zeitgenössischer Literatur und Kunst.

Auch die materielle Ausstattung von Mechthilds Hof und ihre großzügigen frommen Stiftungen zeigen ihr kostbares Umfeld an. Obwohl sich davon kaum etwas erhalten hat, bieten zeitgenössische Stoffe, Schuhe oder Spiegel konkrete Eindrücke von der fürstlichen Mode ihrer Zeit; Schmuck und edles Tafelgeschirr erinnern an die ehemals prächtige Hofhaltung in Rottenburg.

V.1

V.1 Der Liebesgarten

Meister E.S., [um 1445–1450]
Kupferstich auf rohweißem Büttenpapier;
Platte: 16,6 x 20,7 cm, Blatt: 17,5 / 18 x 20 / 20,3 cm
Staatsgalerie Stuttgart, Graphische Sammlung, Inv. Nr. A 8699
Ausgestellt: Reproduktion (vergrößert)

Liebesgärten als Orte, an denen die Minne gepflegt wird, waren im Spätmittelalter in Dichtung und Kunst ein äußerst beliebtes Sujet. Schon einer der frühesten Kupferstecher, tätig vielleicht in den Niederlanden in der Mitte des 15. Jahrhunderts, trägt den Notnamen „Meister der Liebesgärten". Der Meister E. S., tätig ab etwa der Jahrhundertmitte, war der originellste und produktivste Kupferstecher der Zeit. Seine fein gestrichelten Darstellungen von Liebesszenen zeichnen sich durch ironische Behandlung und geradezu satirische Züge aus. Hier vergnügen sich drei vornehme, modisch frisierte und gekleidete junge Paare in einem Garten, der links von einem Geländer, hinten von einer Rasenbank eingefasst ist. Alle Haltungen und Bewegungen wirken übertrieben geziert und gespreizt. Hinter den Schachspielern in der Mitte steht ein Apfelbaum, Anspielung auf den „Sündenfall" von Adam und Eva im Paradies. Das Schachspiel ist metaphorisch für das „Spiel der Geschlechter" zu verstehen. Deutlicher sind die erotischen Motive beim Paar links: Während sie die Geschenke, Ring und Perlenkette, mit Wohlgefallen betrachtet, hat er sie umfasst; sein Dolch ragt zwischen seinen Beinen empor und zeigt sein Begehren. Die junge Dame rechts mit Schleppkleid und Flügelhaube liest einen Liebesbrief, doch der geil schielende Narr fasst ihr schon ans Hinterteil. Die Narrenfigur steht für ungezügelte Begierde – und zugleich für die Warnung, sich in Liebesdingen nicht „zum Narren zu machen". Die Eule auf dem Geländer im Hintergrund, die im Hellen blind ist, dafür nachts umso besser sieht, ist hier nicht Symbol für Weisheit, sondern für die Verlockung zur Unkeuschheit. Das Ideal der höfischen Minne ist zwar zitiert – doch ist im Sinne satirischer Kritik „Buhlerei" daraus geworden – geschildert zum Vergnügen an den Details und sexuellen Anspielungen.

Lit.: Lehrs 1910, S. 302, Nr. 214; Bevers 1986, Nr. 97; Schuttwolf 1998, S. 114–115; Höfler 2007, Textband S. 107–111, 209.

HMK

Narren und Spiegel

V.2 Der Narr und das Mädchen

Meister E. S., [1460–1465]
Kupferstich auf Büttenpapier, Blatt: 14,3 x 11,3 cm
Staatliche Kunstsammlungen Dresden, Kupferstich-Kabinett, Inv. Nr. A 1926–271
Ausgestellt: Reproduktion (vergrößert)

Der Spiegel ist ein mehrdeutiges Symbol: einerseits für die Tugend der Klugheit – durch Selbsterkenntnis, andererseits für die Laster Eitelkeit und Wollust. Einige Darstellungen in der Druckgraphik spielen damit die sexuelle Anziehung voll aus, verbinden sie aber durch die Figur des Narren mit einer moralischen Warnung vor Liebestorheiten,

V.2

wie sie später auch Israhel van Meckenem (um 1440/45–1503) kopiert und variiert hat. Hier umarmt ein Narr eine weitgehend entblößte junge Frau und fasst ihr an die Brust. Seine Schuhe stecken in hölzernen Überschuhen („Trippen"), seine Haltung ist verrenkt, die Hose rutscht ihm herunter – er macht sich sichtbar lächerlich. Auch der Vogel im Hintergrund ist hier als Hinweis auf Wollust zu verstehen. Die offenbar amüsierte Frau zeigt ihm im Spiegel sein lüstern grinsendes Gesicht. Die Spruchbänder sind, wie bei den vergleichbaren Stichen, nicht ausgefüllt und bieten sich für Texte aus der eigenen Phantasie an. Der mit Minnegebräuchen vertrauten Oberschicht dienten solche Bilder nicht nur zur moralischen Belehrung, sondern vor allem zum Vergnügen.

Lit.: Lehrs 1910, S. 302, Nr. 213; Bevers 1994, S. 13–14, Abb. 3; Höfler 2007, Textband S. 109–110, 211.

HMK

V.3

V.3 Von neuen Moden

„Haintz-Narr-Meister“ (?) aus: Sebastian Brant,
Das Narrenschiff. Basel: Johann Bergmann von Olpe, 1494
Holzschnitt, verso Buchdruck, auf rohweißem Büttenpapier;
Blatt: 11,5 x 8,3 cm
Staatsgalerie Stuttgart, Graphische Sammlung, Inv. Nr. A 8974
Ausgestellt: Reproduktion (vergrößert)

Die Moralsatire „Das Narrenschiff“ des in Straßburg und Basel tätigen Humanisten Sebastian Brant (1457/58–1521) war der größte Bucherfolg der Zeit, vielfach aufgelegt und kopiert. Die deutsche Erstausgabe von 1494 schildert in volkstümlichen Versen Laster, törichte Handlungen und Missstände; für das internationale und gelehrte Publikum erschien 1497 auch eine lateinische Übersetzung. Zur Wertschätzung trugen besonders die Holzschnitte bei, die am Anfang jedes Kapitels stehen. Als „Hauptmeister“ wird Albrecht Dürer angesehen. Den zweitgrößten Anteil mit 15 Bildern hat der „Haintz-Narr-Meister“, benannt nach dem Namen im Bild zu Kapitel 5. Das Bild zu Kapitel 4 konnte ihm jedoch nicht zweifelsfrei zugeschrieben werden. Es ist der einzige Holzschnitt im „Narrenschiff“ mit einem Datum, und einer von nur dreien mit einem Namen: *Uly von Stouffen frisch und ungeschaffen* ist der fiktive Name des alten Narren, der den Spiegel aus der Hand eines jungen, hochmodisch gekleideten Mannes entgegengenommen hat und nun mit Wohlgefallen hineinblickt. Die Überschrift erläutert die Szene: „Wer neue Funde [Moden] bringt durchs Land, Der gibt viel Ärgernis und Schand Und hält den Narren bei der Hand“. Der Narr ist gewissermaßen das Spiegelbild dessen, was aus dem eitlen jungen, der Modetorheit verfallenen Mann wird. Doch da sich kein Gesicht im Spiegel zeigt, ist das Bild selbst auch als „Spiegel“ für die Betrachter zu verstehen. Die Männermode mit „schändlich kurz geschnittnen Röcken, Die kaum den Nabel mehr bedecken!“, also bunten, vielfach verzierten, oben tief ausgeschnittenen Gewändern wurde teilweise in damaligen Kleiderordnungen verboten. Am Ende dieses Kapitels fordert Sebastian Brant geradezu das Eingreifen der Obrigkeit: „Weh dem auch, der solch Schand nicht straft: Ihm wird zu Lohn, dass er nicht hofft!“

Lit.: Winkler 1951, S. 42–44; Lemmer 1986, S. XXX–XXXI; Haubenreich S. 382–384.

HMK

V.4 Die Überhebung der Hoffart

Albrecht Dürer (?), aus: Sebastian Brant, Das Narrenschiff,
Basel: Johann Bergman von Olpe, 1494
(hier: lateinische Ausgabe 1497)
Holzschnitt, verso Buchdruck auf rohweißem Büttenpapier,
Blatt: 11,5 x 8,1 cm
Staatsgalerie Stuttgart, Graphische Sammlung, Inv. Nr. A 9052
Ausgestellt: Reproduktion (vergrößert)

Zum überragenden Erfolg von Sebastian Brants Moralsatire „Das Narrenschiff“ trugen die 114 Holzschnitte am Anfang jedes Kapitels bei. Als Hauptmeister, der die 78 qualitätsvollsten Bilder vorgezeichnet hat, wird der junge Albrecht Dürer angenommen, der während seiner Wanderjahre vielleicht von 1492 bis 1494 in Basel tätig war. „Wer hoffärtig ist und tut sich loben / Und sitzen will allein hoch oben, / den setzt der Teufel auf seinen Kloben“. Die Überschrift beschreibt das Bild: Der hinter Bäumen versteckte Teufel hält einen Stock mit gespaltenem Ende, einen „Kloben“, in dem Lockvögel befestigt wurden. Darauf sitzt eine Bürgersfrau in großer Haube und feinem, leicht dekolletiertem Kleid und bewundert sich im Spiegel. Sie bemerkt nicht, dass vor ihr unter einem Rost ein Feuer brennt, Anzeichen der drohenden Hölle: „Die Hoffart, die Gott hasst so sehr, / Steigt stetig auf, je mehr und mehr, / Und fällt zuletzt zu Boden doch / Zu Luzifer ins Höllenloch“. Soweit entspricht das Bild der sprichwörtlichen Wendung aus dem Alten Testament: „Hochmut kommt vor dem Fall“ (Sprüche 16,18). „Superbia“, Hochmut, Überheblichkeit ist die erste im Kanon der sieben Todsünden. Der Spiegel, ihr übliches Attribut, bedeutet dabei Eitelkeit und Selbstverliebtheit. Zugleich fungiert die Frau hier selbst als Lockvogel. Dies ist eines von nur zwei Bildern im „Narrenschiff“, in denen keine Narrenfigur oder zumindest eine Narrenkappe erscheint. Potentielle Narren sind also die Betrachter: Wer auf das verlockende Angebot zur Unkeuschheit eingeht, „macht sich zum Narren“. „Wie eine Närrin liebt zu putzen / Und spiegeln sich der Welt zu Nutzen, / Wenn sie spannt auf des Teufels Garn / Und läßt viel Seelen zur Hölle fahrn“.

Lit.: Winkler 1951, S. 26 f.; Schoch/Mende/Scherbaum 2004, S. 116, Nr. 266.59; Haubenreich 2016, S. 382–384.

HMK

V.4

Modische Jungfrauen

V.5 Die erste Törichte Jungfrau

Martin Schongauer, [vor 1483]
Kupferstich auf rohweißem Büttenpapier, Blatt: 12,3 x 8,6 cm
Staatsgalerie Stuttgart, Graphische Sammlung, Inv. Nr. A 5475
Ausgestellt: Reproduktion (vergrößert)

Das Gleichnis von den Klugen und Törichten Jungfrauen (Matthäus 25,1–13) stellt richtiges und falsches Verhalten gegenüber: Die Klugen besorgen rechtzeitig genügend Öl für ihre Lampen und können den Bräutigam begrüßen, der endlich um Mitternacht kommt, und mit ihm zur Hochzeit gehen. Die Törichten haben nicht vorgesorgt und stehen schließlich vor der verschlossenen Tür. „Darum wachet; denn ihr wisset weder Tag noch Stunde, in welcher des Menschen Sohn kommen wird.“ Im Mittelalter war das Gleichnis ein beliebtes Thema geistlicher Schauspiele. Für Malerei und

V.5

Skulptur bot es die Gelegenheit, junge Frauen im heiratsfähigen Alter in Freude und Schmerz variantenreich darzustellen.
Schongauer kannte die um 1275 entstandenen ganzfigurigen Skulpturen im Gewände des südlichen Portals an der Westfassade des Straßburger Münsters. Er führte das Thema in die Druckgraphik ein mit der Folge von je fünf Einzelfiguren. Alle stehen vor leerem Grund auf kleinen Bodenstücken und tragen zeitgenössische Mode: knappe Mieder, die Gewänder hoch gegürtet, spitze Schnabelschuhe. Die Klugen sind nach rechts gerichtet und haben den Brautkranz auf den Köpfen, vor den nach links gerichteten Törichten liegt er am Boden. Abwechslungsreich spielt Schongauer dabei verschiedene Haltungen, Ausdrucksbewegungen und Faltenwürfe durch.
Der ersten Törichten Jungfrau scheinen die Folgen ihres Versäumnisses noch nicht bewusst zu sein.
Sie deutet mit dem Mittelfinger in Richtung der Klugen: „Gebt uns von eurem Öl, denn unsere Lampen verlöschen" (Matthäus 25,8). Ihr Haar ist sorgfältig geflochten; um den Kopf trägt sie ein kunstvoll geknotetes Tuch, dessen eines Ende bis über ihren linken Arm ausschwingt. Ihre Schuhe stecken in Trippen.

Lit.: Lehrs 1925, S. 314–316, Nr. 81; Falk/Hirte 1991, S. 172–174, Nr. 81.

HMK

V.6 Eine andere Törichte Jungfrau

Martin Schongauer
Kupferstich auf rohweißem Büttenpapier, Blatt: 14,8 x 10,8 cm
Staatsgalerie Stuttgart, Graphische Sammlung, Inv. Nr. A 5477
Ausgestellt: Reproduktion (vergrößert)

Kunstvoll ist das Tuch der Jungfrau zur Haube geschlungen. Seitlich heraus fallen Strähnen der welligen Haare auf die Schulter und bis über die Brust herab. Das schlichte, oben eng anliegende Kleid ist tief ausgeschnitten. Mit vor sich hin sinnendem Blick scheint sich die junge Frau ihre Lage zu vergegenwärtigen: Zwar hat sie – eine der Törichten Jungfrauen aus dem Gleichnis (Matthäus 25,1–13) – sich für den Bräutigam attraktiv zurechtgemacht, doch versäumt, rechtzeitig genügend Öl für ihre Lampe zu besorgen und wird deshalb nicht mehr zur Hochzeitsfeier zugelassen.
In der Forschung zu Schongauers Kupferstichen gilt dieses Bild als „außergewöhnlich" oder „merkwürdig": entweder ganz früh und noch mit unzureichender Strichführung entstanden (um 1470), oder ganz spät (etwa 1490–1491) – die unvollendete Kupferplatte wäre von einem Werkstattmitarbeiter fertig gestochen worden, sichtlich an dem seitenverkehrten »S« im Monogramm.

Lit.: Lehrs 1925, S. 323–325, Nr. 86; Falk/Hirte 1991, S. 178, Nr. 86; Châtelet 1991, S. 212, Nr. Z 40; S. 410, Nr. K 104.

HMK

V.6

V.7 Das Tacuinum Sanitatis

[Vor 1450]
Prachthandschrift, Pergament, 216 S., 35,5 x 22,5 cm
Paris, Bibliothèque Nationale, Fonds Lat. 9333
Ausgestellt: Faksimile (UB Heidelberg Re 1471)
(Abb. S. 12 und 52)

Das „Buch der Gesundheit" geht zurück auf die arabische Heilkunde des 11. Jahrhunderts und hat weite Verbreitung gefunden. Besonders im Umfeld des Mailänder Hofes der Visconti wurden um 1400 etliche Prachthandschriften mit Miniaturen geschmückt, die dann auch jenseits der Alpen Verbreitung fanden. Die vorliegende Handschrift ist deutlich später im Rheinland entstanden und ergänzt die lateinischen Texte um deutsche Übersetzungen. Sie trägt das Allianzwappen von Graf Ludwig I. von Württemberg und seiner Frau Mechthild als Hinweis auf ihren Besitz. Ihr Sohn Eberhard ließ später seine Attempto-Devise hinzufügen, nachdem die Handschrift in seine Bibliothek übergegangen war.

Die großartigen Miniaturen zeugen nicht nur von dem Wissenstand der zeitgenössischen Naturkunde, sie dokumentieren auch den adeligen Lebensstil ihrer Zeit, besonders in Hinblick auf Ernährung und Kleidung, Mode und Schmuck (vgl. Abb. S. 52). Die Rezeption und Adaption der oberitalienischen „Tacuinum-Sanitatis-Tradition" nördlich der Alpen zeugt über das Interesse an der Heilkunde hinaus auch von den literarischen Ambitionen im Umfeld des württembergischen Hofes und seinen kulturellen Anregungen aus Oberitalien.

Lit.: Tacuinum sanitatis; Barbara Gonzaga 2012, S. 238 f.

PR

Mechthild und die Literatur

V.8 Der Ehrenbrief Jakob Püterichs von Reichertshausen

1462
Handschrift, Papier, 30 S., 30,6 x 19,6 cm
Bayerische Staatsbibliothek München Cgm 9220
Ausgestellt: Faksimile (mit Audioversion an Hörstation)
(Abb. S. 45)

Den wichtigsten Hinweis auf die einst umfangreiche Bibliothek Mechthilds von der Pfalz liefert der sogenannte „Ehrenbrief“ des aus einem wohlhabenden Münchner Patriziergeschlecht stammenden Jakob III. Püterich von Reichertshausen (1400–1469). Anlass für diese Handschrift war eine ihm zuvor von Mechthild übersandte Bücherliste. Danach besaß sie 94 Handschriften, von denen ihm 23 Titel unbekannt waren und die er einzeln in seinem gereimten Antwortschreiben aufzählt:

[…[*da fant ich zweinzg und dreie,*
die khand ich nit – das war mir wunders gnueg –
aus dieser zal neunzig und viere.
Und welch ich nit erkhenne,
die nen ich euern gnaden resch und schiere:
Fünfe Lanzelunt,
der ich nur einen han,
und auch her Floramunt.
Flordimar, dasselb ich auch bin an,
Malagis, Reinhart, Minpurg und Morein,
Khatarein von Senis,
Grisel, Melusin und statschreibers puechlein […]
(V. 97–99).

Mit seinem Preis auf Mechthilds Tugend bietet Püterich von Reichertshausen ihr auch eine Zusammenstellung aller turnierfähigen bayrischen Adelsgeschlechter und damit gleichzeitig seinen Dienst an.

Lit.: Püterich von Reichertshausen 1999; Püterich von Reichertshausen 1899 (Edition); Kruska 1989; Graf 2015 unter *https://frueheneuzeit.hypotheses.org/1847* (Abruf 12.3.2019).

PR

V.9 Hermann von Sachsenheim: Die Mörin

Hg. von Johann Adelphus Müling, Straßburg: Johannes Grüninger, 1512.
WLB Stuttgart, Ra 16 Sach 2 (VD16 H 2448)
Aufgeschlagen: Bl. IX v / X r (mit Audioversion an Hörstation)

Der Dichter Hermann von Sachsenheim (1365–1458) war von 1419–1442 als Dienstmann für die verwitwete Gräfin Henriette von Mömpelgard († 1444) tätig. Wegen deren ausgeprägten Interesses für Literatur und Kunst pflegte er dann engen Kontakt mit Mechthild von der Pfalz. Ihr widmete er in einem Nachwort zu der vorliegenden Druckausgabe sein Werk „Die Mörin" (Bl. LIII r); ein Indiz für die bereits am württembergischen Hof betriebene Förderung der Künste durch Mechthild. Für die Popularität des 1453 entstandenen Textes spricht die breite Überlieferung in acht Handschriften und vier Druckausgaben. Mit über 6.000 Versen handelt es sich um eine der längsten Minnereden des Spätmittelalters. Seine Entstehung fällt zeitlich zusammen mit dem Jahr der Eroberung Konstantinopels durch die Osmanen. Dies dürfte dazu motiviert haben, die Thematik des ritterlichen Umgangs mit anderen Kulturen bzw. mit dem anderen Geschlecht literarisch in den Orient zu versetzen.

Der Ich-Erzähler als Hauptfigur ist ein alter Ritter, der an einen orientalischen Hof verbracht und dort von einer Königin Venus wegen Verstößen gegen Regeln der Liebe in der Jugend angeklagt wird. Als Anklägerin fungiert die „Mörin", die jeden Respekt gegenüber dem Ritter vermissen lässt. Im weiteren Verlauf der mit zahlreichen Anspielungen an literarische Werke ausgeschmückten Kommunikation wird das Ideal der Minne herausgearbeitet und eine positive Wendung der Handlung erzielt.

In der Vorrede des Herausgebers an einen Ritter Jacob Bock wurde auf das Problem einer verbotenen, nicht regelkonformen Liebesbeziehung hingewiesen, um derentwillen man wie Hermann von Sachsenheim *groß hertzes leid* erleben könne (Bl. II r). Sich ohne Beherrschung von sexueller Anziehung leiten zu lassen, bewirke ein *vergessen der vernunfft vnd erberkeit* und lasse *guot lob vnd Reichtumb*, also Ansehen und Wohlstand, außer Acht (Bl. II r). Das umfangreiche lyrische Werk sei *vns allen zuo einem exempel* geschrieben. In ästhetisch ansprechender Weise wurde das pädagogische Ziel verfolgt, Tugendhaftigkeit in Haltung und Verhalten zu fördern. Dabei sollte

V.9

diser streng Edel Ritter / mit disem synem büchlin / … vns ab … wenden / von der boesen liebe / vnnd die zuo keren vnnd mutieren / in ein erliche lobliche liebe / aller tugend vnd erberkeit (Bl. II v). Die *lieb in uns soll geordent sein* (Bl. III r), wobei mit Ordnung die Mäßigung (temperantia) im Sinne der aristotelischen Tugendethik gemeint war. Ritterlich sollte die Liebe sein als *ein vatter vnd anefang aller reinikeit vnd schöne*, die einhergeht mit *hofflichkeit / zucht vnd geberde / dann stetigs muoß der liebhaber / sich vfflecken / damit das er der lieben gefalle* (Bl. II v / III r).
Ein über zwei Seiten reichender kolorierter Holzschnitt (Bl. IX v / X r) zeigt die Begegnung zwischen dem europäischen Ritter und der orientalischen Königin, die von der „Mörin" und Personen des Hofstaats umgeben ist. Herolde auf Kamelen kündigen den Besuch an. Kleidung und Landschaft unterstreichen die herausfordernde Fremdheit.

Lit.: Finkele 2004; Hermann von Sachsenheim 1974; Beitrag Bamberger/Robert in diesem Band.

CH

V.10 Hermann von Sachsenheim: Der Spiegel

1478, [Oberrheingebiet]
Papier, 502 Bll., 27,2 x 19,4 cm
UB Heidelberg, Cod. Pal. germ. 313, Bl. 75 r – 120 v
Aufgeschlagen: Bl. 75 r (mit Audioversion an Hörstation)

„Der Spiegel" (auch „Des Spiegels Abenteuer") ist eine zwischen 1451 und 1453 entstandene Minnerede Hermanns von Sachsenheim im Umfang von 2.754 Reimpaarversen. Die Verse behandeln als gängiges Thema die Liebe zwischen Mann und Frau. Ein Ich-Erzähler, der vorher mit seiner ehelichen Treue prahlt, erblickt in einem Zauberspiegel das Bild einer schönen Frau und verliert dabei die eigene Ehefrau aus den Augen. Der Erzähler muss sich daraufhin in einem Minneprozess den Vorwürfen und Zweifeln an seiner ehelichen Treue gegenüber rechtfertigen. Das Verfahren wird von Frau Abenteuer, der personifizierten Richterin, geleitet, aber so nachlässig geführt, dass der Angeklagte einer Strafe entgeht und zu seiner Frau zurückkehren kann.
Einige Verse am Ende des Textes lassen eine deutliche Widmung an Mechthild von der Pfalz

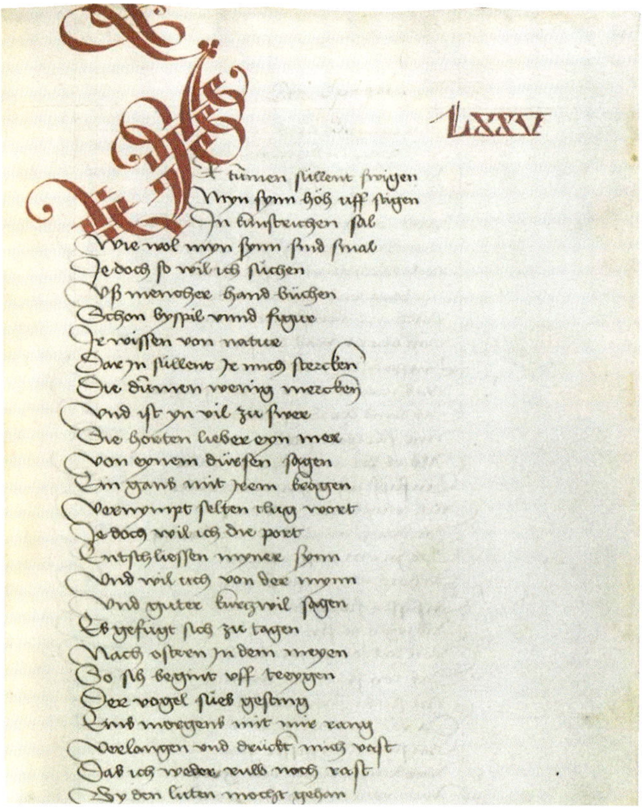

V.10

erkennen, worin eine Ehrenrettung Mechthilds gesehen wird. „Der Spiegel“ Hermanns von Sachsenheim findet sich in der vorliegenden Handschrift eingereiht unter insgesamt 56 Minnereden; das Wappen Pfalzgraf Philipps des Aufrichtigen (Bl. 1 r) weist sie in dessen Besitz nach. Es wird vermutet, dass die Handschrift für Mechthild geschrieben und dann an ihren Neffen Philipp weitergegeben wurde. Ihre niederalemannische Schreibsprache lässt ihre Entstehung allerdings am Oberrhein suchen.

Lit.: Hermann von Sachsenheim, Der Spiegel 1986; Miller/Zimmermann 2007, S. 47–55; Klingner 2013, S. 835–839; *http://www.handschriftencensus.de/werke/1131* (Abruf 7.3.2019).

EF

V.11 Das Sachsenheim-Gebetbuch

[Um 1460], Flandern
Pergament, 173 Bl., 14 x 10 cm
WLB Stuttgart, Cod. brev. 162
Aufgeschlagen: Bl. 80 v / 81 r (s. auch Abb. S. 225)

Das prächtig illuminierte Stundenbuch, das unter dem Namen „Sachsenheim-Gebetbuch“ bekannt ist, befindet sich erst seit der Mitte des 20. Jahrhunderts im Bestand der Württembergischen Landesbibliothek: 1960 konnte es bei der Versteigerung einer englischen Privatsammlung erworben werden. Als sicher darf gelten, dass die Handschrift um 1460 in Flandern geschrieben und illuminiert wurde. Da das Kalendarium und die Litanei für den Gebrauch in dieser Region eingerichtet sind, dürfte auch der ursprüngliche Auftraggeber dort zu verorten sein. Bald nach seiner Entstehung gelangte das Buch in den Besitz der Familie von Sachsenheim. Es ist davon auszugehen, dass einer der Söhne des Dichters Hermann d. Ä. von Sachsenheim († 1458) das Stundenbuch erwarb und nachträglich an mehreren Stellen die Familienwappen einfügen ließ: das rote Büffelhorn derer von Sachsenheim sowie das Wappen der zweiten Ehefrau Hermanns, Annas von Straubenhardt († 1459). Die Handschrift muss sich allerdings spätestens um 1470 in Württemberg befunden haben, wurde sie doch von dem zu jener Zeit in Urach tätigen Buchmaler Stephan Schriber als Vorlage für sein Musterbuch herangezogen. Dieses Musterbuch wiederum befand sich ab 1494 wohl im Besitz von Graf Eberhard im Bart und wurde auch für die Ausgestaltung von dessen eigenem deutschen Gebetbuch (WLB Cod. brev. 1) verwendet.
Es wird angenommen, dass Hermann d. J. († 1508), ein Sohn Hermann d. Ä. und dessen erster Ehefrau Agnes Mönch († 1431), der Besitzer des Stunden-

buchs gewesen sein könnte. Seine enge Beziehung zu Eberhard und dessen Mutter Mechthild sind gut bekannt, war Hermann d. J. doch im Jahr 1468 mit Eberhard ins Heilige Land gegangen und später auch als Rat Mechthilds tätig. Allerdings sprechen die Einträge im Necrologium zum Gedenken an die Todestage Hermanns d. Ä. und seiner zweiten Ehefrau Anna von Straubenhardt *obitus patris mei* („Tod meines Vaters") und *obitus matris mei* („Tod meiner Mutter") eher dafür, dass Michael von Sachsenheim, der einzige Sohn aus der Ehe mit Anna von Straubenhardt und Mönch im Kloster Hirsau, der Besitzer des Gebetbuches war.
An der Handschrift haben insgesamt drei Buchmaler mitgewirkt, die sich aufgrund von stilistischen Kriterien sowie ihrer Motivwahl in den schmückenden Randbordüren unterscheiden lassen, bisweilen aber auch arbeitsteilig an einzelnen Bildern gearbeitet haben dürften. Dies gilt vermutlich auch für die Darstellung des Gekreuzigten mit Maria und Johannes, die das auf der gegenüberliegenden Seite beginnende Kreuzoffizium einleitet. Sie ist umgeben von Bordüren aus Akanthus- und anderen Blattranken, Blütenstauden und Goldpollen, die im oberen Bereich von Vögeln bewohnt werden. Das Kreuzoffizium beginnt wie jedes der Stundengebete mit den Worten des Invitatoriums *Domine labia mea aperies* („Herr, öffne meine Lippen")

V.11

V.12

aus Psalm 51,17. Die einleitende blaue D-Initiale enthält die Darstellung eines kniend ins Gebet versunkenen Mannes, der durch den nachträglich eingefügten Wappenschild als Herr von Sachsenheim kenntlich gemacht ist. In den Bordüren, die den Textblock umgegeben, finden sich ein Vogel sowie ein Rankenkletterer, zudem in der oberen rechten Ecke eine Dame, die Laute spielt. In einem kreisrunden Medaillon überrascht ein Elefant, der von einem unter ihm liegenden Mann mit dem Schwert erstochen wird. Die Szene ist dem Alten Testament (1 Makk 6, 43–46) entnommen: Eleasar, der Bruder des Judas Makkabäus, tötet einen Kriegselefanten und wird von dem stürzenden Tier tödlich verletzt. Dass Eleasar sich für seinen Bruder opfert, wird hier in einen typologischen Bezug zum Tod Jesu am Kreuz gesetzt.

Lit.: Fiala/Irtenkauf 1977, S. 195–197; Württemberg im Spätmittelalter 1985, S. 167–169; Heinzer 1992, S. 98–100, Nr. 20; Wolf 1996; Rosen-Runge 1981, S. 209–213, 300; *http://www.manuscripta-mediaevalia.de/dokumente/html/obj31906326 (Abruf 12.3.2019)*

KL

V.12 Der Sachsenheim-Altar

1489
Weißer Sandstein, farbig gefasst, zum Teil vergoldet
Hospitalkirche Stuttgart
Aufnahmen: Andreas Keller
Ausgestellt: Reproduktion

Jörg (oder Georg), der Sohn des Minnedichters Hermann von Sachsenheim, stiftete im Jahr 1489 einen prächtigen Altaraufsatz für die Dominikanerkirche in Stuttgart, die spätere Hospitalkirche: Unter dem ornamentalem Astwerk eines gotischen Baldachins kniet hier Jörg von Sachsenheim im Gebet vor der Muttergottes mit dem Jesuskind. Er ist mit kostbarer Rüstung bekleidet, mit Schwert und goldenen Sporen bewehrt. Sein Gesicht zeigt markante Züge, sein Haar fällt in dichten Locken auf die Schultern. Um den Hals trägt er die Ordenskette des Schwanenordens; vor seinem Kopf hängt ein kostbarer Paternoster mit dicken, roten Perlen am Baldachin. Hinter der Stifterfigur wird von dichtem Blendmaßwerk das Wappen der Herren von Sachsenheim präsentiert, das zwei (eigentlich rote), nach außen gebogene Büffelhörner auf Grind zeigt, mit der entsprechenden Helmzier. Die heute verlorene Stifterinschrift wurde bald nach Jörgs Tod 1508 um den Todestag (25. Juli) ergänzt.
Er hatte sich in der Dominikanerkirche bestatten lassen; hier sollten sein Gebetsgedenken und das seiner Familie gehalten werden.
Jörg von Sachsenheim (1427–1508) hatte in Heidelberg studiert und wie sein Vater als Rat für seine württembergische Herrschaft gewirkt. Die niederadelige Familie der Herren von Sachsenheim verfügte über reichen Besitz in der Umgebung ihrer Stammburg wie über ein prächtiges Anwesen in der Residenzstadt Stuttgart. Dieses Sachsenheim-Haus an der alten Stadtmauer hatte Jörg gemeinsam mit

seinem jüngeren Bruder Hermann (1428/30–1508) bewohnt, der als Landhofmeister ebenfalls in württembergischen Diensten stand. Beide hatte in herausragende Familien des Stuttgarter Patriziats, der sogenannten „Ehrbarkeit", eingeheiratet.
Wie ihr Vater Hermann waren auch dessen Söhne Jörg, Hermann d. J. und ihr Bruder Michael, der als Mönch im Kloster Hirsau lebte, sehr an Literatur interessiert. Aus dem Besitz Jörgs von Sachsenheim haben sich auch zwei wertvolle deutschsprachige Bibeln erhalten.

Lit.: Kühnle 2017; Wais 1956; Sauer 1993; *www.kirchen-online.com* (Abruf 12.3.2019).

PR

V.13 Niklas von Wyle

Selbstporträt (?), [1460–1466]
Federzeichnung auf Papier, ca. 3,5 x 4 cm
StadtA Esslingen, MB 6, Randzeichnung auf Bl. 349 r

Niklas von Wyle, geboren um 1415 in Bremgarten im Aargau, gilt als einer der wichtigsten Vermittler im Frühhumanismus, vor allem als Übersetzer moderner italienischer Literatur des frühen 15. Jahrhunderts. Zwischen 1461 und 1478 übersetzte Wyle in insgesamt 18 sogenannten Translatzen mehrere Texte italienischer Autoren wie Boccacio, Poggio, Petrarca oder Enea Silvio Piccolomini, die dann 1478 nochmals in einer Gesamtausgabe zum Druck gebracht wurden (s. Kat. Nr. V.14). Die Texte bieten eine enorme Vielfalt an literarischen Formen (Briefe, Novellen, Traktate, Streitgespräche) und thematischen Inhalten.
Den einzelnen Translatzen sind Widmungsschreiben vorangestellt, die Wyles enge Kontakte zu einigen südwestdeutschen Fürstenhöfen belegen. Gleich vier Widmungen sind an Mechthild von der Pfalz gerichtet, eine weitere an ihren Silberkämmerer Jörg Rott. Dieser Jörg Rott war es wohl auch, der die Vermittlung zwischen Wyle und dem Rottenburger Hof Mechthilds herstellte.

V.13

Von 1448 bis 1469 war Wyle als Esslinger Stadtschreiber eng in die politischen Geschäfte der Reichsstadt eingebunden. Mehrere Missivenbücher stammen von seiner Hand; hier findet sich sein mutmaßliches Selbstporträt. Als Stadtschreiber war er häufig in diplomatischen Missionen unterwegs, umso brisanter erscheint seine Flucht 1469 an den württembergischen Hof nach Stuttgart, wo er bis 1478 Graf Ulrich V. als Kanzler diente.

Lit.: MFRII 0021; Schwenk 1978; Fürbeth 1998; Voß 2003; Schwenk 2007/08; Hartich 2018; Beiträge Rückert und Bamberger/Robert in diesem Band.

EF

V.14 Niklas von Wyle: Translationen etlicher Bücher

[Esslingen: Konrad Fyner, nach 5. April 1478].
WLB Stuttgart, Inc.fol.16224 (HB) (GW M51838)

Niklas von Wyle (um 1415–1479) arbeitete über zwei Jahrzehnte als Stadtschreiber in Esslingen am Neckar. Dort bildete er anhand von Klassikertexten angehende Schreiber aus, die später in den Dienst städtischer oder fürstlicher Verwaltungen traten. Ab 1469 war er für Graf Ulrich V. von Württemberg als Kanzler tätig. Aus seinen seit der Studienzeit geknüpften Kontakten sowie aus seinem beruflichen Werdegang erklärt sich, dass Niklas von Wyle ein breit gefächertes Netzwerk aufbauen konnte.

Bei der vorliegenden Ausgabe handelt es sich um einen Sammelband mit achtzehn Übersetzungen (Translatzen) von Texten, die italienische Humanisten entweder im Stil antiker Klassiker in lateinischer Sprache verfasst oder aus dem griechischen Original ins Lateinische übertragen hatten. Die Schriften wurden fürstlichen Personen aus Württemberg und Baden oder hohen Beamten gewidmet und teilweise vor Erscheinen des Sammelbandes einzeln übergeben.

Die Vorrede der Gesamtausgabe widmete Niklas von Wyle dem Stuttgarter Landhofmeister Georg von Absberg, dessen Frau Ursula er bereits 1474 die 16. „Translatze" dedizierte (Bl. 220 v). Die 9. Übersetzung schickte er 1464 an Gräfin Margarethe von Württemberg (1420–1479) (Bl. 96 v). Der 1., 3., 12. und 15. Text waren jedoch für Mechthild von der Pfalz bestimmt, womit sie unter allen Bezugspersonen am stärksten bedacht wurde.

Niklas von Wyle sah seine Aufgabe darin, die lateinischen Schriften der Neuhumanisten in die deutsche Sprache zu übersetzen und dadurch einem breiteren Publikum zugänglich zu machen. Die Leser sollten das Buch *zuo guotem nutze danne zuo ergetzlichkait Irs gemuetes* (Bl. 1 v) verwenden. Wyle betonte die *kurtz wyl* (Bl. 3 r; 151 v) Mechthilds als Ziel, meinte damit aber nicht bloße Unterhaltung, sondern auch Trost und Charakterbildung. So spielte er mit den *schweren kriegs loeffen (die üch (waisz ich) nit klain betruebent)* auf die damalige Fehde zwischen der Pfalz und Württemberg (1461/62) an (Bl. 3 r). Er bewunderte Mechthild als gebildete Frau *mit aigner vernunft vnd wyszhait / ouch mit liebe zuo kunst / vnd mit verstaentnüsz* (Bl. 53 r) und hatte zunächst Bedenken, frauenkritische Passagen (*etliche scheltung wypliches geschlechtes*) aus Petrarcas Werk zu übersetzen (Bl. 212 r). Eine 1468 verfasste Übersetzung des „Traums über Fortuna" des Enea Silvio Piccolomini war die Überarbeitung einer Textform, die Niklas von Wyle Jahre zuvor Mechthild bei einem Kuraufenthalt in Wildbad vorgetragen hatte (Bl. 151 v). In Mechthild sah er eine kongeniale Gesprächspartnerin, die zu schätzen wusste, dass der spätere Papst Pius II. (1405–1464) ein *hochgelert poet* war, der *in costlichem latin* (Bl. 151 v) schrieb.

Wyles Translationen gehörten zu den ersten Editionen, in denen linguistische Zeichen wie Virgeln verwendet wurden. Es ging um eine präzise Übersetzung *nach dem latine so genawist ich mocht* (Bl. 2 v). Philologische Präzision verband sich in den Ausgangstexten jedoch mit literarischer Ästhetik und Gelehrsamkeit.

Der erste und umfangreichste Text ist die deutsche Übersetzung der 1444 entstandenen Novelle „De duobus amantibus historia" des Enea Silvio Piccolomini, mit dem Wyle in Briefkontakt stand. Die Liebesgeschichte von Euryalus und Lucretia setzte mit zahlreichen Anklängen an antike Literatur, v. a. Ovid, gute Vorkenntnisse voraus, ließ mythologische Figuren (z. B. Circe) als Vorbilder oder warnende Beispiele auftreten, machte das Innenleben der literarischen Personen zugänglich. Lucretia rezipiert die formalen Empfehlungen Ovids für die Gestaltung eines

Liebesbriefs und verkörpert – durchaus in Analogie zu Mechthild – das Idealbild der gebildeten Frau. Piccolomini sah in dem negativen Verlauf der Liebesbeziehung der Hauptpersonen ein warnendes Beispiel dafür, dass *die gailikait … die menschen betroubet Irer vernunfte*, man stattdessen die *ritterschaft der liebe* und die *lere guoter tugend* lernen müsse (Bl. 6 v).

Lit.: Schwenk 1978; Beitrag Bamberger/Robert in diesem Band.

CH

V.15 Enea Silvio Piccolomini (Papst Pius II.): De remedio amoris

Übersetzt von Niklas von Wyle
[Nürnberg]: Friedrich Creußner, [nicht nach 1474]
WLB Stuttgart, Inc.qt.185 (GW M33827)

Die vorliegende Separatausgabe belegt, dass die „Translatzen“ des Niklas von Wyle – neben der Gesamtausgabe von 1474 – auch einzeln gedruckt und verbreitet wurden. Die in Briefform gehaltene Schrift des Enea Silvio Piccolomini (1405–1464) war insofern von Interesse für humanistische Kreise, als sie ein Motiv der lateinischen Klassiker aufgriff und weiter verarbeitete. Hauptvertreter war Ovid, der seiner „Ars amatoria“ die „Remedia amoris“ zur Seite stellte. Neben den Empfehlungen zur Erlangung der wahren Liebe sollte ein Lehrgedicht bei der Überwindung von Liebeskummer helfen. Die Ratschläge waren vor allem aus männlicher Sicht geschrieben und beschrieben negative Eigenschaften oder Verhaltensweisen der Frauen, um die entbrannte Liebe zu dämpfen. Bei Piccolomini war die Auseinandersetzung mit dem Problem biographisch bedingt. Der erhoffte weitere soziale Aufstieg war an die Priesterweihe und das damit verbundene Zölibat gebunden. Zwischen der

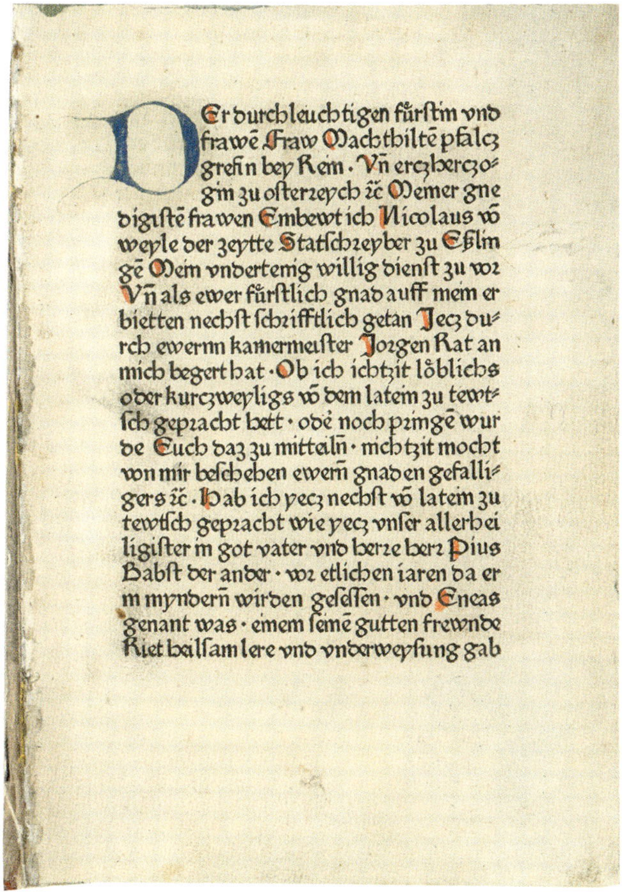
Der durchleuchtigen fürstin vnd
frawē Fraw Machthiltē pfalcz
grefin bey Rein. Vn̄ erczherczo-
gin zu osterreych ꝛc Meiner gne
digistē frawen Embewt ich Nicolaus võ
weyle der zeytte Statschreyber zu Eßlin
gē Mein vndertenig willig dienst zu vor
Vn̄ als ewer fürstlich gnad auff mein er
bietten nechst schrifftlich getan Jecz du-
rch ewern kamermeister Jorgen Rat an
mich begert hat. Ob ich ichtzit löblichs
oder kurczweyligs võ dem latein zu tewt-
sch gepracht hett. odē noch pringē wur
de Euch daz zu mittailn. mich tzit mocht
von mir beschehen ewern gnaden gefalli-
gers ꝛc. Hab ich yecz nechst võ latein zu
tewtsch gepracht wie yecz vnser allerhei
ligister in got vater vnd herre herr Pius
Babst der ander. vor etlichen iaren da er
in myndern wirden gesessen. vnd Eneas
genant was. einem seinē gutten frewnde
Riet hailsam lere vnd vnderweysung gab

V.15

Schrift über die „Heilmittel der Liebe“ und der 1444 erfolgten Priesterweihe, die dann tatsächlich einen schnellen Aufstieg bis hin zum Papstamt einleitete, bestand ein zeitlicher Zusammenhang. Niklas von Wyle wusste um das literarisch-ästhetische Interesse Mechthilds an der humanistischen Verarbeitung des Ovidschen Motivs. In der Widmungsvorrede von 1461 wies er auf das persönlich motivierte Anliegen Piccolominis hin, der eine *heilsam lere vnd vnderweysung gab wie er sich des iochs & herten eygenschafft der lieb damit er belestigt was moecht entledigen vnd da von frey vnd sicher entrinnen* (Bl. 1 r/v). Niklas von Wyle

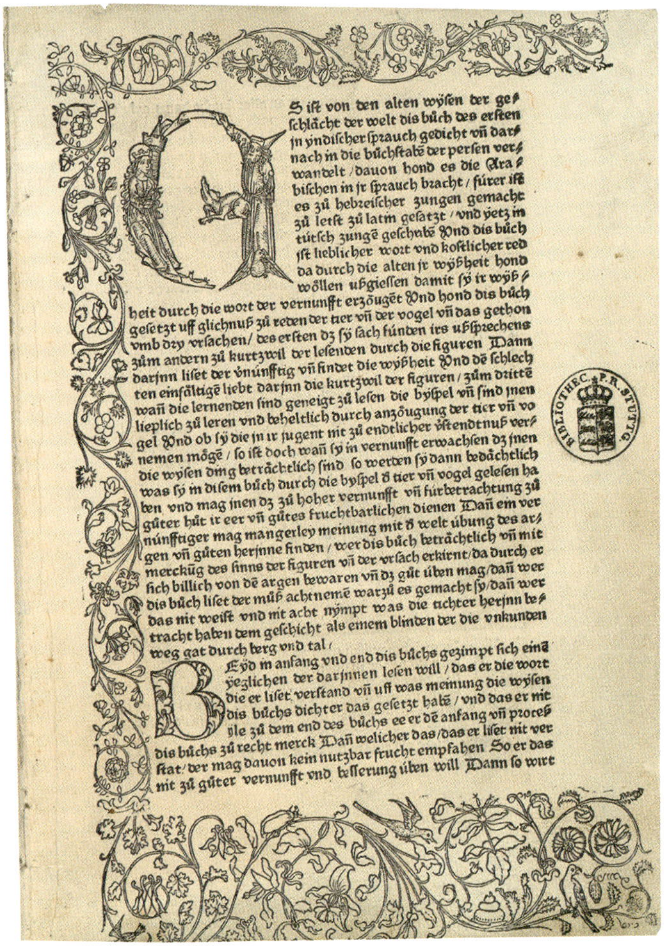

S ist von den alten wysen der ge-
schlächt der welt dis büch des ersten
jn yndischer sprauch gedicht vñ dar-
nach in die büchstabē der persen ver-
wandelt / dauon hond es die Ara-
bischen in jr sprauch bracht / fürer ist
es zü hebreischer zungen gemacht
zü letst zü latin gesatzt / vnd yetz in
tütsch zungē geschribē Vnd dis büch
ist lieblicher wort vnd kostlicher red
da durch die alten jr wyßheit hond
wöllen ußgiessen damit sy ir wyß-
heit durch die wort der vernunfft erzöugēt Vnd hond dis büch
gesetzt uff glichnuß zü reden der tier vñ der vogel vñ das gethon
vmb dry vrsachen / des ersten dz sy sach fünden irs ußsprechens
züm andern zü kurtzwil der lesenden durch die figuren Dann
darjnn liset der vnünfftig vñ findet die wyßheit Vnd dē schlech
ten einfältigē liebt darjnn die kurtzwil der figuren / züm drittē
wañ die lernenden sind geneigt zü lesen die byspel vñ sind jnen
lieplich zü leren vnd beheltlich durch anzöugung der tier vñ vo
gel Vnd ob sy die jn ir jugent nit zü endtlicher verstendtnuß ver-
nemen mögē / so ist doch wañ sy in vernunfft erwachsen dz jnen
die wysen ding beträchtlich sind so werden sy dann bedächtlich
was sy in disem büch durch die byspel d' tier vñ vogel gelesen ha
ben vnd mag jnen dz zü hoher vernunfft vñ fürbetrachtung zü
güter hüt ir eer vñ gütes fruchtbarlichen dienen Dañ ein ver
nünfftiger mag mangerley meinung mit d' welt übung des ar-
gen vñ güten herjnne finden / wer dis büch beträchtlich vñ mit
merckūg des sinns der figuren vñ der vrsach erkhent / da durch er
sich billich von dē argen bewaren vñ dz güt üben mag / dañ wer
dis büch liset der müß achtnemē warzü es gemacht sy / dañ wer
das nit weist vnd nit acht nympt was die tichter herjnn be-
tracht haben dem geschicht als einem blinden der die vnkunden
weg gat durch berg vnd tal /
B Eyd in anfang vnd end dis büchs gezimpt sich eins
yeglichen der darjnnen lesen will / das er die wort
die er liset verstand vñ uff was meinung die wysen
dis büchs dichter das gesetzt habē / vnd das er nit
yle zü dem end des büchs ee er dē anfang vñ proces
dis büchs zü recht merck Dañ welicher das / das er liset nit ver
stat / der mag dauon kein nutzbar frucht empfahen So er das
mit zü güter vernunfft vnd besserung üben will Dann so wirt

V.16

appellierte an Mechthilds Bildung und Unterscheidungsvermögen, wodurch zwischen der literarischen Form, den verwendeten Begriffen und dem Sachanliegen differenziert werden könne. Dadurch sollte sie die häufig allgemein auf Frauen bezogene Kritik einzuordnen verstehen: *Das ich Ewern gnaden so vil vngerner schick als vil mer scheltens weyblicher pildung vnd grobkeit etlicher worten dar in werden vermercket Aber ewer fuertreffend hohe vernufft verstet und mercket solchs zu erfolgung des darumb solch lere geben wirt* (Bl. 1 v). Bemerkenswert ist, dass Niklas anerkannte Kirchenlehrer wie Augustin, Ambrosius und Gregor in einen Zusammenhang mit *schelck* brachte, die einiges *wider weiblich bildung auff die pan pringen* (Bl. 1 v). Mechthild erschien als lebender Beweis für die Unangemessenheit mancher Äußerungen über Frauen in der literarischen Tradition. Niklas zeigte dann allerdings Verständnis für die Theologen, weil ihre Formulierungen aus der zölibatären Situation heraus zu verstehen seien. Mit Verweis auf die Bibel differenzierte er und betonte, die kritischen Äußerungen seien *zu versten von etlichen boesen verkerten frawen* (Bl. 2 r). Zudem verwies Niklas exemplarisch auf das Fehlverhalten berühmter Männer wie Lactantius (Bl. 3 r).

Lit.: Braungart 1981/1982; Beitrag Bamberger/Robert in diesem Band.

CH

V.16 Johannes de Capua: Directorium humanae vitae

Deutsch: Buch der Beispiele der alten Weisen
Übersetzer: Antonius von Pforr
[Urach: Konrad Fyner, um 1482]
WLB Stuttgart, Inc.fol. 4028 b (GW M13192)

Zum „Musenhof" Mechthilds in Rottenburg passte formal und thematisch gut die erste Druckausgabe eines vielgelesenen Werkes über weises Handeln. Antonius von Pforr übersetzte die lateinische Fassung der spätantiken Sanskrit-Dichtung Panchatantra, die über persische, arabische und hebräische Übersetzungen nach Europa gelangt war. Johannes de Capua (ca. 1250–1310) hatte als aus dem Judentum konvertierter christlicher Autor nach der hebräischen Vorlage die lateinische Version erstellt, die Antonius von Pforr analog zu humanistischen Werken in das Deutsche übertrug. Antonius von Pforr († 1483) war als Theologe und

Jurist für Mechthilds Mann Herzog Albrecht VI. von Österreich (1418–1463) tätig und wurde 1472 Kirchherr in ihrer Residenzstadt Rottenburg. Die Erstausgabe beruhte auf einer handschriftlichen Übersetzung, die im Zeitraum von 1475 bis 1480 entstanden sein muss und unter Nutzung von Wappen und Motto Graf Eberhard im Bart gewidmet wurde. Eberhard gelang es, den zuvor in der freien Reichsstadt Esslingen tätigen Drucker Konrad Fyner für eine Tätigkeit in seiner Residenzstadt Urach zu gewinnen.

Aufgrund der neuen Auftragslage und des anderen Adressatenkreises druckte Fyner in Urach anders als vorher vor allem deutschsprachige Werke und stattete diese mit zahlreichen Illustrationen aus. Der einleitende Holzschnitt spielt mit der Übergabe eines Buches auf die Rahmenhandlung an: Ein Weiser sollte im Auftrag eines indischen Königs Beispielerzählungen, Gleichnisse, Fabeln sammeln. Angedeutet wurden damit aber auch Verschriftlichung und Überlieferung der Weisheitsschrift über Kultur- und Sprachgrenzen hinweg. Die Holzschnitte im Buchinneren illustrieren die meist in Gestalt von Tierfabeln vorgetragenen Texte. Das Tier-Motiv wird zitiert in Elementen des Zierrahmens und der historisierten Initiale (Bl. 2 r). Diese gedruckte Ausgabe sollte Widmungsempfänger und Übersetzer in einer der Leseintention entsprechenden Weise, nämlich verschlüsselt andeuten. Aus der Abfolge der Zierinitialen erstellte Fyner die Akrosticha „EBERHART GRAF Z WIRTENBERG ATTEMPTO" bzw. „ANTHONYVS PFORE".

Die Einzelgeschichten veranschaulichen unterschiedliche Lebenssituationen, in denen Weisheit für das angemessene Verhalten als Individuum wie als Amtsträger erforderlich ist. Die Motivation der *kurtzwil der lesenden durch die figuren* (Bl. 2 r) ließ sich zumal in einem höfischen Umfeld gut mit der ethischen Reflexion verbinden. Der Komplexität politischer Entscheidungssituationen konnte eine fürstliche Person umso besser gewachsen sein, je stärker ausgebildet das Reflexions- und Differenzierungsvermögen war. Elaborierte Texte halfen neben anderen Kunsterzeugnissen dazu, denn *die manigfeltigkait der kunst erleucht des menschen verstendniß* (Bl. 3 r).

Lit.: Geissler 1964; Beitrag Bamberger/Robert in diesem Band.

CH

V.17 Die geschwätzige Elster

Johannes von Capua: Directorium humanae vitae
Deutsch: Buch der Beispiele der alten Weisen
Übersetzer: Antonius von Pforr
Ulm: Konrad Dinckmut, 12. März 1485
WLB Stuttgart, Inc.fol. 4033 (GW M13187)

Die Popularität der volkssprachlichen Fassung der altindischen Weisheitsdichtung „Panchatantra", für die Johannes von Capuas lateinische Übersetzung die Grundlage lieferte, zeigte sich in der Vielzahl von Ausgaben. Nach Konrad Fyners Uracher Edition von 1482 erschienen 1483/84 drei weitere Ausgaben des Ulmer Druckers Lienhard Holl. Nachdem dieser sich überschuldet hatte und im späteren Verlauf des Jahres 1484 seine Offizin aufgeben musste, stieß sein Ulmer Konkurrent Konrad Dinckmut in die Marktlücke und brachte im März 1485 eine neue Ausgabe heraus. Sein „Buch der Beispiele der alten Weisen" enthielt wie die Ausgaben Holls 126 Holzschnitte. Er hatte Holls Holzschnitte nicht einfach kopiert, sondern in Größe und Proportionen verändert, teilweise auch vereinfacht. Dabei achtete er darauf, dass die Holzschnittkopien nicht seitenverkehrt zu denen Holls gestaltet wurden.

V.17

Jede Erzählung wurde mit einem Holzschnitt veranschaulicht. Dabei sollten die Illustrationen eine dienende, von sich weg auf den Text verweisende und wichtige Aspekte daraus akzentuierende Funktion übernehmen. Landschaften, Architektur, Hintergründe sollten nur angedeutet werden. Bei den Figuren milderten Schraffuren die allzu konturenhafte Darstellung ab. Trotzdem sollte nur so viel gezeigt werden, dass der Hauptaspekt der Handlung verstanden und die damit einhergehenden Emotionen nachvollzogen werden konnten.

Die Intention, anhand exemplarisch erzählter Alltagssituationen bestimmte Verhaltensmuster und Grundhaltungen zu erlernen bzw. abzulegen, prägt die Grundstruktur des Buches. Vor allem sollte vor allzu unüberlegtem und affektartigem Handeln gewarnt werden. Selbstbeherrschung, Disziplin und Reflexion traf sich mit den Anliegen der Humanisten, was die Rezeption dieses Erzählstoffes in volksnahen wie gelehrten Kreisen erklärt. Als Beispiel dient die Erzählung über eine ehebrecherische Frau, der ihr Ehemann dank einer aufmerksamen Elster auf die Schliche kommt. Nachdem die Elster ihre Beobachtungen dem Ehemann berichtete, schlägt dieser seine Frau. Die Frau bezichtigt zunächst die Mägde, dem Ehemann etwas über den Geliebten verraten zu haben. Diese verweisen auf die Elster. Die Frau kann die Elster nicht töten, weil das den Verdacht des meist auswärtigen Ehemanns noch verstärken würde. Also erhalten die Mägde den Auftrag, die Elster während des Schäferstündchens der Frau mit Schellen, einem Spiegel, mit einem Wedel, mit Wasser und einem Steinblock abzulenken. Als der Ehemann zurückkommt, befragt er zuerst die Elster wegen seiner Frau. Die Elster klagt jedoch, dass sie nichts vernehmen konnte, *so ich dise gantze nacht in so grossen noeten gewesen bin von regen blitzen doner vnd erdbidem das zerfoerchten was die welt woelt undergan*. Der Ehemann hält das im Winter für unmöglich, hält alle Erzählungen der Elster über den Ehebruch seiner Frau für erlogen und tötet die Elster. Der Holzschnitt zeigt die Szene mit den Mägden um den Vogelkäfig.

Lit.: Anton von Pforr 1974, S. 64–68; Amelung 1979, Nr. 108, S. 210; Bodemann 1997.

CH

V.18 Thüring von Ringoltingen: Von einer frowen genant Melusina

[Straßburg: Heinrich Knoblochtzer, um 1480]
WLB Stuttgart, Inc.fol. 11061 b (HB) (GW 12661)

Nicht in einem persönlichen, wohl aber in einem ideellen Zusammenhang stand Thüring von Ringoltingen (ca. 1415–1483) mit Mechthild von der Pfalz. Wie die Gelehrten in Mechthilds Umfeld interessierte sich der Berner Patrizier Thüring für Erzähltraditionen, die er rezipierte und in einer spezifischen Weise weiterentwickelte. Auch bei ihm ging es dabei um Übersetzung und redaktionelle Modifizierung. Vorlage für den Melusine-Stoff waren bis zur Antike zurückreichende Erzähltraditionen über die körperliche Verbindung eines Menschen mit einem überirdischen Wesen. Die ursprünglich heidnischen Motive wurden im späten Mittelalter zunehmend in christliche Formen gegossen. So verstand Thüring sein Werk als freie Übertragung des um 1400 entstandenen französischen Versromans „Coudrette“. Um 1456 verfasste Thüring sein Werk, das bereits als Handschrift reich illustriert wurde und dann 1473 und 1477 in gedruckten Versionen in Basel bzw. Straßburg erschien.

Bei Thüring von Ringoltingen blieb Melusine zwar eine *merfeye* (Bl. 1 r), also eine Fee, Meerjungfrau, Nixe mit zur Hälfte schlangen- oder drachenartigem Leib. Aber sie war anders als in der mythologischen Tradition nun vordergründig eine fromme Christin. Die zentrale Figur Reymond wird wegen der – versehentlichen – Tötung eines Verwandten bei einem Jagdunfall angeklagt und erfährt Hilfe durch Melusine. Reymond willigt in die Bedingungen ein, Melusine erstens zu heiraten und zweitens niemals an einem Samstag aufzusuchen oder

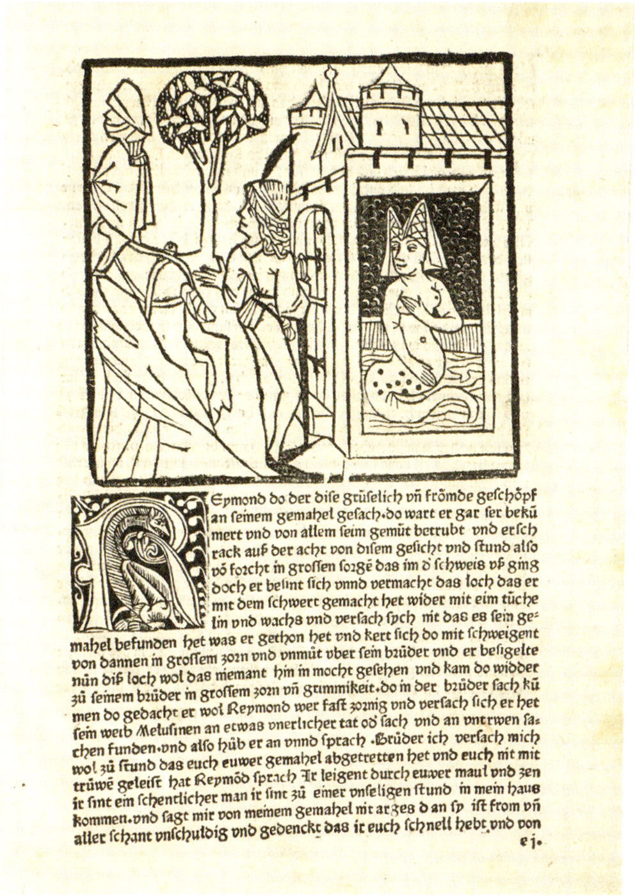

Reymond do der dise grüselich vñ frömde geschöpf
an seinem gemahel gesach. do wart er gar ser bekū
mert vnd von allem seim gemüt betrubt vnd ersch
rack auß der acht von disem gesicht vnd stund also
vō forcht in grossen sorgē das im d' schweis vß ging
doch er besint sich vnnd vermacht das loch das er
mit dem schwert gemacht het wider mit eim tüche
lin vnd wachs vnd versach sych mit das es sein ge-
mahel befunden het was er gethon het vnd kert sich do mit schweigent
von dannen in grossem zorn vnd vnmût vber sein brûder vnd er besigelte
nūn diß loch wol das niemant hin in mocht gesehen vnd kam do widder
zû seinem brûder in grossem zorn vñ grimmikeit. do in der brûder sach kū
men do gedacht er wol Reymond wer fast zornig vnd versach sich er het
sein weib Melusinen an etwas vnerlicher tat od' sach vnd an vntrwen fa-
chen funden. vnd also hûb er an vnnd sprach. Brûder ich versach mich
wol zû stund das euch euwer gemahel abgetretten het vnd euch nit mit
trûwē geleist hat Reymōd sprach Ir leigent durch euwer maul vnd zen
ir sint ein schentlicher man ir sint zû einer vnseligen stund in mein haus
kommen. vnd sagt mir von meinem gemahel nit arges d an sy ist from vñ
aller schant vnschuldig vnd gedenckt das ir euch schnell hebt. vnd von
e j.

V.18

anzuschauen. Ein Holzschnitt veranschaulicht die Szene, bei der Reymond die vereinbarte Norm durchbricht, Melusine beim Baden beobachtet, ihren tatsächlichen Status als Mischwesen entdeckt und sie in der Folge als Frau verliert (Bl. 32 r).

Die Dialoge gestaltete Thüring von Ringoltingen entsprechend den Konventionen einer höfischen Kultur. Die Schlüsselhandlung mit den übrigen Szenen greift die Bedeutung eines ritterlichen Verhaltenscodex auf, bei dem es um Ehre, Anstand, Verlässlichkeit, Etikette ging. Die negativen Folgen des Tabubruches sollten den Lesern exemplarisch und eindrücklich vor Augen stehen.

V.19

Über die Provenienz-Geschichte des vorliegenden Exemplars bestehen Verbindungen zu Mechthild. Die Inkunabel war ursprünglich zusammengebunden mit einer Handschrift (Cod. poet. et phil. fol. 92) und wurde so in der Kartause Güterstein in Urach aufbewahrt, wo man bekanntlich enge Kontakte zum württembergischen Hof pflegte. Auch nennt der „Ehrenbrief" Püterichs von Reichertshausen die Melusine unter Mechthilds Büchern. Der Sammelband war ganz im Geist des humanistischen Gelehrtenzirkels in Mechthilds Umfeld gehalten.

Lit.: Rautenberg 2013; Schnyder 2008.

CH

V.19 Augustin Tünger: Facetien

1486, Konstanz
Pergament, 131 Bll., 19 x 13,5 cm.
WLB Stuttgart, HB V 24a
Aufgeschlagen: Bl. 1 r

In mehrfacher Hinsicht bemerkenswert ist die Handschrift mit den „Facetien"' – lustigen Einfällen, amüsanten Anekdoten meist über bekannte Persönlichkeiten – des Augustin Tünger. Der in Konstanz am bischöflichen Gericht tätige Tünger verkehrte in Kreisen, die dem Humanismus nahestanden. Offenbar hat ihn der 1470 gedruckte „Liber Facetiarum" des italienischen Humanisten Poggio Bracciolini (1380–1459), der bald weit über Italien hinaus Verbreitung fand, zu seinem Werk inspiriert, das allerdings nur in dieser einen Handschrift vorliegt.
Augustin Tünger widmete das im Jahr 1486 – möglicherweise von ihm selbst – in Konstanz geschriebene Manuskript Graf Eberhard im Bart. Da Eberhard des Lateinischen unkundig war, fertigte Tünger von vornherein eine zweisprachige Ausgabe seines Werks an. Auch die an Eberhard gerichtete Vorrede ist nicht nur in lateinischer, sondern auch in deutscher Sprache abgefasst – um die Aufmerksamkeit des Grafen sofort auf sich selbst zu lenken, steht die deutsche Fassung gleich zu Beginn.
Im Binnenfeld der Eingangsinitiale (ein unziales D) ist ein weißer Engel zu sehen, der die Wappen Eberhards und seiner Ehefrau Barbara Gonzaga präsentiert. Anders als der übrige Buchschmuck, der zeittypisch nach Vorbildern aus Augsburg und Nürnberg bereits in Konstanz angefertigt wurde, dürfte die Ausgestaltung dieser Widmungsinitiale erst in Stuttgart erfolgt sein. Das Werk, in dem viele autobiographische Elemente, aber auch überlieferte Erzähltraditionen erkennbar sind, enthält insge-

samt 54 Fazetien, in denen auch historische Persönlichkeiten eine Rolle spielen. Die kolorierte Federzeichnung im vorderen Spiegel ist erst bei der Bindung der Handschrift hinzugekommen. Es handelt sich hierbei um ein Fragment aus einer deutschen Nacherzählung des Neuen Testaments auf Papier, die um 1470 entstanden sein dürfte. Zu sehen ist die Geschichte vom Tempelgroschen, den Petrus in einem Fisch findet (Mt 17, 24–26). Anhand eines weiteren Fragments derselben Handschrift, das zeitgleich für einen anderen Einband verwendet wurde, ist nicht nur die gemeinsame Tübinger Einbandwerkstatt bekannt, sondern auch die weitere Besitzgeschichte des Codex.

Lit.: Keller 1874 (Edition); Irtenkauf/Krekler 1975, S. 39 f.; Württemberg im Spätmittelalter 1985, S. 133 f.; Honemann 1995; Elwert 1989; Kipf 2010, S. 181–221; Fischer 1975, S. 89–108; Kyriss 1951, S. 102 ff.; *http://www.manuscripta-mediaevalia.de/dokumente/html/obj31905299* (Abruf 12.3.2019)

KL

Fürstliche Mode und Repräsentation

V.20 Ein Kamm aus Elfenbein

15. Jahrhundert, Esslingen (ehemaliges Karmeliterkloster)
Elfenbein, Länge 6 cm, Breite 5,5 cm
Archäologisches Landesmuseum Baden-Württemberg, Zentrales Fundarchiv Rastatt 1990-82-329-1

Wie die Kämme des frühen Mittelalters, so verfügen auch jene des Hoch- und Spätmittelalters über zwei unterschiedlich grobe bzw. feine Zahnreihen. Erstere nutzte man wohl zum Ordnen der Frisur, letztere zum Auskämmen von lästigen Körperschädlingen wie Läusen oder Nissen. Die jüngeren Kämme sind aber nicht aus mehreren Platten bzw. Leisten mit bronzenen oder eisernen Nietstiften zusammengefügt, sie wurden vielmehr

V.20

aus einem einzigen Stück Horn oder Holz angefertigt. Seltener treten seit dem 12./13. Jahrhundert auch Kämme aus Knochen, Metall oder aus Elfenbein auf, wie im vorliegenden Fall des Esslinger Fundes. Als teures Importmaterial aus Afrika oder Asien blieben Elfenbein-Kämme vielfach der geistlichen Sphäre vorbehalten. Während im früheren Mittelalter nahezu alle Stücke Verzierungen zeigen, bei denen es sich um Ritzmuster, vor allem aber um Kreisaugen (Würfelaugen) handelt, bleiben die späteren häufig dekorlos. Der Esslinger Kamm weist allerdings als Begrenzungssaum unter den Zahnreihen ein Zickzacklinienornament auf.
Die Herkunft des kostbaren Kammes aus dem Esslinger Karmeliterkloster muss nicht zwangsläufig bedeuten, dass er einem Mönch gehörte. Viele andere Objekte „profanen" Charakters im Fundmaterial deuten darauf hin, dass der Konvent – wie viele Bettelordensniederlassungen in anderen Städten auch – bei besonderen Anlässen der Unterbringung weltlicher Personen diente. Er könnte einst also auch im Besitz einer dieser Gäste gewesen sein, die eine Zeit in der Reichsstadt am Neckar verbrachten.

Lit.: Röber 1995, S. 892–894, 907–909; Spätmittelalter am Oberrhein 2001, Katalogband S. 264.

UG

V.21

V.21 Zwei Spiegelrahmen

15. Jahrhundert (rundes Exemplar) (Abb.) und spätmittelalterlich (achteckiges Exemplar), Konstanz
Fichtenholz, Durchmesser des runden Exemplars 8,5 cm; Durchmesser des achteckigen Exemplars 13 cm
Archäologisches Landesmuseum Baden-Württemberg, Zentrales Fundarchiv Rastatt Kn 01/346; 01/961

Die ältesten süddeutschen Spiegelgläser sind hochmittelalterlich und stammen aus ehemaligen Gerbergruben am Wormser Fischmarkt, die in der 2. Hälfte des 12. Jahrhunderts aufgegeben und verfüllt wurden. Sie sind alle leicht konvex, die Glasmasse ist meist farblos bis schwach gelbstichig, wenige sind grünstichig. Gefasst waren mittelalterliche Spiegel in Rahmen aus Bein, Horn/Geweih, Elfenbein oder Metall.
Die Kleinexemplare wurden oft als persönlicher Besitz in einer Tasche oder frei am Gürtel hängend getragen. Daher verfügten die Rahmen über passende Deckel zu ihrem Schutz („Spiegelkapseln"). Kleinformatige Spiegel wurden aber auch in Etuis aus unterschiedlichen Materialien verwahrt, die zusätzlich noch andere Toilettenartikel (Kamm, Schere, Nagelreiniger u. a.) aufnehmen konnten. Der kleinere der beiden Holzrahmen aus Konstanz war mit seinen geringen Abmessungen von 8,5 cm und der Rundform sicherlich gut transportabel. Der mit einem Durchmesser von immerhin 13,5 cm größere, achteckige dürfte dagegen eher ein Innenraumspiegel gewesen sein. Zusätzlicher Farbdekor muss die Spiegel, die bis weit in die Neuzeit hinein ein für die Masse der Bevölkerung kaum erschwingliches Gut darstellten, als Repräsentationsobjekte in Innenräumen noch interessanter gemacht haben. Entsprechend selten sind sie erhalten.
Auf der berühmten Miniatur im Codex Ingeram hält Mechthild von der Pfalz ihren Spiegel in der Hand und blickt hinein – es ist ein runder Spiegel mit breitem verziertem Rand (Abb. S. 9). Ihr Spiegel ist auch für die Fürstin ein Prestigeobjekt, ein bewusst eingesetztes Medium ihrer Repräsentation und reflektierten Selbstdarstellung.

Lit.: Krueger 1990; Müller 1996; Spätmittelalter am Oberrhein 2001, Katalogband S. 302.

UG

V.22 Trippe

15. Jahrhundert, Deutschland
Holz, Leder; Holzteil 4,6 cm hoch, 7,0 cm breit, 28,0 cm lang
Rosgartenmuseum Konstanz, Inv. Nr. V 616

Hölzerne Trippen waren als „Unterschuhe" gerade im 15. Jahrhundert in breitem Gebrauch, um den eigentlichen Schuh vor Schmutz und Unrat zu schützen. Sie wurden aber auch innerhalb des Hauses als Schutz gegen die vom Boden aufsteigende Kälte getragen. In den zeitgenössischen Bildzeugnissen werden sie immer wieder dargestellt; auch Mechthild von der Pfalz trägt Trippen auf ihrem berühmten Hochzeitsbild im Codex Ingeram. Hingegen haben sich Holztrippen aus dem Spätmittelalter nur sehr selten erhalten.
Die Trippe aus Konstanz ist aus einem einzigen Stück Holz geschnitzt, das sich im Ballenbereich

verbreitert und in eine schmale Spitze ausläuft. Die Trittfläche war ursprünglich mit einem Stück Leder unterlegt. Ein Lederriemen in zwei Teilen hielt den Unterschuh am Vorderfuß fest. Beide Riementeile wurden seitlich mit Nägeln an der Holzsohle befestigt, womit die Weite des Halteriemens reguliert werden konnte. Die ausgeprägte Spitze der Holztrippe passte sich an die damals modische Form der Schnabelschuhe an, sie bot diesen Halt und betonte deren Länge und Form.

Lit.: Spätmittelalter am Oberrhein 2001, Katalogband S. 289.

PR

V.22

Schmuck und edles Tafelgeschirr

V.23 Ein Fingerring mit Edelstein

[Mittleres 15. Jahrhundert], Süddeutschland
Vergoldetes Silber, Granat (?); 2,8 cm x 2,4 cm
Landesmuseum Württemberg, Stuttgart, Inv.-Nr. WLM 11843

Im Spätmittelalter zählten Fingerringe, von denen häufig mehrere an verschiedenen Fingern getragen wurden, zu den beliebtesten Schmuckstücken der Oberschicht. Auch in Mechthilds Besitz befanden sich goldene, mit Edelsteinen versehene Schmuckstucke. Eine solchen Ring hat sie auch von ihrem zweiten Ehemann Albrecht VI. zur Hochzeit erhalten (s. Abb. S. 24).
Bereits im hohen Mittelalter wurden Ringe als Zeichen der Liebe und Treue überreicht. Zunächst übergab lediglich der zukünftige Bräutigam seiner Verlobten ein entsprechendes Schmuckstück, im Spätmittelalter hatte sich dann – zunächst bei adeligen Paaren, später auch beim gehobenen städtischen Bürgertum – bereits der Brauch des gegenseitigen Ringwechsels bei der Trauung herausgebildet.

Dieser vergoldete Silberring könnte im mittleren 15. Jahrhundert einer adeligen Dame als Liebeszeichen geschenkt worden sein. Auf einen solchen Hintergrund deuten die ineinander verschlungenen Hände, die als Zeichen der Verbundenheit und Treue auf der Unterseite des Ringes angebracht sind. An der Handinnenfläche gelegen, also meist verborgen vor den Augen des Gegenübers, erinnern sie die Trägerin an die Zuneigung des Verehrers. Das Ansehen der Besitzerin konnte dagegen der in eine Kastenfassung eingelassene, unregelmäßig facettierte rote Stein – vermutlich ein Granat – mehren, der gut sichtbar auf dem Finger präsentiert wurde.

ISH

V.23

V.24

V.24 Prächtiges Tafelgeschirr: ein Doppelbecher aus Maserholz

[Um 1470], Süddeutschland
Maserholz (Bergahornwurzel?), Silber, vergoldet;
33,3 x 25,2 (inkl. Griff) x 20,3 cm
Landesmuseum Württemberg, Stuttgart,
Inv.-Nr. KK braun-blau 104

Der außergewöhnlich große hölzerne Doppelbecher gehört zu einer Gruppe von aus Maserholz gedrechselten Trinkgefäßen aus dem Spätmittelalter, die in den 1670-er Jahren unter den herzoglichen Kleinodien nachzuweisen sind und seit 1686 in der Kunstkammer der Herzöge von Württemberg bewahrt wurden. Verschiedene Quellen dokumentieren bereits für das 15. und 16. Jahrhundert diverse Maserholzgefäße in württembergischem Besitz.

Doppelbecher, bei denen zwei kugelig geformte Gefäße – im Mittelalter auch als „Kopf“ oder „Scheuer“ bezeichnet – aufeinander gesteckt werden, wurden seit dem Hochmittelalter als zeremonielles Trinkgefäß genutzt. Die erhaltenen mittelalterlichen Doppelköpfe sind vornehmlich aus Maserholz gedrechselt und meist mit einer (vergoldeten) Silberfassung versehen, aber auch einzelne Exemplare aus Silber, Bergkristall, Serpentin oder Jaspis haben die Zeit überdauert. Maserholz wurde im Mittelalter und in der Frühen Neuzeit nicht allein wegen seiner besonderen Struktur als kostbar empfunden. Es sollte darüber hinaus Wein einen guten Geschmack verleihen, galt als unverwesbar und war insbesondere aufgrund seiner angeblich entgiftenden Wirkung sehr geschätzt.

Im Hochmittelalter wurden Doppelköpfe zunächst für das Ritual des Minnetrinkens genutzt, bei dem gemeinsam ein Trank zu Ehren eines Heiligen, meist Johannes des Evangelisten, eingenommen wurde. Im Spätmittelalter begegnen Doppelscheuern dann vornehmlich im profanen Bereich, und im höfischen Kontext gehörte im 15. Jahrhundert entsprechendes Trinkgeschirr, neben Maserholz-Exemplaren auch vergleichbare Gefäße aus Edelmetall, in größerer Zahl zur adäquaten Ausstattung. Dies spiegelt sich auch in den Nachlassinventaren und Besitzverzeichnissen der württembergischen Grafen bzw. ihrer Gattinnen – so auch bei Mechthild – sowie in Darstellungen höfischer Szenen der Stuttgarter Henflin-Werkstatt wider. Die Doppelbecher wurden vor allem bei repräsentativen festlichen Anlässen genutzt, bei denen das gemeinsame Trinken als Ausdruck der Verbundenheit zelebriert wurde.

Der angesprochene Maserholz-Doppelkopf wurde vermutlich um 1470 in Süddeutschland hergestellt. Er gehört mit einer Höhe von über 33 cm zu den größten erhaltenen Exemplaren. Nicht nur die

Größe, sondern auch die prächtige Silbermontierung mit aufwändig durchbrochener Laubwerkkrone und Fußstück sowie die christologisch-mariologischen Inschriften (*IHESVS NASERENVS REX IVDIORUM* und *A AVE A MARIA A GRACIA A BLENA A DVMINVS A TEKVM*) auf den Mündungsringen der Becher zeugen vom hohen Anspruch, den dieser Doppelbecher vermitteln sollte. Die auf Jesus bzw. Maria bezogenen Inschriften sprechen nicht gegen die Verwendung des Gefäßes im weltlichen Kontext, vielmehr sollte dem Trinkgefäß damit wohl besondere Würde verliehen und gleichzeitig himmlischer Beistand erbeten werden. Vergleichbare Inschriften begegnen auf weiteren spätmittelalterlichen Doppelköpfen. Sie scheinen die mit der Gefäßform verbundene Vorstellung, einen segensreichen Trank einzunehmen, widerzuspiegeln und zu verstärken.
Beim Stuttgarter Exemplar deuten die ungewöhnliche Größe und die äußerst filigrane Silberkrone des kleinen Bechers darauf hin, dass der Doppelkopf schon zur Herstellungszeit primär als Schaustück konzipiert war. Er zeigt keine deutlichen Benutzungsspuren und wurde – wenn überhaupt – sicherlich nur bei außergewöhnlichen Anlässen tatsächlich als Trinkgeschirr genutzt.

Lit.: Kohlhaussen 1960 (mit Abb. 5); Barbara Gonzaga 2012, S. 251; Landesmuseum Württemberg 2017, Nr. 249.

ISH

V.25

V.25 Ein Prunkbecher mit Löwenzier

[2. Hälfte 15. Jahrhundert], Deutschland
Silber, teilvergoldet; 13,4 x 9,1 cm
Landesmuseum Württemberg, Stuttgart, Inv.-Nr. WLM 1951–1247

Der kunstvoll verzierte Standbecher folgt einer in der zweiten Hälfte des 15. Jahrhunderts für Prunkbecher charakteristischen Gestaltung. Prägend ist der im oberen Bereich trompetenartig geformte, vergleichsweise schmale Becher, der durch ornamentalen und teilweise figürlichen Schmuck gestaltet ist. Der silberne Becher selbst erhebt sich oftmals wie bei diesem Exemplar über drei als Tierfiguren – hier handelt es sich um sitzende Löwen – gestalteten Füßen und ist durch ein profiliertes, vergoldetes Band in der Mitte, die sogenannte „Bauchbinde", gegliedert. Als Motive für das mittlere Band dienen Eichenzweige mit Blättern und Eicheln. Der Übergang zwischen Löwenfüßen und glatter Becherwand ist ebenfalls durch aufwändige Goldschmiedearbeiten gestaltet: Über einem durchbrochenem Dreiblattfries lassen sich vergoldete Adler und Granatäpfel erkennen, die von silbernen gedrehten Bändern umgeben sind. Meist sind diese prächtigen Trinkgefäße durch einen aufwändig gestalteten Deckel mit Figurenschmuck bekrönt, ein solcher hat sich beim Stuttgarter Exemplar allerdings nicht erhalten.

Kostbare Silberbecher waren im höfischen Kontext schon im 14. Jahrhundert verbreitet. Der vorliegende Typus, teilweise in noch prächtigerer Ausführung, wurde in der ersten Hälfte des 15. Jahrhunderts im Bereich der burgundischen Hofkunst geprägt und breitete sich in der zweiten Jahrhunderthälfte im gesamten deutschsprachigen Raum aus. Es ist davon auszugehen, dass solch prunkvolle und eher fragile Goldschmiedearbeiten zeremoniellen Zwecken vorbehalten waren. Teilvergoldete Silberbecher dienten als Hochzeitsgeschenke und wurden bei Festlichkeiten Ehrengästen gereicht. Es ist bekannt, dass ihre Zahl einst sehr viel größer war, als die vergleichsweise wenigen erhaltenen Stücke heute vermuten lassen. Auch die Inventare zu Mechthilds Besitz verzeichnen silberne Becher, sodass anzunehmen ist, dass entsprechendes Trinkgeschirr zu besonderen Anlässen am württembergischen Hof zum Einsatz kam. Der hohe Anspruch der aufwendigen Goldschmiedearbeiten und die Motivik mit Löwen, Adlern und Granatäpfeln sprechen jedenfalls für einen ursprünglich höfischen Kontext.

Lit.: Weltkunst XXI (1951), Nr. 23 (Dezember), S. 7.

ISH

V.26 Ein fürstliches Messingbecken

[2. Hälfte 15. Jahrhundert], Nürnberg (?)
Messing, 5,5 x 24 cm
Landesmuseum Württemberg, Stuttgart, Inv.-Nr. WLM 12794

V.26

Aus dem Spätmittelalter haben sich in großer Zahl Messingbecken, die über Metallnegative geschlagen wurden, erhalten. In Süddeutschland zählten diese als Beckenschlägerschüsseln bezeichneten Metallbecken ab dem mittleren 15. Jahrhundert zur verbreiteten Ausstattung gehobener Haushalte, sowohl im städtisch-bürgerlichen als auch im höfischen Umfeld. Das Zentrum der Beckenschlägerschüssel-Produktion in dieser Zeit war Nürnberg, wo in manufakturartig organisierten Werkstätten entsprechende Metallarbeiten auch für den Export hergestellt wurden. Die Messingschalen dienten vornehmlich bei Tisch zusammen mit einer Kanne für die Handwaschung, sie wurden jedoch – zumindest in nachmittelalterlicher Zeit – auch im sakralen Kontext etwa für Taufen oder für das Sammeln von Almosen verwendet. Im Besitz von Mechthild lässt sich eine dem fürstlichen Haushalt angemessene Ausstattung mit nach zeitgenössischem Geschmack geformtem Messinggeschirr erwarten, wie sie auch ihr Testament breit widerspiegelt.
Die vorliegende Beckenschlägerschüssel zeigt mit dem geflügelten Löwen, dem Symbol des Evangelisten Markus, mit Nimbus und Schriftband mit *s marcus* in gotischen Minuskeln ein beliebtes Motiv, das sich ab der zweiten Hälfte des 15. Jahrhunderts in der Nürnberger Messingbecken-Produktion nachweisen lässt. Das zentrale Bild, das sich erhaben am Schüsselboden abzeichnet, wurde durch das Schlagen einer glatten Schüssel aus Messingblech in eine Negativform aus gehärtetem Eisen hergestellt. Bei gefragten Motiven wie dem Markus-Löwen wurde nach Abnutzung des Negativs eine neue Version hergestellt, wodurch sich die leichten Variationen motivisch verwandter Beckenschlägerschüsseln erklären. Unterschiedliche Ausführungen

ähnlicher Schalen erzielten die Beckenschläger auch durch die ornamentalen Verzierungen am Beckenboden sowie am Rand. Das vorliegende Exemplar kennzeichnen ein Kranz von Blättern, der das Hauptmotiv umgibt, sowie Rosetten auf dem schmalen, waagerecht umgebogenen Rand, die von der Schauseite her mit Punzen eingeschlagen wurden.

ISH

Herrliche Gewänder und Stoffe

V.27 Eine Kasel aus Seidensamt

15. Jahrhundert, Italien
Seidensamt, 63 x 26/43 cm
Landesmuseum Württemberg, Stuttgart, Inv. Nr. 1971–95a1, a2

Das Seidensamtfragment zeigt ein im 15. Jahrhundert weit verbreitetes Granatapfelmuster. Als äußerst hochwertige Stoffe fanden solche Samtgewebe, obwohl sehr kostspielig, unterschiedliche Verwendung: als liturgisches Gewand im sakralen Zusammenhang, für schwere Kostüme im Bereich Festtagskleidung, aber auch als Möbelbezug, Thron- oder Wandbespannung. Gewebe dieser Art wurden meist in Italien gefertigt, fanden aber gerade im 15. Jahrhundert weite Verbreitung in ganz Europa.
Bei dem grünen Samtgewebe handelte es sich ursprünglich um den unteren Teil einer Kasel, das Messgewand eines Bischofs oder Priesters. Das Gewebe zeigt ein von Blättern umgebenes Granatapfelmuster als Zentralmotiv im Vielpass-Schema. Zwischen den Vielpässen befindet sich ein weiteres schmales Rankenmuster, das von kleinen gekrönten Granatäpfeln an den Schnittpunkten wiederum zusammengefasst wird. Der stellenweise leicht abgenutzte grüne Flor lässt den gelben Grund durchscheinen.

MvR

V.27

V.28 Ein roter Samt mit Granatapfelmuster

15. Jahrhundert, Italien
Seidensamt, 57 x 80 cm [schräg beschnitten]
Landesmuseum Württemberg, Stuttgart, Inv. Nr. G 31,50

Das rote Samtgewebe folgt dem charakteristischen Granatapfelstil: fünffach geschweift umschließen die schmalen Kielbogenrosetten das Zentralmotiv, das einen vielfach umblätterten Granatapfel mit stilisierter Blütenkrone zeigt. Bekrönt werden die linear fein ausgearbeiteten Bögen von weiteren Granatäpfeln, die sich auch als Zwickelmotiv wiederholen.
Seidensamtgewebe dieser Art wurden häufig auch mehrmals neu zusammengenäht und sogar von der profanen Verwendung etwa als Möbelbezugsstoff umgearbeitet in liturgische Gewänder wie Kaseln,

V.28

Pluviale oder Dalmatiken. Im höfischen Kontext kamen solche kostbaren Stoffe gerade Mitte des 15. Jahrhunderts als regelrechte Modeerscheinung ebenfalls vielfach zum Einsatz, und auch Mechthild von der Pfalz scheint diesbezüglich ganz mit der Mode gegangen zu sein: Auf dem Glasfenster in der Stiftskirche Tübingen, das Mechthild andächtig kniend zeigt, trägt sie einen dunklen Mantel mit Pelzbesatz aus Hermelin, der ebenfalls ein Granatapfelmuster aufweist (vgl. Abb. S. 37).

MvR

V.29 Ein rot gemusterter Seidensamt

15. Jahrhundert, Italien
Seidensamt, 72,5 x 63 cm
Landesmuseum Württemberg, Stuttgart, Inv. Nr. 1975–60

Der rote Samtstoff aus Seide ist aus mehreren Einzelstücken zusammengesetzt, die dennoch versuchen, das Muster weiterzuführen. Das Streumuster zeigt eine Varianz des herkömmlichen Granatapfelmusters: Als Hauptmotiv findet sich in Schuss-Richtung des Gewebes eine sechsblättrige Blüte, die von zwei Blättern neben der Blüte und zwei am stilisierten kurzen Stängel eingefasst ist.

V.29

Zwischen den Hauptmotiven liegt, nach rechts gerichtet, eine kleinere Blütenform mit gezackten Blättern, die ebenfalls mit zwei kleeblattartigen Blättern am Stängel versehen ist. Nach oben und unten trennen freie Bogenformen, die verzweigte Äste nachbilden, die einzelnen Blütenmotive.
Der Samt gehört zu den italienischen Seidengeweben, die im Venedig des mittleren 15. Jahrhunderts verortet werden und von dort aus als Stoffe für Kleidung und textile Ausstattungen in ganz Europa Verbreitung fanden. Auch für die Adelshöfe im deutschen Südwesten ist ein Import italienischer Seidengewebe bekannt; gerade für die herrschaftliche Kleidung der Damen.

MvR

V.30 Ein gemustertes Wollgewebe

Ende 15. Jahrhundert, Süddeutschland
Leinen, Wolle, 100 x 22/24 cm
Landesmuseum Württemberg, Stuttgart, Inv. Nr. GT 4272

Das schmale, vertikal ausgerichtete Gewebefragment aus Leinen und Wolle lässt ein sich wiederholendes Bildfeld mit einem umzäunten Gehege erkennen, in dem sich ein Baum und zwei Tiere – wohl Hunde – befinden. Während die sich einander zugewandten Tiere in dem vorne mit

V.30

einem offenen Tor versehenen Garten vor dunkelgrünem Hintergrund sitzen, hebt sich die in drei Farben und durch große Blätter gegliederte Baumkrone vor einem dunkelroten Fond ab. Das Bildfeld mit Hunden, Garten und Baum wird oberhalb von einem dekorativen Streifenfeld abgeschlossen, in dem zwei Reihen helle, versetzte Rechtecke, die mittig mit einer Rosettenblüte versehen sind, nach oben und unten von einer feinen weißen Linie abgeschlossen werden. Oberhalb des blütenverzierten Streifenfelds beginnt ein neues Bildfeld mit Gehege und Hunden, das sich hier jedoch vor rotem – statt wie unten grünem – Hintergrundfonds abhebt. Die Wiederholung des Bildfeldes legt die Vermutung nahe, dass das überlieferte Fragment Teil eines größeren Gewebes war, in dem sich sowohl horizontale Streifen wie auch senkrechte Bildfelder wiederholten. Material und Breite des Stückes, aber auch die eher grobe Verarbeitung schließen aus, dass es sich um eine der so genannten „Kölner Borten“ handelt, die im 15. Jahrhundert als Besätze liturgischer Gewandung nicht nur im deutschsprachigem Raum weite Verbreitung fanden. Viel wahrscheinlicher ist, dass es sich bei dem in seiner leuchtenden Farbigkeit sehr gut erhaltenen Wollgewebe um ein Fragment aus einer größeren Decke handelt, die als Wandbehang, Tischlaken oder Bodenteppich genutzt wurde. Viele deutsche und niederländische Gemälde mit Interieurdarstellungen aus dem 15. und 16. Jahrhundert zeigen solche oft bunt gestreiften Decken an der Wand aufgehängt hinter Betten oder Essgruppen oder über Tische und Bänke gelegt.
In ihrer eher alltäglichen Verwendung mussten solche Decken zum einen robust und wärmeisolierend sein (daher sind, wie auch bei diesem Gewebe, die Kettfäden aus Leinen und die Schussfäden aus Wolle), zugleich aber auch dekorativ den Moden der Zeit folgen: ein eingezäunter Garten mit Bäumen und Tieren darin war als Anlehnung an den *Hortus Conclusus* ein im 15. Jahrhundert durchaus beliebtes Bildmotiv.
Als Herstellungsorte für wollene Gewebe dieser Art lassen sich damals Frankfurt, Nürnberg oder Augsburg ausmachen. Bei den im Testament Mechthilds von der Pfalz genannten Decken und Wollgeweben könnte es sich um Stücke dieser Art gehandelt haben. In ihrer weiten Verbreitung als Wandbehänge, wie sie gerade in zugigen Gemäuern häufig eingesetzt wurden, wird die Fürstin in ihren Schlössern in Rottenburg, Stuttgart und Urach zahlreiche solcher Stoffe im täglichen Gebrauch gehabt haben.

Lit.: Von Wilckens 1997.

MvR

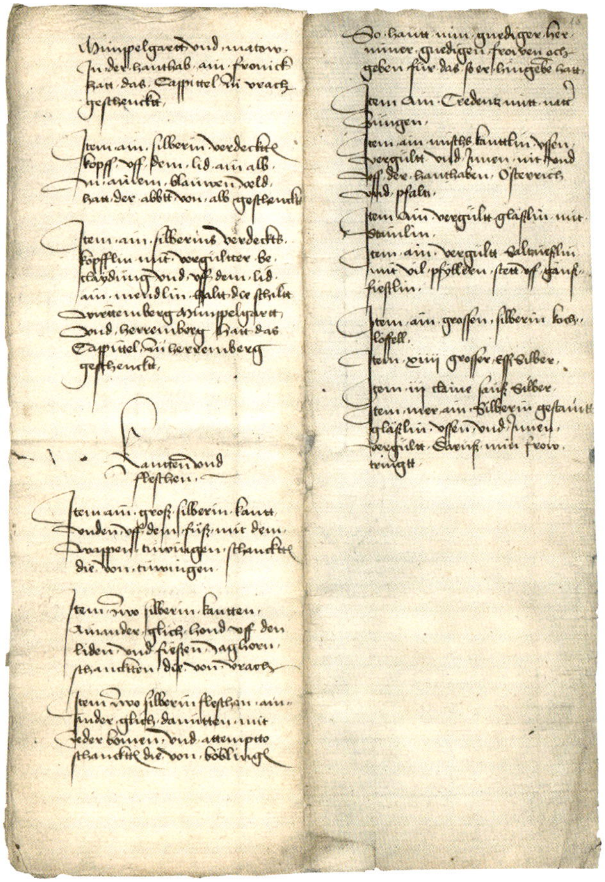

V.31

V.31 Ein Prunkstück aus Mechthilds Silbergeschirr

1483 Februar 3
Papier, Schmalfolioband, 10 Bll., 29 x 15 cm
HStAS A 201 Bü 1
Aufgeschlagen: Bl. 9 v – 10 r

Bald nach dem Tod Mechthilds von der Pfalz im August 1482 wurden mehrere Inventare angelegt, die auch Aufschluss über ihr Silbergeschirr geben. Das vorliegende Verzeichnis von 1483 stammt aus der Umzugsphase, als der württembergische Hof Graf Eberhards von Urach wieder nach Stuttgart zurückverlegt wurde. Die Liste verzeichnet zunächst Silbergeschirr, das Barbara Gonzaga 1474 zu ihrer Hochzeit geschenkt bekommen hatte; dazu kommen acht Stücke, die Graf Eberhard seiner Frau zusätzlich übergibt. Besonders erwähnenswert ist ein vergoldetes Mischkännlein, das Mechthilds Wappen auf dem Griff trägt: *Item ain mischskanttlin, ussen vergültt und innen nit und uff der hanthaben Osterrich und Pfaltz*. Dieses Kännlein stammte offenbar aus dem Nachlass Mechthilds, denn in ihrem Testament hatte sie ihrem Sohn ihre *zittlichen hab und guott* vererbt, darunter *claynet, silbergeschirr, hußratt* und anderes.

Lit.: Fleischhauer 1970; Württemberg im Spätmittelalter 1985, S. 131 f.; Fischer 1994, S. 122; Barbara Gonzaga 2012, S. 253 ff.

EF

V.32 Die letzten Spuren von Mechthilds Silberschatz

1511
Papier, Schmalfolioband, 29 x 15 cm
HStAS G 42 Bü 1
Aufgeschlagen: Bl. 90 v – 91 r

Nach der Hochzeit Herzog Ulrichs 1511 mit Sabine von Bayern wurde ein umfangreiches Verzeichnis des Silbergeschirrs angelegt, als die Stücke wieder in das Gewölbe das Alten Schlosses eingeräumt wurden. Aufgelistet sind zahlreiche, zum Teil kunstvoll verzierte Trinkbecher, Kannen, Flaschen, Schüsseln und andere wertvolle Geschirrstücke. Manche der Stücke stammen noch aus dem Silberschatz Eberhards im Bart, und bei etlichen lässt sich auf Grund der beigefügten Wappen Mechthild von der Pfalz als ursprüngliche Besitzerin ansprechen, wie etwa bei einem doppelten, innen vergoldeten Wasserbecken: *Item I zwiffach wasserbekin innwendig vergult, hat yedes ain schilt Osterych unnd Pfaltz* (Bl. 91 r). Bald darauf sollte ein Großteil des württembergischen Silberschatzes eingeschmolzen werden.

Lit.: Württemberg im Spätmittelalter 1985, S. 131 f.

EF

VI

MECHTHILDS TESTAMENT UND VERMÄCHTNIS

Mechthild hat mehrfach ihr Testament gemacht; ihr drittes und letztes Testament ließ sie ein Jahr vor ihrem Tod, am 1. Oktober 1481, aufsetzen. In seinen weitreichenden Verfügungen wird ebenso der Reichtum dieser Fürstin sichtbar wie auch die Sorge um ihr eigenes Seelenheil.

Mechthilds letzter Wille gestattet Einblick in ihr ganz persönliches Umfeld: Mit umfangreichen Legaten sind Kinder und Verwandte bedacht, zahlreiche Klöster und Kirchen, aber auch die Bediensteten an ihrem Rottenburger Hof. Die hinterlassenen Preziosen vermitteln einen nachhaltigen Eindruck von ihrer tiefen Frömmigkeit, von ihren zentralen persönlichen Bindungen und Beziehungen.

Mechthilds Vermächtnis reicht noch weiter: Schon in der prächtigen Ausgestaltung ihres Grabmals in Güterstein tritt Mechthild als fromme Stifterin entgegen. Bereits zu ihren Lebzeiten hatte sie für ihre eigene Memoria Sorge getragen und dieses zentrale Anliegen mit höchsten künstlerischen Ansprüchen der Selbstdarstellung und Repräsentation verbunden.

VI.1 Mechthilds Tod

1482 [Nacht vom 21. auf den 22. August]
Papier, 99 Bll., 32 x 23 cm
HStAS B 40 Bü 1998
(Abb. S. 28)

Nach gängiger Auffassung starb Mechthild am 22. August 1482 bei einem Besuch in Heidelberg, wie dieses Datum im „Gütersteiner Nekrolog" überliefert ist (s. Kat. Nr. VI.3). Im Unterschied dazu vermeldet ein zeitgenössischer Notizzettel (s. Kat. Nr. VI.7), dass Mechthild bereits einen Tag früher, am 21. August, gestorben sei: *an mitwoch vor Bartholomei a*[nn]*o etc. LXXXII ist min gnedig frow von Osterrich uß dißem zyt gescheiden.*

Die Diskrepanz lässt sich auflösen, wenn man einen bisher unbeachteten Hinweis auf Mechthilds Tod in Betracht zieht, der sich in einem Auslaufregister Erzherzog Sigmunds von Tirol findet. Dort verzeichnete der Habsburger penibel alle Maßnahmen, die er unmittelbar nach Bekanntwerden von Mechthilds Tod auf den Weg brachte, um die Herrschaft Hohenberg möglichst schnell an sich zu bringen. Mit dem vorliegenden Schreiben schickte er seine Räte an Kaiser Friedrich III. und vermeldet den Tod seiner Schwägerin: *fraw Mechthild, ertzhertzogin zu Osterrich etc., auf mitwoch yetz vergangen nach mitternacht umb ains von diser welt geschiden ist.* Wir wissen nicht sicher, von wem Sigmund in Innsbruck so rasch vom Tod Mechthilds erfahren hatte, vielleicht war es Graf Jos Nikolaus von Zollern – als einer der eingesetzten Testamentsvollstrecker erscheint er auch im Umfeld Sigmunds.

Unabhängig davon ist der angebliche Todestag 21. September (= *XI Kal. Octobris*) zu beurteilen, welcher durch die Umschrift von Mechthilds Grabmal in der Tübinger Stiftskirche überliefert ist. Vermutlich war eine fehlerhafte Umsetzung der römischen Datierung die Ursache für diese falsche Datumsangabe.

Lit.: Raff 1988, S. 286 mit Anm. 12; Fischer 1994, S. 138; Beitrag Frauenknecht in diesem Band.

EF

VI.2 Beileid zum Tod Mechthilds

[Nach 1482 September 6, Urach]
Ausfertigung, Papier, 1 Bl.
HStAS A 602 Nr. 159

Die Nachricht vom Tod der Erzherzogin Mechthild sollte sich rasch verbreiten. Schnell zeigte sich in den benachbarten und verwandten Fürstenhäusern persönliche Betroffenheit; Beileidsbekundungen wurden übermittelt, Boten zu Graf Eberhard nach Urach geschickt.

Markgraf Christoph von Baden hatte dafür Johannes Hochberg, Sänger in seinem Stift zu Baden, ausgewählt und diesen mit einem Brief als Kondolenzboten autorisiert, um bei Graf Eberhard mündlich „Werbung" zu tun, an Stelle seiner selbst. Da er in Urach allerdings nicht vorgelassen wurde, musste Johannes Hochberg die Trauerbotschaft seiner badischen Herrschaft am Uracher Stadttor verschriftlichen. Mit seiner Traueradresse wendet er sich direkt an den Grafen: [...] *uwer gnad mit allem fliß getruwlich zu clagen umb abgang und abscheidung von dieser welt uwer gnaden můtter, myner gnedigen frauwen von Österich, löblicher gedechtnüßs, der selen gott gnedig sin wolle* [...].

Graf Eberhard hatte sich wegen der damals grassierenden Pest bereits seit längerem vor fremdem Besuch zurückgezogen, und die Trauer um seine Mutter hatte diesen Rückzug noch bestärkt.

Lit.: Rückert 2015, S. 39 ff.; Beitrag Rückert in diesem Band.

PR

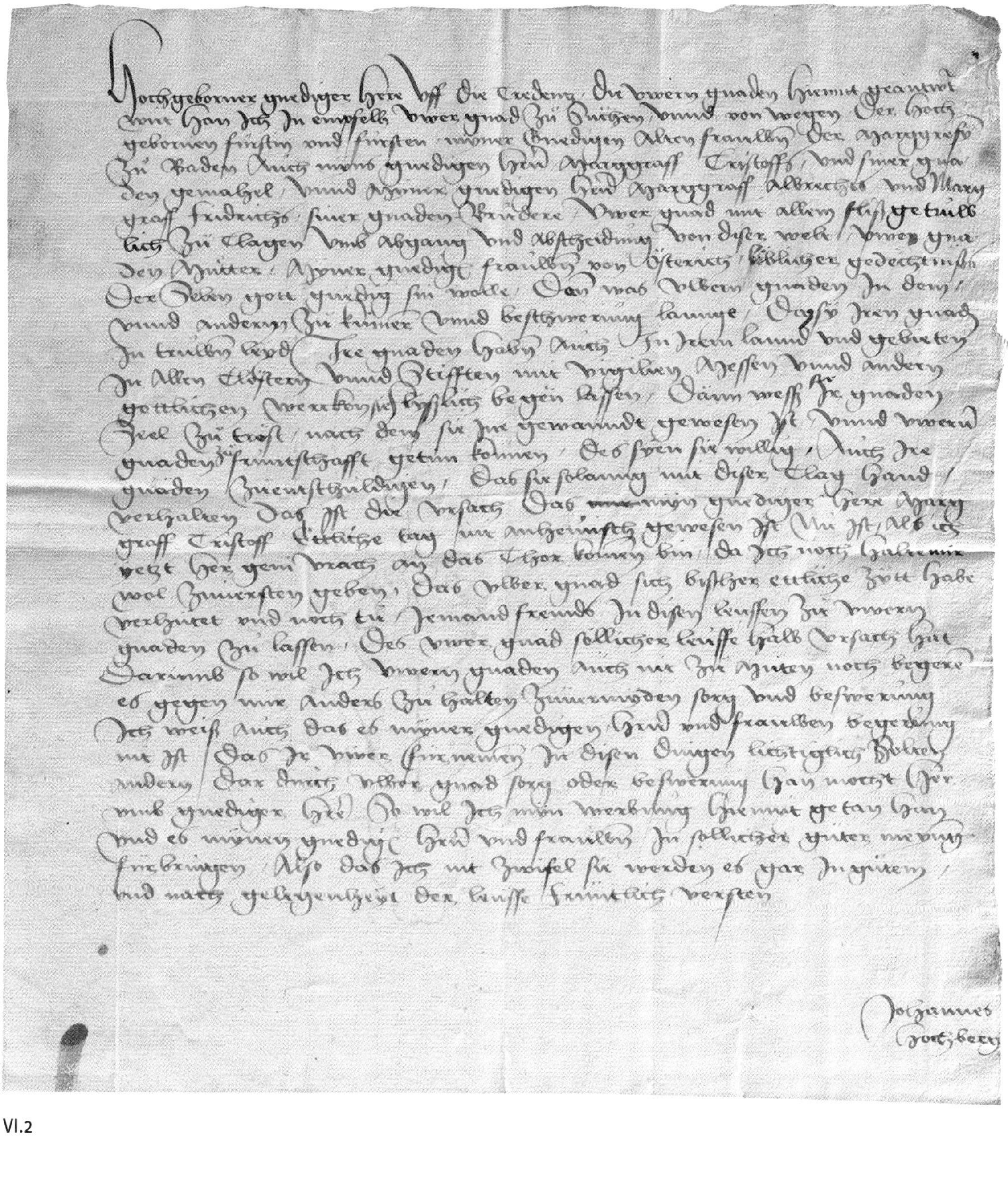

Hochgeborner gnediger herr vff die Credentz, die vwern gnaden hiemit geantwurt
wirt hab Ich In empfelh vwer gnad zu sagen, vnnd von wegen der hoch
gebornen fürstin vnd fursten miner Gnedigen Alten frauwen der Marggräfin
Zu Baden Auch mins gnedigen hern Marggraff Cristoffs, vnd siner gna
den gemahel vnnd miner gnedigen hern Marggraff Albrechts vnd Marg
graff friderichs siner gnaden Brudere vwer gnad mit allem flyss getrüw
lich zu clagen vmb abgang vnd abscheidung von diser welt, vwer gna
den Mutter, miner gnedigen frauwen von Österrich, löblicher gedechtnuss
der Sel gott gnedig sin wolle, dan was vwern gnaden In dem,
vnnd andern zu kumer vnnd beschwerung langt, daz sy Iren gnad
In truwen leyd, Ire gnaden haben auch In Irem lannd vnd gebieten
In allen Clöstern vnnd Stifften mit vigilien Messen vnnd andern
gottlichen werken sich (?) flisslich begen lassen, dann weß Ire gnaden
Sel zu trost, nach dem sie Ire gewanndt gewesen ist vnnd vwern
gnaden fruntschafft getun konnen, des syen sie willig, Auch Ire
gnaden zu entschuldigen, das sie solanng mit diser clag hand
verhalten, das ist die vrsach, das min gnediger herr Marg
graff Cristoff ettliche tag nit anheimsch gewesen ist, Nu ist, als ich
yetzt her gen [illegible] an das thor komen bin, da Ich noch hab nit
wol zu wissen geben, das vwer gnad sich bisher ettliche zitt habe
verhütet vnd noch nit Jemand frembds In disen lüffen zu vwern
gnaden zu lassen, des vwer gnad sollicher lüffe halb vrsach hat
darumb so wil Ich vwern gnaden auch nit zu mitten (?) noch begere
es gegen mir anders zu halten zuuermyden sorg vnd beswerung
Ich weiß auch das es miner gnedigen hern vnd frauwen begerung
nit ist, das Ire vwer furnemen In disen dingen kestiglich (?) halten
anders, dar durch vwer gnad sorg oder beswerung hab noch [illegible]
min gnediger her, so wil Ich min werbung hiemit getan han
vnd es minen gnedig hern vnd frauwen In sollicher gutter meynung
furbringen, Also das Ich nit zwifel sie werden es gar In gutem,
vnd nach gelegenheit der lüffe fruntlich verstan

Johannes
Rotzberg

VI.2

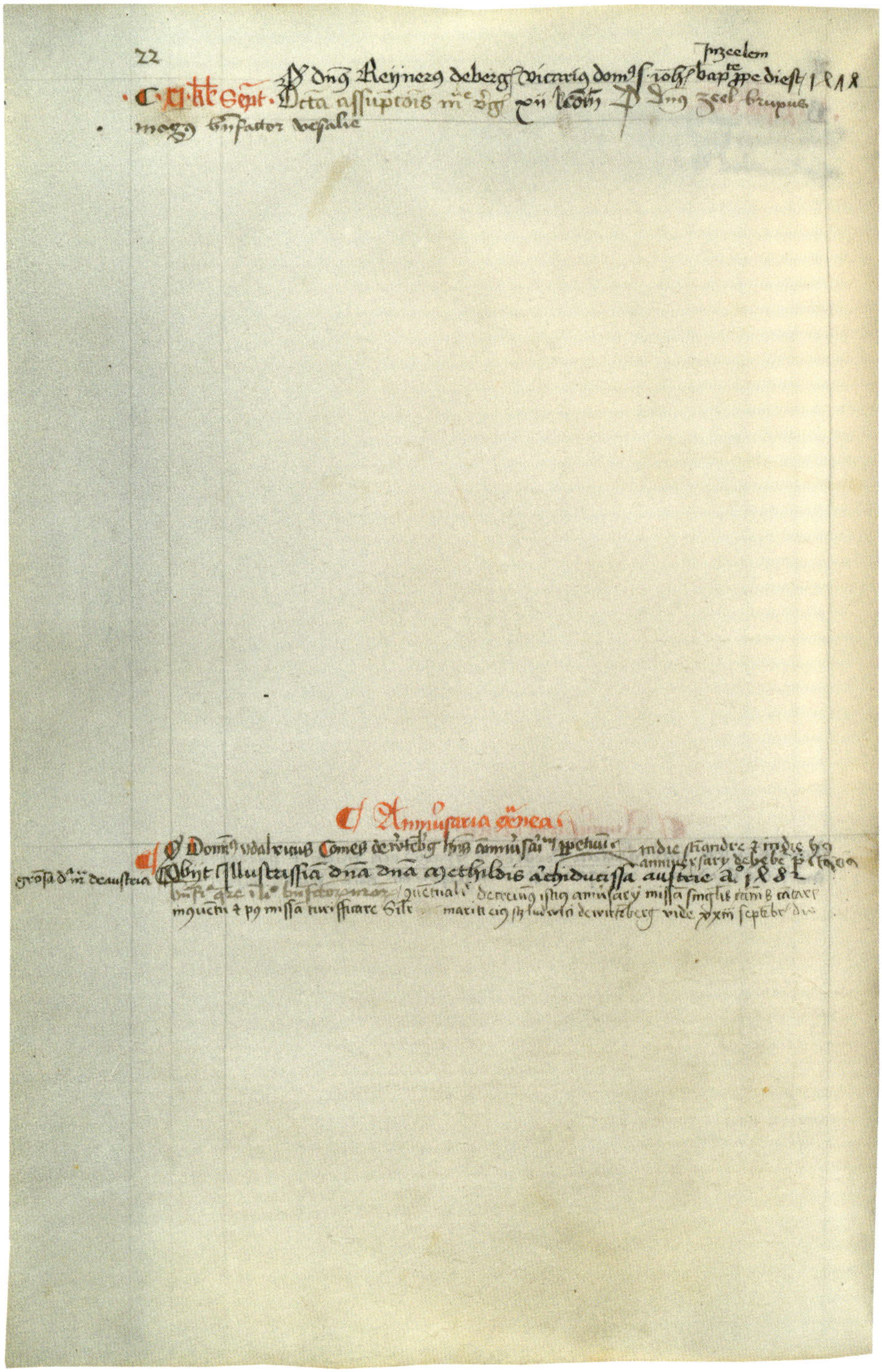

VI.3

VI.3 Der „Gütersteiner Nekrolog“

[3. Viertel 15. Jh. bis 1. Drittel 16. Jh.], Güterstein
Pergament, 189 Bll., 30,5 x 20,5 cm
WLB Stuttgart, Cod. hist. 2° 421
Aufgeschlagen: Bl. 117 v

Nachdem Urach 1442 zur Residenzstadt der Landeshälfte Ludwigs I. von Württemberg geworden war, wurde die nahe gelegene Kartause Güterstein zur Grablege seines Hauses bestimmt. Das Kloster sollte nun beim Tod eines Angehörigen der Herrscherfamilie mit Stiftungen zu deren Totengedenken bedacht werden. Da auch der verstorbenen Konventsmitglieder und weiterer für die Kartause wichtiger Personen im Gebet zu gedenken war, hielten die Mönche deren Gedenktage in speziellen Verzeichnissen fest, hier in dem sogenannten „Gütersteiner Nekrolog“. Nach dem frühen Ableben Ludwigs I. im Jahr 1450 hatte Mechthild die Kartause weiterhin durch großzügige Schenkungen gefördert. Auch sie wurde nach ihrem Tod im Jahr

1482 in Güterstein beigesetzt; entsprechend findet sich der Eintrag zu ihrem Gedenktag am 22. August im Nekrolog. Der Codex hält auf den quergeteilten Seiten zum einen in der oberen Blatthälfte Einträge fest, die Ordensangehörige und Konventualen betreffen; zum anderen sind in der unteren Blatthälfte die *Anniversaria extranea* verzeichnet, also die Angaben zu Personen, die nicht zum nächsten Umfeld des Klosters gehörten, vor allem Stifter und Wohltäter.
Das jeweilige Datum wird in der oberen Blatthälfte angegeben. So findet sich ganz oben in der linken Ecke der gezeigten Seite die in arabischen Ziffern gehaltene Tageszählung (*22*). Direkt darunter ist der Sonntagsbuchstabe (*C*) angebracht, gefolgt vom Tagesdatum nach dem römischen Kalender (*XI kalendas septembris* [= 22. August]) und dem Hinweis auf die zugehörigen Festtage im Kirchenjahr (*Octava assumptionis mariae virginis* [= Oktav von Maria Himmelfahrt]) sowie der hierzu erforderlichen Anzahl an biblischen Lesungen (*XII lectionum*). Um diese Angaben herum finden sich zwei Vermerke zum Gedenken an verstorbene Ordensangehörige. Da der Codex bis ins beginnende 16. Jahrhundert in Gebrauch war, stammen die Eintragungen von mehreren Händen aus unterschiedlichen Zeiträumen.
Dem unter den *Anniversaria extranea* aufgeführten Gedenkeintrag für Mechthild geht ein Vermerk voraus, der sich auf ihren Schwager und Mitbegründer der Kartause, den am 1. September 1480 verstorbenen Ulrich V., bezieht. Hier wird festgehalten, dass die Mönche an dessen Todestag sowie am Tag des hl. Andreas (30. November) ein zusätzliches Gericht zum Andenken an ihren Wohltäter bekommen sollten: O[biit] *Dominus vdalricus Comes de wirtemberg habens anniversarium perpetuum in die sancti andre*[e] *et in die huius anniversarij debetur pitancia.*
Für Mechthild, die hier wegen ihrer zweiten Ehe mit Erzherzog Albrecht VI. als Erzherzogin von Österreich bezeichnet wird, soll jährlich eine Messe im Konvent gesungen werden, in deren Anschluss Weihrauch zum Einsatz zu kommen habe – wie auch für den Gründer der Kartause, ihren ersten Mann Ludwig I., auf den hier ebenfalls verwiesen wird:

generosa domina nostra de austria
Obiit Illustrissima domina domina Methildis [!]
archiducissa austrie anno 1482
beneficia quaere in libro benefactorum nostrorum
conventualiter decrevimus istius anniversarij
missam singulis annis cantari
in conventu et post missam turifficare similiter
[Rasur] *mariti eius scilicet ludwici de wirtemberg*
vide XXIII septembris die.

Nachdem die Kartause in der Reformationszeit aufgehoben und ihre Gebäude abgebrochen worden waren, wurden 1554 zunächst Mechthilds Gebeine in die Tübinger Stiftskirche überführt, im Jahr darauf folgte ihr Grabmal.

Lit.: Württemberg im Spätmittelalter 1985, S. 125 f. (W. Irtenkauf); Deigendesch 2001, S. 420–423; Schukraft 1989.

KL

VI.4 Mechthilds Reliquienstiftung für die Kartause Güterstein

1467 März 12, Rottenburg
Ausfertigung Pergament, 35,5 x 23 cm, 1 anhängendes Siegel
HStAS A 486 U 22

Kaum eine andere geistliche Institution wurde von Mechthild stärker unterstützt als die Kartause Güterstein. Die enge Verbundenheit erklärt sich vor allem durch die Funktion der Kartause als

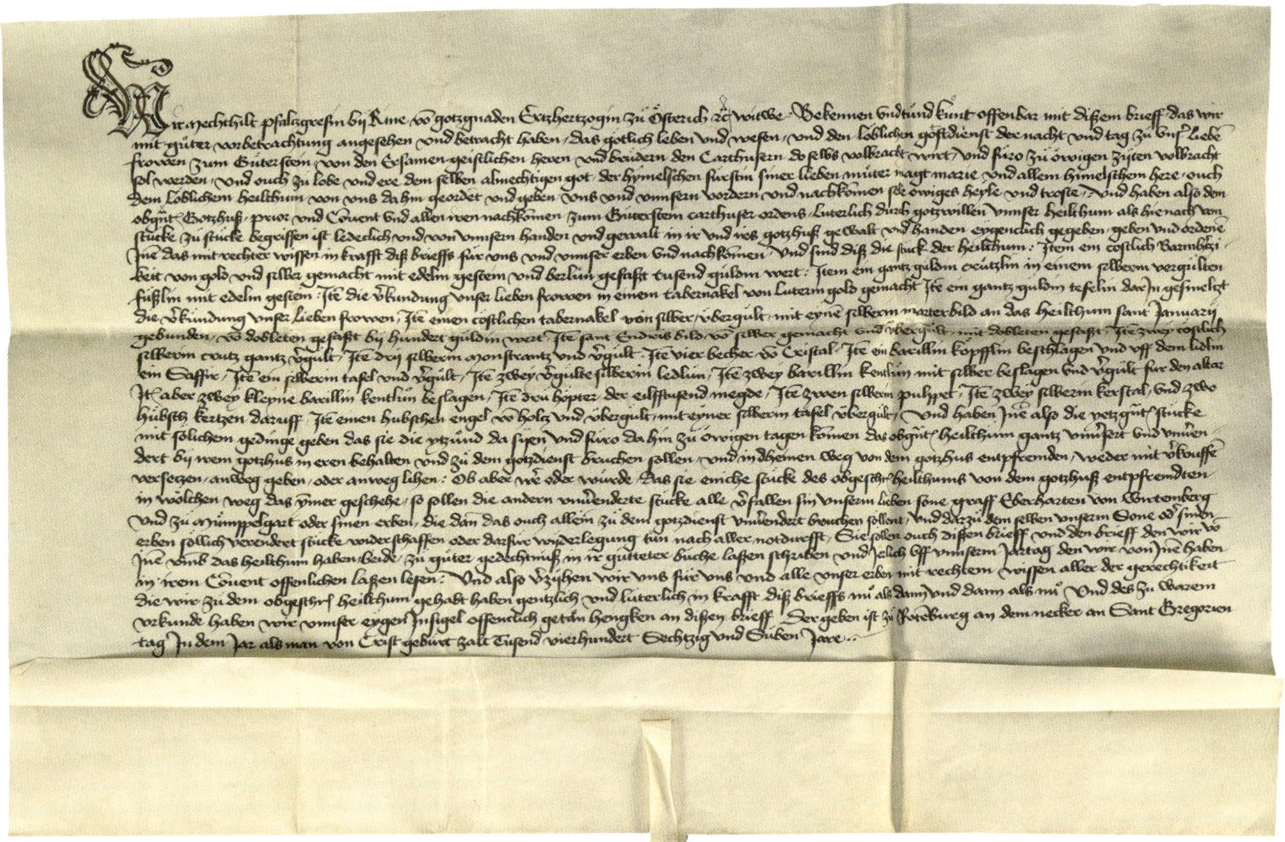

Wir Mechthilt pfalagrefin by Rine von gotzgnaden Ertzhertzogin zu Österich etc. witwe Bekennen und tund kunt offenbar mit disem brieff Das wir mit güter vorbetrachtung angesehen und betracht haben, Das gotlich leben und wesen, und den loblichen gotsdienst der nacht und tag zu unser lieben frowen zum Güterstein von den ersamen geistlichen herren und brüdern den Carthusern daselbs volbracht wirt und füro zu ewigen zyten volbracht sol werden, und ouch zu lobe und ere dem selben almechtigen got der hymelschen furstin siner lieben müter maget marie und allem himelschen here, ouch dem loblichen heilthum von uns dahin geordet und geben, uns und unsern vordern und nachkomen zu ewiger hylfe und troste, und haben also den obgemelten Gotzhus, prior und Convent und allen iren nachkomen zum Güterstein carthuser ordens luterlich durch gotzwillen unser heilthum als hienach von stucke zu stucke begriffen ist lediclich und von unsern handen und gewalt in ire und irs gotzhus gewalt und handen eygenlich gegeben, geben und ordene ine das mit rechter wissen in krafft diß brieffs für uns und unser erben und nachkomen, Und sind diß die stuck des heilthums: Item ein costlich Barmhertzikeit von gold und silber gemacht mit edeln gestein und berlin gefasst tusend guldin wert. Item ein gantz guldin crützlin in einem silberin vergulten füßlin mit edeln gestein. Item die Urkundung unser lieben frowen, in einem taberkel von luterm gold gemacht. Item ein gantz guldin tefelin darin gesmeltzt die Urkundung unser lieben frowen. Item einen costlichen tabernakel von silber, übergult mit eyne silberin materbild an das heilthum sant Januarij gebunden, mit doubleten gefasst by hundert guldin wert. Item sant Endres bild von silber gemacht und übergult mit doubleten gefasst. Item zwey costlich silberin crutz gantz übergult. Item drey silberin monstrantz und übergult. Item vier becher von Cristal. Item ein barillin köpflin beslagen und uff dem lidlin ein Saffir. Item ein silberin tafel und übergult. Item zwey übergult silberin ledlin. Item zwey barillin kenthin mit silber beslagen und übergult für den altar. Item aber zwey kleyne barillin kenthin beslagen. Item drü höpter der eilfftusend megde. Item zwen silberin pulpet. Item zwey silberin kerstal und zwo hubsch kertzen daruff. Item einen hubschen engel von holtz und übergult, mit eyner silberin tafel übergult. Und haben ine also die vorgenanten stucke mit sollichem gedinge geben das sie die yetzund da syen und füro dahin zu ewigen tagen komen das obgemelt heilthum gantz unverrückt und unverdert by irem gotzhus in eren behalten und zu dem gotzdienst bruchen sollen und in dheinen weg von dem gotzhus entpfremden, weder mit verkouffe versetzen, anders geben oder anweg lihen. Ob aber wie oder wurde das sie einich stucke des obgemelten heilthums von dem gotzhuß entpfremdten in welchem weg das ymer geschehe, so sollen die andern unverenderte stucke alle gefallen sin unserm lieben sone grave Eberharten von Wirtemberg und zu Mümpelgart oder sinen erben, die dan das ouch allein zu dem gotzdienst unverendert bruchen sollent, und darzu dem selben unserm Sone oder sinen erben sollich verendert stucke widerschaffen oder darfür widerlegung tün nach aller notdurfft. Sie sollen ouch disen brieff und den brieff den wir ine umb das heilthum haben geben zu güter gedechtniß in ir gutteter buche lassen schriben und jerlich uff unserm Jartag den wir von ine haben by irem Convent offenlichen lassen lesen. Und also verzyhen wir uns für uns und alle unser erben mit rechtem wissen aller der gerechtikeit die wir zu dem obgemelten heilthum gehabt haben gentzlich und luterlich in krafft diß brieffs nu als dann und dann als nu. Und des zu warem urkunde haben wir unser eygen insigel offenlich getan hengken an disen brieff. Der geben ist zu Rotenburg an dem neckar an Sant Gregorien tag In dem Jar als man von Crist geburt zalt tusend vierhundert Sechtzig und Siben Jare.

VI.4

Grablege für die Stifterdynastie. Über die Jahre hinweg stiftete Mechthild an die Kartäuser, auch in ihrem letzten Testament von 1481 fällt ihnen ein ansehnliches Legat zu. Bereits 1467 hatte Mechthild einen umfangreichen Reliquienschatz (*unnser heilthum*) an die Kartause gestiftet, damit die liturgischen Gegenstände und Reliquien dort für die Pflege der Memoria und den Gebrauch im Gottesdienst eingesetzt werden konnten. Erwähnt werden eine edelstein- und perlenbesetzte Pietà aus Gold und Silber, ein goldenes, edelsteinbesetztes Kreuz, ein goldener Schrein, mehrere wertvolle Tabernakel und Monstranzen, dazu Messkelche und weitere Reliquiare (s. Kat. Nr. II.10). Die umfangreiche Aufzählung der einzelnen Reliquien verdeutlicht die Vielfalt der liturgischen Gegenstände und unterstreicht Mechthilds intensive Frömmigkeit. Neben der religiösen Bedeutung vermittelt die Liste auch einen Eindruck von der kunsthandwerklichen Qualität der einzelnen Stücke.

Mechthild machte zur Auflage, dass die Reliquien nicht verkauft oder verpfändet werden dürfen, ansonsten sollten sie an ihren Sohn übergeben werden. Mechthild setzte weiter fest, dass ihre Schenkung in das Stifterbuch der Kartause (*in ir gutteter buche*) eingetragen und jeweils an ihrem Jahrtag verlesen werden sollte. Dieses Buch der Wohltäter hat sich nicht erhalten, aber der Eintrag im Nekrolog der Kartause (s. Kat. Nr. VI.3) und die Abschrift im Kopialbuch (s. Kat. Nr. II.10) zeugen von der Bedeutung, die Mechthilds Reliquienstiftung für Güterstein besaß.

Lit.: Schön 1904, S. 69; Fleischhauer 1970, S. 24; Fischer 1994, S. 141 f., Anm. 130 und S. 144 f., Anm. 148; Deigendesch 2001, S. 64; Beitrag Prange in diesem Band.

EF

Mechthilds Testamente

VI.5 Ein neues Testament von Erzherzogin Mechthild

1468 Juni 10
Ausfertigung, Pergament, 15,5 x 30,5 cm, 2 anhängende Siegel
HStAS A 602 Nr. 144

Mechthild hatte ihren letzten Willen mehrmals schriftlich fixiert. Eine erste testamentarische Verfügung wird 1458 erwähnt (s. Kat. Nr. II.12), eine weitere 1468. Abt Bernhard von Hirsau (1460–1482) bestätigt nun urkundlich, dass Mechthild ein Testament im Benediktinerkloster Hirsau hinterlegt habe (*den ieczgemelten versigelten testamentz brieff mit wissen hinder unns gelegt und den czubehalten gegebn hat*). Über den näheren Inhalt dieses letzten Willens erfahren wir nichts, der Hirsauer Abt nennt aber die Siegler des Testaments und die Testamentsvollstrecker: Siegler sind neben Mechthild selbst der Ritter Konrad von Weitingen, Stefan von Leinstetten, der Hofmeister Ulrich von Reischach sowie Wilhelm von Wehingen. Sie alle gehörten damals zum engeren Umfeld des Rottenburger Hofes. Als Testamentsvollstrecker werden die beiden Äbte von Hirsau und Maulbronn bestimmt sowie Graf Jos Nikolaus von Zollern und Landvogt Balthasar von Wartemberg, genannt von Wildenstein. Auch diese beiden weltlichen Testamentsvollstrecker sind enge Vertraute, sie treten wiederholt als Schiedsrichter im württembergischen Umfeld auf. Graf Nikolaus wird dann später auch im Testament von 1481 (s. Kat. Nr. VI.6) als Testamentsvollstrecker aufgeführt.

Warum das Testament in Hirsau deponiert wurde und nicht in Heidelberg (wie 1458 und 1481), erklärt sich vermutlich aus den engen Beziehungen, die Mechthild gerade in diesen Jahren zum Hirsauer Konvent pflegte. 1467 hatte sie die Weihnachtstage im Kloster verbracht, im Mai 1468 dem Aureliuskloster eine üppige Stiftung zukommen lassen (s. Kat. Nr. III.4), und zu Beginn des folgenden Jahres versprechen die Hirsauer, den Jahrtag für Mechthild und ihren Sohn Eberhard besonders würdig begehen zu wollen. Wenige Wochen vor der Hinterlegung des Testaments war zudem Mechthilds Sohn Eberhard zu seiner Pilgerreise ins Heilige Land aufgebrochen, was erklärt, dass er hier keine Erwähnung findet.

Dieses Testament von 1468 sollte zu einem späteren Zeitpunkt widerrufen werden, worauf eine Bemerkung auf der Plica hinweist: *Item der widerruff brieff lit ouch by dem testament in dem ledlin*. Sowohl Testament als auch Widerrufbrief haben sich nicht erhalten. Freilich hat Mechthild dann auch in ihrer letzten Verfügung von 1481 das Kloster Hirsau bedacht: Der Konvent sollte mehrere Seidentücher zur Herstellung von Meßgewändern sowie Geld zum Kauf von Kreuzen erhalten. In der Hirsauer Klostertradition stand Mechthilds Stiftertätigkeit entsprechend in hohem Ansehen: Mechthild sei für Hirsau wie eine Mutter gewesen, die viel Gutes bewirkt hätte, heißt es dort, auch ist eine umfangreiche Auflistung von

VI.5

wertvollen, golddurchwirkten und edelsteinbesetzten liturgischen Gewändern bekannt, die Mechthild dem Kloster geschenkt haben soll.

Lit.: Schön 1904, S. 9, S. 68 f. und S. 74; Hirsau 1991, S. 482; Fischer 1994, S. 142, Anm. 131; Faix/Reichert 1998.

EF

VI.6 Mechthilds letztes Testament

1481 Oktober 1, Rottenburg
Pergamentlibell, 36,5 x 27 cm, 8 Bll., 7 anhängende Siegel an Seidenschnur
Bayerisches Hauptstaatsarchiv München, Geheimes Hausarchiv, Hausurkunde Nr. 2860
(s. Abb. S. 16)

Ein Jahr vor ihrem Tod regelte *Mechthilt geborne pfaltzgrefin by Rine, von Gottes gnaden ertzhertzogin zu Osterrich,* in Form des vorliegenden Testamentes die Verteilung ihrer Hinterlassenschaften an die ihr nahestehenden Personen nochmals neu. Dieses dritte und letzte Testament der 62-jährigen Fürstin aus dem Jahre 1481, das auf ihrem Witwensitz im Schloss zu Rottenburg niedergeschrieben wurde, ist heute lediglich in einfacher Ausfertigung überliefert. Zur Aufbewahrung ließ die zweifach verwitwete Mechthild das Dokument ihrem Neffen Kurfürst Philipp dem Aufrichtigen, Pfalzgraf bei Rhein (1448–1508), an den Heidelberger Hof übermitteln. Von dort aus gelangte es an das Geheime Hausarchiv der Wittelsbacher in München. Mechthilds eigene Ausfertigung des Testamentes ist nicht mehr erhalten; diese war nach ihrem Tod im August 1482 an ihren Sohn und Testamentsvollstrecker

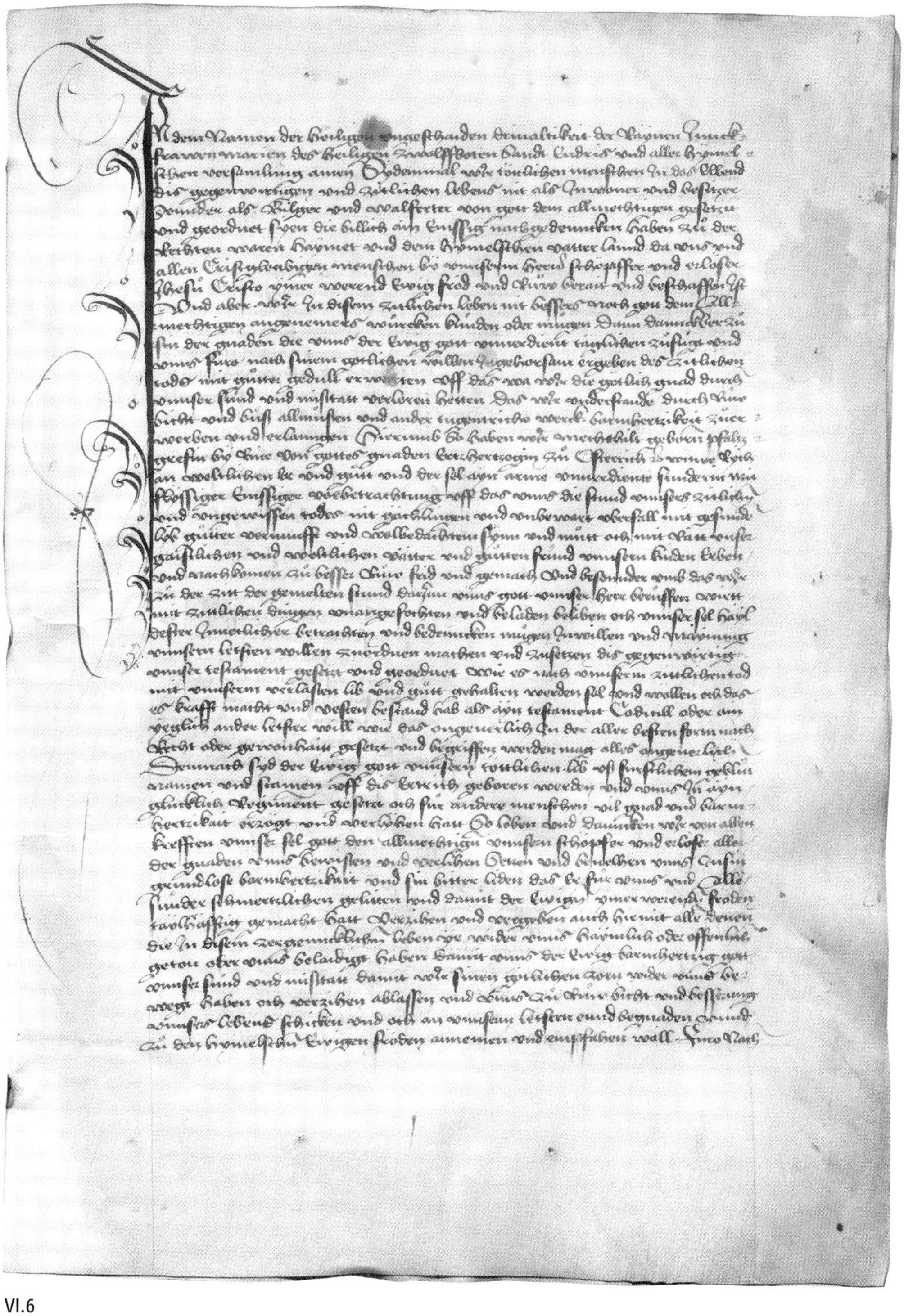

VI.6

Eberhard im Bart und damit an den württembergischen Hof in Urach gelangt. Ein Heftchen, das unmittelbar nach ihrem Tod zur Vollstreckung des Testamentes angefertigt wurde und eine Aufzählung der einzelnen Legate mit Vollzugsvermerken enthält, zeugt von dessen Existenz (vgl. Kat. Nr. VI.7).

In ihrem 12 Seiten umfassenden Testament sah Mechthild sechs große Punkte vor, die das Dokument gliedern: 1. Das Begräbniszeremoniell, ihr Begräbniswunsch in der Kartause Güterstein sowie verschiedene Legate zu ihrem Seelenheil, u. a. in Form von Vigilien und Seelenmessen; 2. Die Einsetzung ihres Sohnes Eberhard im Bart als Haupterbe; 3. Legate an geistliche Institutionen innerhalb Württembergs, darunter die Klöster Sindelfingen, Maulbronn, Hirsau und Rottenburg; 4. Legate an Familienmitglieder und nahe Verwandte, wie ihre Töchter, ihren Sohn Eberhard, dessen vorehelichen Sohn Ludwig und Eberhards Ehefrau Barbara Gonzaga sowie zwei Pfalzgrafen bei Rhein; 5. Legate an das Hofgesinde; 6. Legate an „Arme Leute" innerhalb des württembergischen Herrschaftsbereichs.

Das Testament bringt Mechthilds Präferenz für Haus und Herrschaft Württemberg deutlich zum Ausdruck. Mit Ausnahme ihrer nahen Verwandten am Pfalzgrafenhof in Heidelberg werden nur Personen – Männer wie Frauen – im und aus dem württembergischen Herrschaftsbereich bedacht, dasselbe Prinzip gilt für die geistlichen Institutionen. Neben ihren persönlichen Gegenständen wie Schmuck und Schleier, ihrer Kleidung, liturgischer Geräte und Messgewänder umfassten die Verfügungen an ihr Umfeld auch Naturalien und finanzielle Beträge. Im Unterschied zum politisch motivierten Testamentsentwurf ihrer Schwiegermutter Henriette von Mömpelgard aus dem Jahr 1442 sieht Mechthild aber keine Notwendigkeit darin, konkrete Zuweisungen von Besitzungen an bestimmte Personen durchzusetzen. Ihr ist sehr an der Beibehaltung der Ordnung innerhalb der Familie und Herrschaft Württemberg gelegen, indem sie ihren Sohn Graf Eberhard als rechtmäßigen Haupterben einsetzt und ihn nicht mit den Schulden ihres zweiten Ehemannes Erzherzog Albrecht VI. von Österreich belastet wissen möchte.

Durch die Einsetzung Eberhards im Bart als *principalselwärter, hanthaber, schirmer und executor* des mütterlichen Testamentes hatte dieser zunächst Sorge zu tragen für die ordnungsgemäße Abwicklung der einzelnen Legate, das Leichenbegräbnis, die Aushändigung von Gegenständen, die Bezahlung von verfügten Beträgen und die Begleichung offener Schulden. Darüber hinaus ergaben sich für ihn finanzielle Vorteile aus der Vollstreckung von Mechthilds letztwilliger Verfügung.

In seinem eigenen Testament aus den Jahren 1492 und 1496 sollte Eberhard über Mechthilds Hinterlassenschaften verfügen: Die Erträge aus der Nutzung der Ämter Böblingen und Wildberg sowie Hirschau und Wurmlingen, die von seiner Mutter an ihn gekommen waren, werden für den Bau der eigenen Stiftsgründung St. Peter im Schönbuch eingesetzt. Sämtliche Gegenstände, Silbergeschirr, Hausrat und alle Erträge von Mechthilds Ämtern, die sie ihrem Sohn Eberhard vererbt hatte, hinterlässt dieser wiederum Graf Heinrich dem Jüngeren von Württemberg, dem späteren Herzog Ulrich, der an seinem Hof erzogen wird.

Eberhard waren diese Hinterlassenschaften seiner Mutter aus dem Schloss und der Stadt Rottenburg erst im Zuge längerer Verhandlungen zugestanden worden. Im November 1482 wurde die Übergabe durch die Räte Erzherzog Sigmunds von Österreich, der die Oberhoheit über die Herrschaft Hohenberg wiedererlangt hatte, vollzogen. Der Verbleib eines Großteils von Mechthilds Erbe war damit durch die männlichen Herrschaftsträger in Württemberg sichergestellt.

Lit.: Antenhofer 2017; Fischer 1994; Graf 1997; Schöntag 2003; Molitor 1995; Württemberg im Spätmittelalter 1985.

CZ

VI.7 Pfalzgraf Philipps Sorge um Mechthilds Testament

1482 März 19, Heidelberg
Ausfertigung, Papier, 3 Blätter, 1 loser Notizzettel
HStAS A 602 Nr. 158

In unmittelbarem Zusammenhang mit Mechthilds Tod wurden einige Dokumente erstellt, die mit ihrem Testament in Verbindung stehen: Im März 1482 bestätigt Kurfürst Philipp der Aufrichtige (1448–1508), Mechthilds Neffe, dass er durch den Wildberger Vogt Heinrich von Kaltental das Testament seiner Tante erhalten habe und für sie aufbewahren wolle (*glich unser selbs brieffen zu bewaren*). Mechthilds Testament war am 1. Oktober 1481 in zwei Exemplaren ausgefertigt worden, und nur dieses Pfälzer Exemplar hat sich erhalten (s. Kat. Nr. VI.6). Der Bote Heinrich von Kaltental war der Bruder von Mechthilds Hofmeister Kaspar von Kaltental.

Ein beigefügter Notizzettel nennt als Todestag Mechthilds den 21. August 1482 (s. Kat. Nr. VI.1); daneben befindet sich ein summarisches Verzeichnis wesentlicher Bestimmungen aus ihrem Testament, überschrieben mit: *Miner gnedigen frowen ordnung*. Offensichtlich gehörten diese Notizen in das Umfeld der Testamentseröffnung

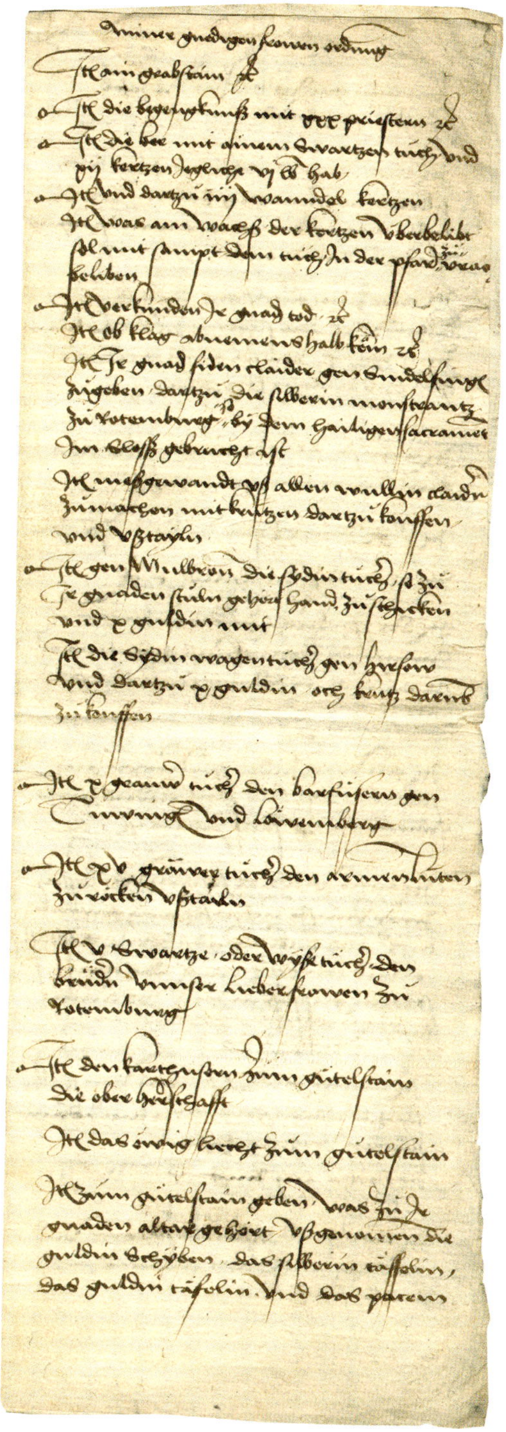

VI.7

VI.8

und wurden zur Dokumentation der Vollstreckung angefertigt, wie die Vollzugsvermerke bei etlichen Legaten zeigen, so gleich zu Beginn: *Item die begengknuß mit XXX priestern* oder *Item verkunden ir gnaden tod.*

Lit.: Schön 1905, S. 38; Raff 1988, S. 286 mit Anm. 11; Fischer 1994, S. 121, S. 163 mit Anm. 259; Meyer 2016, S. 152.

EF

VI.8 Das Grabmal Mechthilds von der Pfalz

Hans Multscher, [um 1450–52]
Sandstein, 203 x 162 cm
Tübingen, Stiftskirche

Als Mechthild von der Pfalz am 22. August 1482 im Alter von 63 Jahren im Heidelberger Schloss starb, wurde ihr Leichnam nach Urach überführt und anschließend in der nahe gelegenen Kartause Güterstein feierlich bestattet. Das Gütersteiner Kloster, in dem die Fürstin an der Seite ihres ersten Mannes Ludwig I. von Württemberg (1412–1450) beigesetzt wurde, hatte Mechthild bereits 1458 in ihrem ersten Testament bedacht sowie 1467 mit einer Sammlung kostbarer Reliquien und liturgischem Gerät.

Nur wenige Jahre nach dem Begräbnis der Gräfin wurden die Gebeine des Ehepaares jedoch erhoben und in die 1486 im Auftrag ihres Sohnes Eberhard im Bart erbaute Andreaskapelle überführt. Im Zuge der Reformation wurde der Konvent 1534 aufgelöst; die Särge des Ehepaares samt dazugehörigen Grabmälern wurden auf Geheiß Herzog Christophs (1515–1568) am 16. April 1554 in den Chor der Tübinger Stiftskirche überführt, wobei Mechthilds Grabplatte wohl als einzige den Transport weitestgehend unbeschadet überstand. Die lebensgroße Figur, welche der berühmte Bildhauer und Maler Hans Multscher (um 1400–1467) bereits um 1450 ausgeführt hatte, wurde daraufhin zusammen mit der von Jakob Woller (um 1510–1564) zwischen 1554 und 1556 ebenfalls aus Sandstein gefertigten Statue Ludwigs I. zu einem freistehenden Doppelgrabmal zusammengeführt.

In diesem Kontext wurden nicht nur die Hintergrundplatte der Multscher-Figur ausgetauscht und eine die beiden Grabfiguren umgebende Rahmenleiste hinzugefügt, auf der in den Ecken die Wappen der Kurpfalz, Bayerns, Württembergs und Mömpelgards angebracht sind, sondern auch – um die Zusammengehörigkeit der beiden Bestatteten ästhetisch zu betonen – die Kopfkissen der Verstorbenen mit einheitlichen floralen Ornamenten versehen.

Die Fürstin wird von ihrem weiten Gewand regelrecht eingehüllt, das sie mit ihren beiden

Händen behutsam vor der Brust zusammenrafft, wobei die Rechte in einem Beteuerungsgestus zu verharren scheint. Die Linke, deren schmaler Handrücken und lange Fingerglieder geradezu grazil den festen Mantelstoff berühren, unterstreicht zugleich die Gebärde. Dabei unterscheiden sich die umgeschlagenen Ärmel und die voluminösen Faltenbäusche in ihrer haptischen Qualität deutlich von dem darunter sichtbaren, eng anliegenden Untergewand und der weich modellierten Haut der Hände. Gleichermaßen detailliert ausgearbeitet sind der Schleiersaum der Haube und das darin eingefasste Gesicht der Gräfin (Abb. S. 76), die damit als verheiratete Frau bzw. Witwe charakterisiert wird.

Mechthild wird in jugendlichem Alter mit idealisiertem, fast faltenfreiem Antlitz gezeigt, das dennoch einige individuelle Züge aufzuweisen scheint; die Augenbrauen sind gleichmäßig gewölbt, die Nase ist trotz einer Verknöcherung gerade, der Mund schmal, und nicht zuletzt lässt die differenzierte Gestaltung von Ober- und Unterlid die Augen leicht verengt, den Blick der Verstorbenen somit wach und aufmerksam wirken. Auf die eheliche Treue und den Sanftmut der Memorierten verweist ein kleiner Hund zu ihren Füßen, der von einigen Forschern als Dogge identifiziert wurde. Sein gedrungener Leib liegt schräg auf dem Mantelstoff, der ihn wie ein Kissen hinterfängt. Der Hund scheint somit auf der Grabplatte zu ruhen, während die Gräfin selbst als Standfigur wiedergegeben ist, was von dem Faltenwurf des Gewandes angedeutet wird, welcher der leicht s-förmig geschwungenen Körperlinie folgt.

Zur Rechten Mechthilds befindet sich die Statue ihres Gatten Ludwig I. von Württemberg, wobei sich der Künstler bei der Gestaltung der Rüstung und des Mantelstoffes des Grafen an der Skulptur von Multscher orientierte. Nach der Überführung der Gebeine in die neue Grablege avancierte gerade die Grabfigur Mechthilds aufgrund ihrer – nicht nur im regionalen Vergleich – herausragenden ästhetischen Qualitäten zu einem zentralen Objekt der dynastischen Memoria des Hauses Württemberg.

Lit.: Bunz 1869; Westermeyer/Wagner/Demmler 1912; Schmitt 1941; Schukraft 1989; Popp/Söding 1997; Baresel-Brand 2007; Meys 2009; Knöll 2014.

AP/SR

VI.9 Mechthilds Grabmal in Güterstein

[1554]
Federzeichnung, Papier, 21,5 x 32 cm
HStAS G 47 Bü 24
(Abb. S. 77)

Als die Gräber des Hauses Württemberg im Jahr 1554 von der Kartause Güterstein in die Stiftskirche nach Tübingen verlegt werden sollten, ordnete Herzog Christoph zunächst eine Begehung in Güterstein an. Dabei wurden Zeichnungen der Grabmäler angefertigt, wovon sich auch die Skizze für das Grabmal Mechthilds erhalten hat, das – neben dem ihres Mannes Ludwig – in der Andreaskapelle untergebracht war. Die Skizze zeigt noch ihren in eine Nische eingestellten Prunksarkophag, auf dessen Wandung Klagefiguren (Pleurants) dargestellt waren.

Lit.: Deigendesch 1999, S. 99 f.; Württemberg im Spätmittelalter 1985, S. 63 f. (J. Fischer); Beitrag Prange in diesem Band.

PR

VI.10

Mechthilds Frömmigkeit und kostbares Andenken

VI.10 Der Apostel Andreas

Meister E.S., [um 1450–1455]
Kupferstich auf Büttenpapier; Blatt: 14,8 x 10 cm
Wien, Albertina, Inv.Nr. DG1926/738

Mechthild erwähnt in ihrem Testament von 1481 auch ein Brustbild des Apostels Andreas, den sie bekanntlich als ihren Lieblingsheiligen verehrte. Sie hatte bereits einige Jahre zuvor ein Bildnis des Heiligen an die Kartause Güterstein geschenkt und verfügte in diesem letzten Testament, dass nach ihrem Tod *ayn brustbild unnsers lieben und erwelten zwölfpoten sanndt Andreas* für die Pfarrkirche in Urach angefertigt und gestiftet werden soll.

Darstellungen der Apostel waren im Spätmittelalter weit verbreitet; sie zählten auch zu den häufigsten Themen des frühen Bilddrucks. Allein der um die Mitte des 15. Jahrhunderts am Oberrhein tätige Meister E. S. schuf sechs verschiedene Folgen der Apostel. Die sitzenden Apostel zeichnen sich durch eine auffallend plastische Durchbildung der Figuren aus, so dass angenommen wurde, sie seien von Skulpturen angeregt – oder als Vorlagen dafür intendiert.

Der Meister E. S. zeigt die Apostel barfuß als Typen aus dem einfachen Volk, die er individuell charakterisiert. Dabei spielt er phantasievoll verschiedene Sitzhaltungen, Körperdrehungen und Temperamente durch, von der Frontal- bis zur Rückenansicht. Als einziger blickt der Apostel Andreas direkt aus dem Bild. Sein Attribut ist das „Andreaskreuz" mit zwei sich diagonal kreuzenden Balken. Mit der linken Hand hält er ein Buch, das ihn als Lehrer ausweist.

Lit.: Lehrs 1910, S. 178, Nr. 114; Höfler 2007, Textband S. 81–84, 209; Fischer 1994, S. 132.

HMK

VI.11 Anhänger mit der Anbetung der Heiligen Drei Könige

[Mitte 15. Jahrhundert], Deutschland
Silber vergoldet; Dm. 2,5 cm
Landesmuseum Württemberg, Stuttgart,
Inv.-Nr. WLM 1925–39

Kleine Schmuckstücke mit religiösen Motiven wie dieser Anhänger mit der Darstellung der Anbetung der Heiligen Drei Könige lassen die alle Lebensbereiche durchdringende Frömmigkeit des späten Mittelalters aufscheinen. Das filigrane „Kleinod" aus vergoldetem Silber zeigt in einen feinen Ring eingepasst rechts die thronende Maria mit Kind, der die von links kommenden Könige die Ehre erweisen. Die Könige, von denen der vordere kniet, während die beiden anderen leicht nach hinten versetzt stehen, halten Geschenke in Händen und

VI.11

reichen diese der Gottesmutter und dem Jesuskind. Die Öse oben deutet darauf hin, dass das kleine Rundbild einst als Anhänger an einer Kette befestigt werden konnte. Durch die Durchbrüche zwischen dem umgebenden Ring und den Figuren schien einst vermutlich die Kleidung der Trägerin durch, auf der der Anhänger auflag, die Wirkung des goldenen Motivs variierte demnach je nach darunter liegender Stofffarbe.

Durch das Tragen solcher Schmuckstücke erhoffte sich die Besitzerin den Beistand der dargestellten Heiligen. Die Motivik der Pretiosen spiegelt ihre persönliche Frömmigkeit und die Vorlieben der privaten Andacht. Dabei mögen sich die Heiligen Drei Könige als gesellschaftlich hoch gestellte Persönlichkeiten besonders für Adlige als Identifikationsfiguren und Vorbilder für die Verehrung von Maria und Jesus angeboten haben.

ISH

VI.12 Ein silberner Messkelch

[Spätes 15. Jahrhundert, Fuß 18. Jahrhundert (?)],
Süddeutschland
Silber vergoldet, getrieben, graviert und punziert;
19,5 x 11,5 cm
Landesmuseum Württemberg, Stuttgart, Inv.-Nr. GG 1372

Vasa sacra bzw. liturgisches Gerät wie dieser Messkelch aus vergoldetem Silber gehörten zu den Geschenken, die Mechthild verschiedenen Klöstern widmete. Der Kelch ist gekennzeichnet durch einen trichterförmig ausgebildeten Fuß, der durch jeweils sechs abwechselnd zungenförmige und spitze, ins Metall getriebene Blätter gegliedert ist. In den abgetreppten unteren Standring ist ein kettenartiges Ornament aus ovalen Punzen eingeschlagen. Den oberhalb des Fußes ansetzenden zylindrischen Schaft teilt ein 8-fach gekröpfter Nodus, darüber und darunter befindet sich jeweils eine in gotischen Minuskeln geschriebene Inschrift *ave maria*. Die Kuppa ist vergleichsweise schlank gebildet und ohne Dekor. Die zugehörige Patene ist nicht erhalten. Über den ursprünglichen Verwendungsort des Kelches ist nichts bekannt. Er wurde 1938 in Rottenburg für das Stuttgarter Landesgewerbemuseum erworben und kam über diese Sammlung 1968 an das Landesmuseum Württemberg.

ISH

VI.12

VI.13

VI.13 Ein Reliquien-Ostensorium aus Kristall

[15. Jahrhundert], Süddeutschland
Messing, Kristall; 23 x 11,3 cm
Landesmuseum Württemberg, Stuttgart, Inv.-Nr. WLM 1962–49

Das Ostensorium diente als Schaugefäß zur Präsentation von Reliquien während Prozessionen oder im Kirchenraum. Die Reliquie wurde in einem quer liegenden Kristallzylinder gezeigt, weshalb das Ostensorium den Röhrenreliquiaren zuzuordnen ist. Reliquien von Jesus, Maria und von Heiligen hatten für die Gläubigen im Spätmittelalter existentielle Bedeutung; man bemühte sich intensiv darum, in die Nähe von wirkmächtigen Reliquien zu gelangen. Das Pilger- und Wallfahrtswesen zu solchen heiligen Stätten erreichte im 15. Jahrhundert einen Höhepunkt.

An fürstlichen Höfen wurden vielfach eigene Reliquiensammlungen angelegt. Auch Mechthild von der Pfalz besaß eine entsprechende Kollektion mit kostbaren Vasa sacra, darunter etliche aus Kristall, und übereignete diese 1467 an die Kartause Güterstein. Die dort verwendeten Reliquiare wie auch das liturgische Gerät der Kartause gingen nach Auflösung des Klosters entweder in andere Kontexte über oder wurden eingeschmolzen.

Charakteristisch für spätmittelalterliche Reliquiengefäße ist der reiche ornamentale Schmuck sowie das bekrönende Maßwerk. Der Querausrichtung des Kristallzylinders entsprechend ruht das Ostensorium auf einer länglichen, vierpassigen Fußplatte mit gravierten und gepunzten Ornamenten und profiliertem Rand, die sich zum mittig ansetzenden Schaft hin erhöht. Dieser setzt über einem Wulst an und ist durch einen flachen Nodus gegliedert, der mit zungenförmigen Feldern und als Rauten geformten Bossen verziert ist. Oben am Schaft setzt über einem Wulst ein kämpferförmiges Zwischenstück mit gravierten Blättern an, das den liegenden Kristallzylinder trägt. Seitlich wird die Röhre durch zwei sechseckig geformte Platten verschlossen, die im Zentrum jeweils eine gestanzte Rosette zeigen und seitlich von zwei mit Spitzkugeln bekrönten vierkantigen Pfeilern flankiert werden. Auf dem Rücken des Kristallzylinders liegt ein Steg auf, der in der Mitte einen würfelförmigen Aufsatz mit einer von vier kleinen Eckpfeilern begleiteten Spitzpyramide mit Kugelspitze trägt. Der ursprüngliche Verwendungskontext das Ostensoriums lässt sich nicht mehr rekonstruieren, da lediglich bekannt ist, dass das Objekt 1962 in einer Stuttgarter Kunsthandlung erworben wurde.

ISH

VI.14 Ein Kästchen aus der Kurpfalz

[Um 1460/70], Kurpfalz bzw. Oberrhein,
2 Fragmente, Buchsbaumholz, geschnitzt,
12 x 6 cm und 7 x 6 cm
Landesmuseum Württemberg, Stuttgart, Inv.-Nr. 8817 a, b

Zwei aus Buchsbaumholz geschnitzte Reliefs dienten sehr wahrscheinlich als Längs- und Schmalseite eines Kästchens. Seit dem 19. Jahrhundert wurde für solche vergleichsweise kleinformatigen Behältnisse

die Bezeichnung „Minnekästchen" geprägt, da Motivik und Inschriften häufig auf einen Minne-Kontext, das heißt auf die verfeinerte höfische Liebe, hindeuten. Im Mittelhochdeutschen selbst finden sich keine Bezeichnungen, die eine Verbindung zwischen den Kästchen mit dem Begriff der „Minne" herstellen, vielmehr werden diese neutraler als „truhelin", „sc(h)rin", „kistlin" oder „laden" bezeichnet. Aufgrund der dargestellten Motive ist jedoch anzunehmen, dass mit Reliefs geschmückte kleine Holzkästchen, die wohl vornehmlich der Aufbewahrung von Schmuck, Kleinodien oder Erinnerungsstücken dienten, zumindest teilweise als werbende Liebesgaben, Braut- oder Verlobungsgeschenke an ihre Besitzerin überreicht wurden.

Das Wappen auf der Schmalseite des Kästchens deutet auf das Umfeld, in dem die erste Besitzerin oder der Besitzer zu suchen ist. Im Zentrum steht – von vier Knappen gehalten – ein pfalz-bayerischer Wappenschild. Der gelehnte Schild ist quadriert und zeigt in Feld 1 und 4 „Pfälzer" Löwen sowie in den Feldern 2 und 3 „bayerische" Rauten. Die beiden Schildhalter mit Lanzen, die links und rechts hinter dem Wappenschild stehen, sind als junge Männer mit langem lockigen Haar in körperbetonter höfischer Kleidung geschildert. Von vorne wird der Schild von zwei im Profil gezeigten knienden Männern mit kürzerem Wams gestützt, von denen der linke eine Haube auf dem Kopf sowie einen Dolch an der Hüfte trägt. Figuren und Wappenschild sind von üppigem Blattwerk hinterfangen.

VI.14

VI.15

Verzweigte Blattranken gliedern auch das zweite längsrechteckige Buchsbaumholzrelief, das eine Szene mit drei Figuren zeigt: Mittig kniet eine im Profil dargestellte Figur mit schulterlangem Haar, vermutlich ein Knappe, der eine Fahnenlanze mit einem gerautetem Wimpel in die Höhe hält. Im Blätterwerk etwas nach hinten versetzt kämpfen zwei links und rechts der Fahnenlanze stehende Männer gegeneinander. Sie tragen keine Rüstung, halten jedoch Rundschilde mit als Gesichter ausgebildeten Schildbuckeln. Der linke Kämpfer, der höfische Kleidung und Haartracht trägt und aufgrund der Fahnenlanze als Pfalzgraf bei Rhein und Herzog von Bayern gedeutet wird, hat sein Schwert über den Kopf zum Schlag erhoben. Die rechte Figur, die durch fremdländische Züge gekennzeichnet ist, zielt dagegen mit einer Lanze auf den Gegner. Geschildert wird hier kein tatsächliches Kampfereignis, sondern die Darstellung erinnert an die sportlichen, artifiziellen Zweikämpfe im Rahmen spätmittelalterlicher höfischer Turniere.

Aufgrund der Wappen ist anzunehmen, dass der ursprüngliche Verwendungskontext der Reliefs ein höfischer Haushalt im Umfeld der kurpfälzischen Familie war. So zeigen auch die heraldischen Darstellungen für Mechthild von der Pfalz ein entsprechendes Wappen mit je zwei ungekrönten Löwen und Rautenfeldern. Zudem verfügte sie in ihrem letzten Testament über ein *kopfhus*, ein Schränkchen, das ihr von ihrem Neffen Pfalzgraf Philipp geschenkt worden war. Eine genaue Zuordnung des Kästchens ist allerdings bislang kaum möglich, da lediglich bekannt ist, dass es 1882 in einer Auktion erworben wurde. Aufgrund der üppig wuchernden Blattranken und der Schilderung der Figuren lassen sich die Fragmente immerhin in die Zeit um 1460/70 datieren; wegen stilistischer und motivischer Merkmale erscheint eine Herstellung am Oberrhein bzw. in der Kurpfalz naheliegend.

Lit.: Kohlhaussen 1928, Nr. 86, Taf. 82; Der Griff nach der Krone 2000, Nr. 175, S. 305 f.; Fischer 1994, S. 133.

ISH

VI.15 Ein Rosenkranz aus Bein

15. Jahrhundert, Süddeutschland
50+1 Beinringe, gedrechselt, 4 Glasperlen, Band erneuert, Umfang ca. 24 cm
Diözesanmuseum Rottenburg, Inv. Nr. G 013–90

Gebetsschnüre, Paternoster oder später Rosenkranz genannt, spielten für die Frömmigkeit im späten Mittelalter eine zentrale Rolle. Wiederholungsgebete, vor allem das Vater unser und das Ave Maria wurden damit abgezählt, gegen Ende des 15. Jahrhundert kam das Rosenkranzgebet dazu. Solche Zählschnüre mit Beinringen und Glasperlen müssen weit verbreitet gewesen sein; erhalten haben sich allerdings nur sehr wenige. In bildlichen Darstellungen werden Stifterfiguren oft mit ihrem Paternoster gezeigt, so auch Mechthild auf ihrer Stifterscheibe in der Stiftskirche Tübingen. Schon 1447 hatten die Gütersteiner Kartäuser mit ihrem Taufgeschenk Mechthild einen Paternoster geschenkt (s. Kat. II.11). Sie besaß gleich mehrere kostbare Exemplare, die sie in ihrem Testament alle ihrer Schwiegertochter Barbara Gonzaga vermachte. Keines davon hat sich erhalten.

Lit.: Spätmittelalter am Oberrhein 2001, S. 115; Beitrag Rückert in diesem Band.

PR

VII

DAS NACHLEBEN MECHTHILDS VON DER PFALZ

Mechthilds Nachleben begann quasi schon zu ihren Lebzeiten: Auf der politischen Ebene wurde im Jahr 1480 sogar auf einem Fürstentag der unbestimmte Verdacht übler Nachrede gegen sie aus der Welt geschafft. Aus dem Verdacht wurde bald Verruf, als der Graf von Zimmern in seiner Zimmerischen Chronik gegen Mitte des 16. Jahrhunderts Mechthild als „Zerrbild" einer zügellosen und wollüstigen Witwe darstellte. Die schwankhafte Episode mit ihrer deftigen Schilderung der Zustände am Rottenburger Hof sollte Mechthilds Nachleben bis heute prägen.

Ein anderes Bild vermittelt die Rottenburger Chronistik – hier werden die positiven Seiten der „Rottenburgerin" Mechthild besonders hervorgehoben. Als Wohltäterin und fromme Stifterin förderte sie Klöster und geistliche Einrichtungen, als kunstsinnige und großzügige Mäzenin unterstützte sie besonders die Ausstattung von Rottenburger Kirchen.

Die moderne Rezeption Mechthilds wird heute in Rottenburg dominiert durch ihre zentrale Rolle bei der Fastnacht. Als „Gräfin Mechthild" ist sie in der Neckarstadt populärer Kristallisationspunkt in der sogenannten fünften Jahreszeit. Diese aktuelle Präsenz in der Rottenburger Stadtkultur transportiert das populäre Bild Mechthilds von der Pfalz bis in unsere Tage. Ihre historische Bedeutung reicht weit darüber hinaus.

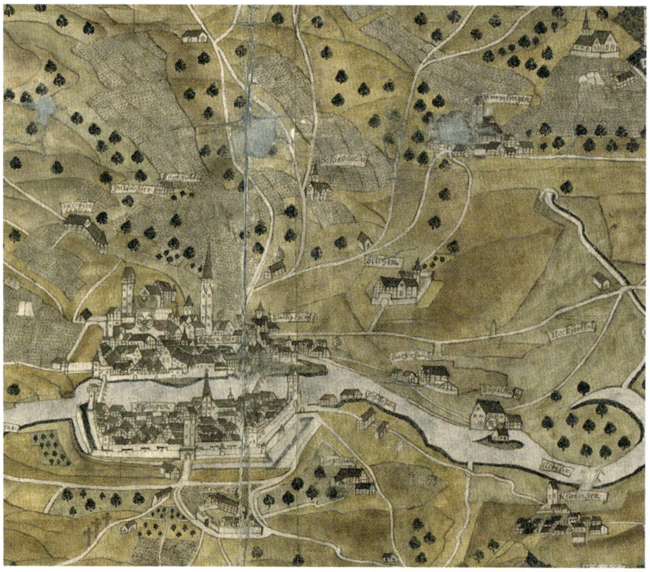

VII.1

VII.1 Rottenburg im Bild

1705
Aquarellzeichnung, Papier auf Leinen, 165 x 75 cm
StA Sigmaringen K I Sch/1
Ausgestellt: Reproduktion (Ausschnitt um Rottenburg)

1705 fertigte der Tübinger Zeugwart und Feldmesser Johann Ulrich Stirlin im Auftrag von Fürst Friedrich Wilhelm von Hohenzollern-Hechingen die vorliegende Karte („Ritterschaftliche Freie Pürsch in Schwaben am Neckar und Schwarzwald“) an. Sie diente als Beweismittel in einem Prozess vor dem Reichskammergericht. Stirlins Aquarellzeichnung folgte einem um 1605 entstandenen, heute verschollenen Original, das sich im Besitz des Freiherrn Georg Ludwig von Closen zu Kilchberg befunden hatte.

Der abgebildete Ausschnitt zeigt eine schematische Ortsansicht von Mechthilds Residenzstadt Rottenburg und Ehingen; in der Altstadt sind einzelne Gebäude gut zu erkennen (St. Martin, das Karmelitenkloster), unmittelbar vor der Stadt am Sülchentor die Heiligkreuzkapelle. Im weiteren Verlauf des Neckars sind das Siechenhaus, die Distelmühle sowie Kiebingen eingezeichnet. Nördlich davon sind dargestellt die Sülchenkapelle, die Kapelle St. Theoderich und noch weiter nördlich Wurmlingen mit der Kapelle oben auf dem Berg.

Lit.: Seigel 2005.

EF

VII.2 Mechthild im Verdacht: Die Ehrerklärung Herzog Albrechts von Sachsen

1480 November 9, Nürnberg
Ausfertigung, Pergament, 15,5 x 25,6 cm, 1 anhängendes Siegel
HStAS A 602 Nr. 153

Schon zu Lebzeiten besaß Mechthild von der Pfalz einen besonderen Ruf, der auch von zweifelhaften Vorwürfen zu ihrem Lebenswandel genährt wurde. So erklärt sich die urkundliche Ehrerklärung Herzog Albrechts von Sachsen (1443–1500), dass sein Diener, Ritter Lutz Schott, nichts Arges über Mechthild wisse und über sie nur als eine löbliche fromme Fürstin reden könne (*von ir liebe nichts annders denn alßo von einer loblichen frommen furstynne zu reden*). Die hier angesprochenen Vorwürfe resultieren aus Bemerkungen, die Lutz Schott vor Zeiten gegenüber seinem früheren Herrn Pfalzgraf Friedrich dem Siegreichen geäußert hatte (*einer rede halben, die der gnante er Lutz widder den genannten pfaltzgraven, die zeit seinen hern, gethan*). Lutz Schott war über Jahre ein wichtiger Parteigänger des Pfälzers gewesen, später kam es zwischen ihm und dem Pfalzgrafen zum Zerwürfnis. Darüber hat sich Schott kritisch ausgelassen und in seine Vorwürfe offensichtlich auch Friedrichs Schwester Mechthild mit einbezogen.

Nun werden die Vorwürfe im November 1480 auf einem Fürstentag in Nürnberg durch Herzog

Wir Albrecht von gots gnaden Hertzog zu Sachssen Lantgraue In Duringen Vnnd Marggraue
zu Meyssen bekennen In disem vnnserm offen brue Als sich erzeuten von der Hochgeborn furstin
Frawen Mechtilt geborner Pfaltzgrauin bey Reyn Ertzhertzogin zu Osterreich etc vnnser lieben
Muhmen Vnnd dem Hochgebornn fursten Hern Friderichen weilant Pfaltzgrauen bey Reyn hertzo
gen in Beyern vnnserm lieben Oheimen seliger gedechtnus vnnd Ern Lutzen Schotten Ritter vnnserm
Hoffdiener vnnd lieben getrawen Einer rede halben die der genante Er Lutz widder den genanten
Pfaltzgrauen die zeit seinen hern gethan begeben hat Also hat der genannte Er Lutz vor vnns
gesaget das er von der genanten furstin vnnser lieben Muhmen nichts arges weisse Vnnd
weisse von ir liebe nichts annders denn also von einer loblichen fromen furstynne zureden Des zu
urkunde haben wir vnnser Innsigell wissentlich an disen brue lassen hengen Der gegeben ist
zu Nuremberg Nach Cristi vnnsers herrn geburt tausentvierhundert vnnd darnach In dem Acht
zigstenn Jarenn am donnrstag nach Leonhardi des heiligen Beichtigers

VII.2

Albrecht von Sachen ausgeräumt, in dessen militärischen Diensten Lutz Schott inzwischen stand. Die Stimme Albrechts hatte im Reich Gewicht, auch Graf Eberhard von Württemberg suchte in dieser Zeit die engere Zusammenarbeit mit ihm. Man weiß, wie sehr der Württemberger in diesen Jahren besonders um außenpolitischen Ausgleich bemüht war, um die sich abzeichnende Wiedervereinigung Württembergs nicht zu gefährden. Der Fürstentag bot eine willkommene Gelegenheit, die Gerüchte über seine Mutter durch die förmliche Erklärung Albrechts aus der Welt zu schaffen.

Lit.: Martin 1870, S. 110 f.; Schön 1905, S. 10; Raff 1988, S. 294 Anm. 28; Press 1994, S. 25 f.; Haag 1996; Thieme 2002.

EF

VII.3 Mechthild im Verruf: Die Zoten der Zimmerischen Chronik

[1564–1566]
Froben Christoph von Zimmern, Zimmerische Chronik, Handschrift B
Papier, Folioband, 1581 S., 40 x 31 cm
WLB Stuttgart, Cod. Don. 580b
Ausgestellt: Reproduktion (S. 1199)
(mit Audioversion an Hörstation) (Abb. S. 84)

Die Zimmerische Chronik gilt als „Solitär unter den Schwäbischen Hauschroniken“, dank der Erzählkunst ihres Verfassers, Graf Froben Christoph von Zimmern (1519–1566). Als adelige Hauschronik angelegt, verbindet das monumentale Werk auf knapp 1.600 Seiten Geschichtsdarstellung

mit Sagen, Episoden, Anekdoten und schwankhaften Erzählungen. Dank der eingestreuten Geschichten – witzig, unterhaltsam, manchmal auch derb und zotig – zeichnet die Chronik ein kulturgeschichtlich aufschlussreiches Bild der schwäbischen Adelskultur in der frühen Neuzeit. Die Familiengeschichte der Grafen von Zimmern wird hier kombiniert mit biographischen Schilderungen einzelner Grafen. Deren historische Leistung wird oftmals dadurch bewertet, ob sie der Familie Schaden oder Nutzen brachte.
Unter dieser Prämisse geht Froben Christoph auch auf seinen Urgroßvater ein. Werner von Zimmern (1423–1483) gehörte als württembergischer Landhofmeister zum engen persönlichen Umfeld Mechthilds, beim Tod Graf Ludwigs 1450 war Werner ihr erster Ansprechpartner (s. Kat. Nr. II.14). Die Gerüchte um eine Affäre Werners von Zimmern mit der Erzherzogin, die freilich nicht näher belegt werden, weist die Zimmerische Chronik entschieden zurück mit einer derb-zotigen Schilderung über das frivole und unmoralische Treiben am Rottenburger Hof. Diese schwankhafte Erzählung begründete den zweifelhaften Ruf und das Nachleben Mechthilds von der Pfalz als wollüstige, zügellose Witwe.

Graf Froben Christoph nahm freilich vor allem den Zimmerischen Urgroßvater in Schutz: Werner hätte sich, so der Chronist, von den zügellosen Zuständen am Rottenburger Hof so gut wie möglich ferngehalten. Hier drohte ein Familienmitglied der Herren von Zimmern in Verruf zu geraten – durch die ausgeschmückte Darstellung um Mechthilds Wollust wird auf die Fürstin abgelenkt und die Familienehre der Grafen von Zimmern „gesäubert".

Lit.: Barack 1881, S. 453 f.; Joos 2012; Wolf 2012; Mäzene 2012, S. 231 f. (Casimir Bumiller); Wolf 2016, S. 426 ff.; Beiträge von Bamberger/Robert und Aderbauer in diesem Band.

EF

VII.4 Mechthild als Stadtbewohnerin: Die Chronik des Lutz von Lutzenhardt

1608–1610, Rottenburg
Lutz von Lutzenhardt, Handschriftliche Chronik, Papier, 30,6 x 21 cm
WLB Stuttgart, Cod. hist. fol. 764
Aufgeschlagen: S. 7
(Abb. S. 86)

In den Jahren ab 1608 verfasste Christoph Lutz von Lutzenhardt († 1612/1613) ein auf fünf Bände konzipiertes Werk, das er mit dem Titel „Chronickh vnd Gslechter Buech der Loblichen Österreichischen Statt Rottenburg am Negger" überschrieb. Es steht am Beginn der Rottenburger Chronistik. Nur vier der fünf Bände haben sich bis heute erhalten.

Christoph Lutz von Lutzenhardt entstammte der kommunalen Oberschicht. Offenbar hatte erst der Chronist selbst Ende des 16. Jahrhunderts die Nobilitierung der Familie erwirken können. Seine Schwester war mit dem höchsten in der Stadt residierenden herrschaftlichen Beamten, dem hohenbergischen Statthalter Christoph Wendler von Bregenroth verheiratet. Diese familiäre Verwurzelung in der städtischen Führungsschicht bestimmt auch die Perspektive, aus der heraus die Chronik geschrieben wurde.

Lutz von Lutzenhardt verfasste seine Chronik zu einem Zeitpunkt, als die städtischen Magistratsfamilien gegenüber der österreichischen Landesherrschaft unter massivem Druck standen. Auch wenn Lutz diese massiven Konflikte mit keinem Wort erwähnt, darf man davon ausgehen, dass seine Chronik nicht zuletzt das Ziel verfolgte, die angeschlagene Reputation der Stadt Rottenburg und ihrer Magistratsfamilien zu verteidigen. Dieser Intention dient gerade auch der vierte Band, in dem Lutz den Nachweis des hohen Rangs der Stadt dadurch erbringt, dass er die zahlreichen in der Stadt wohnenden oder für die Stadt stiftenden hohen Adelsfamilien auflistet. Dieses Verfahren erinnert an die Adelschroniken seiner Zeit, in denen reale oder fiktive Stammbäume mit dem Ziel aufgestellt wurden, möglichst frühe und bedeutende Vorfahren aufzulisten, um den hohen Rang der eigenen Familie zu untermauern.

In diesem Sinne führt Lutz von Lutzenhardt Erzherzog Albrecht VI. und seine Frau Mechthild an erster Stelle unter den Bewohnern Rottenburgs – direkt nach den Grafen von Hohenberg als der Stadtgründerdynastie. Sie nehmen damit die Position der ranghöchsten Stadtbewohner ein. Dabei würdigt er Mechthild wegen ihrer hohen Abstammung und preist ihre reiche Stiftertätigkeit zum Wohl der Stadt, die dadurch – ganz im Sinne des Chronisten – wiederum indirekt aufgewertet wurde. Sein Satz: *Sy hatt die Kürchen mit schönen Alltaren, Orglen, Ornaten unnd andern Gottsgaben (Inmasßen hin unnd wider diser beschreibung gnuegsam zufinden) herrlich begabt, mit Gemäl uf das schönest unnd Kostlichest ziehren* [lassen] wurde und wird von der Forschung immer wieder als Beleg für Mechthilds kunstsinnige und großzügige Stiftertätigkeit zitiert. Wegen des Verlustes des zweiten und der Unvollständigkeit des dritten Bandes ist diese Erwähnung Mechthilds bereits die ausführlichste Würdigung innerhalb der umfangreichen Chronik.

Lit.: Kempf 1986; Beiträge Aderbauer und Prange in diesem Band.

HA

VII.5 Mechthild als Wohltäterin: Das Traditionsbuch von Johann Evangelist Weittenauer

1674–1678
Johann Evangelist Weittenauer, Liber traditionum, Papierband, 32 x 46 cm
Diözesanarchiv Rottenburg, M 253, B 76
Aufgeschlagen: S. 138–139

Johann Evangelist Weittenauer (1640–1703) verfasste sein „Tradition Buch von dem Anfang, Vhrsprung vndt Wachßthumb deß löblichen alten Stüffts Sant Maurizij in Ehingen nehst Rottenburg am Nekher“ in den Jahren 1674 bis 1678. Weittenauer entstammte wie Lutz von Lutzenhardt der Rottenburger Oberschicht. Nach dem Theologiestudium in Freiburg wurde er 1666 zum Priester geweiht, trat in Rottenburg in das Chorherrenstift St. Moriz ein; 1675 wurde er Stiftspfarrer, 1687 stieg er zum Propst auf.

Anders als der eng gefasste Titel vermuten lässt, deckt das Traditionsbuch viele Bereiche der Stadtgeschichte mit ab, weshalb es als die bedeutendste und meistzitierte vormoderne Rottenburger Chronik gilt. Inhaltlich greift Weittenauer immer wieder auf Lutz von Lutzenhardt zurück, stellt aber durch die Einbeziehung zusätzlicher Quellen und durch kritische Kommentare und Wertungen einen Fortschritt gegenüber Lutz im Sinne einer wissenschaftlicheren Herangehensweise dar.

In seinen einleitenden Worten formuliert Weittenauer seine Grundintention, *aller Stüffter undt Gutthätter* des Chorherrenstifts gedenken zu wollen. Dieser Zielsetzung folgend schildert er Pfalzgräfin Mechthild in der Chronik als Gönnerin und Förderin des Chorherrenstifts und als Regentin, die sich um viele Angelegenheiten des Stifts kümmerte. Neben der bereits bei Lutz erwähnten Schenkung der Kirche in Spaichingen

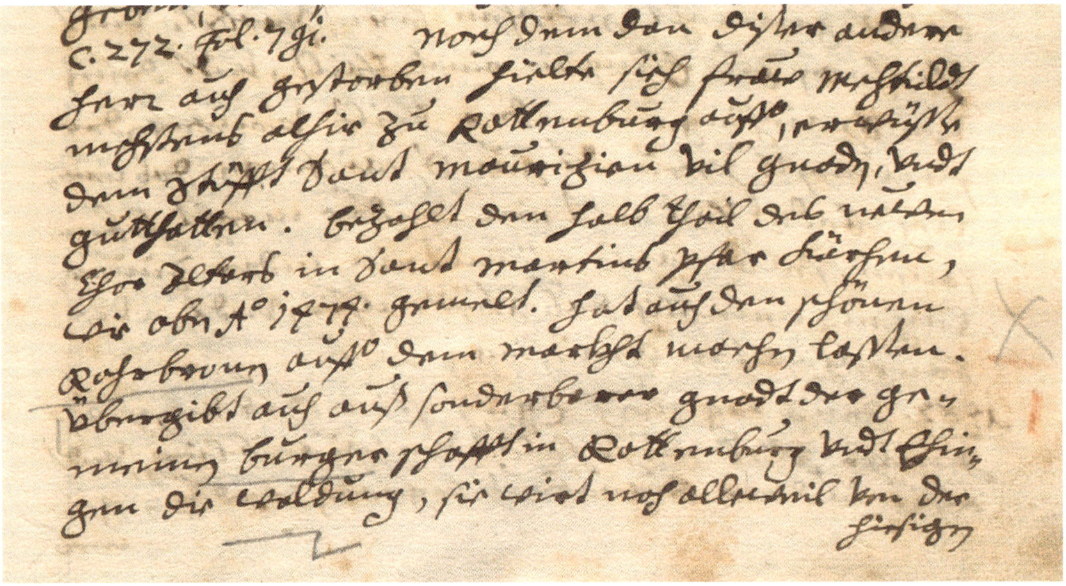

VII.5

an das Stift (1455) und dem Erlass neuer Statuten (1464) listet Weittenauer als weitere Leistungen und Wohltaten der Gräfin Steuerbefreiungen zugunsten des Stifts (1458 und 1462) auf, die Dotierung eines zusätzlichen Kanonikats, das als Aufstockung der Pfründe des jeweiligen Propstes diente (1469), und die Schlichtung bzw. Regelung von strittigen kirchlichen und seelsorgerlichen Angelegenheiten in Weiler und in Spaichingen.

Lit.: Manz 1992; Quarthal 2016/17; Beitrag Aderbauer in diesem Band.

HA

VII.6 Johann Evangelist Weittenauer im Porträt

[Ende 17. Jh.]
Öl auf Leinwand, Hans Jerg Vetter zugeschrieben
Sülchgau-Museum Rottenburg

Das Ölgemälde, wohl Ende des 17. Jahrhunderts von Hans Jerg Vetter angefertigt, zeigt Johann Evangelist Weittenauer (1640–1703) als Stiftspropst des Rottenburger Chorherrenstifts St. Moriz.

Lit.: Beitrag Aderbauer in diesem Band.

PE

VII.7 Mechthild im Grab

[18. Jh.]
Federzeichnung mit kolorierten Wappen, Papier, 24 x 38,7 cm
WLB Stuttgart, Cod. hist. fol. 638 d
(Abb. S. 87)

Die Federzeichnung befindet sich zusammen mit weiteren Skizzen als Anlage zur chronikalischen Landesbeschreibung der Grafschaft Hohenberg von Joseph Anton Gärt. Ob die Zeichnung, die weder Signatur noch Datierung aufweist, für Gärts Beschreibung eigens angefertigt wurde, bleibt unklar, sie war aber offenbar als Illustration für das zur Drucklegung vorgesehene Manuskript gedacht.

Das abgebildete Grabmonument in der Tübinger Stiftskirche wird in der von Gärt eigenhändig abgefassten Chronik (WLB Stuttgart, Cod. hist. fol. 638 a) explizit erwähnt und beschrieben, doch unterlaufen dem Verfasser dabei mehrere auffallende Fehler. Den Stein hält Gärt für Marmor, obwohl es sich um einen Sandstein handelt. Zudem ruht Mechthild für ihn neben ihrem zweiten Gatten, Erzherzog Albrecht, und nicht neben Graf Ludwig von Württemberg. Dieser Irrtum wurde zwar in

VII.7

einer späteren, von anderer Hand gefertigten Überarbeitung (WLB Stuttgart, Cod. hist. fol. 638 f) richtiggestellt, dabei aber um die irrige Notiz ergänzt, dass in der Rottenburger Remigiuskirche *die grose Wohlthäterin mit ihrem ersten Gemahl neben einander prächtig in Lebens Größe in Stein gehauen* zu sehen sei.

Die stark vereinfachte Zeichnung des Grabdenkmals zeigt im unteren Bereich in – gegenüber dem Original in der Tübinger Stiftskirche (s. Kat. Nr. VI.8) – deutlich reduzierter Formensprache den Sockel des Tumbengrabs mit seinem Hirschmedaillon. Die in Wirklichkeit horizontalen Grabplatten mit dem auf Kissen ruhenden Herrscherpaar werden in der Zeichnung in aufgestellter Form wiedergegeben. Dies passt durchaus zur Konzeption der originalen Grabstatuen, die zwar im Kissen ruhend, aber letztlich als stehende Figuren gearbeitet sind. In Körperausrichtung und Armhaltung weicht die Zeichnung vom Tübinger Grabmal ab.

Wie im Original sind an den Ecken der Grabplatte die Wappen der Beigesetzten angebracht: für Graf Ludwig die württembergischen Hirschstangen und die Mömpelgarder Barben, für seine Gattin Mechtild im Kopfbereich der Pfälzer Löwe. Im Fußbereich wären hier eigentlich die Wittelsbacher Rauten in Silber und Blau zu erwarten. Bei der Kolorierung des Wappens wurden die Rauten irrtümlich in Gold und Schwarz gezeichnet, was eigentlich dem Wappen der Herzöge von Teck entspricht – ein Fehler, der der Nachdunkelung der originalen Fassung des Grabsteins des 16. Jahrhunderts geschuldet sein dürfte.

Lit.: Manz 1992; Demmler 1910; Hans Multscher 1997, S. 340 ff.; Beiträge Aderbauer und Prange in diesem Band.

HA

VII.8 Chronikalische Notizen über Erzherzogin Mechthild

1795, Rottenburg
Ludwig Anton Haßler, Handschriftliche Chronik, Papier, 542 S., 36 x 25 cm
Diözesanarchiv Rottenburg, M 9, B 116
Aufgeschlagen: S. 312–313

Bei seinem Wechsel auf die Pfarrstelle nach Oberndorf hinterließ der Pfarrer der Rottenburger Martinskirche, Ludwig Anton Haßler, seinem Nachfolger einen umfangreichen chronikalischen Sammelband. Das sogenannte „Archivum" enthält unter anderem ein Kalendarium, Gottesdienstordnungen, Informationen und Dokumente zu Bruderschaften, Auflistungen über Einkünfte, Verpflichtungen und Lasten der Pfarrei, eine Chronik über die Ereignisse während seiner

VII.9

eigenen Amtszeit (1788–1795), ein Repertorium über die Schriften im Pfarrarchiv und andere zentrale Dokumente.

Die Regentschaft Mechthilds von der Pfalz schildert Haßler unter der Rubrik „Historische und chronologische Fragmente von Rottenburg". In diesen chronologischen Notizen wiederholt der Autor im wesentlichen Fakten, die bereits bei Johann Evangelist Weittenauer zu finden sind. Die einzige originär auf Haßler zurückgehende Information ist die nachträgliche und eigentlich irreführende Randnotiz, wonach Mechthild 1477 die Pfarrei St. Martin gestiftet habe. Bei der von Haßler zitierten Quelle handelt es sich in Wirklichkeit nur um eine Messstiftung für das Seelenheil von Mechthild und ihrem verstorbenen Gatten Albrecht, die mit der Dotierung einer zusätzlichen Pfründe zur seelsorgerlichen Betreuung der Kaplanei Wendelsheim verbunden war. Die alte Pfarrei Rottenburg (Sülchen) war dagegen 1472 in die Universität Freiburg inkorporiert worden – Rechtsverhältnisse, die Haßler als Pfarrer von St. Martin eigentlich bestens bekannt gewesen sein mussten.

Lit.: Manz 1992; Beitrag Aderbauer in diesem Band.

HA

VII.9 Die Figuren am Rottenburger Marktbrunnen

[1482/1483]
Standfiguren, bemalter Sandstein
Nachbildung

Der Rottenburger Marktbrunnen gilt als die „schönste gotische Brunnensäule Südwestdeutschlands". Lange ging man davon aus, dass Erzherzogin Mechthild die Stifterin des Brunnens gewesen sei, daher auch sein älterer Beiname „Mechthildisbrunnen". Heute hält man die damalige österreichische Stadtherrschaft von Rottenburg für den Auftraggeber.

Auf drei Stockwerken umfasst der Brunnen ein eindrucksvolles Bildprogramm: Unten drei Fürsten, vermutlich Kaiser Friedrich III., Erzherzog Sigmund von Tirol, und Herzog Friedrich IV. von Tirol (s. Abb. S. 90 und Kat. Nr. IV.6); darüber der heilige Martin als Patron der Pfarrkirche am Marktplatz, der heilige Georg und eine Maria mit Kind; ganz oben Christus als Schmerzensmann mit der Mater Dolorosa und dem Evangelisten Johannes. Im Jahre 1911 wurde das Original des Marktbrunnens wegen seiner Beschädigungen in die Morizkirche verbracht, auf dem Marktplatz wurde eine Kopie aufgestellt.

Lit.: Schwineköper 1977; Manz 1987.

PE

VII.10 Mechthild als Rottenburger Fastnachtsfigur

Die Figur der „Gräfin Mechthild" spielt in der „Rottenburger Fasnet" eine zentrale Rolle. Die Rottenburger Narrenzunft beruft sich in ihrer Tradition auf die Schilderung der Zimmerischen Chronik, Mechthild hätte in Rottenburg *cöstliche vasnachten* gehalten. Die Narrenzunft entstand Mitte der 1920er Jahre, wenig später etablierte sich die Fasnetfigur der Gräfin Mechthild als fester Bestandteil der Rottenburger Fastnacht. In dieser Form ist das Nachleben Mechthilds in Rottenburg heute noch am populärsten.

VII.10a

a) Umzugsschild der Narrenzunft Rottenburg

1952
Alois Stehle, Holz
Narrenzunft Rottenburg e.V.

Dieser Schild wurde für das große Narrentreffen 1952 eigens vom Rottenburger Kunstmaler Alois Stehle gestaltet und befindet sich heute im Eigentum der Narrenzunft Rottenburg am Neckar.

VII.10b

b) Anhänger der Narrenzunft Rottenburg am Neckar

Narrenzunft Rottenburg e.V.

Anhänger mit Mechthild-Motiven dienten und dienen zur Zierde für Rottenburger Fastnachtskostüme und als Bonus, manchmal auch als Eintrittsabzeichen. Außerdem sind sie als Sammlerstücke sehr begehrt.

c) Programme der Narrenzunft Rottenburg am Neckar

1963, 1967, 1974, 1980, 1982
Bibliothek des Stadtarchivs Rottenburg am Neckar

„Fasnet in Rottenburg“: das ist ein vielgestaltiges und vielschichtiges Spektakel; zentrale Figur ist jeweils die „Gräfin Mechthild“, die seit den 1930er Jahren mit ihrem Hofstaat die Hauptfigur des bunten Narrentreibens bildet. Die Narrenzunft druckt dafür jeweils eigene Programmhefte.

Lit.: Beitrag Geppert in diesem Band; Fuchs 2019.

PE

VII.10c

Das Haus der Pfalzgrafen bei Rhein im 15. Jahrhundert

Ruprecht III.
*1352, Kf. 1398, Kg. 1400, †1410
⚭ 1374 Elisabeth v. Hohenzollern, †1411

Kinder Ruprechts III.

Ruprecht (Pipan)
*1375, †1397
⚭ 1392 Elisabeth von Sponheim, †1417

Margarete
†1434
⚭ Karl I. v. Lothringen

Ludwig III., der Bärtige
*1378, Kf. 1410, †1436
⚭ 1402 1. Blanca v. England, †1409
⚭ 1417 2. Mechthild v. Savoyen, †1438

Agnes
†1401
⚭ Adolf v. Kleve

Elisabeth
†1408
⚭ Friedrich v. Österreich

Johann v. Neumarkt
*1383, Pfalzgraf 1410, †1443

Stephan v. Simmern-Zweibrücken
*1385, Pfalzgraf 1410, †1459

Otto I. v. Mosbach
*1387, Pfalzgraf 1410, †1461

Kinder Ludwigs III.

Ruprecht der Engländer
*1406, †1426

Mechthild
*1419, †1482
⚭ 1. Ludwig I. v. Württemberg
⚭ 2. Albrecht VI. v. Österreich

Ludwig IV.
*1424, Kf. 1436, †1449
⚭ Margarete von Savoyen, †1479

Friedrich I.
*1425, Vormund 1449, Kf. 1451, †1476
⚭ ca. 1472 Clara Tott, †1490

Ruprecht
*1427, 1463 Ebf. v. Köln, †1478

Sohn Ludwigs IV.

Philipp der Aufrichtige
*1448, Kf. 1476, †1508
⚭ 1474 Margarete v. Bayern-Landshut, †1501

Söhne Friedrichs I.

Friedrich

Ludwig v. Bayern
*1448, Kf. 1476, †1508

Legende:

⚭ verheiratet mit
Ebf. Erzbischof
Kf. Kurfürst
Kg. König

Das Haus Württemberg im 15. Jahrhundert

Eberhard IV., der Jüngere
*1388, Gf. 1417–1419, †1419
⚭ 1397 bzw. 1407 Henriette von Mömpelgard, †1444

Anna
1408–1471
⚭ 1420/22 Gf. Philipp von Katzenelnbogen, †1479

Uracher Landeshälfte

Ludwig I.
*1412, reg. 1426–1450
⚭ 1434 Mechthild, 1419–1482
Tochter des Pfalzgrafen Ludwig II. bei Rhein
Wiedervermählt 1452 mit Erzhg. Albrecht VI. v. Österreich

Ludwig II.
1439–1457
reg. 1453–1457

Andreas
1443–1443

Mechthild
nach 1436–1495
⚭ Landgraf Ludwig v. Hessen
1438–1471

Eberhard im Bart
1445–1496
reg. als Graf Eberhard V. 1459–1495, als Hg. Eberhard I. 1495/96
⚭ 1474 Barbara, 1455–1503
Tochter des Markgrafen Ludwig II. Gonzaga v. Mantua

Elisabeth
1447–1505
⚭ 1470 1. Gf. Johann III. v. Nassau-Saarbrücken, †1472
⚭ 1474 2. Gf. Heinrich dem Älteren v. Stolberg, †1511

Stuttgarter Landeshälfte

Ulrich V. der Vielgeliebte
*um 1413, reg. 1433–1480
⚭ 1. 1441 Margarete, 1416–1444
Tochter Hg. Adolfs v. Kleve,
⚭ 2. 1445 Elisabeth, 1419–1451
Tochter Hg. Heinrichs v. Bayern-Landshut
⚭ 3. 1453 Margarethe, 1420–1479
Tochter Hg. Amadeus' v. Savoyen

Katharina
1441–1497
Nonne in Adelberg, Lauffen am Neckar und Gerlachsheim

Eberhard II. d. Jüngere
1447–1504
reg. als Graf 1480–1482, Hg. 1496–1498
⚭ 1467 Elisabeth, 1451–1524
Tochter des Markgrafen Albrecht Achilles v. Brandenburg

Margarethe
nach 1445–1479,
Nonne im Kloster Liebenau

Ulrich (Georg)
nach 1445, starb jung

Elisabeth
1450–1501
⚭ 1468/69 Gf. Friedrich II. v. Henneberg-Aschach, †1488

Heinrich
1448–1519
Gf. v. Mömpelgard 1473–1490
⚭ 1. 1485 Elisabeth, †1487
Tochter des Grafen Simon v. Zweibrücken-Bitsch
⚭ 2. 1488 Eva, †1521
Tochter des Grafen Johann v. Salm

Ulrich
1487–1550
reg. 1498–1519, 1534–1550
⚭ 1511 Sabine, 1492–1564
Tochter Hg. Albrechts IV. v. Bayern

Maria
1496–1541
⚭ 1515 Hg. Heinrich d. Jüngere v. Braunschweig-Wolfenbüttel, †1568

Georg
1498–1558
reg. Mömpelgard 1526–1542 u. 1553–1558
⚭ 1555 Landgräfin Barbara v. Hessen, †1597

Margarethe
nach 1453–1470
⚭ Gf. Philipp v. Eppstein-Königstein, †1481

Philippine
nach 1453–1475
⚭ 1470 Gf. Jakob II. v. Horn, †1502

Helene
nach 1453–1506
⚭ 1476 Gf. Kraft VI. v. Hohenlohe, †1503

Legende:

- ⚭ verheiratet mit
- Ebf. Erzbischof
- Gf. Graf
- Hg. Herzog

Quellen und Literatur

AMELUNG, Peter, Der Frühdruck im deutschen Südwesten, 1473–1500. Eine Ausstellung der Württembergischen Landesbibliothek Stuttgart, Stuttgart 1979.

ANDENMATTEN, Bernard, Artikel „Savoyen, von", in: Historisches Lexikon der Schweiz, publiziert am 20.06.2012 (online: *http://www.hls-dhs-dss.ch/textes/d/D19505.php*, Abruf 02.01.2019).

ANDENMATTEN, Bernard / PARAVICINI BAGLIANI, Agostino (Hg.), Amédée VIII – Félix V, premier duc de Savoie et pape (1383–1451). Colloque international, Ripaille-Lausanne, 23–26 octobre 1990 (Bibliothèque historique vaudoise 103), Lausanne 1992.

ANTENHOFER, Christina, Topographien des sterbenden Körpers. Sakrale und profane Raumstrukturen in den Testamenten der deutschen Reichsfürsten des späten Mittelalters, in: Corpus intra muros. Eine Kulturgeschichte räumlich gebildeter Körper, hg. von Ulrich LEITNER, Bielefeld 2017, S. 173–204.

Anton von Pforr, Das Buch der Beispiele der alten Weisen. Kritisch herausgegeben nach der Straßburger Handschrift, mit den Lesarten aller bekannten Handschriften und Drucke des 15. und des 16. Jahrhunderts, hg. von Friedmar GEISSLER, Bd. 2, Berlin 1974.

AUGE, Oliver, Ein unehelicher Grafensohn macht Karriere. Ulrich Wirtemberger († 1476), in: ZWLG 64 (2005), S. 41–56.

AUGE, Oliver, Stiftsbiographien. Die Kleriker des Stuttgarter Heilig-Kreuz-Stifts (1250–1552) (Schriften zur südwestdeutschen Landeskunde 38), Leinfelden-Echterdingen 2002.

BACKES, Martina, Das literarische Leben am kurpfälzischen Hof zu Heidelberg im 15. Jahrhundert. Ein Beitrag zur Gönnerforschung des Spätmittelalters (Hermaea. Germanistische Forschungen NF 68), Tübingen 1992.

BARACK, Karl August (Hg.), Zimmerische Chronik, 4 Bde, 2. Aufl., Freiburg 1881/1882 (online unter: *http://www.ub.uni-freiburg.de/dipro/altdruck/index.html*).

Barbara Gonzaga 2013: Barbara Gonzaga: Die Briefe / Le Lettere (1455–1508), bearb. von Christina ANTENHOFER / Axel BEHNE / Daniela FERRARI / Jürgen HEROLD / Peter RÜCKERT, Übersetzung von Valentina NUCERA, Stuttgart 2013.

Barbara Gonzaga 2012: Von Mantua nach Württemberg: Barbara Gonzaga und ihr Hof. Begleitbuch und Katalog zur Ausstellung des Landesarchivs Baden-Württemberg, Hauptstaatsarchiv Stuttgart, bearb. von Peter RÜCKERT, Stuttgart ²2012.

BARBERO, Alessandro, Il ducato di Savoia. Amministrazione e corte di uno stato franco-italiano (1416–1536), Bari/Roma 2002.

BARESEL-BRAND, Andrea, Grabdenkmäler nordeuropäischer Fürstenhäuser im Zeitalter der Renaissance 1550–1650, Kiel 2007.

BAUM, Wilhelm, Politische und literarische Beziehungen des Hofes Herzog Sigmunds von Tirol zum Rottenburger Hof und den Grafen von Württemberg, in: Eberhard und Mechthild. Untersuchungen zu Politik und Kultur im ausgehenden Mittelalter, hg. von Hans-Martin MAURER (Lebendige Vergangenheit 17), Stuttgart 1994, S. 95–110.

BAUM, Wilhelm, Kaiser Friedrich III. und die Grafen von Württemberg, in: Kaiser Friedrich III. (1440–1493) in seiner Zeit. Studien anläßlich des 500. Todestags am 19. August 1493/1993, hg. von Paul-Joachim HEINIG (Forschungen zur Kaiser- und Papstgeschichte des Mittelalters, Beihefte zu J. F. Böhmer, Regesta Imperii 12), Köln/Weimar/Wien 1993, S. 102–138.

BAUM, Wilhelm, Sigmund der Münzreiche. Zur Geschichte Tirols und der habsburgischen Länder im Spätmittelalter, Bozen 1987.

BECHER, Charlotte / GAMBER, Ortwin (Hg.), Die Wappenbücher Herzog Albrechts VI. von Österreich: Ingeram-Codex d. ehem. Bibliothek Cotta, Bd. 1 (= Jahrbuch der Heraldisch-Genealogischen Gesellschaft Adler, III, 12), Wien/Köln/Graz 1986.

Becksmann, Rüdiger (Hg.), Deutsche Glasmalerei des Mittelalters, Voraussetzungen, Entwicklungen, Zusammenhänge, Berlin 1995, S. 205–207.

Becksmann, Rüdiger, Die mittelalterlichen Glasmalereien in Schwaben um 1350 bis 1530 ohne Ulm (Corpus Vitrearum Medii Aevi I,2), Berlin 1986.

Behne, Axel, Emotion und Etikette – Subjektivität in den Briefen um Barbara Gonzaga, in: Briefe aus dem Spätmittelalter. Herrschaftliche Korrespondenz im deutschen Südwesten, hg. von Peter Rückert / Nicole Bickhoff / Mark Mersiowsky, Stuttgart 2015, S. 203–216.

Bertelsmeier-Kierst, Christa, Übersetzen im deutschen Frühhumanismus. Ergebnisse des Marburger Repertoriums, in: Humanistische Antikenübersetzung und frühneuzeitliche Poetik in Deutschland (1450–1620), hg. von Klaus Kipf / Jörg Robert / Regina Toepfer, Berlin/New York 2017, S. 125–149.

Bevers, Holm (Bearb.), Meister E. S. Der Große Liebesgarten, Frankfurt a. M. 1994.

Bevers, Holm (Bearb.), Meister E. S. Ein oberrheinischer Kupferstecher der Spätgotik. Ausstellungskatalog Staatliche Graphische Sammlung München und Kupferstichkabinett Berlin (Staatliche Museen Preußischer Kulturbesitz), München 1986.

Bickhoff, Nicole, Die Uracher Hochzeit von 1474, in: Von Mantua nach Württemberg: Barbara Gonzaga und ihr Hof. Begleitbuch und Katalog zur Ausstellung des Landesarchivs Baden-Württemberg, Hauptstaatsarchiv Stuttgart, bearb. von Peter Rückert, Stuttgart ²2012, S. 104–112.

Birkmeyer, Regine, Aspekte fürstlicher Witwenherrschaft im 15. Jahrhundert. Die Versorgung der Witwe im Spannungsfeld der Territorialpolitik am Beispiel der Margarethe von Savoyen (1420–1479), in: Fürst und Fürstin. Familienbeziehungen und Handlungsmöglichkeiten von hochadeligen Frauen im Mittelalter, hg. von Jörg Rogge (Mittelalter-Forschungen 15), Ostfildern 2004, S. 283–300.

Bodemann, Ulrike, Bildprogramm und Überlieferungsgeschichte. Die illustrierten Handschriften und Frühdrucke des „Buchs der Beispiele der alten Weisen" Antons von Pforr, in: Beiträge zur Geschichte der deutschen Sprache und Literatur 119 (1997), S. 67–129.

Borgolte, Michael, Stiftung und Memoria, hg. von Tillmann Lohse (StiftungsGeschichten 10), Berlin 2012.

Braungart, Georg, De Remedio Amoris. Ein Motiv und seine Traditionen von der Antike bis Enea Silvio Piccolomini und Johannes Tröster, in: Archiv für Kulturgeschichte 62/63 (1981/1982), S. 11–28.

Briefe aus dem Spätmittelalter. Herrschaftliche Korrespondenz im deutschen Südwesten, hg. von Peter Rückert / Nicole Bickhoff / Mark Mersiowsky, Stuttgart 2015.

Buchner, Maximilian, Die Amberger Hochzeit (1474). Ein Beitrag zur politischen und kulturellen Geschichte des ausgehenden Mittelalters, in: Zeitschrift für die Geschichte des Oberrheins 65 (1911), S. 95–127.

Buchner, Maximilian, Quellen zur Amberger Hochzeit von 1474, in: Archiv für Kirchengeschichte 6 (1908), S. 385–438.

Bunz, Christian Gottlob Erhard, Die Stiftskirche zu St. Georg in Tübingen, Tübingen 1869.

Cermann, Regina, Stephan Schriber und der Uracher Hof – samt Neuinterpretation der Palme Graf Eberhards im Bart, in: Neue Forschungen. Stadt, Schloss und Residenz Urach, hg. von Klaus Gereon Beuckers, Regensburg 2014, S. 53–84.

Cermann, Regina, Der Bidpai Ms. 680 in Chantilly. Textteil, Magisterarbeit Freie Universität Berlin 1991.

Châtelet, Albert u. a., Der hübsche Martin. Kupferstiche und Zeichnungen von Martin Schongauer (ca. 1450–1491). Ausstellungskatalog Unterlinden Museum Colmar, Colmar 1991.

Cohn, Henry J., Der frührenaissancezeitliche Hof zu Heidelberg (Übersetzung von: Ders.: The early Renaissance Court in Heidelberg 1971), in: Ders.: Die Herrschaft in der Pfalz am Rhein im 15. Jahrhundert (Abhandlungen zur Geschichte der Pfalz 16), Neustadt an der Weinstraße 2013, S. 255–284.

Cornaz, Ernest, Le mariage palatin de Marguerite de Savoie (1445–1449) (Mémoires et documents publiés par la Société d'histoire de la Suisse romande, seconde série 15), Lausanne u. a. 1932.

Dähn, Karl-Heinz (Red.), 700 Jahre Stadt Löwenstein 1287–1987, Löwenstein 1987.

Das Haus Württemberg. Ein biographisches Lexikon, hg. von Sönke LORENZ / Dieter MERTENS / Volker PRESS, Stuttgart 1997.

Das Konstanzer Konzil 1414–1418. Weltereignis des Mittelalters, hg. vom Badischen Landesmuseum, Katalog, Darmstadt 2014.

DECKER-HAUFF, Hansmartin, Frauen im Hause Württemberg, Leinfelden-Echterdingen, 1997.

DECKER-HAUFF, Hansmartin u. a. (Hg.), Beiträge zur Geschichte der Universität Tübingen 1477 bis 1977 (500 Jahre Eberhard-Karls-Universität Tübingen 1), Tübingen 1977.

DECKER-HAUFF, Hansmartin / SETZLER, Wilfried (Hg.), Die Universität Tübingen von 1477 bis 1977 in Bildern und Dokumenten (500 Jahre Eberhard-Karls-Universität Tübingen 3), Tübingen 1977.

DECKER-HAUFF, Hansmartin, Zur Herkunft des Oberstenfelder Altars, in: Neue Beiträge zur Archäologie und Kunstgeschichte Schwabens (Festschrift J. Baum), Stuttgart 1952, S. 134–137.

DEIGENDESCH, Roland, Güterstein, in: Württembergisches Klosterbuch. Klöster, Stifte und Ordensgemeinschaften von den Anfängen bis zur Gegenwart, hg. von Wolfgang ZIMMERMANN / Nicole PRIESCHING, Ostfildern 2003, S. 252 f.

DEIGENDESCH, Roland, Die Kartause Güterstein (Schriften zur südwestdeutschen Landeskunde 39), Leinfelden-Echterdingen 2001.

DEIGENDESCH, Roland, Artikel „Andreas", in: Das Haus Württemberg. Ein biographisches Lexikon, hg. von Sönke LORENZ / Dieter MERTENS / Volker PRESS, Stuttgart u. a. 1997, S. 92.

DEIGENDESCH, Roland, Artikel „Ludwig I.", in: Das Haus Württemberg. Ein biographisches Lexikon, hg. von Sönke LORENZ / Dieter MERTENS / Volker PRESS, Stuttgart u. a. 1997, S. 80–83.

DEIGENDESCH, Roland, Artikel „Ludwig II.", in: Das Haus Württemberg. Ein biographisches Lexikon, hg. von Sönke LORENZ / Dieter MERTENS / Volker PRESS, Stuttgart u. a. 1997, S. 91 f.

DEMMLER, Theodor, Die Grabdenkmäler des württembergischen Fürstenhauses und ihre Meister im XVI. Jahrhundert (Studien zur Deutschen Kunstgeschichte 129), Straßburg 1910.

Der Griff nach der Krone. Die Pfalzgrafschaft bei Rhein im Mittelalter. Begleitpublikation zur Ausstellung der Staatlichen Schlösser und Gärten Baden-Württemberg und des Generallandesarchivs Karlsruhe, bearb. von Volker RÖDEL (Schätze aus unseren Schlössern 4), Regensburg 2000.

DESCHAUX, Robert (Hg.), Martin Le Franc, Le Champion des Dames, Bd. 4 (Classique Français de Moyen Age), Paris 1999.

Die Wittelsbacher am Rhein. Die Kurpfalz und Europa, 2 Bde., hg. von Alfried WIECZOREK u. a. (Publikationen der Reiss-Engelhorn-Museen 60), Regensburg 2013.

Die Wittelsbacher und die Kurpfalz im Mittelalter. Eine Erfolgsgeschichte?, hg. von Jörg PELTZER u. a., Regensburg 2013.

DRÖS, Harald, Löwe, Rauten, roter Schild. Zum Wappen der pfälzischen Wittelsbacher im Spätmittelalter, in: Der Griff nach der Krone. Die Pfalzgrafschaft bei Rhein im Mittelalter. Begleitpublikation zur Ausstellung, bearb. von Volker RÖDEL, Regensburg 2000.

DROSTEL, Janina, „Des gerte diu edele herzoginne". Möglichkeiten und Voraussetzungen weiblicher Teilhabe am mittelalterlichen Literaturbetrieb unter besonderer Berücksichtigung von Mäzenatentum, Frankfurt a. M. 2006.

EBERLE, Josef (BLAU, Sebastian), Rottenburger Hauspostille, Stuttgart 1976.

EHMER, Hermann, Stift Oberstenfeld, Ostfildern 2016.

ELWERT, Wilhelm Theodor, Artikel „Facetie", in: Lexikon des Mittelalters 4 (1989), Sp. 214 f.

EMMERIG, Hubert, Bayerns Münzgeschichte im 15. Jahrhundert. Münzpolitik und Münzprägung der bayerischen Herzogtümer und ihrer Nachbarn von 1390 bis 1470, München 2007.

FAIX, Gerhard, Eberhard im Bart. Der erste Herzog von Württemberg, Stuttgart 1990.

FAIX, Gerhard / REICHERT, Folker (Hg.), Eberhard im Bart und die Wallfahrt nach Jerusalem im späten Mittelalter (Lebendige Vergangenheit 20), Stuttgart 1998.

FALK, Tilman / HIRTE, Thomas, Martin Schongauer. Das Kupferstichwerk. Ausstellungskatalog Staatliche Graphische Sammlung München 1991.

FELKE, Günter, Die Goldprägungen der rheinischen Kurfürsten, 1346–1478. Mainz – Trier – Köln – Pfalz, Köln 1989.

FERLEIN, Sabine, Mechthild von der Pfalz als Literaturmäzenin, in: Fürstliche Witwen auf Schloß Böblingen, hg. von Günter SCHOLZ, Böblingen 1987, S. 57–55.

FERRARI, Daniela, Barbaras Jugend zwischen familiären Banden und politischen Überlegungen, in: Barbara Gonzaga: Die Briefe / Le Lettere (1455–1508), bearb. von Christina ANTENHOFER / Axel BEHNE / Daniela FERRARI / Jürgen HEROLD / Peter RÜCKERT. Übersetzung von Valentina NUCERA, Stuttgart 2013, S. 11–24.

FIALA, Virgil Ernst / IRTENKAUF, Wolfgang: Codices breviarii (Cod. brev. 1–167) (Die Handschriften der Württembergischen Landesbibliothek Stuttgart, Reihe 1, 3), Wiesbaden 1977.

FINKELE, Diana: Ritter, Minne, Abenteuer. Die fabelhafte Welt des Hermann von Sachsenheim. Dokumentation einer Ausstellung des Stadtmuseums Sachsenheim, Sachsenheim 2004.

FIRCKS, Juliane von, Heidelberg, Mainz, Frankfurt – Kunst um 1400 am Mittelrhein, in: Die Wittelsbacher am Rhein. Die Kurpfalz und Europa, Bd. 1, hg. von Alfried WIECZOREK u. a. (Publikationen der Reiss-Engelhorn-Museen Mannheim 60), Regensburg 2013, S. 294–303.

FISCHER, Joachim, Das Testament der Erzherzogin Mechthild von Österreich vom 1. Oktober 1481, in: Eberhard und Mechthild. Untersuchungen zu Politik und Kultur im ausgehenden Mittelalter, hg. von Hans Martin MAURER (Lebendige Vergangenheit 17), Stuttgart 1994, S. 111–163.

FISCHER, Joachim, Mechthild, in: Das Haus Württemberg. Ein biographisches Lexikon, hg. von Sönke LORENZ / Dieter MERTENS / Volker PRESS, Stuttgart 1997, S. 83–85.

FISCHER, Magda, Codices Wirtembergici (HB XV 1–127). Codices militares (HB XVI 1–2) (Die Handschriften der ehemaligen Hofbibliothek Stuttgart 5), Wiesbaden 1975, Anhang I: Die Handschriften aus dem Besitz des Johann Friedrich Ochsenbach, S. 89–108.

FLEISCHHAUER, Werner, Der Silberschatz des Grafen Eberhard im Bart von Württemberg, in: ZWLG 29 (1970), S. 15–52.

FÖRSTER, Ernst, Geschichte der deutschen Kunst, Bd. 2: Vom Anfang des 15. bis zur Mitte des 16. Jahrhunderts, Leipzig 1853.

FOUQUET, Gerhard, Das Speyerer Domkapitel im späten Mittelalter (ca. 1350–1540). Adlige Freundschaft, fürstliche Patronage und päpstliche Klientel, Mainz 1987.

FRANZEN, Wilfried, … heruff von Österland in Schwaben und hochdeutsche landt?, in: Vom Weichen über den Schönen Stil zur Ars Nova. Neue Beiträge zur europäischen Kunst zwischen 1350 und 1470, hg. von Jiří FAJT / Markus HÖRSCH (Studia Jagellonica Lipsiensia 19), Wien/Köln/Weimar 2018, S. 299–316.

FRITZ, Thomas, Ulrich der Vielgeliebte (1441–1480). Ein Württemberger im Herbst des Mittelalters. Zur Geschichte der württembergischen Politik im Spannungsfeld zwischen Hausmacht, Region und Reich (Schriften zur südwestdeutschen Landeskunde 25), Leinfelden-Echterdingen 1999.

FUCHS, Clemens, Wir Mechthild … 600 Jahre Mechthild 1419–2019. Fürstin, Gräfin und Erzherzogin von Österreich. Spuren einer sagenhaften Frau, Rottenburg 2019.

FUCHS, Franz / SPIESS, Pirmin (Hg.), Friedrich der Siegreiche (1425–1476). Beiträge zur Erforschung eines spätmittelalterlichen Landesfürsten (Stiftung zur Förderung der pfälzischen Geschichtsforschung, Reihe B: Abhandlungen zur Geschichte der Pfalz 17), Neustadt a. d. W. 2016.

FUCHS, Franz, Friedrich der Siegreiche – Der „Marc Aurel des Mittelalters"? in: Die Wittelsbacher und die Kurpfalz im Mittelalter. Eine Erfolgsgeschichte?, hg. von Jörg PELTZER u. a., Regensburg 2013, S. 191–205.

FUCHS, Franz, Barbara Gonzaga und Eberhard im Bart. Der württembergische Hof im Spiegel mantuanischer Gesandtschaftsberichte, in: Peter RÜCKERT (Bearb.), Von Mantua nach Württemberg: Barbara Gonzaga und ihr Hof. Begleitbuch und Katalog zur Ausstellung des Landesarchivs Baden-Württemberg, Hauptstaatsarchiv Stuttgart, Stuttgart ²2012, S. 119–131.

FUCHS, Peter, Artikel „Philipp der Aufrichtige, Kurfürst von der Pfalz", in: NDB 20 (2001), S. 382–383.

FÜRBETH, Frank, Die Vorreden in dem Translatzendruck (1478) des Niklas von Wyle: Widmungen oder rhetorische Exemplar, in: Chevaliers errants, demoiselles et l'autre. Höfische und nachhöfische Literatur im europäischen Mittelalter. Festschrift für Xenja von Ertzdorff zum 65. Geburtstag, hg. von Trude Ehlert (Göppinger Arbeiten zur Germanistik 544), Göppingen 1998, S. 389–407.

Gaier, Ulrich, Musenhof Rottenburg. Erzherzogin Mechthild – Eine emanzipierte Frau im 15. Jahrhundert, in: Schwabenspiegel. Literatur vom Neckar bis zum Bodensee 1000–1800, Bd. 2: Aufsätze, hg. von Ulrich Gaier / Monika Küble / Wolfgang Schürle, Ulm 2003, S. 106–116.

Gamer-Wallert, Ingrid, Graf Eberhards Palme. Vom persönlichen Zeichen zum Universitätslogo, Tübingen 2003.

Gawlik, Alfred, Artikel „Kartular", in: Lexikon des Mittelalters 5 (1991), Sp. 1026 f.

Geissler, Friedmar, Anton von Pforr, der Übersetzer des „Buches der Beispiele". Urkundliche Belege zum Lebensweg des Humanisten am Hof der Erzherzogin Mechthild zu Rottenburg, in: ZWLG 23 (1964), S. 142–156.

Geppert, Karlheinz, Gräfin Mechthild heute, in: Fürstliche Witwen auf Schloß Böblingen, hg. von Günter Scholz, Böblingen 1987, S. 97–99.

Geppert, Karlheinz, Rottenburger Heimattag im Rundfunk. Ein unveröffentlichtes Manuskript von Josef Eberle aus dem Jahr 1934, in: Der Sülchgau 52/53 (2008/2009), S. 247–275.

Giessmann, Ursula, Der letzte Gegenpapst: Felix V. Studien zu Herrschaftspraxis und Legitimationsstrategien (1434–1451) (Papsttum im mittelalterlichen Europa 3), Köln/Weimar/Wien 2014.

Glier, Ingeborg, Artes amandi. Untersuchung zu Geschichte, Überlieferung und Typologie der deutschen Minnereden, München 1971.

Gradmann, Eugen, Die Martinskirche in Sindelfingen, in: Blätter für württembergische Kirchengeschichte 8 (1919), S. 111–130.

Graf, Klaus, Fiktion und Geschichte: Die angebliche Chronik Wenzel Grubers, Greisenklage, Johann Hollands Turnierreime und eine Zweitüberlieferung von Jakob Püterichs Ehrenbrief in der Trenbach-Chronik (1590) (online unter: *https://frueheneuzeit.hypotheses.org/1847*).

Graf, Klaus, Artikel „Heinrich, Graf von Württemberg", in: Das Haus Württemberg. Ein biographisches Lexikon, hg. von Sönke Lorenz / Dieter Mertens / Volker Press, Stuttgart 1997, S. 123 f.

Großer historischer Weltatlas, hg. vom Bayerischen Schulbuch-Verlag, Zweiter Teil: Mittelalter, München 1986.

Grünbart, Michael (Hg.), Geschenke erhalten die Freundschaft: Gabentausch und Netzwerkpflege im europäischen Mittelalter. Akten des Internationalen Kolloquiums Münster, 19.–20. November 2009 (Byzantinistische Studien und Texte 1), Münster 2011.

Goessler, Peter, Neue Münzfunde aus Württemberg, in: Württembergische Vierteljahrshefte für Landesgeschichte NF 17 (1908), S. 1–16.

Gommel, Adolf, Die Stiftskirche zu Tübingen, Stuttgart 1966.

Haag, Simon M., Aufstieg und Fall des ritterbürtigen Weinsberger Amtmanns Lutz Schott, in: Jahrbuch für die Stadt Weinsberg (1996), S. 277–289.

Halbauer, Karl, Die Marienkirche in Upfingen und der Umgang mit ihrer vorreformatorischen Ausstattung, in: Freiheit – Wahrheit – Evangelium. Reformation in Württemberg, Beitragsband, bearb. von Peter Rückert, Ostfildern 2017, S. 150–166.

Halbauer, Karl / Marstaller, Tilmann, St. Amandus in Urach: Pfarr-, Residenz- und Stiftskirche, in: Peter Rückert (Bearb.), Von Mantua nach Württemberg: Barbara Gonzaga und ihr Hof. Begleitbuch und Katalog zur Ausstellung des Landesarchivs Baden-Württemberg, Hauptstaatsarchiv Stuttgart, Stuttgart ²2012, S. 75–87.

Handschriftencensus. Eine Bestandsaufnahme der handschriftlichen Überlieferung deutschsprachiger Texte des Mittelalters (online: *www.handschriftencensus.de*).

Hans Multscher. Bildhauer der Spätgotik in Ulm. Ausstellungskatalog, hg. von Brigitte Reinhard, Ulm 1997.

Hanschke, Julian, Schloss Heidelberg. Architektur und Baugeschichte, Karlsruhe 2015.

Hanschke, Julian / Thoma, Peter, Das Heidelberger Schloss. Die bauliche Gestalt der Residenz der pfälzischen Wittelsbacher bis 1600, in: Die Wittelsbacher am Rhein. Die Kurpfalz und Europa, Bd. 1, hg. von Alfried Wieczorek u. a., Regensburg 2013, S. 273–282.

HARTICH, Patrizia, Die Esslinger Missivenbücher – Kanzlei- und Kommunikationspraxis der Reichsstadt Esslingen im ausgehenden Mittelalter, in: Schreiben – Verwalten – Aufbewahren. Neue Forschungen zur Schriftlichkeit im spätmittelalterlichen Esslingen, hg. von Mark MERSIOWSKY / Anja THALLER / Joachim J. HALBEKANN (Esslinger Studien 49), Esslingen 2018, S. 179–200.

HASSLER, Ludwig Anton, Chronik der Königlichen Würtembergischen Stadt Rottenburg und Ehingen am Neckar durch die letzten sechs Jahrhunderte von 1200 bis 1819, Rottenburg 1819.

HAUBENREICH, Jacob, The press, the mirror, and the window: the internal construction of the reader in Sebastian Brant's *Ship of Fools*, in: Word & Image 32 (2016), S. 375–392.

Heidelberg und der Heilige Stuhl von den Reformkonzilien des Mittelalters bis zur Reformation. Begleitband zur Ausstellung im Kurpfälzischen Museum der Stadt Heidelberg, 21. Mai bis 22. Oktober 2017, hg. von Heike HAWICKS / Ingo RUNDE, Ubstadt-Weiher 2017.

HEINZER, Felix, „Sachsenheim-Gebetbuch", in: Mittelalterliche Andachtsbücher. Psalterien – Stundenbücher – Gebetbücher. Zeugnisse europäischer Frömmigkeit, hg. von Hans-Peter GEH / Gerhard RÖMER, Karlsruhe 1992, S. 98–100.

HEPP, Frieder / PELTZER, Jörg (Hg.), Die Grablegen der Wittelsbacher in Heidelberg. Tod und Gedächtnis im späten Mittelalter, Heidelberg 2013.

Hermann von Sachsenheim, Die Mörin, hg. von Horst Dieter SCHLOSSER (Klassiker des Mittelalters NF 3), Wiesbaden 1974.

Hermann von Sachsenheim, Des Spiegels Abenteuer, hg. von Thomas KERTH (Göppinger Arbeiten zur Germanistik 451), Göppingen 1986.

HERMELINK, Heinrich, Die Matrikeln der Universität Tübingen, Bd. 1 (1477–1600), Stuttgart 1931.

HEROLD, Jürgen, Report über Grenzen: Die Berichte zum Neusser Krieg an den Hof der Gonzaga in Mantua (1474–1475). Nachrichtenbeschaffung und Nachrichtenübermittlung am Ende des Mittelalters, in: Briefe aus dem Spätmittelalter. Herrschaftliche Korrespondenz im deutschen Südwesten, hg. von Peter RÜCKERT / Nicole BICKHOFF / Mark MERSIOWSKY, Stuttgart 2015, S. 127–155.

Herweg, Mathias, Der Sänger und Konstanz. Oswald von Wolkenstein zu Gast in der Konzilsstadt, in: Das Konstanzer Konzil 1414–1418. Weltereignis des Mittelalters, hg. vom Badischen Landesmuseum, Katalog, Darmstadt 2014, S. 148–149.

HIMMELEIN, Volker / QUARTHAL, Franz (Hg.), Vorderösterreich, Nur die Schwanzfeder des Kaiseradlers? Die Habsburger im deutschen Südwesten, Stuttgart 1999.

Hirsau St. Peter und Paul 1091–1991, Teil I: Zur Archäologie und Kunstgeschichte, hg. vom Landesdenkmalamt Baden-Württemberg (Forschungen und Berichte der Archäologie des Mittelalters in Baden-Württemberg 10,1), Stuttgart 1991.

HIRSCHBIEGEL, Jan / PARAVICINI, Werner (Hg.), Das Frauenzimmer. Die Frau bei Hofe in Spätmittelalter und Früher Neuzeit (Residenzenforschung 11), Sigmaringen 2000.

Historischer Atlas von Baden-Württemberg, hg. von der Kommission für geschichtliche Landeskunde in Baden-Württemberg in Verbindung mit dem Landesvermessungsamt Baden-Württemberg, Karte VI, 4: Vorderösterreich um 1800, bearb. von Joseph KERKHOFF, Stuttgart 1976.

HONEMANN, Volker, Literatur im Umfeld Eberhards im Bart: Antonius von Pforr und Augustin Tünger, in: Der württembergische Hof im 15. Jahrhundert, hg. von Peter RÜCKERT (VKgL B 167), Stuttgart 2006, S. 165–176.

HONEMANN, Volker, Artikel „Tünger, Augustin", in: Die deutsche Literatur des Mittelalters. Verfasserlexikon, Bd. 9, hg. von Kurt RUH u. a., Berlin/New York [2]1995, Sp. 1146–1148.

HÖFLER, Janez, Der Meister E. S. Ein Kapitel europäischer Kunst des 15. Jahrhunderts, Textband, Regensburg 2007.

HÖRSCH, Markus, Zu Art und Umfang eines Realismus als konstituierendem Merkmal des Werks des Meisters der Karlsruher Passion, in: Vom Weichen über den Schönen Stil zur Ars Nova. Neue Beiträge zur europäischen Kunst zwischen 1350 und 1470, hg. von

Jiří Fajt / Markus Hörsch (Studia Jagellonica Lipsiensia 19), Wien/Köln/Weimar 2018, S. 327–360.

Houtte, J. A. van, Artikel „Messe (Handelsmesse). I. Westlicher Bereich", in: Lexikon des Mittelalters 5 (1993), Sp. 558–560.

Huschenbett, Dietrich, Artikel „Hermann von Sachsenheim", in: Die deutsche Literatur des Mittelalters. Verfasserlexikon, Bd. 3, hg. von Kurt Ruh u. a., Berlin/New York [2]1981, Sp. 1091–1106.

Huschenbett, Dietrich, Hermann von Sachsenheim. Ein Beitrag zur Literaturgeschichte des 15. Jahrhunderts, Berlin 1962.

Huth, Volkhard, Zur Bedeutung der Pfalzgräfinnen für die Dynastie der rheinischen Wittelsbacher, in: Die Wittelsbacher und die Kurpfalz im Mittelalter. Eine Erfolgsgeschichte?, hg. von Jörg Peltzer u. a., Regensburg 2013, S. 127–158.

Huthwelker, Thorsten, Tod und Grablege der Pfalzgrafen bei Rhein im Spätmittelalter (1327–1508) (Heidelberger Veröffentlichungen zur Landesgeschichte und Landeskunde 14), Heidelberg 2009.

Irtenkauf, Wolfgang / Krekler, Ingeborg, Die Handschriften der ehemaligen Hofbibliothek Stuttgart: Bd. 2,2. Codices historici (HB V 1–105) (Die Handschriften der Württembergischen Landesbibliothek Stuttgart 2,2,2), Wiesbaden 1975.

Jantzen, Hermann, Stiftskirche in Tübingen (Beiträge zur Tübinger Geschichte 5), Stuttgart 1993.

Jeggle, Utz, Soziale Grundlagen, in: Dörfliche Fasnacht zwischen Neckar und Bodensee. Beiträge des Tübinger Arbeitskreises für Fastnachtsforschung, hg. von Hermann Bausinger (Volksleben 12), Tübingen 1966, S. 14–81.

Jezler, Peter, Von den Guten Werken zum reformatorischen Bildersturm – Eine Einführung, in: Bildersturm. Wahnsinn oder Gottes Wille? Ausstellungskatalog Bernisches Historisches Museum, Musee de l'Oeuvre Notre-Dame Straßburg, hg. von Cécile Dupeux u. a., Bern 2000, S. 20–27.

Joos, Clemens, Wo die Cimbri erstlich gewonet … Die Chronik als adliges Herkommen, in: Mäzene, Sammler, Chronisten. Die Grafen von Zimmern und die Kultur des schwäbischen Adels, hg. von Casimir Bumiller / Bernhard Rüth / Edwin Ernst Weber, Stuttgart 2012, S. 141–157.

Kaiser Karl IV. (1316–1378) und die Goldene Bulle. Begleitbuch und Katalog zur Ausstellung des Landesarchivs Baden-Württemberg, Hauptstaatsarchiv Stuttgart, bearb. von Erwin Frauenknecht / Peter Rückert, Stuttgart 2016.

Karnein, Alfred, Mechthild von der Pfalz as patroness: aspects of female patronage in the early Renaissance, in: Medievalia et humanistica NS 22 (1995), S. 141–170.

Kasten, Brigitte (Hg.), Herrscher- und Fürstentestamente im westeuropäischen Mittelalter (Norm und Struktur 29), Köln/Weimar/Wien 2008.

Keller, Adelbert von (Hg.), Translationen von Niclas von Wyle (Bibliothek des Litterarischen Vereins in Stuttgart 57), Stuttgart 1861.

Keller, Adelbert von (Hg.), Augustin Tüngers Facetiae (Bibliothek des Litterarischen Vereins in Stuttgart 118), Tübingen 1874.

Kempf, Karl, Die Chronik des Christoph Lutz von Lutzenhartt aus Rottenburg am Neckar. Forschungen zu Werk und Lebensgeschichte eines schwäbischen Chronisten am Ausgang des humanistischen Zeitalters und Edition des Textes, Vaihingen/Enz 1986.

Keyler, Regina, Die kurze Geschichte der Universitätsgründung, in: Tübingen. Aus der Geschichte von Stadt und Universität, hg. von Sigrid Hirbodian / Tjark Wegner (landeskundig. Tübinger Vorträge zur Landesgeschichte 4), Tübingen 2018, S. 177–203.

Kipf, Johannes Klaus, *Cluoge geschichten*. Humanistische Fazetienliteratur im deutschen Sprachraum (Literaturen und Künste der Vormoderne 2), Stuttgart 2010.

Klein, Michael (Bearb.), Die Handschriften der Sammlung J 1 im Hauptstaatsarchiv Stuttgart (Die Handschriften der Staatsarchive in Baden-Württemberg 1), Wiesbaden 1980.

Klein, Ulrich / Raff, Albert, Die württembergischen Münzen von 1374–1693. Ein Typen-, Varianten- und Probenkatalog, Stuttgart 1993.

Klingner, Jacob / Lieb, Ludger (Hg.), Handbuch Minnereden, Bd. 1, Berlin/Boston 2013.

Knöll, Stefanie, Macht – Legitimation – Konfession. Die Denkmalpolitik der württembergischen Herzöge, in: Blätter für württembergische Kirchengeschichte 114 (2004), S. 53–70.

Koch, Bernhard, Corpus Nummorum Austriacorum, Bd. 1: Mittelalter, Wien 1994.

Kohlhaussen, Heinrich, Minnekästchen im Mittelalter, Berlin 1928.

Kohlhaussen, Heinrich, Der Doppelkopf, seine Bedeutung für das deutsche Brauchtum des 13. bis 17. Jahrhunderts, in: Zeitschrift für Kunstwissenschaft 14 (1960), S. 29–32.

Konzen, Niklas, Aller Welt Feind. Fehdenetzwerke um Hans von Rechberg († 1464) im Kontext der südwestdeutschen Territorienbildung (VKgL B 194), Stuttgart 2014.

Kretzschmar, Robert, Vorderösterreich – historische Bedeutung und Überlieferung eines untergegangenen Territoriums. Tagungsbericht, in: ZWLG 60 (2001), S. 347–351.

Krueger, Ingeborg, Glasspiegel im Mittelalter. Fakten, Funde und Fragen, in: Bonner Jahrbücher 190 (1990), S. 233–313.

Kruska, Renate, Mechthild von der Pfalz im Spannungsfeld von Geschichte und Literatur (Europäische Hochschulschriften 1, 1111), Frankfurt a. M. 1989.

Kübler, Christian, Der württembergische Hof in Urach, in: Peter Rückert (Bearb.), Von Mantua nach Württemberg: Barbara Gonzaga und ihr Hof. Begleitbuch und Katalog zur Ausstellung des Landesarchivs Baden-Württemberg, Hauptstaatsarchiv Stuttgart, [2]2012, S. 68–74.

Kühnle, Nina, Wir, Vogt, Richter und Gemeinde. Städtewesen, städtische Führungsgruppen und Landesherrschaft im spätmittelalterlichen Württemberg (1250–1534) (Schriften zur südwestdeutschen Landeskunde 78), Ostfildern 2017.

Kyriss, Ernst, Verzierte gotische Einbände im alten deutschen Sprachgebiet, Stuttgart 1951.

Labuda, Adam S., Das Zeugnis der künstlerischen Form – das Zeugnis der Schriftquellen, in: Vom Weichen über den Schönen Stil zur Ars Nova. Neue Beiträge zur europäischen Kunst zwischen 1350 und 1470, hg. von Jiří Fajt / Markus Hörsch (Studia Jagellonica Lipsiensia 19), Wien/Köln/Weimar 2018, S. 267–298.

Lackner, Irmgard, Herzog Ludwig IX. der Reiche von Bayern-Landshut (1450–1479). Reichsfürstliche Politik gegenüber Kaiser und Reichsständen, Regensburg 2011.

Landesmuseum Württemberg (Hg.), Die Kunstkammer der Herzöge von Württemberg. Bestand, Geschichte, Kontext, 3 Bde., Stuttgart 2017.

Landschaft, Land und Leute. Politische Partizipation in Württemberg 1457 bis 2007. Begleitbuch und Katalog zur Ausstellung des Landesarchivs Baden-Württemberg, Hauptstaatsarchiv Stuttgart und des Landtags von Baden-Württemberg, red. von Peter Rückert, Stuttgart 2007.

Lähnemann, Henrike, Margarethe von Savoyen in ihren literarischen Beziehungen, in: Höfische Literatur und Klerikerkultur: Wissen – Bildung – Gesellschaft. Xth Triennial Conference der Internationalen Gesellschaft für höfische Literatur (ICLS), hg. von Irmgard Kasten / Andrea Sieber, Berlin 2002, S. 158–173.

Lang, Stefan, Eberhard im Bart von Württemberg (1445–1496). Selbstverständnis und Außenwirkung eines „großen" Fürsten des Spätmittelalters, in: Fürsten an der Zeitenwende zwischen Gruppenbild und Individualität: Formen fürstlicher Selbstdarstellung und ihre Rezeption (1450–1550), hg. von Oliver Auge / Jan Hirschbiegel / Gabriel Zeilinger (Residenzenforschung 22), Ostfildern 2009, S. 309–338.

Langmaier, Konstantin Moritz Ambrosius, Erzherzog Albrecht VI. von Österreich (1418–1463). Ein Fürst im Spannungsfeld von Dynastie, Regionen und Reich (Forschungen zur Kaiser- und Papstgeschichte des Mittelalters. Beihefte zu den Regesta Imperii 38), Köln/Weimar/Wien 2015.

Laschinger, Johannes, Amberger Hochzeit, 1474, publiziert am 18.04.2011, in: Historisches Lexikon Bayerns (online unter: *http://www.historisches-lexikon-bayerns.de/Lexikon/Amberger_Hochzeit,1474*, Abruf 02.01.2019).

Lehrs, Max, Geschichte und kritischer Katalog des deutschen, niederländischen und französischen Kupferstichs im XV. Jahrhundert, Band 2 (1910) und Band 5 (1925), Wien 1910/1925.

Lemmer, Manfred (Hg.), Sebastian Brant. Das Narrenschiff. Nach der Erstausgabe (Basel 1494) mit den

Zusätzen der Ausgaben von 1495 und 1499 sowie den Holzschnitten der deutschen Originalausgaben, Tübingen [3]1986.

Lichte, Claudia / Meurer, Heribert (Bearb.), Die mittelalterlichen Skulpturen. 2. Stein- und Holzskulpturen 1400–1530, Ulm und südliches Schwaben, 2 Bde., Stuttgart 2007.

Lorenz, Sönke, Fehlgeschlagen, gescheitert, erfolglos. Vergebliche Versuche von Universitätsgründungen in Regensburg, Lüneburg, Breslau und Pforzheim, in: Attempto – oder wie stiftet man eine Universität? Die Universitätsgründungen der sogenannten zweiten Gründungswelle im Vergleich, hg. von Sönke Lorenz, Stuttgart 1999, S. 7–18.

Lorenz, Sönke / Rückert, Peter, Württemberg und Mömpelgard. 600 Jahre Begegnung. Montbéliard – Wurtemberg. 600 Ans de Relations (Schriften zur südwestdeutschen Landeskunde 26), Leinfelden-Echterdingen 1999.

Lorenz, Sönke / Scholz, Günter (Hg.), Böblingen: Vom Mammutzahn zum Mikrochip (Gemeinde im Wandel 14), Filderstadt 2003.

Lorenz, Sönke, Graf Eberhard im Bart und seine Ahnenprobe. Zur Herrschaftsrepräsentation der Grafen von Württemberg im Spiegel der Heraldik, in: ZWLG 71 (2012), S. 83–106.

Mäzene, Sammler, Chronisten. Die Grafen von Zimmern und die Kultur des schwäbischen Adels, hg. von Casimir Bumiller / Bernhard Rüth / Edwin Ernst Weber, Stuttgart 2012.

Manz, Dieter, „Sonderbare Liebhaber verloffener Geschichte". Rottenburger Stadtgeschichtsforscher und ihr Werk, in: Der Sülchgau 36 (1992), S. 37–71.

Manz, Dieter, Sigmund von Tirol und der Rottenburger Marktbrunnen, in: Der Sülchgau 31 (1987), S. 47–52.

Manz, Dieter, Eine große Liebhaberin der Künste. Zum 500. Todestag der Erzherzogin Mechthild, in: Der Sülchgau 26 (1982), S. 31–36.

Manz, Franz, An Mechthilds Musenhof, in: Der Sülchgau 11 (1967), S. 33–30.

Manz, Franz, Erzherzogin Mechthild und ihre Familie, in: Der Sülchgau 7 (1963), S. 10 f.

Marburger Repertorium zur Übersetzungsliteratur im deutschen Frühhumanismus (online unter: https://mrfh.de).

Marstaller, Tilmann, Die Stein- und Holzarchitektur der spätgotischen Sülchenkirche, in: Die Sülchenkirche bei Rottenburg. Frühmittelalterliche Kirche – alte Pfarrkirche – Friedhofskirche – bischöfliche Grablege, hg. von Herbert Aderbauer / Harald Kiebler, Leutkirch im Allgäu 2018, S. 290–317.

Marstaller, Tilmann, Vom architektonischen Monstra zum schönen Dach. Der Wandel der Tübinger Altstadt im Spiegel ihrer mittelalterlichen und neuzeitlichen Bauwerke, in: Tübingen. Aus der Geschichte von Stadt und Universität, hg. von Sigrid Hirbodian / Tjark Wegner (landeskundig. Tübinger Vorträge zur Landesgeschichte 4), Tübingen 2018, S. 81–157.

Marstaller, Tilmann, Die Rolle der Neckarflößerei bei der Gründung der Universität Tübingen, in: Attempto! 12 (2002), S. 79–81.

Martin, Ernst, Erzherzogin Mechthild, Gemahlin Albrechts VI. von Oesterreich. Versuch einer Lebensgeschichte, in: Zeitschrift der Gesellschaft für Beförderung der Geschichts-, Alterthums- und Volkskunde von Freiburg, dem Breisgau und den angrenzenden Landschaften 2 (1870/1872), S. 145–271.

Martin, Ernst, Nachträge zur Lebensgeschichte der Erzherzogin Mechthild, in: Zeitschrift der Gesellschaft für Beförderung der Geschichts-, Alterthums- und Volkskunde von Freiburg, dem Breisgau und den angrenzenden Landschaften 3 (1873/1874), S. 207 f.

Mertens, Dieter, Die württembergischen Höfe im 15. und frühen 16. Jahrhundert, in: Fürstenhöfe und ihre Außenwelt: Aspekte gesellschaftlicher und kultureller Identität im deutschen Spätmittelalter, hg. von Thomas Zotz (Identitäten und Alteritäten 16), Würzburg 2004, S. 85–113.

Mertens, Dieter, Eberhard V./I. im Bart, in: Das Haus Württemberg. Ein biographisches Lexikon, hg. von Sönke Lorenz / Dieter Mertens / Volker Press, Stuttgart u. a. 1997, S. 92–95.

Mertens, Dieter, Eberhard im Bart und der Humanismus, in: Eberhard und Mechthild. Untersuchungen zu Politik und Kultur im ausgehenden Mittelalter, hg. von

Hans-Martin MAURER (Lebendige Vergangenheit 17), Stuttgart 1994, S. 35–81.
METZ, Friedrich (Hg.), Vorderösterreich. Eine geschichtliche Landeskunde, Freiburg [4]2000.
MEYER, Carla, Die Württemberger und Friedrich I., in: Friedrich der Siegreiche (1425–1476). Beiträge zur Erforschung eines spätmittelalterlichen Landesfürsten, hg. von Franz FUCHS / Pirmin SPIESS (Stiftung zur Förderung der pfälzischen Geschichtsforschung, Reihe B: Abhandlungen zur Geschichte der Pfalz 17), Neustadt a. d. W. 2016, S. 141–173.
MEYS, Oliver, Memoria und Bekenntnis. Die Grabdenkmäler evangelischer Landesherren im Heiligen Römischen Reich Deutscher Nation im Zeitalter der Konfessionalisierung, Regensburg 2009.
MIETHKE, Jürgen (Hg.), Die Rektorbücher der Universität Heidelberg 2: 1421–1451, H. 2, bearb. von Heiner LUTZMANN unter Mitarbeit von Andreas DAFFERNER (Die Amtsbücher der Universität Heidelberg, Reihe A, 2), Heidelberg 2003.
MILLER, Matthias / ZIMMERMANN, Karin (Bearb.), Die Codices Palatini germanici in der Universitätsbibliothek Heidelberg (Cod. Pal. germ. 304–495) (Kataloge der Universitätsbibliothek Heidelberg 8), Wiesbaden 2007.
MITTLER, Elmar, Heidelberg. Geschichte und Gestalt, Heidelberg 1996.
MOLITOR, Stephan, Hirsau, in: Württembergisches Klosterbuch. Klöster, Stifte und Ordensgemeinschaften von den Anfängen bis zur Gegenwart, hg. von Wolfgang ZIMMERMANN / Nicole PRIESCHING, Ostfildern 2003, S. 279–281.
MOLITOR, Stephan (Bearb.), 1495: Württemberg wird Herzogtum. Dokumente aus dem Hauptstaatsarchiv Stuttgart zu einem epochalen Ereignis, Stuttgart 1995.
MÜHLETHALER, Jean-Claude, Amour et identité politique: Le Champion des dames de Martin Le Franc, in: Music and Culture in the Age of the Council of Basel, hg. von Matteo Nanni (Épitome musical), Turnhout 2013, S. 73–84.
MUELLER, Martha, Der Ehrenbrief Jakob Pütrichs von Reichertshausen, die Turnierreime Johann Hollands, der Namenkatalog Ulrich Fuetrers, Texte mit Einleitung und Kommentar, Diss. University of New York 1985.
MÜLLER, Ulrich, Holzfunde aus Freiburg, Augustinereremitenkloster und Konstanz. Herstellung und Funktion einer Materialgruppe aus dem späten Mittelalter (Forschungen und Berichte der Archäologie des Mittelalters in Baden-Württemberg 21), Stuttgart 1996.
MÜLLER, Ulrich, Die politischen Beziehungen zwischen der Kurpfalz und der Grafschaft Württemberg im 15. Jahrhundert, Stuttgart 1970.
Musenfreunde und Gelehrte – alter Adel mit neuem Selbstverständnis in der Renaissance, in: Schwabenspiegel. Literatur vom Neckar bis zum Bodensee 1000–1800, Lesebuch Bd. 1, hg. von Ulrich GAIER / Wolfgang SCHÜRLE unter Mitarbeit von Bernhard GEIGER, Ulm 2004, S. 61–65.
NAU, Elisabeth, Eberhard am Pranger. Nochmals der Marktbrunnen von Rottenburg, in: Jahrbuch der Staatlichen Kunstsammlungen in Baden-Württemberg 26 (1989), S. 46–56.
NAU, Elisabeth, Gold und Silber geprägt für Württemberg. Schätze aus dem Münzkabinett des Württembergischen Landesmuseums Stuttgart, Stuttgart 1959.
NOLTE, Cordula, Familie, Hof und Herrschaft. Das verwandtschaftliche Beziehungs- und Kommunikationsnetz der Reichsfürsten am Beispiel der Markgrafen von Brandenburg-Ansbach (1440–1530) (Mittelalter-Forschungen 11), Ostfildern 2005.
OAB Maulbronn: Beschreibung des Oberamts Maulbronn, hg. von dem königlichen statistisch-topographischen Bureau, Stuttgart 1870.
OAB Rottenburg 1899–1900: Beschreibung des Oberamts Rottenburg, hg. von dem königlichen Statistischen Landesamt, 2 Bde., Stuttgart 1899–1900.
OAB Rottenburg 1828: Beschreibung des Oberamts Rottenburg, hg. aus Auftrag der Regierung von Professor Memminger, Stuttgart/Tübingen 1828.
PELNAR, Ivana, Die mehrstimmigen Lieder Oswalds von Wolkenstein, Tutzing 1982.
PELTZER, Jörg u. a. (Hg.), Die Wittelsbacher und die Kurpfalz im Mittelalter. Eine Erfolgsgeschichte?, Regensburg 2013.
PIRKER-AURENHAMMER, Veronika (Hg.), Wien 1450 – Der Meister von Schloss Lichtenstein und seine Zeit,

Ausstellungskatalog Österreichische Galerie Schloss Belvedere, Wien 2013.

Popp, Evamarie / Söding, Ulrich, Grabfigur der Gräfin Mechthild von Württemberg, in: Hans Multscher. Bildhauer der Spätgotik in Ulm. Ausstellungskatalog, hg. von Brigitte Reinhard, Ulm 1997, S. 340–344.

Press, Volker, Eberhard im Bart als Graf und Fürst des Reiches, in: Eberhard und Mechthild. Untersuchungen zu Politik und Kultur im ausgehenden Mittelalter, hg. von Hans-Martin Maurer (Lebendige Vergangenheit 17), Stuttgart 1994, S. 9–34.

Prochno, Renate, Die Kartause von Champmol. Grablege der burgundischen Herzöge 1364–1477, Berlin 2002.

Püterich von Reichertshausen, Jakob – Der Ehrenbrief, Cgm 9220, hg. von der Bayerischen Staatsbibliothek (Patrimonia 154), München 1999.

Püterich von Reichertshausen, Jakob, Der Ehrenbrief an die Erzherzogin Mechthild, hg. von Arthur Goette, Straßburg 1899.

Putze, Matthias, Zu den Bauten des Aureliusklosters, in: Hirsau St. Peter und Paul 1091–1991. Teil 1: Zur Archäologie und Kunstgeschichte, hg. vom Landesdenkmalamt Baden-Württemberg, Stuttgart 1991 (Forschungen und Berichte der Archäologie des Mittelalters in Baden-Württemberg 10,1), S. 11–62.

Quarthal, Franz, Dr. Johann Evangelista Weittenauer. 27. Propst des Chorherrenstifts St. Moriz und Geschichtsschreiber des Stifts und der Stadt Rottenburg, in: Der Sülchgau 60/61 (2016/2017), S. 80–97.

Quarthal, Franz, Geschichte eines Forschungsirrtums. Der Altar des Meisters von Schloss Lichtenstein stand nie in St. Moriz in Rottenburg, in: Wien 1450 – Der Meister von Schloss Lichtenstein und seine Zeit. Ausstellungskatalog Österreichische Galerie Schloss Belvedere, hg. von Veronika Pirker-Aurenhammer, Wien 2013, S. 87–93.

Quarthal, Franz, Habsburg am oberen Neckar und an der oberen Donau, in: Der Sülchgau 51 (2007), S. 1–38.

Quarthal, Franz, Vorderösterreich, in: Handbuch der baden-württembergischen Geschichte, Band 1,2: Vom Spätmittelalter bis zum Ende des Alten Reiches, hg. von Meinrad Schaab / Hansmartin Schwarzmaier in Verbindung mit Gerhard Taddey, Stuttgart 2000, S. 587–780.

Quarthal, Franz / Faix, Gerhard, Die Habsburger im deutschen Südwesten. Neue Forschungen zur Geschichte Vorderösterreichs, Stuttgart 2000.

Raff, Gerhard, Hie gut Wirtemberg allewege. Das Haus Württemberg von Graf Ulrich dem Stifter bis Herzog Ludwig. Mit einer Einleitung von Hansmartin Decker-Hauff, Stuttgart 1988.

Rautenberg, Ursula (Hg.), Zeichensprachen des literarischen Buchs in der frühen Neuzeit. Die „Melusine" des Thüring von Ringoltingen, Berlin 2013.

Regesten Kaiser Friedrichs III. (1440–1493), Heft 17: Die Urkunden und Briefe aus den Archiven und Bibliotheken der Stadt Speyer, bearb. von Joachim Kemper, Köln/Weimar/Wien 2002.

Regesten Kaiser Friedrichs III. (1440–1493), Heft 23: Die Urkunden und Briefe aus dem Landesarchiv Baden-Württemberg, Abt. Hauptstaatsarchiv Stuttgart, Bestand A 602: Württembergische Regesten, bearb. von Paul Heinig, Köln/Weimar/Wien 2007.

Repertorium Germanicum. Verzeichnis der in den Registern und Kameralakten vorkommenden Personen, Kirchen und Orte des Deutschen Reiches, seiner Diözesen und Territorien. Zehnter Band: Sixtus IV. 1471–1484, 1. Teil, bearb. von Ulrich Schwarz u. a., Berlin 2018.

Rettich, Edeltraud / Klapproth, Rüdiger / Ewald, Gerhard (Bearb.), Alte Meister, Bestandskatalog Staatsgalerie Stuttgart, Stuttgart 1992.

Rischer, Christelrose, Literarische Rezeption und kulturelles Selbstverständnis in der deutschen Literatur der ‚Ritterrenaissance' des 15. Jahrhunderts, Stuttgart u. a. 1973.

Robert, Jörg, Einleitung. Poetik und Rhetorik, in: Humanistische Antikenübersetzung und frühneuzeitliche Poetik in Deutschland (1450–1620), hg. von Klaus Kipf / Jörg Robert / Regina Toepfer, Berlin/New York 2017, S. 315–321.

Röber, Ralph, Zur Verarbeitung von Knochen und Geweih im mittelalterlichen Südwestdeutschland, in: Fundberichte aus Baden-Württemberg 20 (1995), S. 885–944.

ROLF, Bernhard, Kurpfalz, Südwestdeutschland und das Reich 1449–1476. Die Politik des Pfalzgrafen und Kurfürsten Friedrich des Siegreichen, Heidelberg 1981.

ROLLER, Stefan (Hg.), Niclaus Gerhaert: Der Bildhauer des Mittelalters, Ausstellungskatalog Liebighaus Frankfurt, Petersberg 2011.

Rottenburg und die österreichische Grafschaft Hohenberg 1381–1981. Ausstellung des Hauptstaatsarchivs Stuttgart und der Großen Kreisstadt Rottenburg am Neckar zur Erinnerung an den Übergang der Grafschaft Hohenberg an Österreich vor 600 Jahren, Katalog, bearb. von Bernhard THEIL, Stuttgart 1981.

ROTH, Rudolph von, Urkunden zur Geschichte der Universität Tübingen aus den Jahren 1476 bis 1550, Tübingen 1877.

RÜCKERT, Peter, Von Frau zu Frau: Mechthild von der Pfalz und ihre Schwiegertochter Barbara Gonzaga, in: Itinera chartarum. 150 anni dell'Archivio di Stato di Mantova, hg. von Roberta PICCINELLI / Deanna SHEMEK / Luisa Onesta TAMASSIA, 2019 (im Druck).

RÜCKERT, Peter: Die Grafen von Württemberg im Wildbad. Erholung und Politik im spätmittelalterlichen Schwarzwald, in: Siedlungsforschung. Archäologie – Geschichte – Geographie 2019 (im Druck).

RÜCKERT, Peter, Margarethe von Savoyen in Basel 1445. Herrschaftsrepräsentation und ihre Medien im städtischen Kontext, in: Raum und Medium. Literatur und Kultur in Basel in Spätmittelalter und früher Neuzeit, hg. von Johanna THALI / Martina BACKES / Nigel PALMER, 2019 (im Druck).

RÜCKERT, Peter, Der erste Spargel in Württemberg. Zur Verbreitung des Spargels und den Anfängen der italienischen Küche im späten Mittelalter, in: Kontrapunkte. Festschrift für Manfred Rösch, hg. von Jutta LECHTERBECK / Elske FISCHER (Universitätsforschungen zur prähistorischen Archäologie 300), Bonn 2017, S. 321–328.

RÜCKERT, Peter, Antonia Visconti und Barbara Gonzaga: Italienische Prinzessinnen am württembergischen Hof, in: Frauen in Württemberg, hg. von Sigrid HIRBODIAN / Sabine KLAPP / Tjark WEGNER (landeskundig. Tübinger Vorträge zur Landesgeschichte 1), Ostfildern 2016, S. 107–138.

RÜCKERT, Peter, Herrschaftliche Korrespondenz und ihre Überlieferung im deutschen Südwesten, in: Briefe aus dem Spätmittelalter. Herrschaftliche Korrespondenz im deutschen Südwesten, hg. von Peter RÜCKERT / Nicole BICKHOFF / Mark MERSIOWSKY, Stuttgart 2015, S. 32–52.

RÜCKERT, Peter, Italienische Bräute am Uracher Hof: Antonia Visconti und Barbara Gonzaga, in: Neue Forschungen. Stadt, Schloss und Residenz Urach, hg. von Klaus Gereon BEUCKERS, Regensburg 2014, S. 27–46.

RÜCKERT, Peter, Barbara Gonzaga als Gräfin und Herzogin von Württemberg, in: Barbara Gonzaga: Die Briefe / Le Lettere (1455–1508), bearb. von Christina ANTENHOFER / Axel BEHNE / Daniela FERRARI / Jürgen HEROLD / Peter RÜCKERT, Übersetzung von Valentina NUCERA, Stuttgart 2013, S. 25–29.

RÜCKERT, Peter, Zur Einführung: Barbara Gonzaga und ihr Hof, in: Peter RÜCKERT (Bearb.), Von Mantua nach Württemberg: Barbara Gonzaga und ihr Hof. Begleitbuch und Katalog zur Ausstellung des Landesarchivs Baden-Württemberg, Hauptstaatsarchiv Stuttgart, [2]2012, S. 14–26.

RÜCKERT, Peter (Bearb.), Von Mantua nach Württemberg: Barbara Gonzaga und ihr Hof. Begleitbuch und Katalog zur Ausstellung des Landesarchivs Baden-Württemberg, Hauptstaatsarchiv Stuttgart, Stuttgart [2]2012.

SAUER, Paul, 500 Jahre Hospitalkirche (Veröffentlichungen des Archivs der Stadt Stuttgart 62), Stuttgart 1993.

SAUR, Ilse / FLECK, Walther-Gerd, Möckmühl. Burg und Stadtbefestigung. Ihre Erbauung und Geschichte, Möckmühl 1998.

SCHAAB, Meinrad, Geschichte der Kurpfalz, Bd. 1: Mittelalter, Stuttgart u. a. 1988.

SCHÄFER, Volker, Geburt einer Universität – Zur Gründung der Alma Mater Tubingensis, in: Fürstliche Witwen auf Schloss Böblingen, hg. von Günter SCHOLZ, Böblingen 1987, S. 49–57.

SCHANZE, Frieder, Artikel „Johannes Werner von Zimmern [= Sohn Werners]", in: Verfasserlexikon. Die deutsche Literatur des Mittelalters, hg. von Kurt Ruh, Bd. 4, Berlin/New York 1982/1983, Sp. 813–816.

SCHIERSNER, Dietmar, Artikel „Vorderösterreich", in: Historisches Lexikon Bayerns, publiziert am 23.07.2018 (*http://www.historisches-lexikon-bayerns.de/Lexikon/Vorderösterreich*, Abruf 03.03.2019).

SCHMITT, Otto, Die Grabfigur der Gräfin Mechthild, in: Zeitschrift des deutschen Vereins für Kunstwissenschaft 8 (1941), S. 179–194.

SCHOCH, Rainer / MENDE, Matthias / SCHERBAUM, Anna, Albrecht Dürer. Das druckgraphische Werk, Band III: Buchillustrationen, München 2004.

SCHOLZ, Günter, Mechthild von der Pfalz und Barbara Gonzaga von Mantua. Fürstliche Witwen des Hauses Württemberg auf Schloß Böblingen, in: Witwenschaft in der Frühen Neuzeit. Fürstliche und adlige Witwen zwischen Fremd- und Selbstbestimmung, hg. von Martina SCHATTKOWSKY (Schriften zur sächsischen Geschichte und Volkskunde 6), Leipzig 2003, S. 427–440.

SCHOLZ, Günter (Hg.), Fürstliche Witwen auf Schloß Böblingen, Böblingen 1987.

SCHOLZ, Günter, Schloß Böblingen als Witwensitz, in: Fürstliche Witwen auf Schloß Böblingen, hg. von Günter SCHOLZ, Böblingen 1987, S. 19–26.

SCHOLZ, Hartmut, Bilder aus Licht und Farbe, Meisterwerke spätgotischer Glasmalerei, „Straßburger Fenster" in Ulm und ihr künstlerisches Umfeld, Katalog der Ausstellung in Ulm, Ulm 1995.

SCHÖN, Theodor, Erzherzogin Mechthild von Oesterreich, in: Reutlinger Geschichtsblätter 16 (1905), S. 1–12, 17–28.

SCHÖN, Theodor, Erzherzogin Mechthild von Oesterreich, in: Reutlinger Geschichtsblätter 15 (1904), S. 1–10, 33–40, 65–87.

SCHÖN, Theodor, Erzherzogin Mechthild von Oesterreich, in: Reutlinger Geschichtsblätter 14 (1903), S. 18–21, 56–59, 65–68.

SCHÖN, Theodor, Die Mutter des ersten Herzogs von Württemberg und ihre Verdienste um die christliche Kunst, in: Archiv für christliche Kunst 19 (1901), S. 36–38.

SCHÖN, Theodor, Die Kartause Güterstein, in: Freiburger Diözesanarchiv 26 (1898), S. 137–192.

SCHÖNHUTH, Ottmar F. H., Chronik der Stadt und des Stifts Sindelfingen, Böblingen 1864.

SCHÖNMETZLER, Klaus Jörg., Oswald von Wolkenstein. Die Lieder in Text und Melodie neu übertragen und kommentiert, Essen 1990.

SCHÖNTAG, Wilfried, St. Peter auf dem Einsiedel, in: Württembergisches Klosterbuch. Klöster, Stifte und Ordensgemeinschaften von den Anfängen bis in die Gegenwart, hg. von Wolfgang ZIMMERMANN / Nicole PRIESCHING, Ostfildern 2003, S. 429.

SCHNYDER, André (Hg.), 550 Jahre deutsche Melusine – Coudrette und Thüring von Ringoltingen. Beiträge der wissenschaftlichen Tagung der Universitäten Bern und Lausanne vom August 2006, Bern u. a. 2008.

SCHREINER, Klaus, Hirsau, in: Die Benediktinerklöster in Baden-Württemberg (Germania Benedictina 5), Augsburg 1975, S. 281–303.

SCHUKRAFT, Harald, Die Grablegen des Hauses Württemberg, Stuttgart 1989.

SCHUTTWOLF, Almuth (Hg.), Jahreszeiten der Gefühle. Das Gothaer Liebespaar und die Minne im Spätmittelalter. Ausstellungskatalog Schloßmuseum Gotha 1998, Ostfildern-Ruit 1998.

SCHWARZ, Reinhard / HENSLER, Kurt, Oh was Bogges. Fasnet in Rottenburg, Stuttgart 1986.

SCHWENK, Rolf, Ergänzungen zu den Vorarbeiten zu einer Biografie des Frühhumanisten Niklas von Wyle, Stadtschreiber von Esslingen († 13. April 1479), in: Esslinger Studien 46 (2007/08), S. 59–69.

SCHWENK, Rolf, Vorarbeiten zu einer Biographie des Niklas von Wyle und zu einer kritischen Ausgabe seiner ersten Translatze (Göppinger Arbeiten zur Germanistik 227), Göppingen 1978.

SCHWINEKÖPER, Berent, Der Marktbrunnen in Rottenburg am Neckar. Spätmittelalterliche Brunnen südwestdeutscher Städte als staatliche und städtische Hoheitszeichen, in: Landesgeschichte und Geistesgeschichte. Festschrift für Otto Herding zum 65. Geburtstag, hg. von Kaspar ELM / Eberhard GÖNNER / Eugen HILLENBRAND, Stuttgart 1977, S. 131–168.

SCHWOB, Anton, Oswald von Wolkenstein, Bozen 1977.

SEIGEL, Rudolf, Ein Dokument der Grenzverletzungen. Was eine alte Pürschkarte über Jagd, Leben und Politik am Oberen Neckar vor 400 Jahren verrät, in: Schwäbisches Tagblatt vom 2. Juli 2005.

SEVERIDT, Ebba, Familie, Verwandtschaft und Karriere bei den Gonzaga. Struktur und Funktion von Familie und Verwandtschaft bei den Gonzaga und ihren deutschen Verwandten (1444–1519) (Schriften zur südwestdeutschen Landeskunde 45), Leinfelden-Echterdingen 2002.
SIGNORINI, Rodolfo, Scritti e voci puerili di figli del marchese Ludovico II Gonzaga e un luttuoso 24 maggio 1452, in: Civiltà Mantovana NS 8 (1985), S. 25–36.
SKIBA, Viola, Das Mäzenatentum der Wittelsbacher am Rhein, in: Die Wittelsbacher am Rhein. Die Kurpfalz und Europa, Bd. 1, hg. von Alfried WIECZOREK u. a., Regensburg 2013, S. 370–377.
SKIBA, Viola, Der sogenannte Pfälzische Vergil aus dem Besitz Philipps des Aufrichtigen, in: Die Wittelsbacher am Rhein. Die Kurpfalz und Europa, Bd. 1, hg. von Alfried WIECZOREK u. a., Regensburg 2013, S. 421.
Spätmittelalter am Oberrhein. Alltag, Handwerk und Handel 1350–1525, Katalog der Ausstellung in Karlsruhe, Teil 2, Bd. 1: Katalogband, Stuttgart 2001.
SPECK, Dieter, Die vorderösterreichischen Landstände. Entstehung, Entwicklung und Ausbildung bis 1595/1602, Bd. 1: Untersuchung (Veröffentlichungen aus dem Archiv der Stadt Freiburg im Breisgau 29), Freiburg/Würzburg 1994.
SPECK, Dieter, Eine Universität für Freiburg. »... zu erlöschung der verderblichen fewres menschlicher vernunft und blintheit...«, Freiburg/Berlin/Wien 2006.
SPIESS, Karl-Heinz, Fürsten und Höfe im Mittelalter, Darmstadt 2008.
SPIESS, Karl-Heinz, Witwenversorgung im Hochadel. Rechtlicher Rahmen und praktische Gestaltung im Spätmittelalter und zu Beginn der frühen Neuzeit, in: Witwenschaft in der Frühen Neuzeit. Fürstliche und adlige Witwen zwischen Fremd- und Selbstbestimmung, hg. von Martina SCHATTKOWKSY (Schriften zur sächsischen Geschichte und Volkskunde 6), Leipzig 2003, S. 87–114.
STÄBLEIN, Bruno, Oswald von Wolkenstein, der Schöpfer des Individualliedes, in: Deutsche Vierteljahrsschrift für Literaturwissenschaft und Geistesgeschichte 46 (1972), S. 113–160.
STÄLIN, Christoph Friedrich von, Annales Stuttgartienses. Jahrbücher des Stifts zum heiligen Kreuz in Stuttgart, in: Württembergische Jahrbücher 1 (1849), S. 1–30.
STÄLIN, Christoph Friedrich von, Württembergische Geschichte, Teil 3: Schwaben und Südfranken. Schluß des Mittelalters 1269–1496, Stuttgart 1856.
STEINHAUSEN, Georg, Deutsche Privatbriefe des Mittelalters, Bd. 1, Berlin 1899.
STORZ, Eugen, Mechthilde, „das Fräule von Österreich", in: Sülchgauer Scholle 3 (1927), Nr. 7, S. 25–28.
STRAUCH, Philipp, Pfalzgräfin Mechthild in ihren litterarischen Beziehungen. Ein Bild der schwäbischen Litteraturgeschichte des 15. Jahrhunderts, Tübingen 1883.
STROHHÄCKER, Erich, Möckmühl. Bild einer Stadt, Möckmühl 1979.
STROHSCHNEIDER, Peter, Ritterromantische Versepik im ausgehenden Mittelalter. Studien zu einer funktionsgeschichtlichen Textinterpretation der „Mörin" Hermanns von Sachsenheim sowie zu Ulrich Fuetrers „Persibein" und Maximilians I. „Teuerdank", Frankfurt am Main 1986.
Tacuinum Sanitatis, hg. von Alain TOUWAIDE / Eberhard KÖNIG / Carlos MIRANDA GARCIA-TEJEDOR, Barcelona 2009.
TEUFEL, Waldemar, Die Gründung der Universität Tübingen. Wagnis und Gelingen – Anstöße und Vorbilder, in: Beiträge zur Geschichte der Universität Tübingen 1477 bis 1977, hg. von Hansmartin DECKER-HAUFF u. a., Tübingen 1977, S. 3–33.
TEUFEL, Waldemar, Universitas Studii Tuwingensis. Die Tübinger Universitätsverfassung in vorreformatorischer Zeit (1477–1534) (Contubernium 12), Tübingen 1977.
THEIL, Bernhard, Literatur und Literaten am Hof der Erzherzogin Mechthild in Rottenburg, in: ZWLG 42 (1983), S. 125–144.
THIEME, André (Hg.), Herzog Albrecht der Beherzte. Ein sächsischer Fürst im Reich und in Europa (Quellen und Materialien zur Geschichte der Wettiner 2), Köln 2002.
UGINET, François-Charles, Artikel "Ludovico I di Savoia, duca di Savoia", in: Dizionario biografico degli italiani 66 (2006), S. 430–433.

Urban, Wolfgang (Bearb.), Glanz von Glaube und Frömmigkeit. Der Domschatz von Rottenburg, hg. von Harald Kiebler, Lindenberg im Allgäu 2012.

van Heck, Adrian, Enee Silvii Piccolominei postea Pii II. De viris illustribus (Studi e testi 341), Città del Vaticano 1991.

Vlachos, Stavros, Vorläufer des Frühen Realismus in der Malerei um 1400, in: Vom Weichen über den Schönen Stil zur Ars Nova. Neue Beiträge zur europäischen Kunst zwischen 1350 und 1470, hg. von Jiří Fajt / Markus Hörsch (Studia Jagellonica Lipsiensia 19), Wien/Köln/Weimar 2018, S. 243–266.

von Wilckens, Leonie, Geschichte der deutschen Textilkunst. Vom späten Mittelalter bis in die Gegenwart, München 1997.

Voss, Friederike, „Zu höchstgelerter mannen rät und lere". Der Geist des Humanismus: Niklas von Wyle, Heinrich Steinhöwel und Konrad Fyner, in: Literarische Spuren in Esslingen, hg. von Irene Ferchl / Ute harbusch / Thomas Scheuffelen, Esslingen 2003, S. 20–31.

Wais, Gustav, Die St. Leonhardskirche und die Hospitalkirche zu Stuttgart, Stuttgart 1956.

Waldstein-Wartenberg, Berthold (Hg.), Die Wappenbücher Herzog Albrechts VI. von Österreich. Ingeram-Codex der ehem. Bibliothek Cotta, Bd. 2: Textband (= Jahrbuch der Heraldisch-Genealogischen Gesellschaft Adler, III, 12), Wien 1990.

Wand-Wittkowski, Christine, Pfalzgräfin Mechthild und ihr literarischer Zirkel. Ein Irrtum der Mediävistik, in: Internationales Archiv für Sozialgeschichte der deutschen Literatur 30 (2005), S. 1–27.

Weltkunst: aktuelle Zeitschrift für Kunst und Antiquitäten, Jahrgang XXI (1951).

Westermeyer, Albert / Wagner, Emil / Demmler, Theodor, Die Grabdenkmäler der Stiftskirche zu St. Georg in Tübingen, Tübingen 1912.

Widder, Ellen, Kanzler und Kanzleien im Spätmittelalter. Eine Histoire croisée fürstlicher Administration im Südwesten des Reiches (VKgL B 204), Stuttgart 2016.

Winkler, Friedrich, Dürer und die Illustrationen zum Narrenschiff. Die Baseler und Straßburger Arbeiten des Künstlers und der altdeutsche Holzschnitt, Berlin 1951.

Wolf, Eva, Das Bild in der spätmittelalterlichen Buchmalerei. Das Sachsenheim-Gebetbuch im Werk Liévin van Lathems (Studien zur Kunstgeschichte 98), Hildesheim 1996.

Wolf, Gerhard, Adelige Hauschroniken des Mittelalters und der frühen Neuzeit, in: Handbuch Chroniken des Mittelalters, hg. von Gerhard Wolf / Norbert H. Ott, Berlin 2016, S. 398–445.

Wolf, Gerhard, Die Zimmerische Chronik als literarischer Text, in: Mäzene, Sammler, Chronisten. Die Grafen von Zimmern und die Kultur des schwäbischen Adels, hg. von Casimir Bumiller / Bernhard Rüth / Edwin Ernst Weber, Stuttgart 2012, S. 130–140.

Württemberg im Spätmittelalter. Ausstellung des Hauptstaatsarchivs Stuttgart und der Württembergischen Landesbibliothek. Katalog, bearb. von Joachim Fischer / Peter Amelung / Wolfgang Irtenkauf, Stuttgart 1985.

Zeilinger, Gabriel, Die Uracher Hochzeit 1474. Form und Funktion eines höfischen Festes im 15. Jahrhundert (Kieler Werkstücke E 2), Frankfurt a. M. u. a. 2003.

Zeilinger, Gabriel, Dienst und Gunst. Der Uracher Hof Graf Eberhards im Bart zwischen Alltag und Festtag, in: Peter Rückert (Hg.), Der württembergische Hof im 15. Jahrhundert (VKgL B 167), Stuttgart 2006, S. 115–148.

Zekorn, Andreas, Artikel „Binsdorf, Dominikaner-Terziarinnen", in: Württembergisches Klosterbuch. Klöster. Stifte und Ordensgemeinschaften von den Anfängen bis in die Gegenwart, hg. von Wolfgang Zimmermann / Nicole Priesching, Ostfildern 2003, S. 194–195.

Zolda, Ernestine, Die Flügelmalereien des Sterzinger Altarretabels im stilkritischen und lokalhistorischen Kontext, Diss. Wien 2011.

Abkürzungen

BSB	Bayerische Staatsbibliothek München
GW	Gesamtkatalog der Wiegendrucke
HStAS	Hauptstaatsarchiv Stuttgart
KHM	Kunsthistorisches Museum Wien
LMW	Landesmuseum Württemberg
MRFH	Marburger Repertorium zur Übersetzungsliteratur im deutschen Frühhumanismus
NDB	Neue Deutsche Biographie
NF	Neue Folge
NS	Neue Serie, Nova Series
OAB	Oberamtsbeschreibung
StA	Staatsarchiv
StadtA	Stadtarchiv
UB	Universitätsbibliothek
VKgL	Veröffentlichungen der Kommission für geschichtliche Landeskunde in Baden-Württemberg
WLB	Württembergische Landesbibliothek Stuttgart
ZWLG	Zeitschrift für Württembergische Landesgeschichte

Abbildungsnachweis

Archäologisches Landesmuseum Baden-Württemberg, Zentrales Fundarchiv Rastatt: S. 187 f.
Archivio di Stato, Mantova: S. 51
Albertina, Graphische Sammlung, Wien: S. 210
Bayerische Staatsbibliothek München: S. 40, 45, 132
Bayerisches Hauptstaatsarchiv München: S. 16, 205
Bayerisches Nationalmuseum München: S. 107
Biblioteca Apostolica Vaticana, Rom: S. 50
Corpus Vitrearum Deutschland, Freiburg: S. 15, 37, 126, 149
Diözesanarchiv Rottenburg: S. 220
Diözesanmuseum Rottenburg: S. 214
Generallandesarchiv Karlsruhe: S. 108
Halbauer, Karl, Fellbach: S. 57 f., 129
Hauptstaatsarchiv Stuttgart: S. 22, 28, 34, 64, 66 f., 77, 101, 114 f., 117 f., 131, 133, 138 f., 141–144, 146 f., 156, 158, 161, 163, 196, 199, 202, 204, 207, 216 f.
Keller, Andreas, Stuttgart: S. 178
Kunsthistorisches Museum Wien: Umschlag, S. 9, 24, 153
Landesmedienzentrum Baden-Württemberg: S. 123
Landesmuseum Württemberg, Stuttgart: S. 11, 62, 119, 135, 159 f., 189–195, 208, 211–213, 248
Marstaller, Tilmann, Rottenburg: S. 166
Metropolitan Museum New York: S. 105
Narrenzunft Rottenburg e.V.: S. 96, 223, 224 (links)
Österreichische Nationalbibliothek Wien: S. 112
Schlüter, Steffen, Stadtarchiv Rottenburg: S. 90, 94, 98–100, 222, 224 (rechts)
Staatsgalerie Stuttgart: S. 72 f., 75, 164, 168, 170–173
Staatliche Kunstsammlungen Dresden, Kupferstich-Kabinett: S. 169
Stadtarchiv Esslingen: S. 179
Stadtarchiv Sindelfingen: S. 33, 148
Städtische Museen Konstanz – Rosgartenmuseum: S. 109 f., 189 (oben)
Sülchgau-Museum Rottenburg: S. 88
Universitätsarchiv Freiburg: S. 31
Universitätsbibliothek Heidelberg: S. 12, 52, 176
Universitäts- und Landesbibliothek Sachsen-Anhalt, Halle: S. 42
Universitäts- und Landesbibliothek Tirol, Innsbruck: S. 111
Württembergische Landesbibliothek, Stuttgart: S. 84, 86 f., 175, 177, 181 f., 184–186, 200, 221, 225

Weitere Abbildungsvorlagen, soweit nicht genauer bezeichnet, stammen von den Autoren.

Förderer und Leihgeber

Wir danken den folgenden Institutionen und Personen für Leihgaben und Förderung der Ausstellung:

Archäologisches Landesmuseum Baden-Württemberg, Zentrales Fundarchiv Rastatt: Dr. Martin Kemkes, Patricia Schlemper M.A., Dr. Barbara Theune-Großkopf

Bayerisches Hauptstaatsarchiv München, Geheimes Hausarchiv: Dr. Gerhard Immler

Diözesanarchiv Rottenburg: Dr. Herbert Aderbauer

Diözesanmuseum Rottenburg: Dr. Melanie Prange

Andreas Keller, Stuttgart

Landesamt für Denkmalpflege Baden-Württemberg: Dr. Uwe Gross

Landesmuseum Württemberg, Stuttgart: Prof. Dr. Cornelia Ewigleben, Chris Gebel, Dr. Ingrid-Sibylle Hoffmann, Sonja Kitzberger M.A., Dr. Matthias Ohm, Moritz Paysan, Dr. Maaike van Rijn, Pia Stoll

Tilmann Marstaller M.A., Rottenburg

Staatsgalerie Stuttgart: PD Dr. Hans-Martin Kaulbach

Staatliche Schlösser und Gärten Baden-Württemberg: Janna Almeida, Michael Hörrmann, Dr. Patricia Peschel

Stadt Rottenburg, Kulturamt: Karlheinz Geppert

Stadtarchiv Esslingen: Karin Waedt

Stadtarchiv Rottenburg: Peter Ehrmann, Steffen Schlüter

Städtische Museen Konstanz – Rosgartenmuseum: Dr. Tobias Engelsing, Dr. Lisa Foege

Prof. Dr. Andreas Traub, Bietigheim-Bissingen

Universitätsbibliothek Heidelberg: Dr. Veit Probst, Dr. Karin Zimmermann

Württembergische Landesbibliothek Stuttgart: Dr. Christian Herrmann, Dr. Kerstin Losert, Martina Lüll

Autorinnen und Autoren

Dr. Herbert Aderbauer,
Diözesanarchiv Rottenburg (HA)

Dr. Gudrun Bamberger,
Universität Tübingen

Dr. Nicole Bickhoff,
Landesarchiv Baden-Württemberg, Hauptstaatsarchiv Stuttgart

Peter Ehrmann,
Stadtarchiv Rottenburg (PE)

Dr. Erwin Frauenknecht,
Landesarchiv Baden-Württemberg, Hauptstaatsarchiv Stuttgart (EF)

Karlheinz Geppert,
Kulturamt Stadt Rottenburg

Dr. Uwe Gross,
Landesamt für Denkmalpflege Baden-Württemberg (UG)

Dr. Christian Herrmann,
Württembergische Landesbibliothek Stuttgart (CH)

Prof. Dr. Sigrid Hirbodian,
Universität Tübingen

Dr. Ingrid-Sibylle Hoffmann,
Landesmuseum Württemberg, Stuttgart (ISH)

PD Dr. Hans-Martin Kaulbach,
Staatsgalerie Stuttgart (HMK)

Dr. Florian Lehrmann,
Landesarchiv Baden-Württemberg, Hauptstaatsarchiv Stuttgart (FL)

Gabriele Löffler,
Landesarchiv Baden-Württemberg, Hauptstaatsarchiv Stuttgart (GL)

Sonja Kitzberger M.A.,
Landesmuseum Württemberg, Stuttgart (SK)

Dr. Kerstin Losert,
Württembergische Landesbibliothek Stuttgart (KL)

Dr. Matthias Ohm,
Landesmuseum Württemberg, Stuttgart (MO)

Prof. Dr. Anna Pawlak,
Universität Tübingen (AP)

Dr. Melanie Prange,
Diözesanmuseum Rottenburg (MP)

Sophie Prasse,
Universität Tübingen

Dr. Maaike van Rijn,
Landesmuseum Württemberg, Stuttgart (MvR)

Prof. Dr. Jörg Robert,
Universität Tübingen

Prof. Dr. Peter Rückert,
Landesarchiv Baden-Württemberg, Hauptstaatsarchiv Stuttgart (PR)

Sophie Rüth M.A.,
Universität Tübingen (SR)

Pia Stoll,
Landesmuseum Württemberg, Stuttgart (PS)

Dr. Anja Thaller,
Universität Stuttgart

Prof. Dr. Andreas Traub,
Bietigheim-Bissingen (AT)

Carina Zeiler M.A.,
Universität Tübingen (CZ)